J. Sturms
Flora von Deutschland
Band 1

Schriften

des

Deutschen Lehrer-Vereins für Naturkunde.

VII. Band.

J. Sturms

Flora von Deutschland

in Abbildungen nach der Natur.

Zweite, umgearbeitete Auflage.

1. Abteilung. Phanerogamen.

Herausgegeben

von

Dr. K. G. Lutz.

Stuttgart
Verlag von K. G. Lutz.
1900.

J. Sturms
Flora von Deutschland

Nomenklatorisch bearbeitet
und mit einem Vorwort versehen
von
Gerd K. Müller

Band I: Tafeln 1–440

MANUSCRIPTUM

Revidierter Nachdruck des Tafelteils der
Originalausgabe von 1900–1907

ISBN 3-933497-57-4

© Manuscriptum Verlagsbuchhandlung
Thomas Hoof KG · Waltrop und Leipzig 2001
Einbandgestaltung: Unica Design, Recklinghausen

Vorwort

Im Jahre 1796 begann der Nürnberger Kupferstecher und Entomologe Jakob Sturm (1771–1848) seine bedeutendste Arbeit: „Deutschlands Flora in Abbildungen nach der Natur mit Beschreibungen". Die Dimensionen dieses Werkes waren gewaltig: Die erste Abteilung, die Phanerogamen (Samenpflanzen), umfaßte 1576 handkolorierte Kupfertafeln, die zweite Abteilung, die Kryptogamen (Sporenpflanzen, ohne die Pilze), 416, und die dritte Abteilung, die Pilze, 480 Tafeln. Das Werk wurde über Sturms Tod hinaus bis 1855 von seinen Söhnen Johann Wilhelm und Johann Heinrich Christian Friedrich vollendet. Sie hatten schon zu Lebzeiten ihres Vaters eine Reihe von Tafeln gestochen. Für den deskriptiven Teil des Werkes gewann Sturm führende Botaniker seiner Zeit, die ausführliche Beschreibungen bis hin zu monographischen Bearbeitungen von Pflanzengattungen lieferten.

Nahezu zeitgleich mit diesem Riesenvorhaben hatte Sturm mit seinen Söhnen das Parallelwerk zu Deutschlands Fauna begonnen, das allerdings Fragment blieb und auf 624 Tafeln Amphibien, Insekten, Würmer und einige Vögel darstellt. Der Insektenteil, in dem auf 424 Tafeln allein Käfer abgebildet sind, gehört bis heute zu den gesuchtesten koleopterologischen Werken. Illustrationen zu zahlreichen naturhistorischen Werken anderer Autoren runden das Werk dieses bedeutenden Mannes ab.

Das äußerst aufwendige Herstellungsverfahren und der damit verbundene hohe Preis sorgten dafür, daß die Sturmsche „Flora" eine kostbare Rarität blieb und nur wenigen zugänglich war. Es ist ein großes Verdienst des Deutschen Lehrervereins für Naturkunde, sich dieses Werkes angenommen und es zwischen 1900 und 1907 in 15 Bänden und in einer hohen Auflage von über 26 000 Exemplaren – ermöglicht durch das Verfahren der Chromolithographie – vielen Naturfreunden zugänglich gemacht zu haben. In Teilen handelt es sich allerdings um ein neues Werk: Der Text der ersten Auflage wurde komplett ersetzt; zahlreiche Tafeln wurden eliminiert, da die betreffenden Sippen auf dem damaligen Gebiet des Deutschen Reiches nicht vorkamen; eine Reihe Arten, die bei Sturm nicht vorhanden waren, wurden speziell aus Reichenbachs Werk „Icones Florae Germanicae et Helveticae" ergänzt. Zudem umfaßt es nur noch die Phanerogamen. Mit 1110 Arten ist mehr als ein Drittel der in Deutschland heimischen Samenpflanzen-Arten auf den Tafeln dargestellt.

Das Anliegen unserer Ausgabe – Nachdruck des Tafelteils der Ausgabe von 1900/07 – ist kein vorrangig wissenschaftliches, sondern sie möchte dem botanisch Interessierten und allen Naturfreunden möglichst viel vom Reichtum und der Schönheit der heimischen Flora vermitteln und außergewöhnlich reizvolle chromolithographische Abbildungen zugänglich machen, deren Charme, farbliche Harmonie und prägnante Herausarbeitung des Typischen der jeweiligen Arten bis heute unübertroffen sein dürften. Auf den Textteil wurde verzichtet; er hätte den Rahmen dieser Ausgabe gesprengt und wäre in seiner vorliegenden Form auch nicht mehr verwendbar gewesen. Damit entfallen auch eine Anzahl Arten, die als Strichzeichnungen im Textteil abgebildet oder auch nur beschrieben sind.

Wichtig war es uns aber, die Pflanzennamen auf den neuesten Stand der botanischen Nomenklatur zu bringen, um den Gebrauchswert des Werkes zu erhöhen. Immerhin haben sich ca. zwei Drittel der Namen gegenüber der Auflage von 1900/07 verändert, da sich im letzten Jahrhundert durch die weltweite Akzeptanz der im „International Code of Botanical Nomenclature" (ICBN) festgelegten Regeln eine Vereinheitlichung der wissenschaftlichen Pflanzennamen vollzogen hat. Auch die ehemals regional verschieden angewandten deutschen Namen (Volksnamen) sind in den neuesten Floren und Pflanzenverzeichnissen weitgehend auf eine Bezeichnung abgestimmt. Als Grundlage unserer nomenklatorischen Bearbeitung entschieden wir uns für die „Standardliste der Farn- und Blütenpflanzen Deutschlands" von R. Wisskirchen und H. Haeupler, Stuttgart, Ulmer 1998. In Einzelfällen wurden auch andere Werke zu Rate gezogen, z. B. W. Rothmaler: „Exkursionsflora von Deutschland", Bd. 2, 17. Aufl., Heidelberg/Berlin, Spektrum 1999, und R. Zander et al.: „Handwörterbuch der Pflanzennamen", 16. Aufl., Stuttgart, Ulmer 2000.

Auf die Nennung der Autoren bei den wissenschaftlichen Pflanzennamen verzichteten wir, da sie bei Bedarf in den o. g. Werken nachgeschlagen werden können.

Die Reihenfolge der dargestellten Pflanzen wurde nicht verändert. Sie entspricht somit den damals herrschenden taxonomischen Auffassungen, wie sie im „Natürlichen Pflanzensystem" von

A. Engler zum Ausdruck kamen. Eine Anpassung an die neuesten phylogenetischen Systeme hätte viele Umstellungen erfordert und trotzdem nichts Endgültiges geschaffen.

Bei den mit x gekennzeichneten Pflanzen handelt es sich um Hybriden.

Einige Arten sind nicht oder nicht mehr auf dem heutigen Gebiet der BRD anzutreffen. Das war jedoch kein Grund, sie deshalb zu eliminieren.

Bei den Bildunterschriften sind die unter Naturschutz stehenden Arten mit * gekennzeichnet, nicht aber im Register, da es als Gattungsregister angelegt ist und nicht immer die ganze Gattung geschützt ist. Auf der Roten Liste stehende Arten wurden nicht gesondert hervorgehoben; zum einen wird diese Liste in den einzelnen Bundesländern geführt und ist somit nicht einheitlich, zum anderen meinen wir, daß geschützte Arten, gleich welchen Status, grundsätzlich auch jeden denkbaren Schutz verdienen. Es kann dabei nicht nur darum gehen, einzelne Arten in ihren Individuen zu schützen, sondern ihre Lebensräume und -bedingungen so zu erhalten, daß sie überleben und weiterleben können. Aber es geht letztlich um viel mehr: Gefährdete Pflanzen verweisen eindringlich darauf, daß die Natur entgegen aller Selbstüberhebung des Menschen auch dessen grundlegende Existenzbedingung ist und bleibt – mit jeder aussterbenden Art geht ein Stück Lebensgrundlage der Menschheit verloren; daran kann keine scheinbar noch so perfekte Beherrschung oder technische Nachahmung von Naturprozessen etwas ändern.

In Zeiten, in denen das bewegte und damit schnell vergehende Bild immer mehr die Sehgewohnheiten bestimmt, ist es besonders wichtig, der Flüchtigkeit gegenzusteuern, sich in Ruhe in das fixierte Bild vertiefen und es jederzeit wieder nachschlagen und vergleichen zu können.

Wir wünschen allen, denen die Erhaltung der Natur am Herzen liegt, Freude und Genuß an diesem wunderbaren Werk.

Tafelteil

Tafel 1

Wald-Kiefer *(Pinus sylvestris)*

Tafel 2

Eibe *(Taxus baccata)* *

Tafel 3

Strand-Binse *(Juncus maritimus)*

Tafel 4

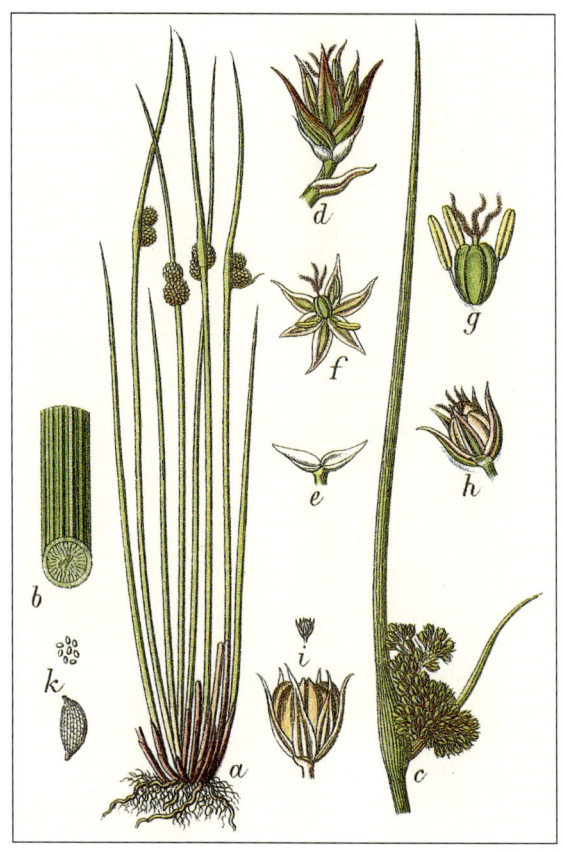

Knäuel-Binse *(Juncus conglomeratus)*

Tafel 5

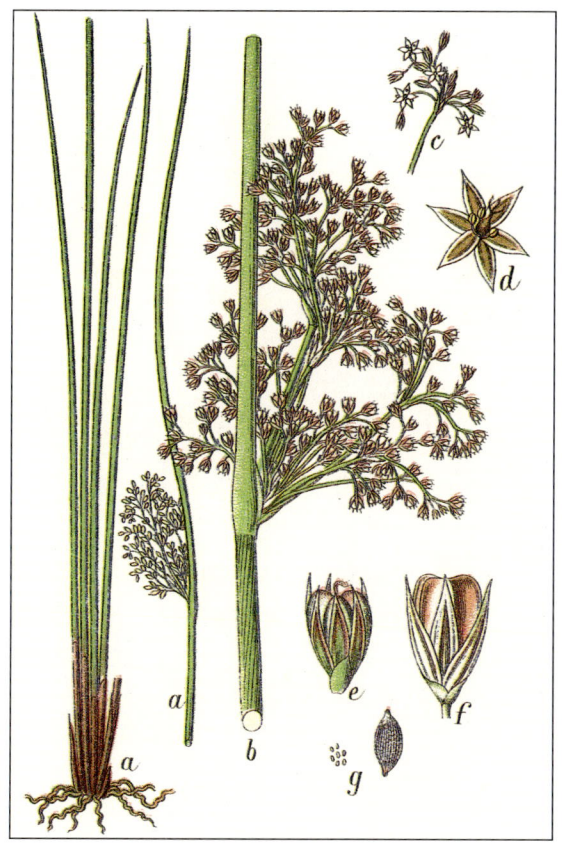

Flatter-Binse *(Juncus effusus)*

Tafel 6

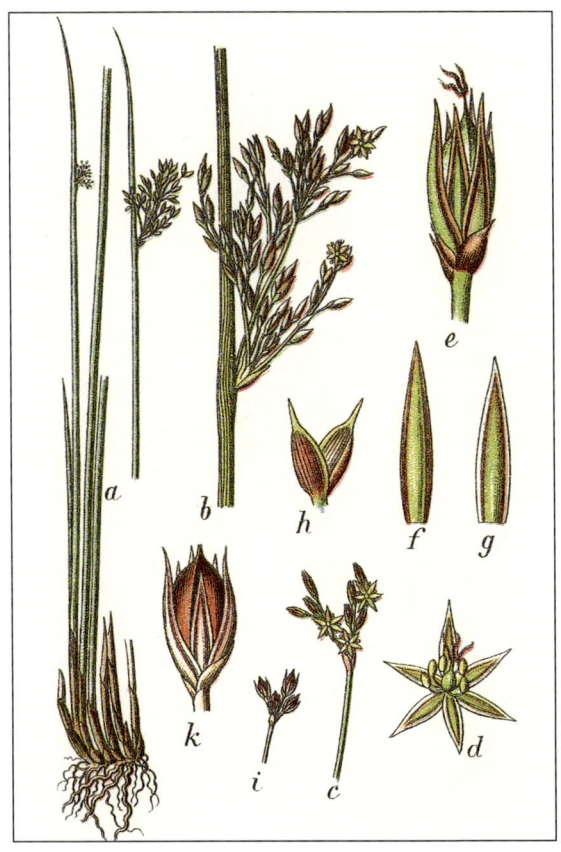

Blaugrüne Binse *(Juncus inflexus)*

Tafel 7

Baltische Binse *(Juncus balticus)*

Tafel 8

Faden-Binse *(Juncus filiformis)*

Tafel 9

Kopf-Binse *(Juncus capitatus)*

Tafel 10

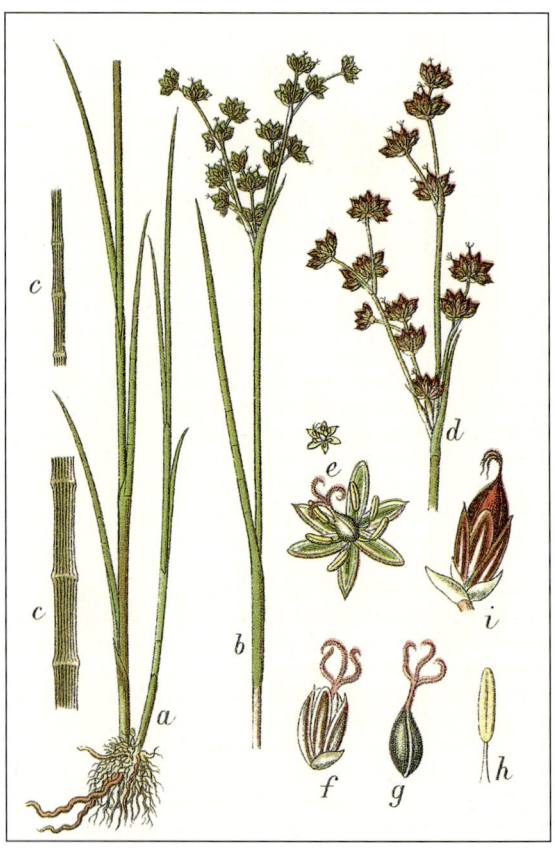

Glieder-Binse *(Juncus articulatus)*

Tafel 11

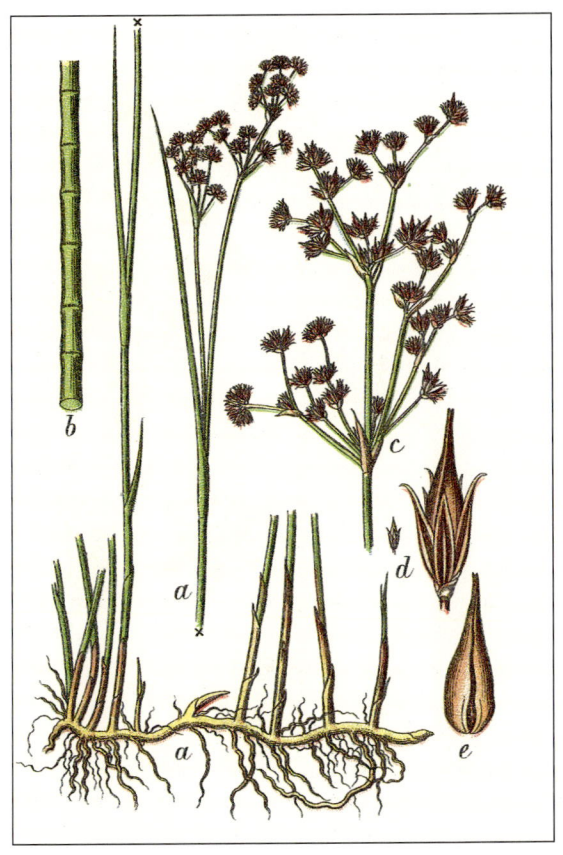

Spitzblütige Binse *(Juncus acutiflorus)*

Tafel 12

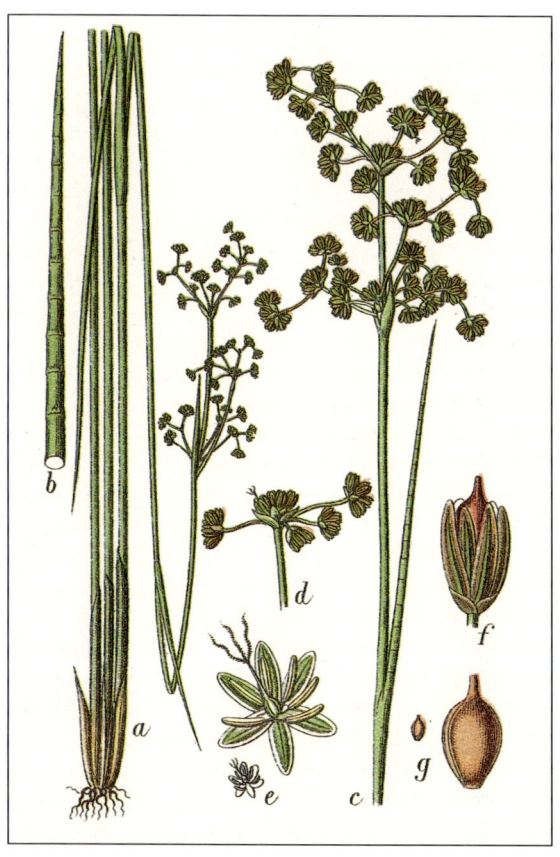

Stumpfblütige Binse *(Juncus subnodulosus)*

Tafel 13

Alpen-Binse *(Juncus alpinus)*

Tafel 14

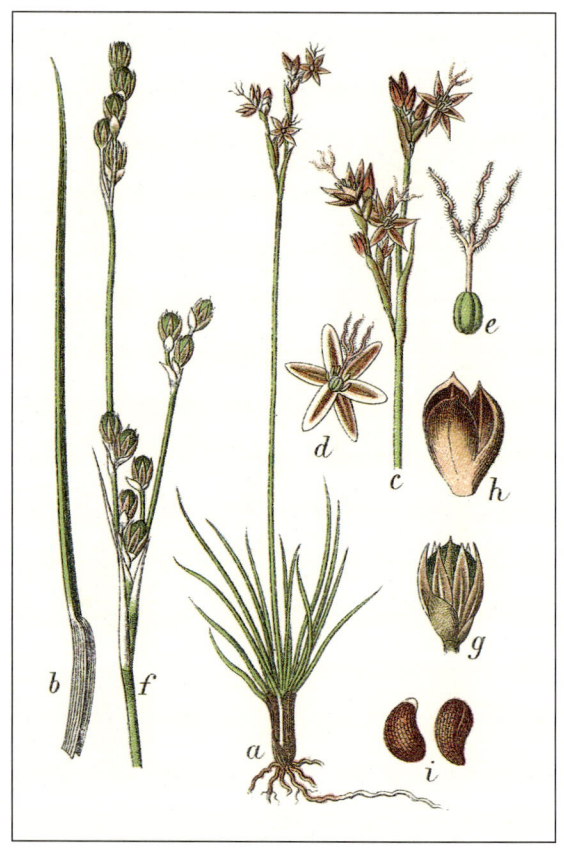

Sparrige Binse *(Juncus squarrosus)*

Tafel 15

Zarte Binse *(Juncus tenuis)*

Tafel 16

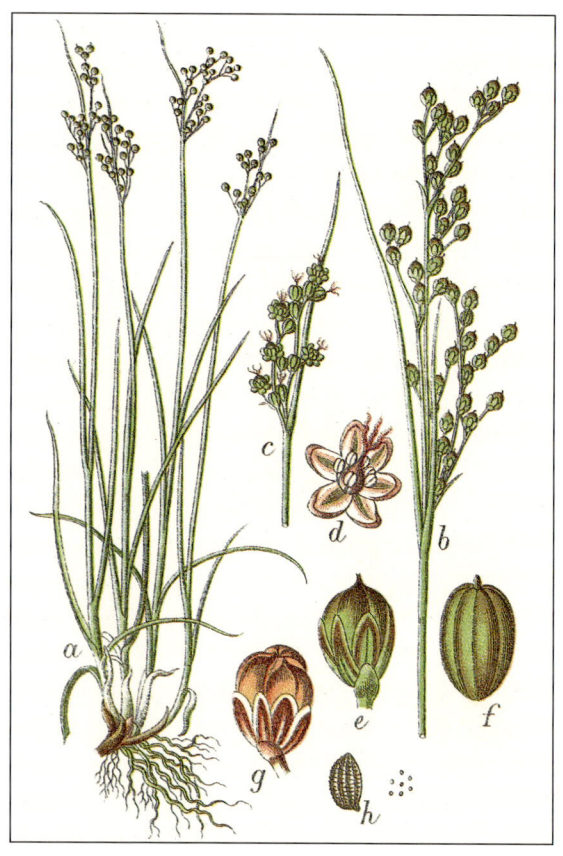

Zusammengedrückte Binse *(Juncus compressus)*

Tafel 17

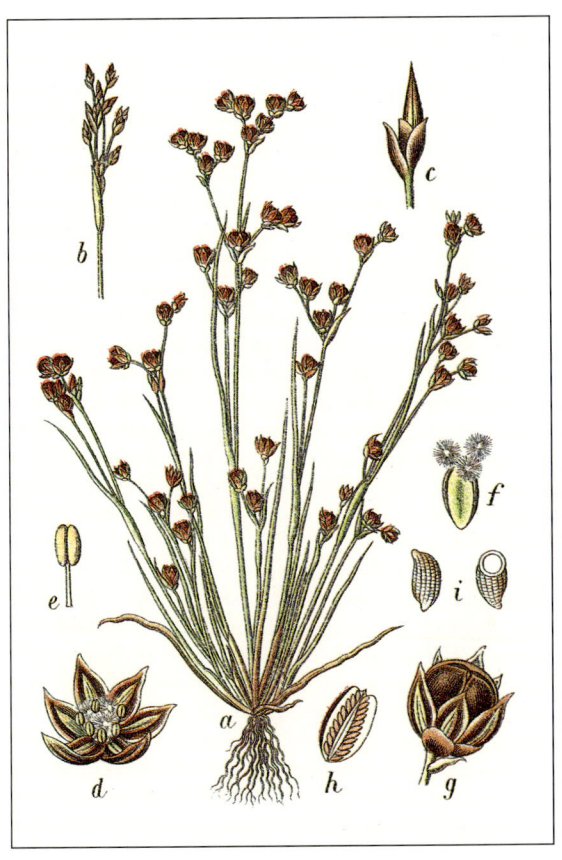

Sand-Binse *(Juncus tenageia)*

Tafel 18

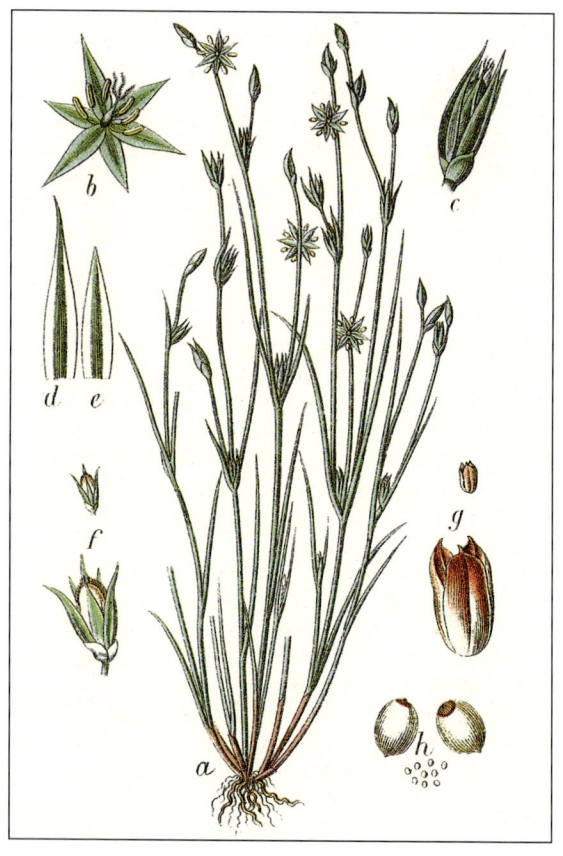

Kröten-Binse *(Juncus bufonius)*

Tafel 19

Forsters Hainsimse *(Luzula forsteri)*

Tafel 20

Behaarte Hainsimse *(Luzula pilosa)*

Tafel 21

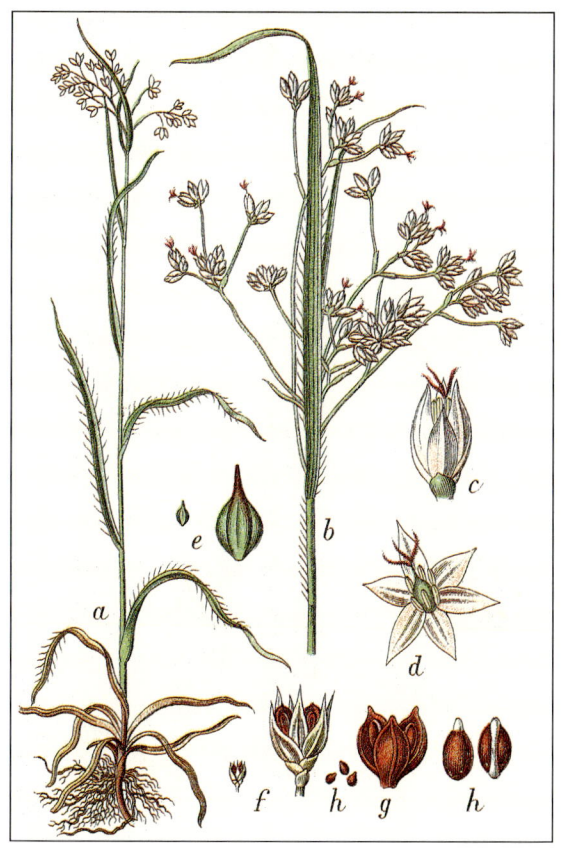

Weißliche Hainsimse *(Luzula luzuloides)*

Tafel 22

Wald-Hainsimse *(Luzula sylvatica)*

Tafel 23

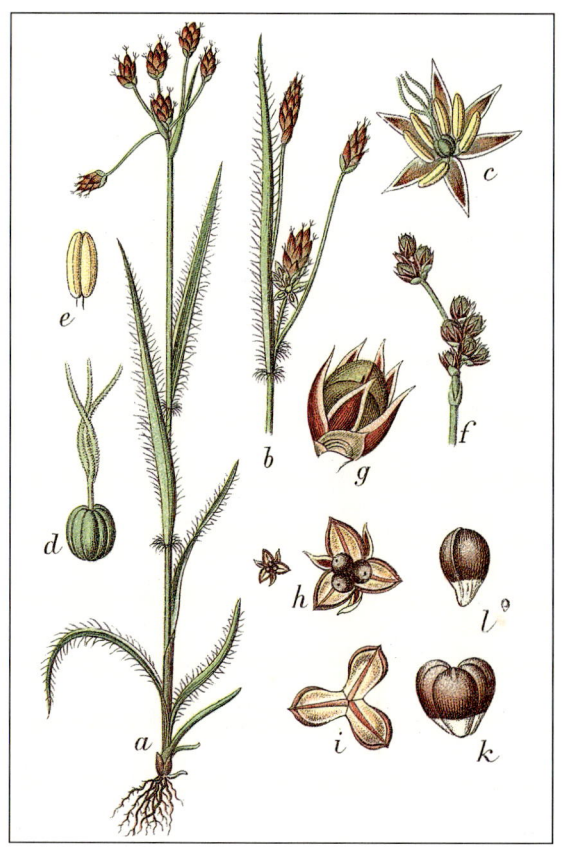

Feld-Hainsimse *(Luzula campestris)*

Tafel 24

Vielblütige Hainsimse *(Luzula multiflora)*

Tafel 25

Bleiche Hainsimse *(Luzula pallidula)*

Tafel 26

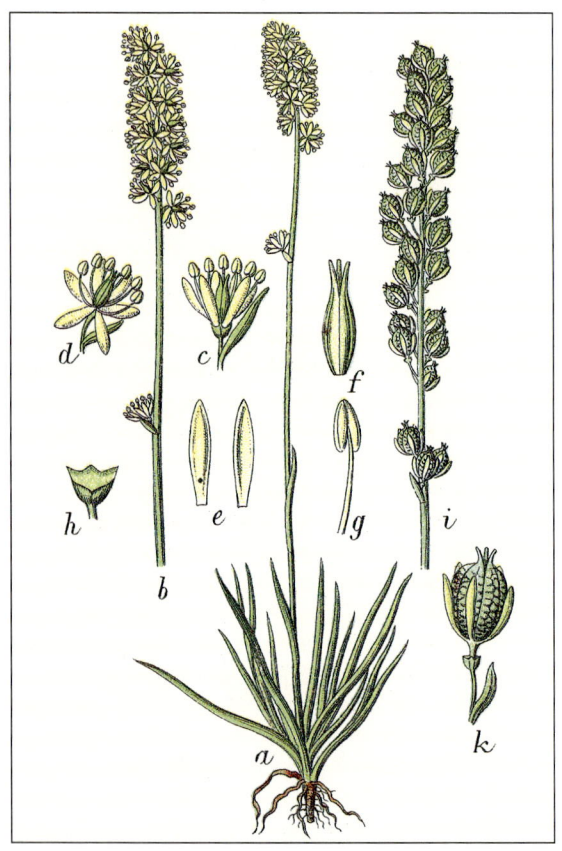

Simsenlilie *(Tofieldia calyculata)*

Tafel 27

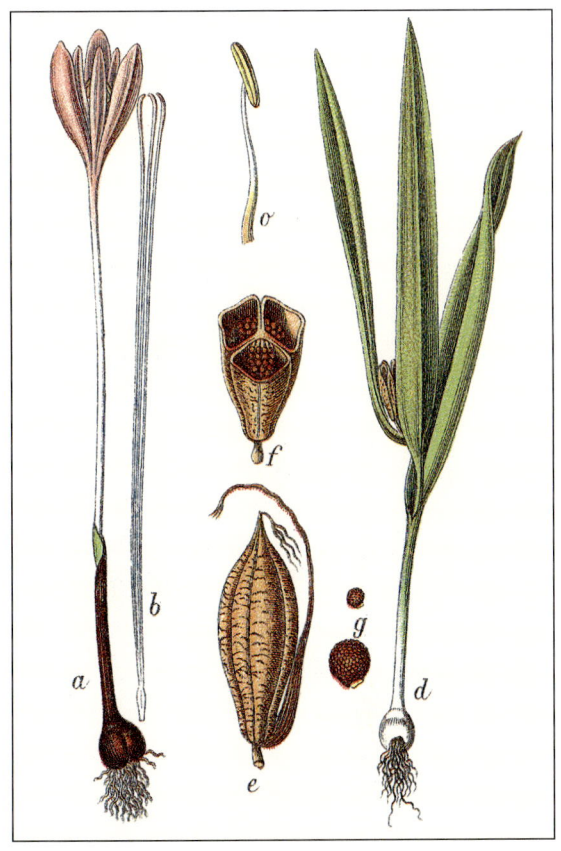

Herbstzeitlose *(Colchicum autumnale)*

Tafel 28

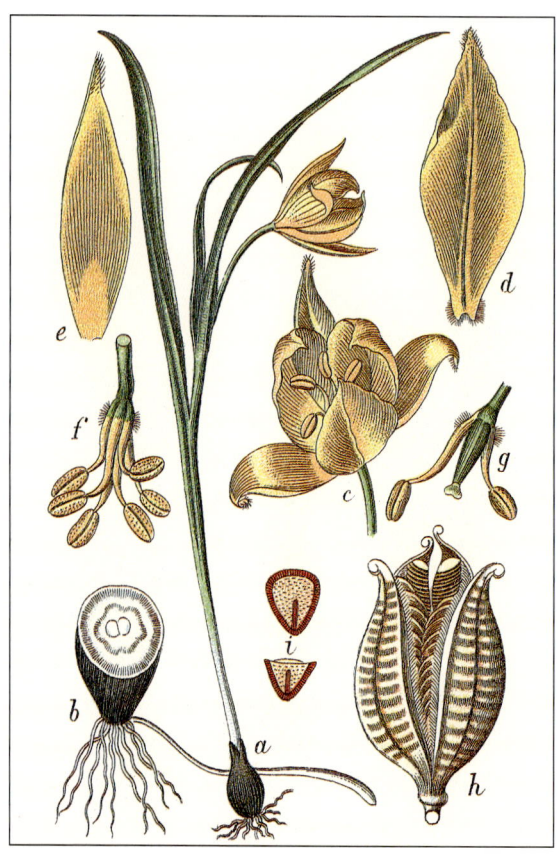

Wilde Tulpe *(Tulipa sylvestris)* *

Tafel 29

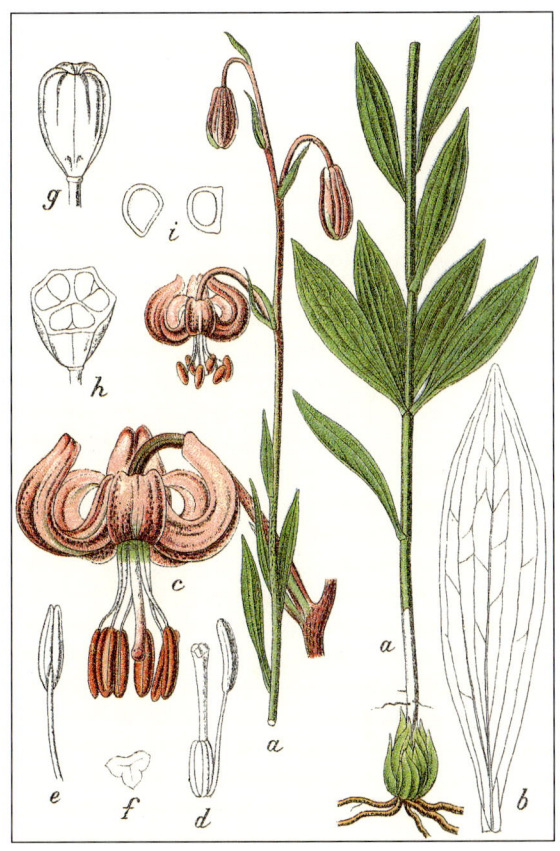

Türkenbund-Lilie *(Lilium martagon)* *

Tafel 30

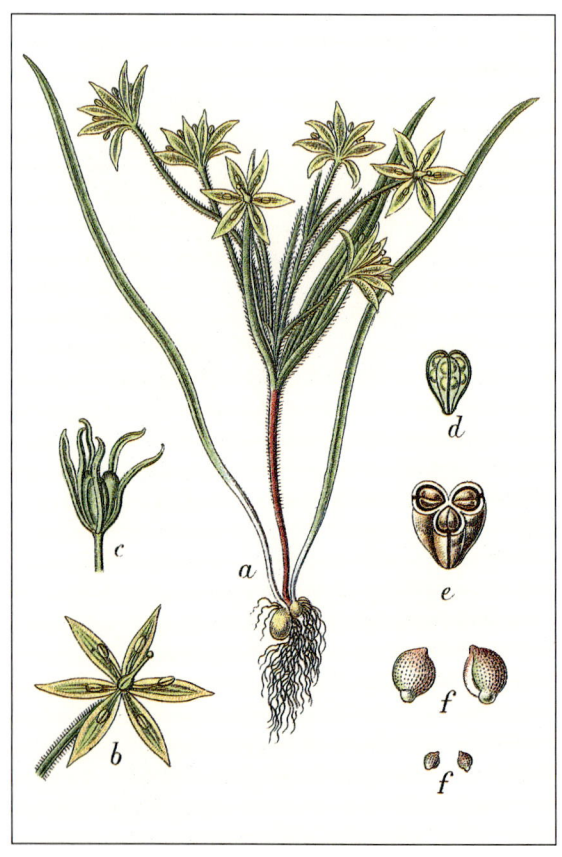

Acker-Goldstern *(Gagea villosa)*

Tafel 31

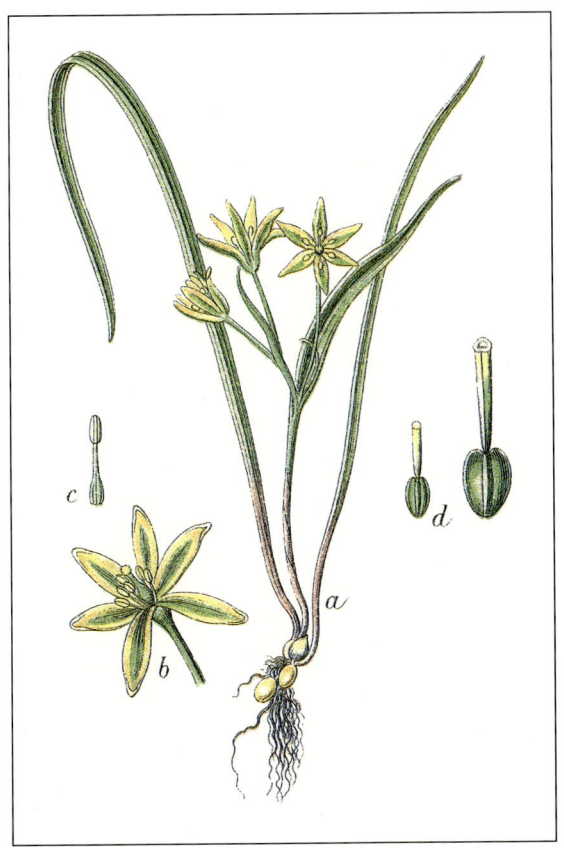

Wiesen-Goldstern *(Gagea pratensis)*

Tafel 32

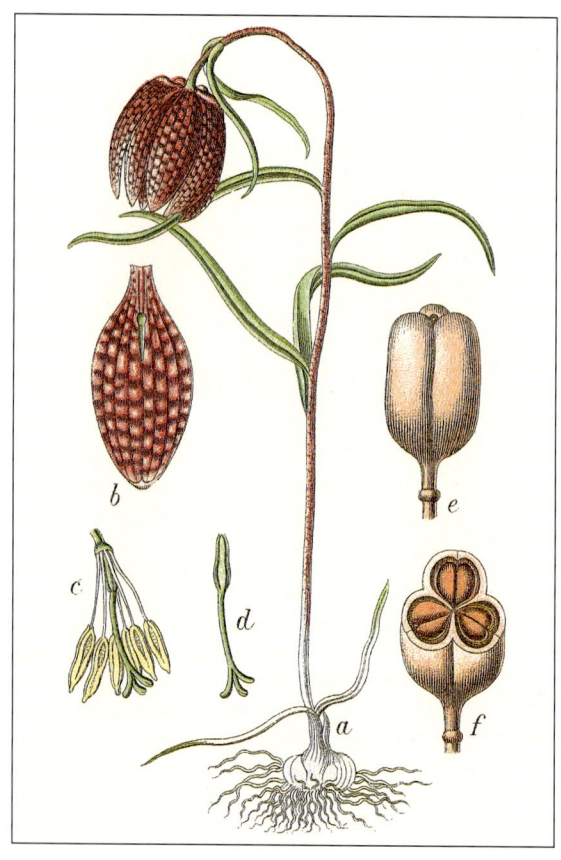

Schachblume *(Fritillaria meleagris)* *

Tafel 33

Bouchés Milchstern *(Ornithogalum boucheanum)*

Tafel 34

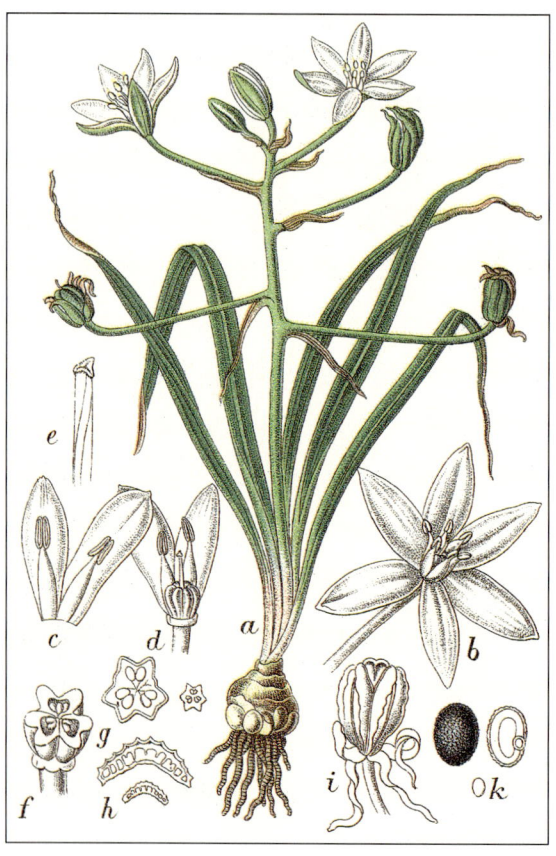

Dolden-Milchstern *(Ornithogalum umbellatum)*

Tafel 35

Ästige Graslilie *(Anthericum ramosum)*

Tafel 36

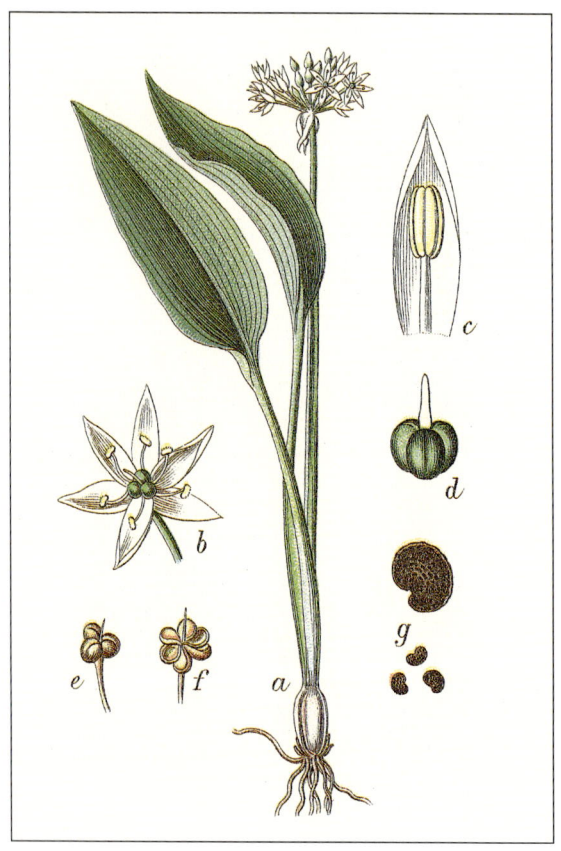

Bär-Lauch *(Allium ursinum)*

Tafel 37

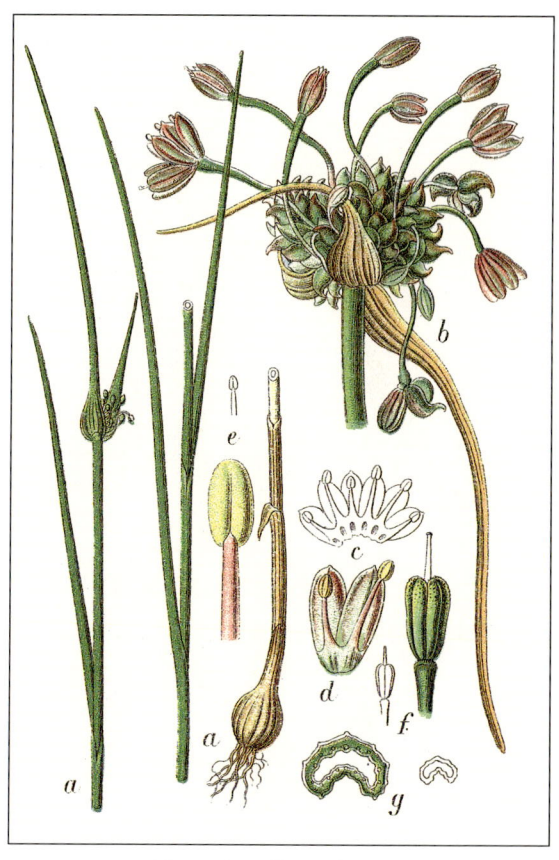

Kohl-Lauch *(Allium oleraceum)*

Tafel 38

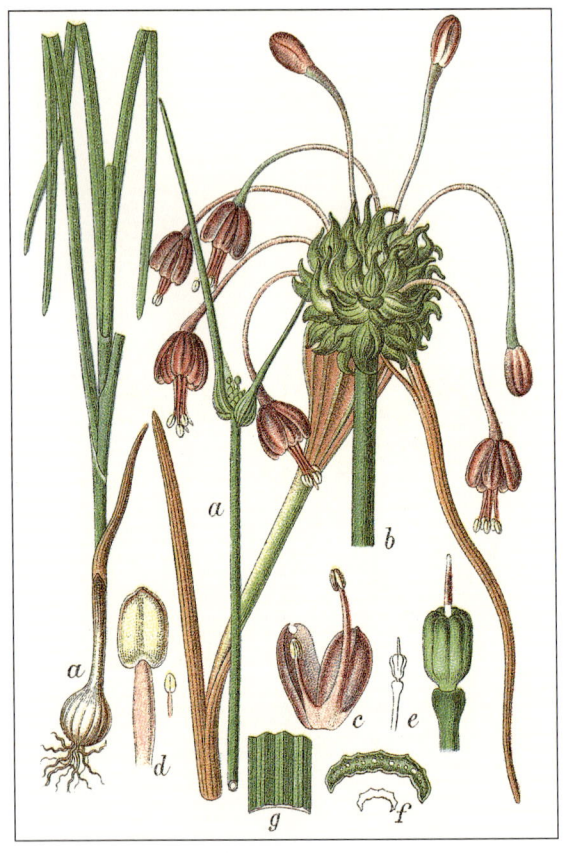

Gekielter Lauch *(Allium carinatum)*

Tafel 39

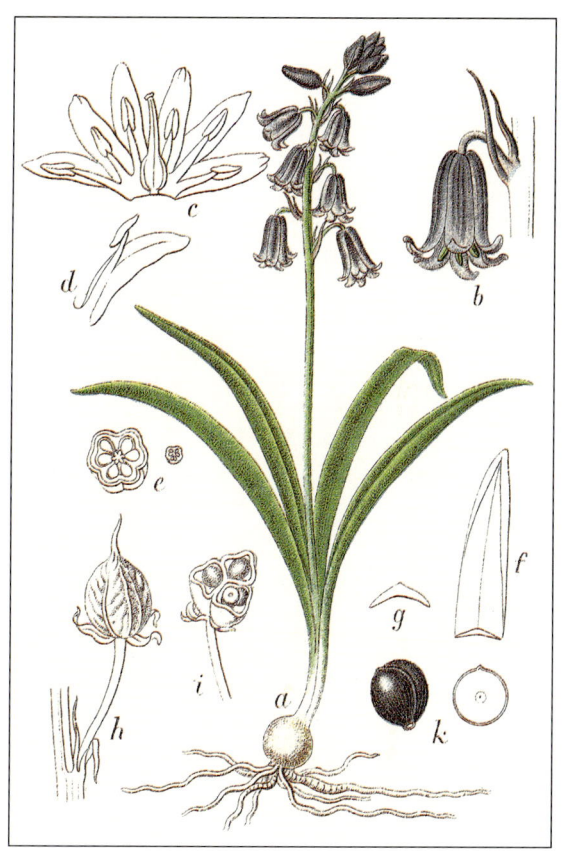

Hasenglöckchen *(Hyacinthoides non-scripta)* *

Tafel 40

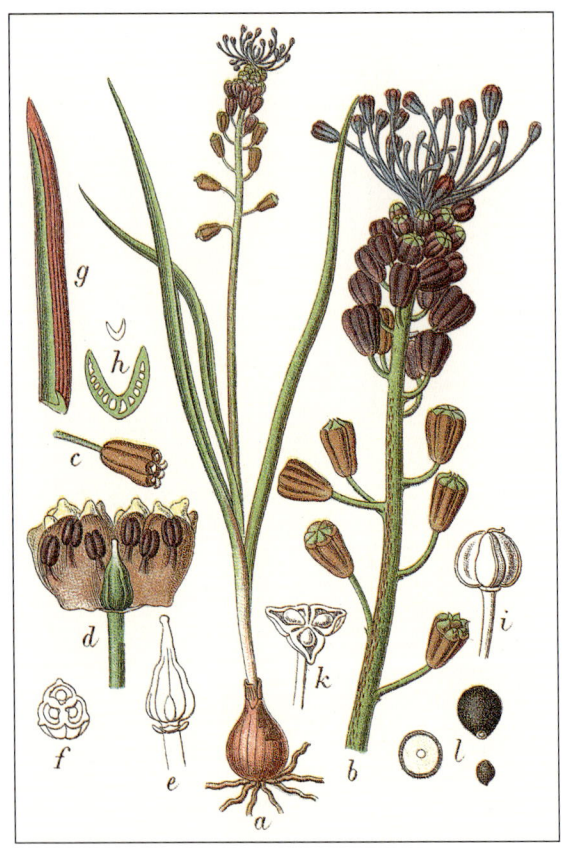

Schopfige Traubenhyazinthe *(Muscari comosum)* *

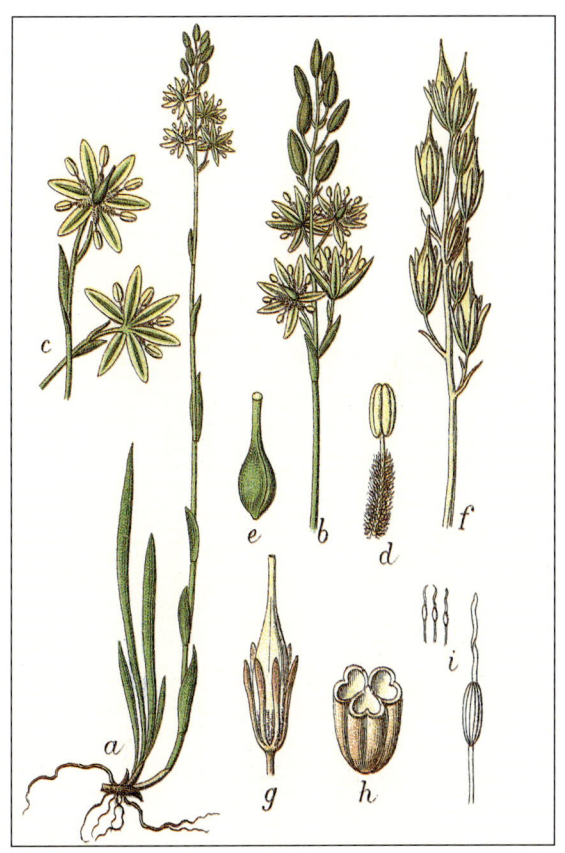

Ährenlilie *(Narthecium ossifragum)* *

Tafel 42

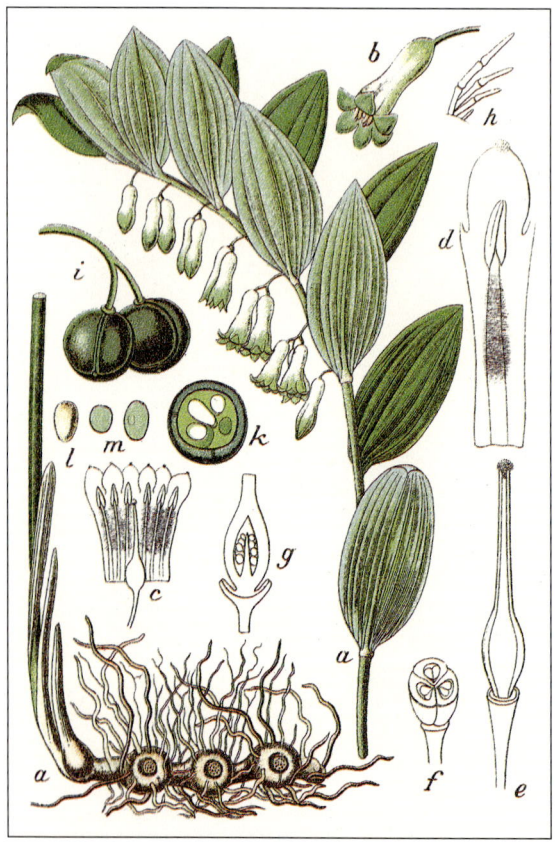

Vielblütige Weißwurz *(Polygonatum multiflorum)*

Tafel 43

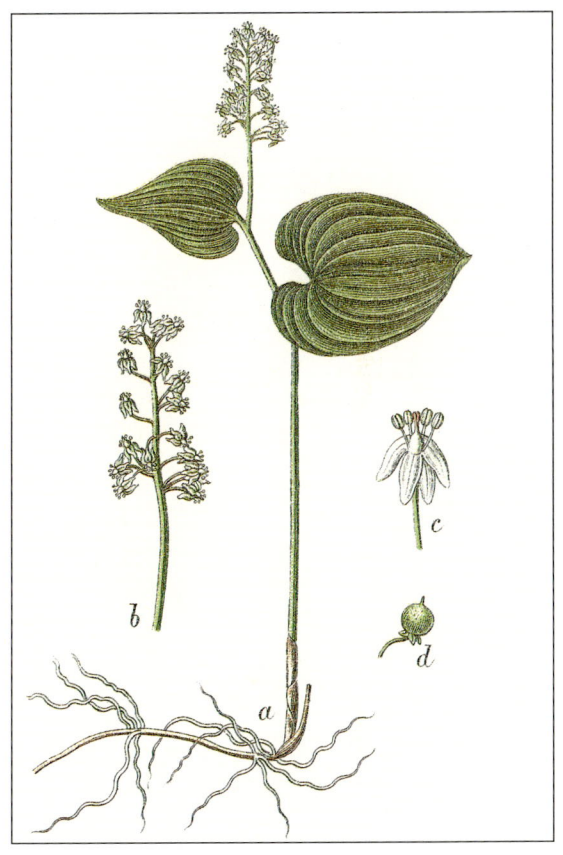

Schattenblümchen *(Maianthemum bifolium)*

Tafel 44

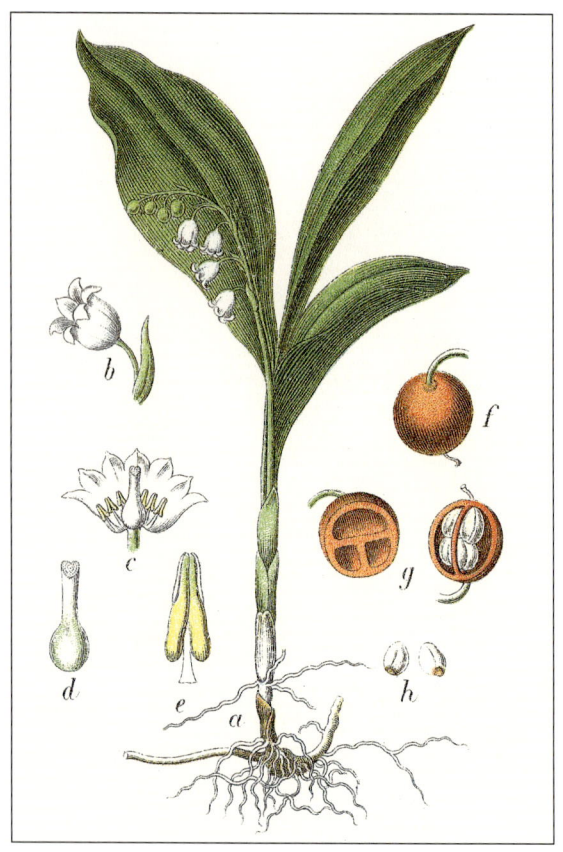

Maiglöckchen *(Convallaria majalis)*

Tafel 45

Einbeere *(Paris quadrifolia)*

Tafel 46

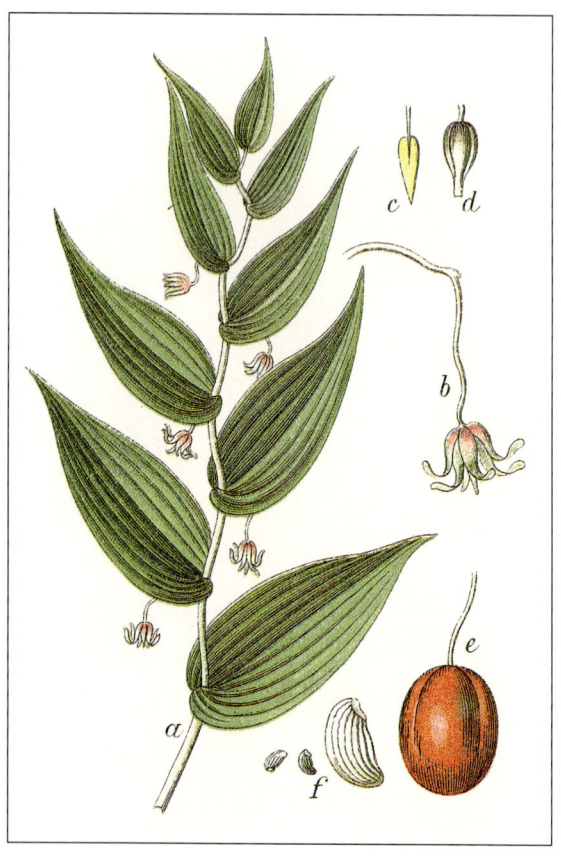

Knotenfuß *(Streptopus amplexifolius)*

Tafel 47

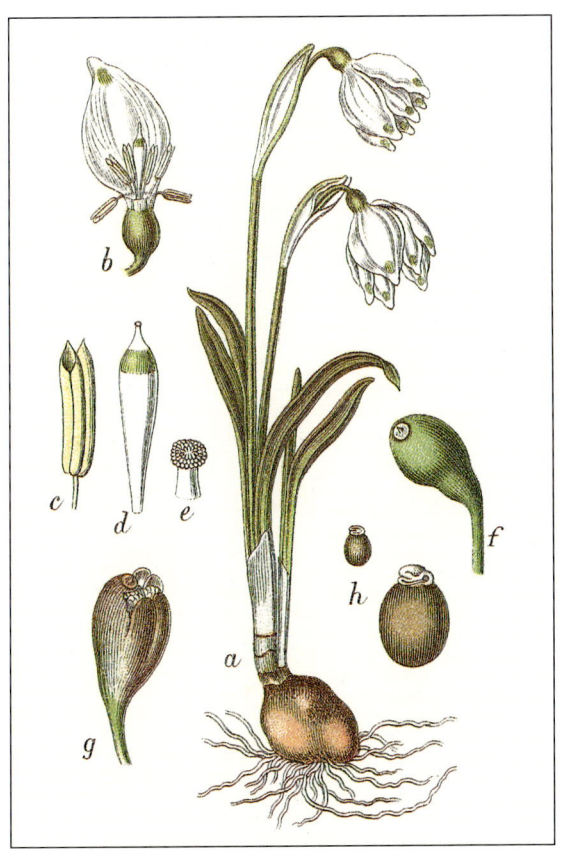

Märzenbecher *(Leucojum vernum)* *

Tafel 48

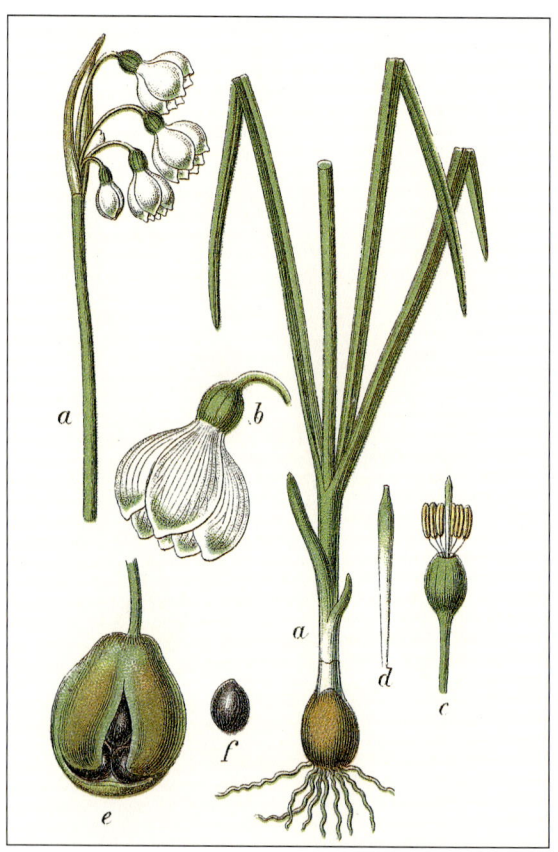

Sommer-Knotenblume *(Leucojum aestivum)* *

Tafel 49

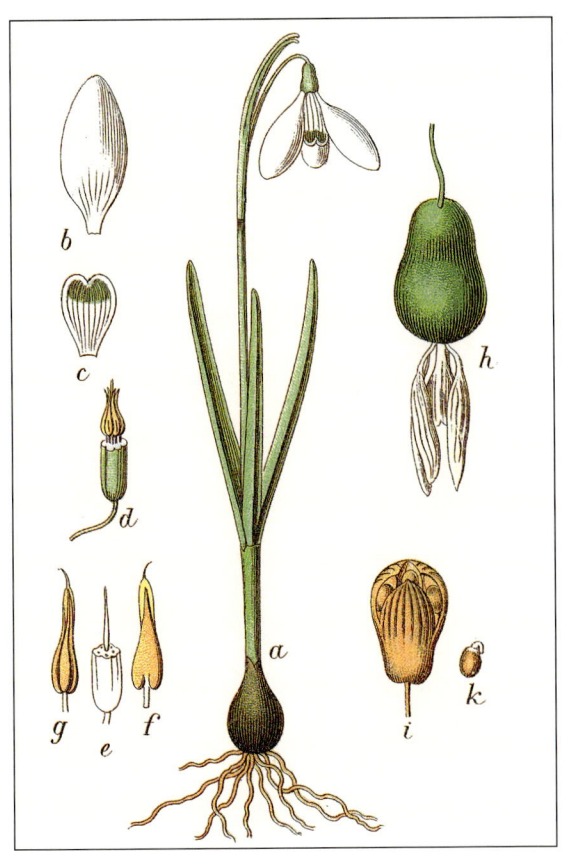

Schneeglöckchen *(Galanthus nivalis)* *

Tafel 50

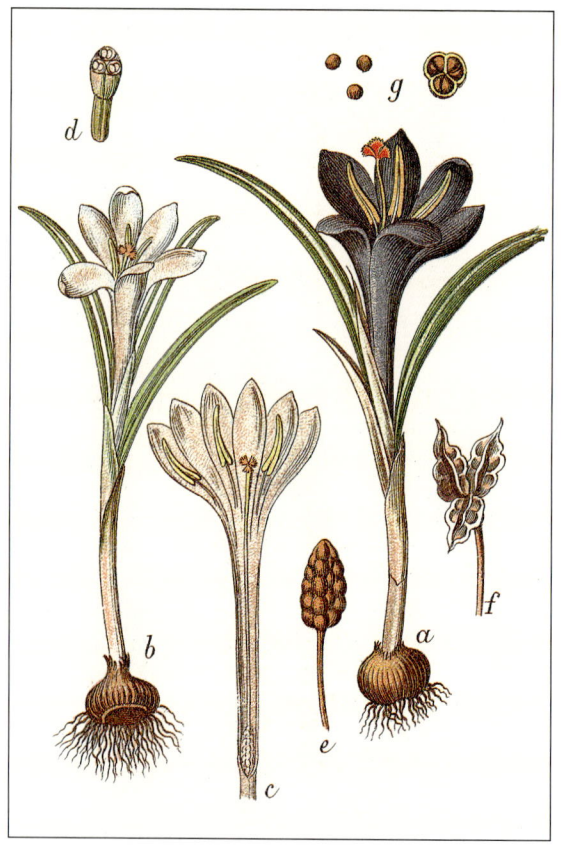

Frühlings-Krokus *(Crocus vernus)* *

Tafel 51

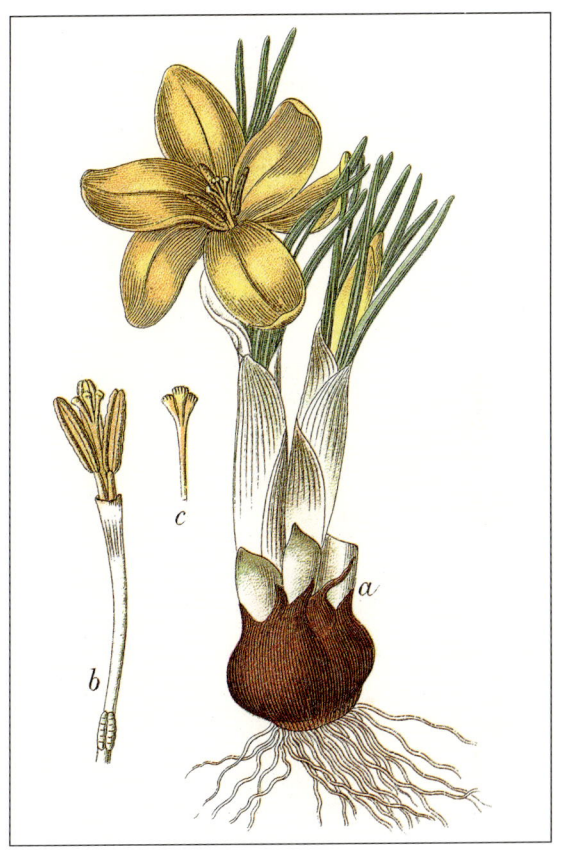

Gold-Krokus *(Crocus flavus)*

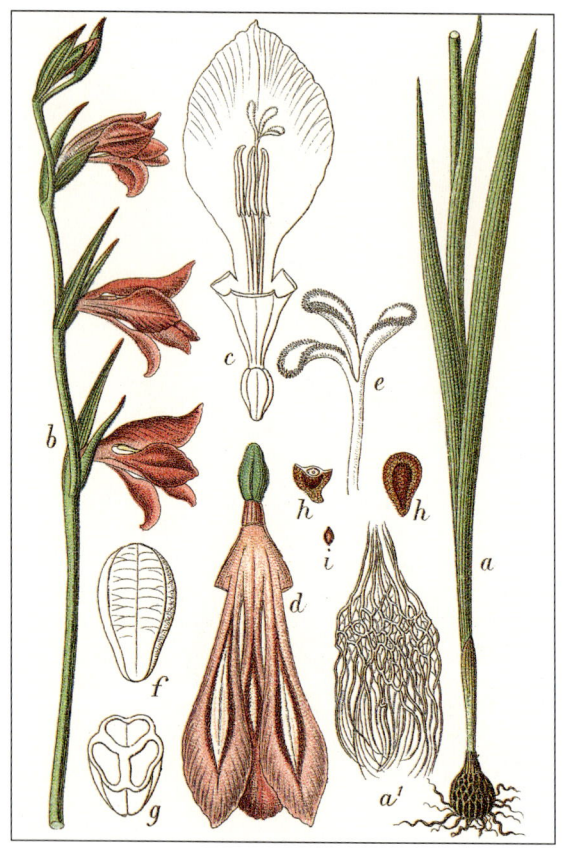

Sumpf-Siegwurz *(Gladiolus palustris)* *

Tafel 53

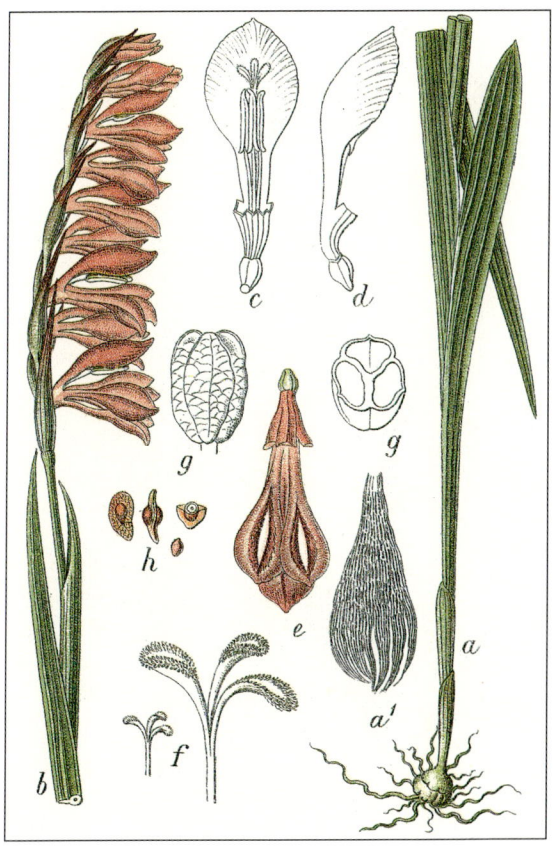

Dachziegelige Siegwurz *(Gladiolus imbricatus)* *

Tafel 54

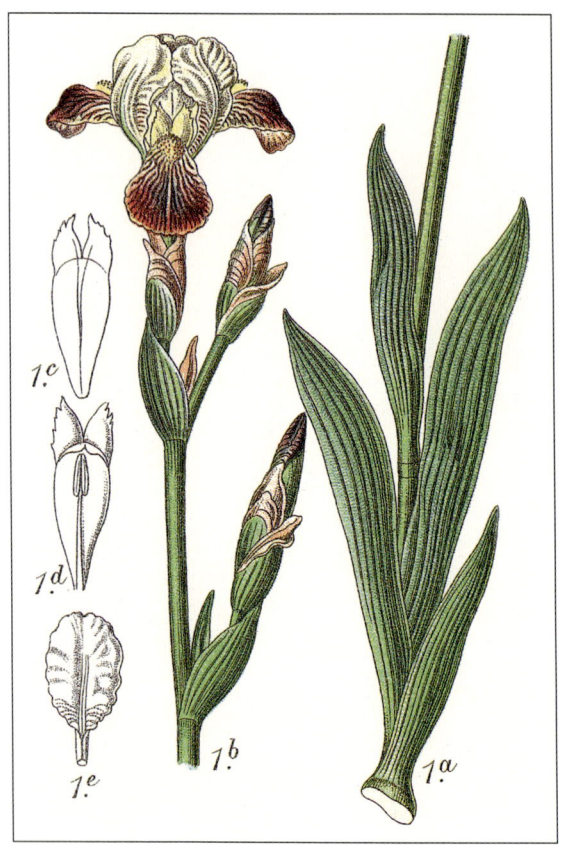

Gelbliche Schwertlilie *(Iris squalens)*

Tafel 55

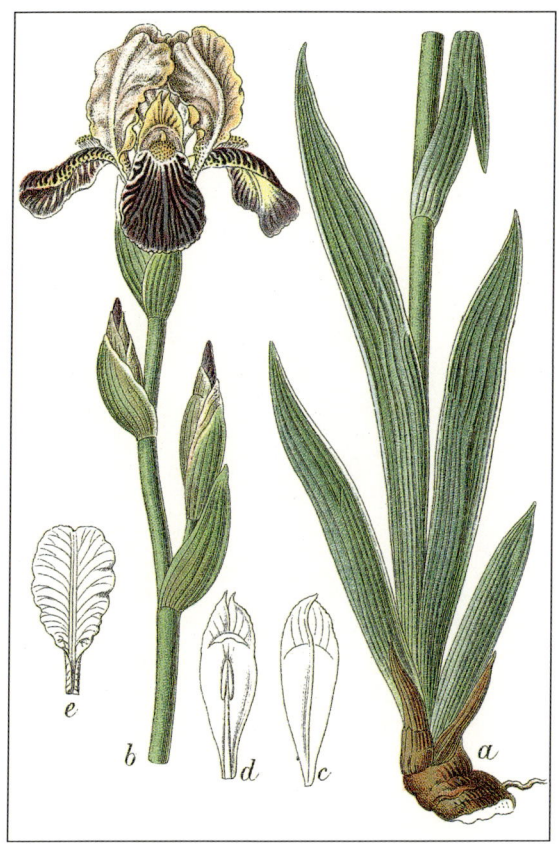

Holunder-Schwertlilie *(Iris sambucina)* *

Tafel 56

Nacktstengelige Schwertlilie *(Iris aphylla)* *

Tafel 57

Bunte Schwertlilie *(Iris variegata)* *

Tafel 58

Bleiche Schwertlilie *(Iris pallida)* *

Tafel 59

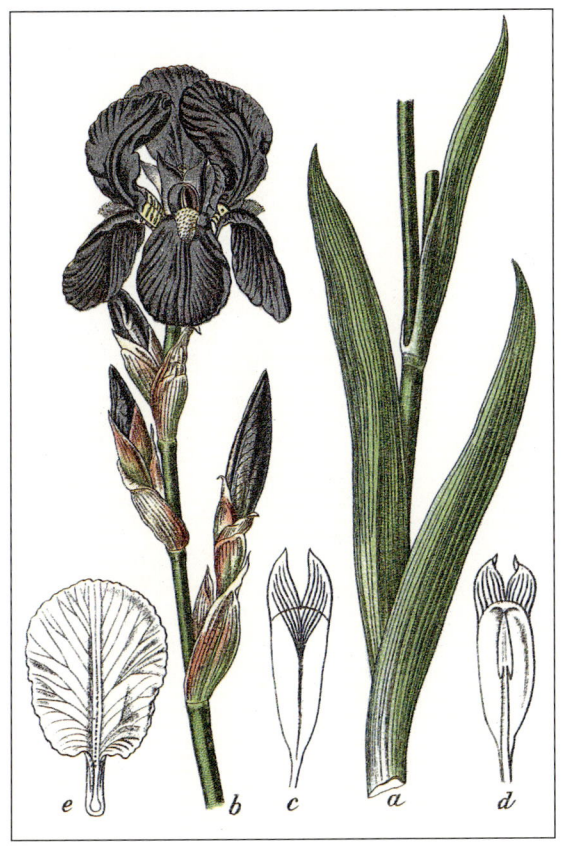

Deutsche Schwertlilie *(Iris germanica)* *

Tafel 60

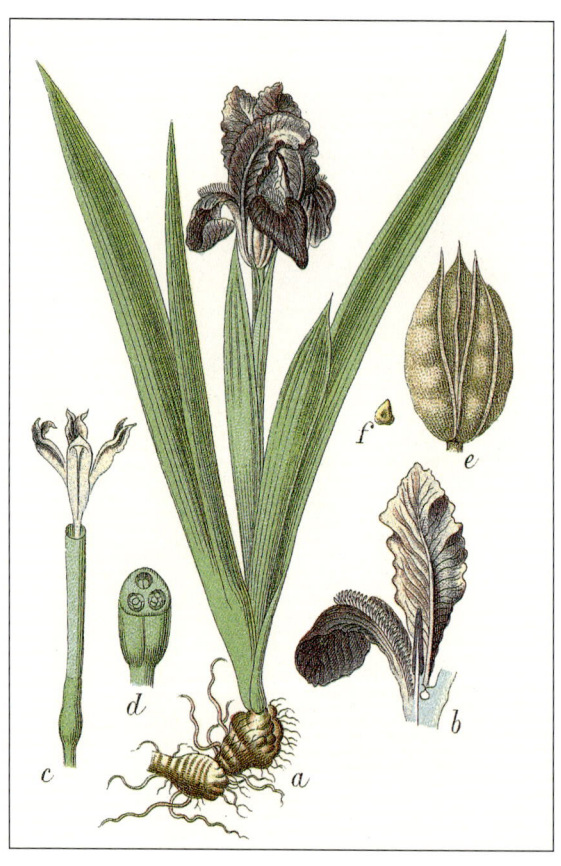

Zwerg-Schwertlilie *(Iris pumila)**

Tafel 61

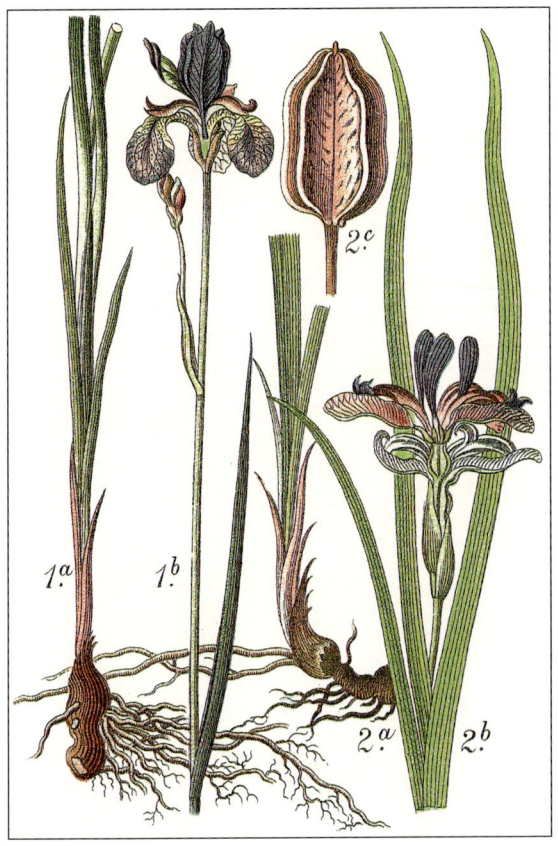

1. Sibirische Schwertlilie *(Iris sibirica)* *
2. Grasblättrige Schwertlilie *(I. graminea)* *

Tafel 62

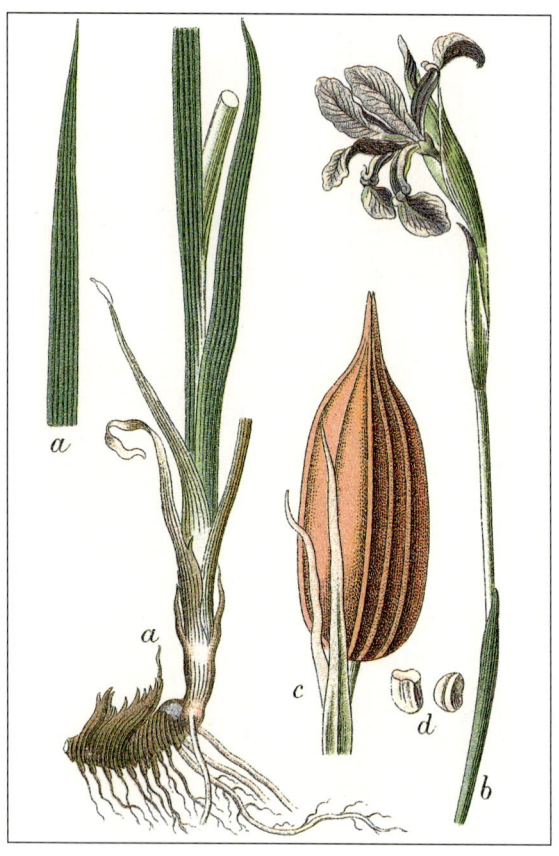

Bastard-Schwertlilie *(Iris spuria)* *

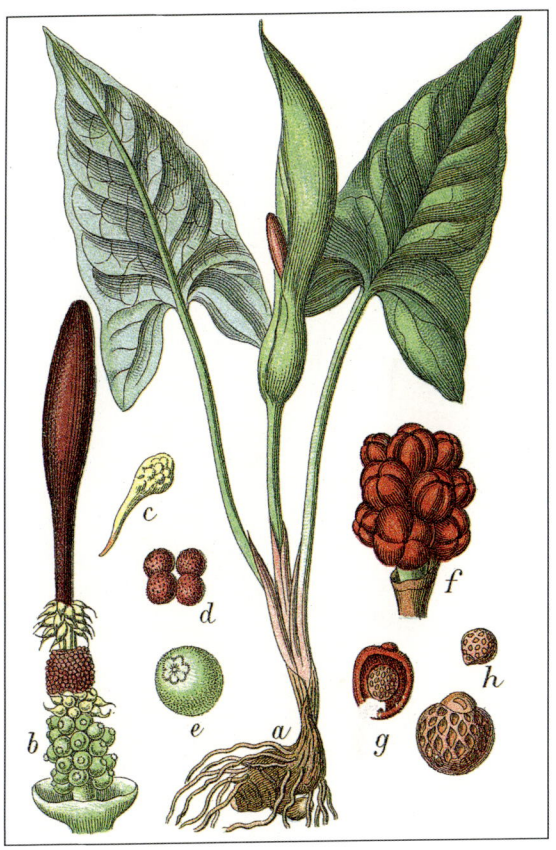

Aronstab *(Arum maculatum)*

Tafel 64

Schlangenwurz *(Calla palustris)* *

Tafel 65

Gelbliches Zypergras *(Cyperus flavescens)*

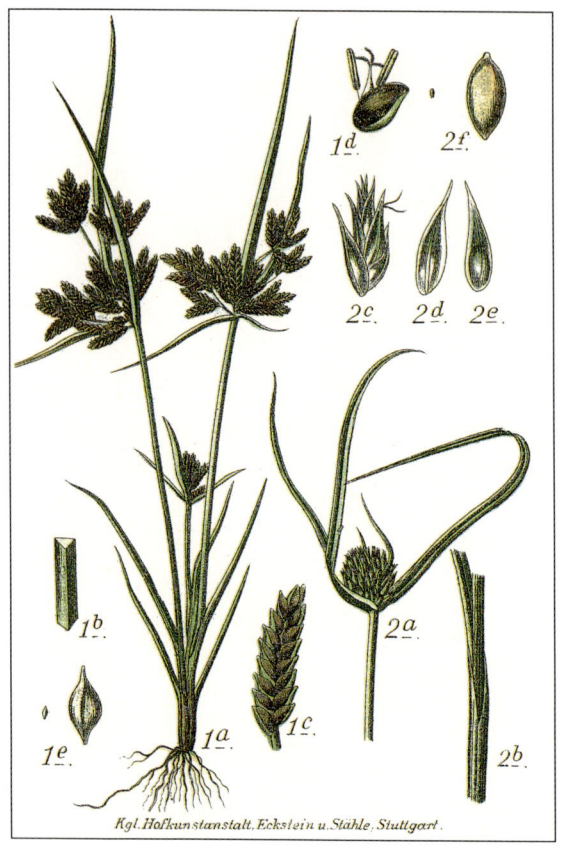

Braunes Zypergras *(Cyperus fuscus)*

Tafel 67

1. Hohes Zypergras *(Cyperus longus)*
2. Kastanienbraunes Zypergras *(C. badius)*

Tafel 68

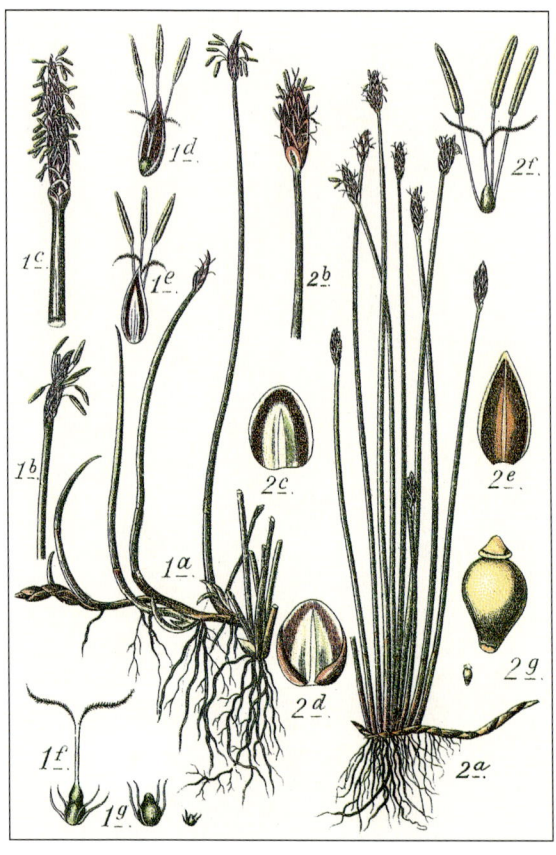

1. Gewöhnliche Sumpfsimse *(Eleocharis palustris)*
2. Einspelzige Sumpfsimse *(E. uniglumis)*

Tafel 69

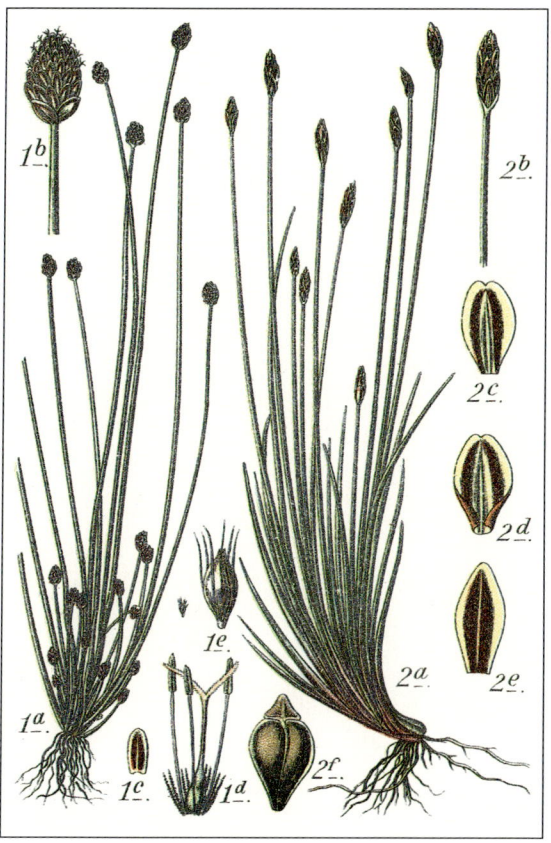

1. Eiköpfige Sumpfsimse *(Eleocharis ovata)*
2. Vielstengelige Sumpfsimse *(E. multicaulis)*

Tafel 70

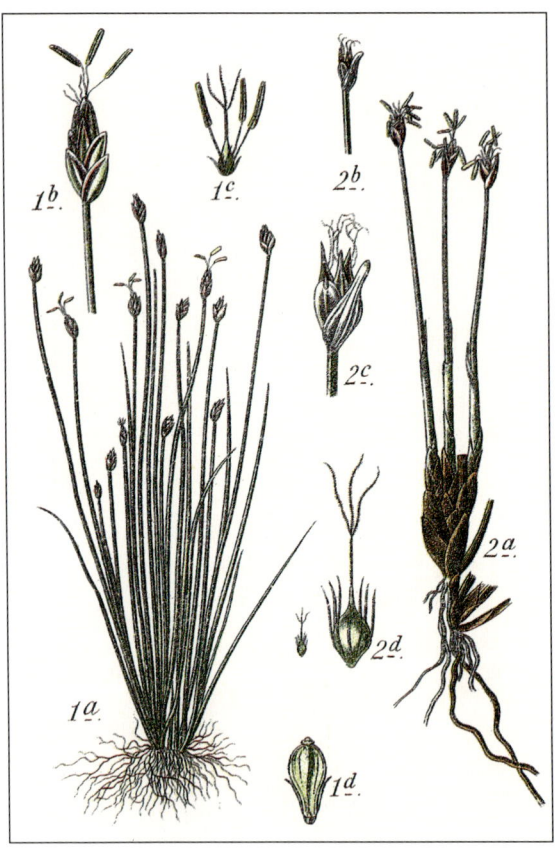

1. Nadelsimse *(Eleocharis acicularis)*
2. Rasige Haarsimse *(Trichophorum cespitosum)*

Tafel 71

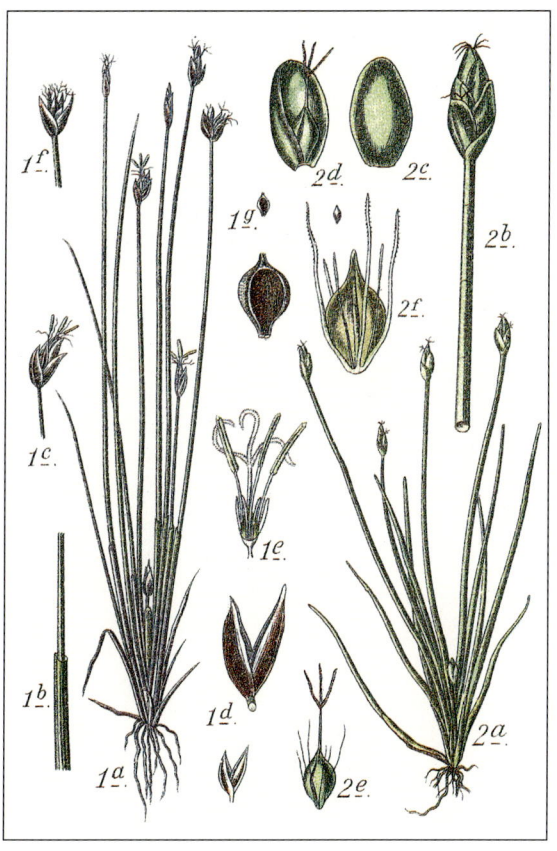

1. Wenigblütige Sumpfsimse *(Eleocharis quinqueflora)*
2. Kleine Sumpfsimse *(E. parvula)*

Tafel 72

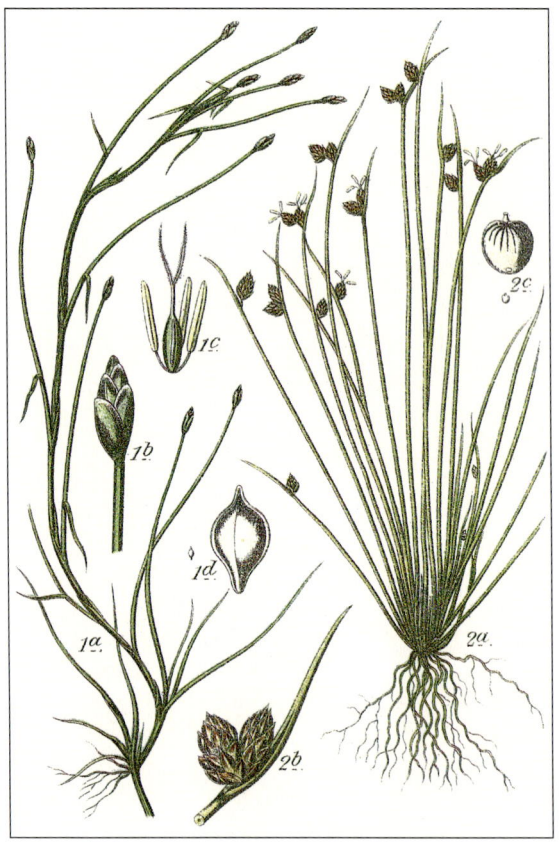

1. Flutende Moorsimse *(Isolepis fluitans)*
2. Borstige Moorsimse *(I. setacea)*

Tafel 73

1. Niedrige Teichsimse *(Schoenoplectus supinus)*
2. Stachelspitzige Teichsimse *(S. mucronatus)*

Tafel 74

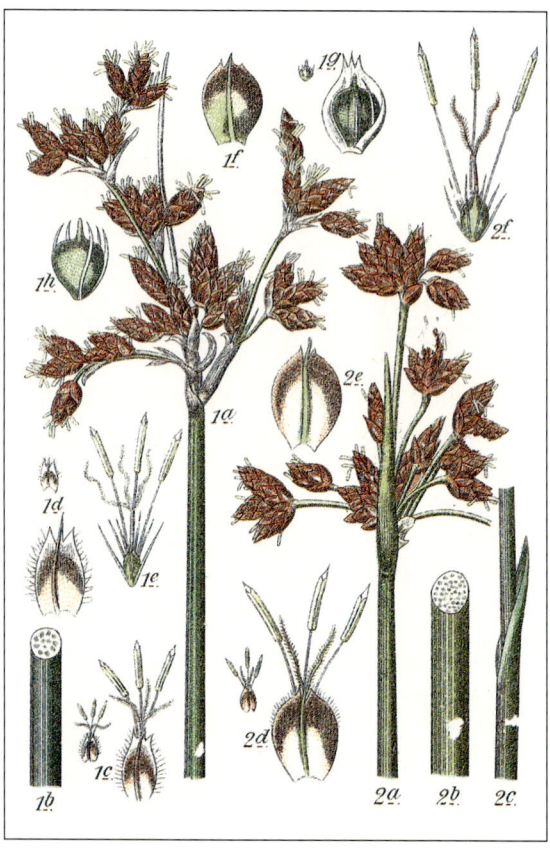

1. Gewöhnliche Teichsimse *(Schoenoplectus lacustris)*
2. Gekielte Teichsimse *(S. x carinatus)*

Tafel 75

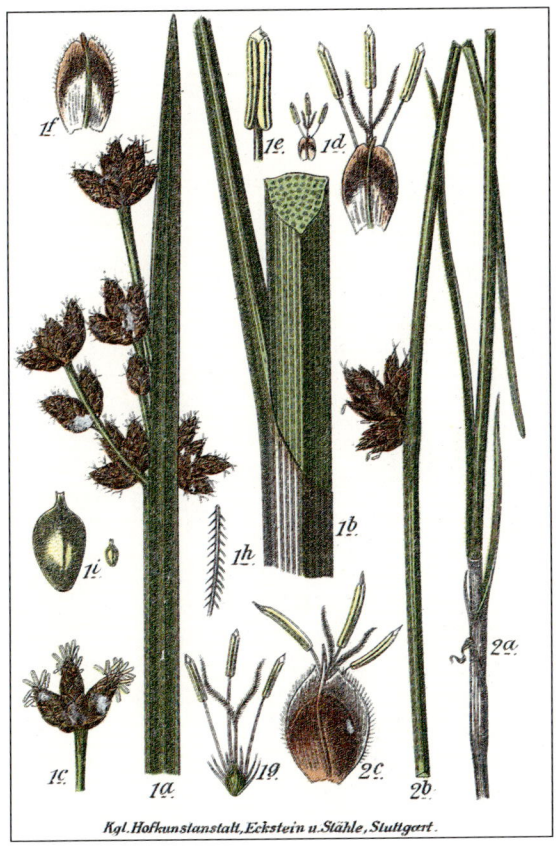

1. Dreikantige Teichsimse *(Schoenoplectus triqueter)*
2. Stechende Teichsimse *(S. pungens)*

Tafel 76

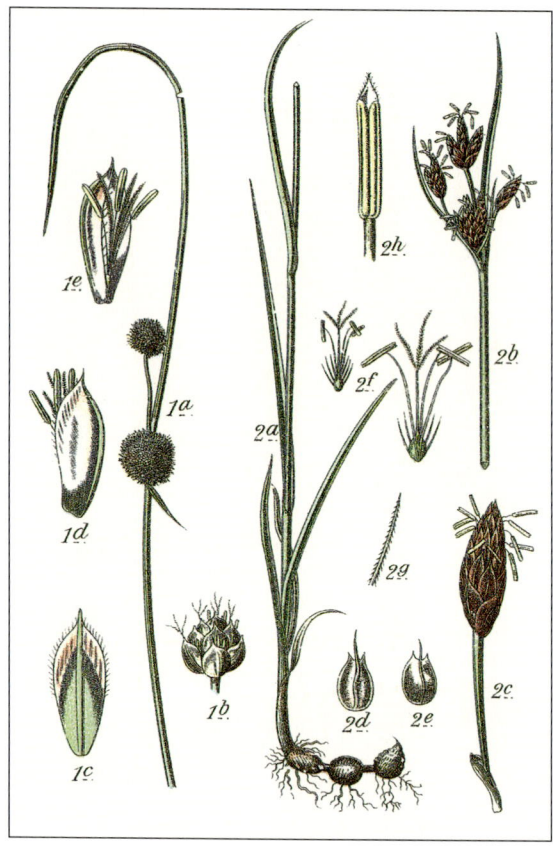

1. Kugelsimse *(Scirpoides holoschoenus)*
2. Strandsimse *(Bolboschoenus maritimus)*

Tafel 77

1. Wald-Simse *(Scirpus sylvaticus)*
2. Wurzelnde Simse *(S. radicans)*

Tafel 78

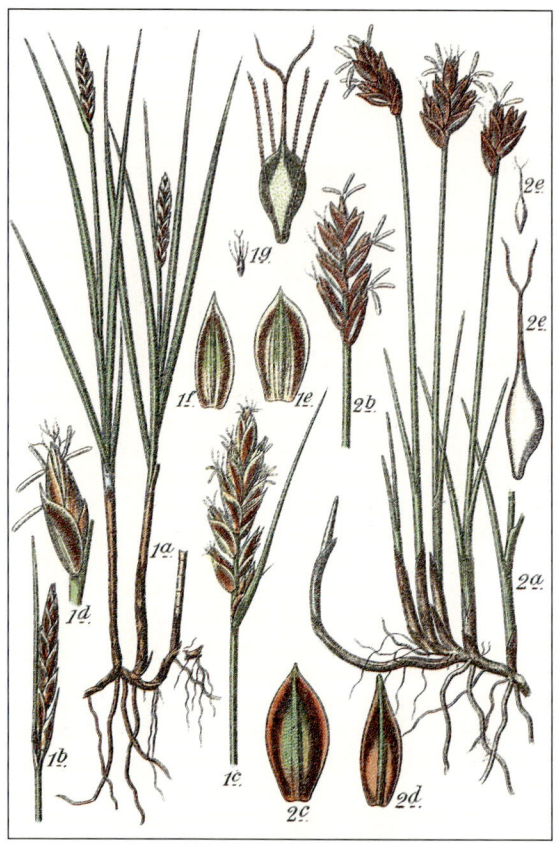

1. Flaches Quellried *(Blysmus compressus)*
2. Rotbraunes Quellried *(B. rufus)*

Tafel 79

1. Alpen-Haarsimse *(Trichophorum alpinum)*
2. Scheidiges Wollgras *(Eriophorum vaginatum)*

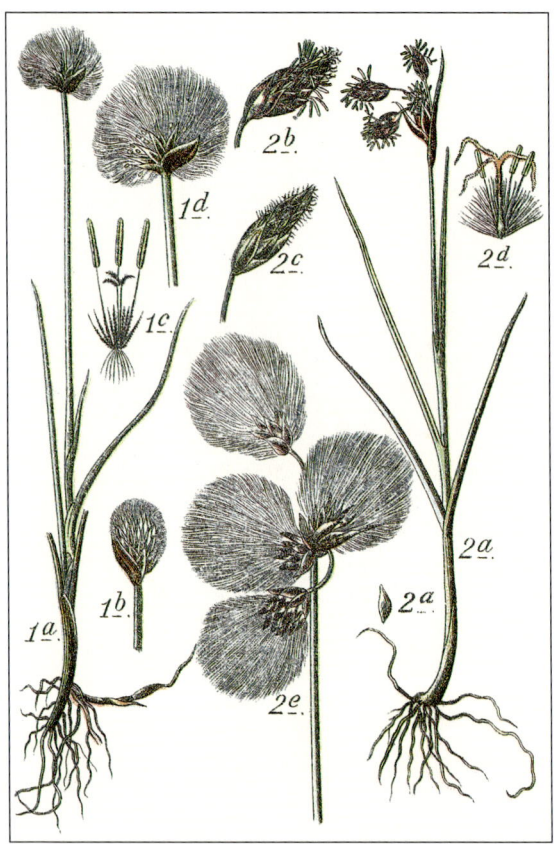

1. Scheuchzers Wollgras *(Eriophorum scheuchzeri)*
2. Schmalblättriges Wollgras *(E. angustifolium)*

Tafel 81

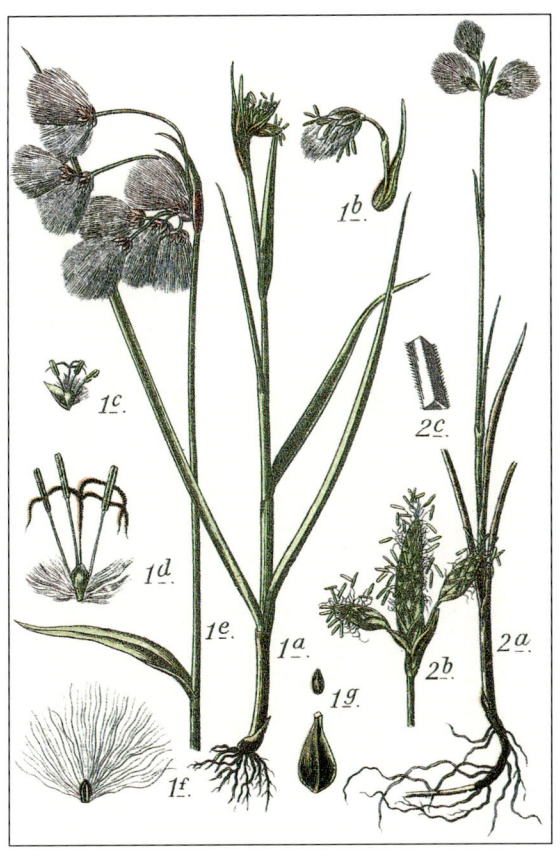

1. Breitblättriges Wollgras *(Eriophorum latifolium)*
2. Zierliches Wollgras *(E. gracile)*

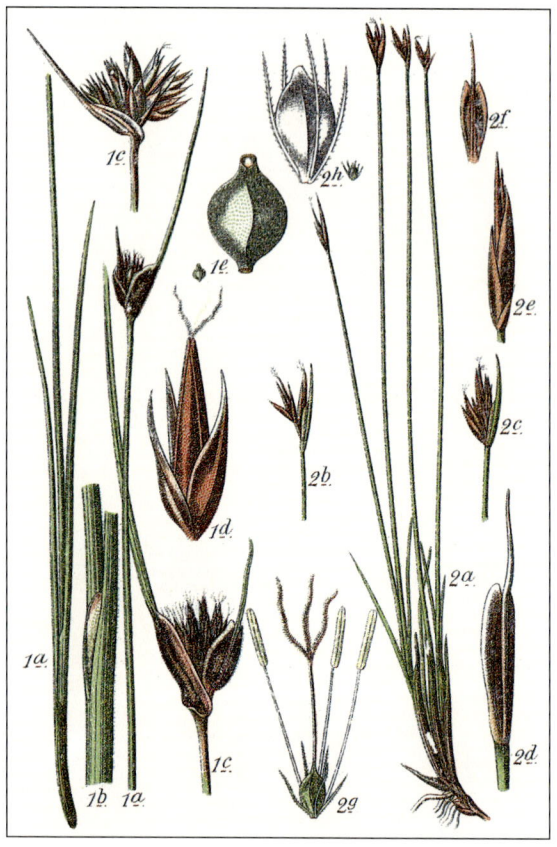

1. Schwarzes Kopfried *(Schoenus nigricans)*
2. Rostrotes Kopfried *(S. ferrugineus)*

Tafel 83

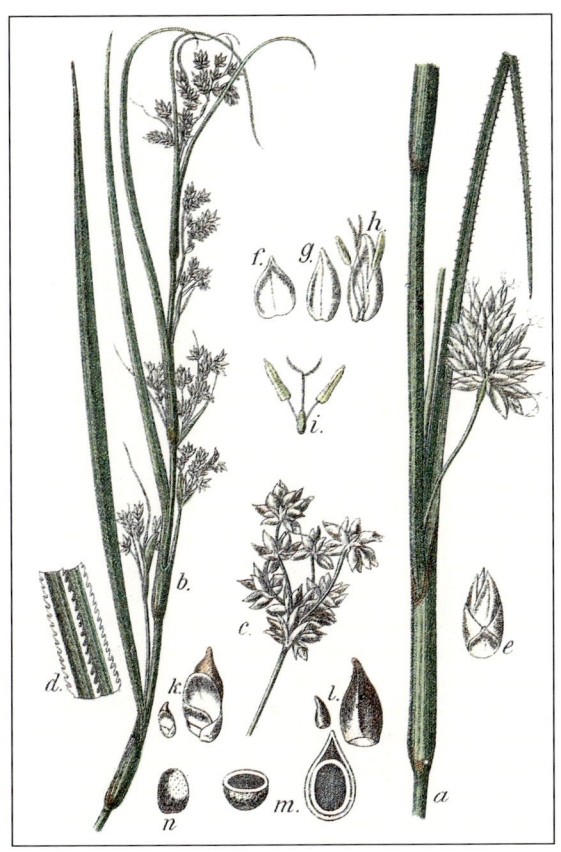

Schneide *(Cladium mariscus)*

Tafel 84

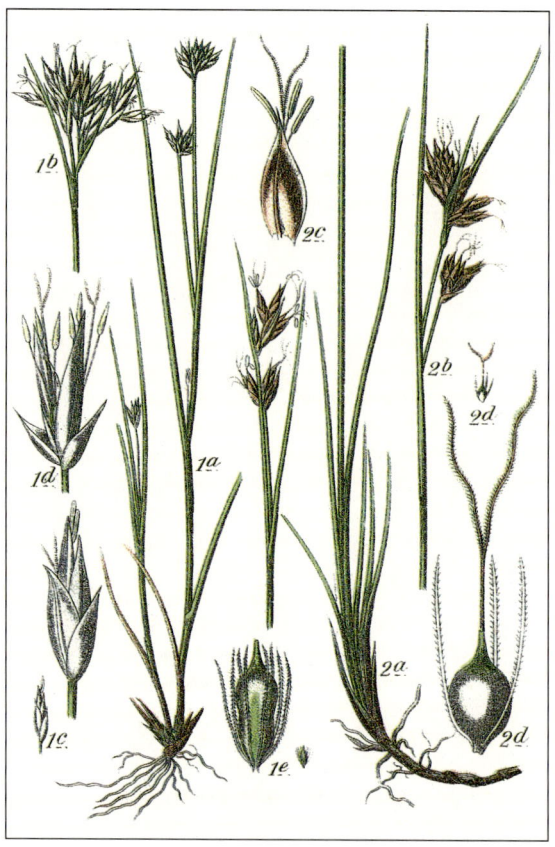

1. Weißes Schnabelried *(Rhynchospora alba)*
2. Braunes Schnabelried *(R. fusca)*

Tafel 85

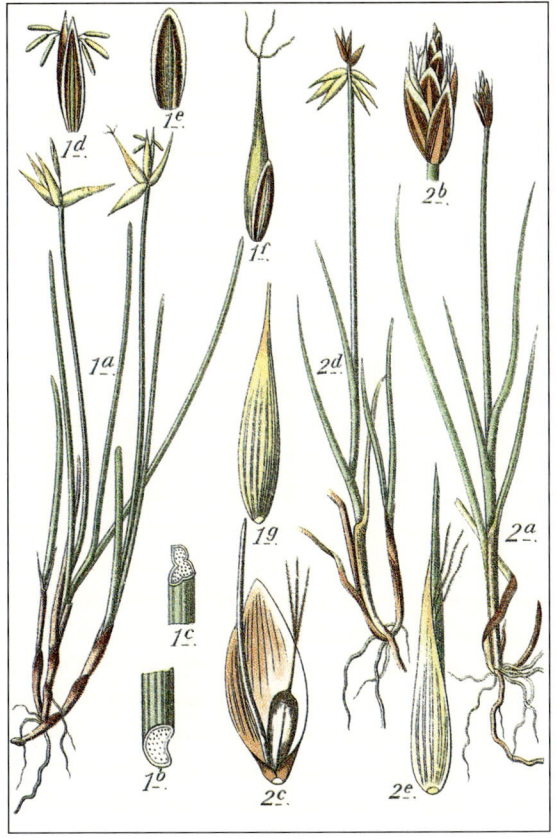

1. Wenigblütige Segge *(Carex pauciflora)*
2. Kleingrannige Segge *(C. microglochin)*

Tafel 86

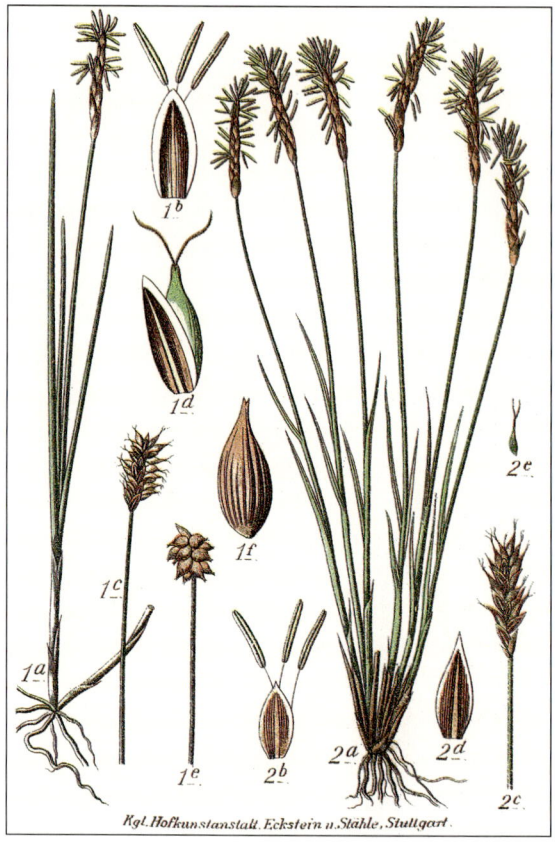

1. Zweihäusige Segge *(Carex dioica)*
2. Torf-Segge *(C. davalliana)*

Tafel 87

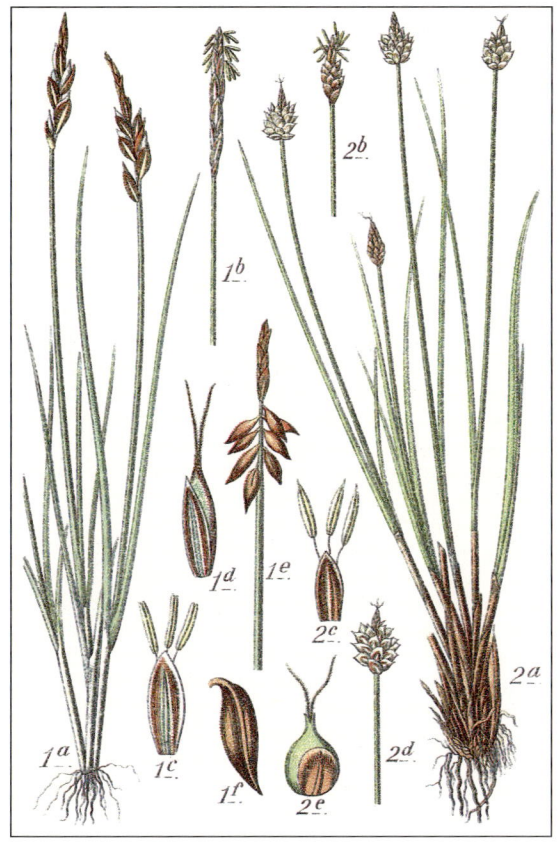

1. Floh-Segge *(Carex pulicaris)*
2. Kopf-Segge *(C. capitata)*

Tafel 88

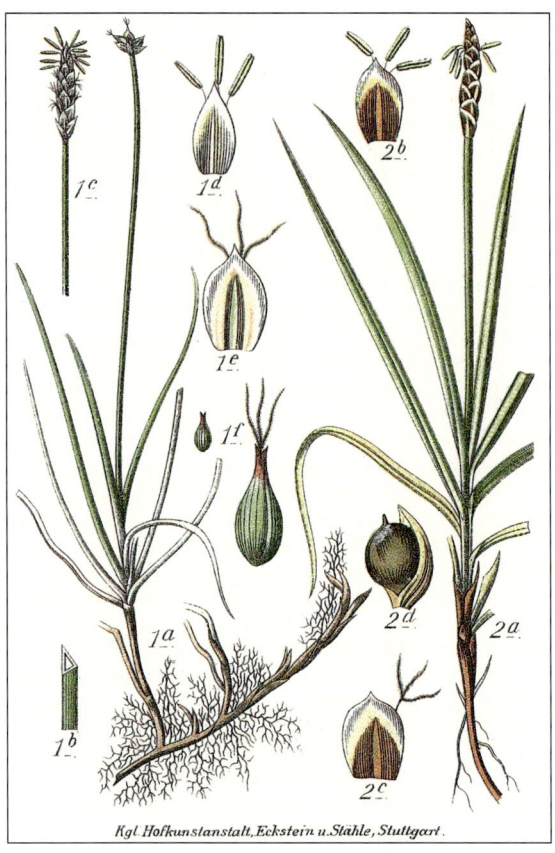

1. Stumpfe Segge *(Carex obtusata)*
2. Felsen-Segge *(C. rupestris)*

Tafel 89

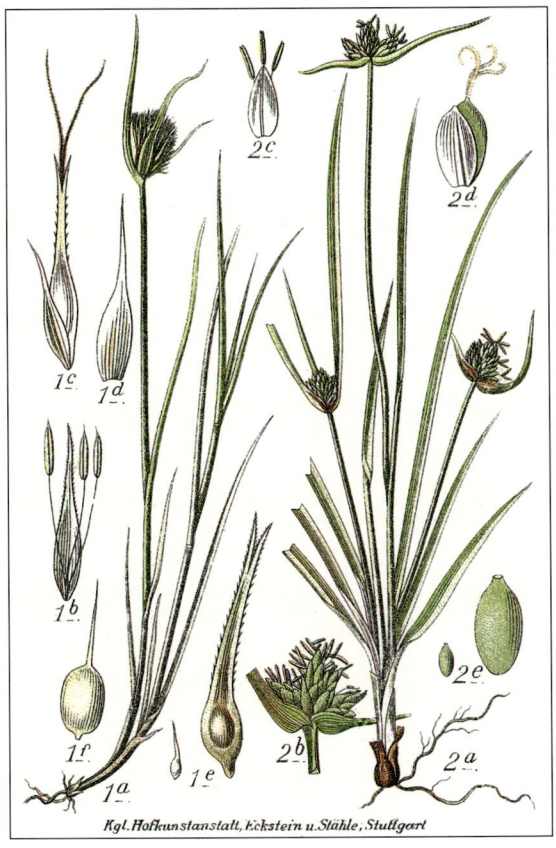

1. Zypergras-Segge *(Carex bohemica)*
2. Monte-Baldo-Segge *(C. baldensis)*

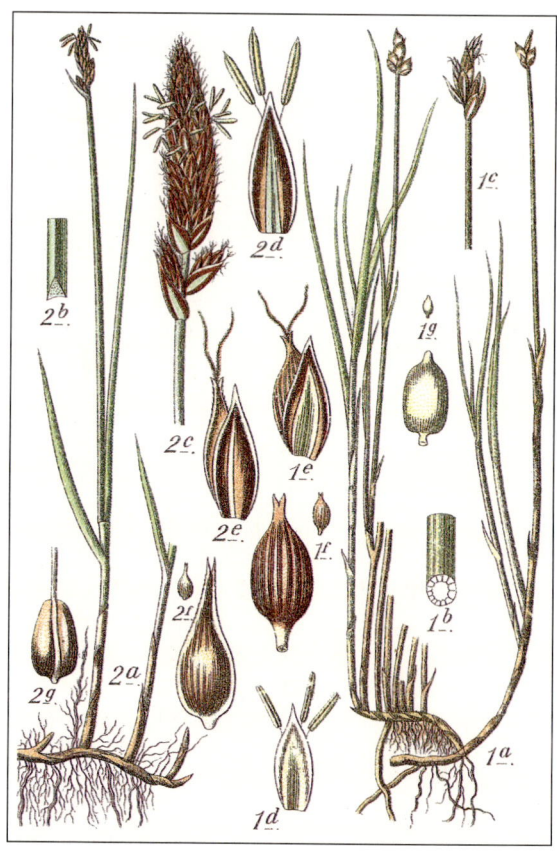

1. Fadenwurzelige Segge *(Carex chordorrhiza)*
2. Zweizeilige Segge *(C. disticha)*

Tafel 91

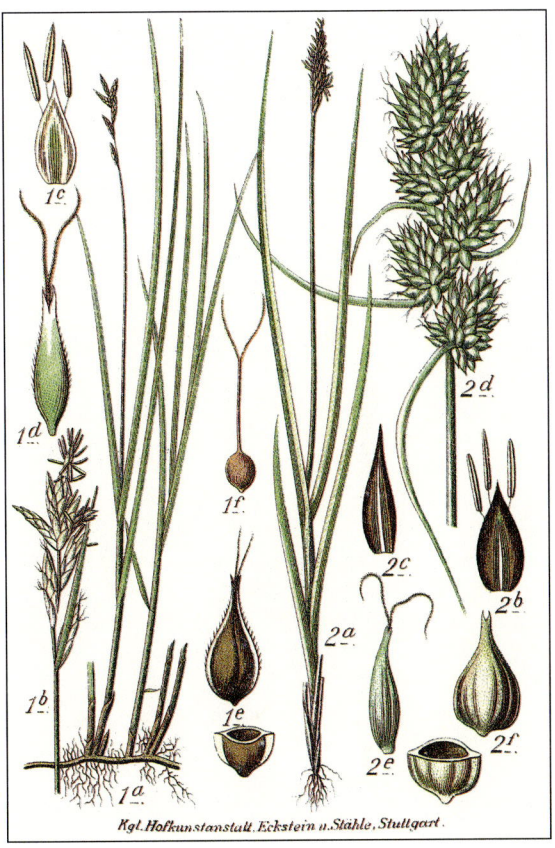

1. Zittergras-Segge *(Carex brizoides)*
2. Fuchs-Segge *(C. vulpina)*

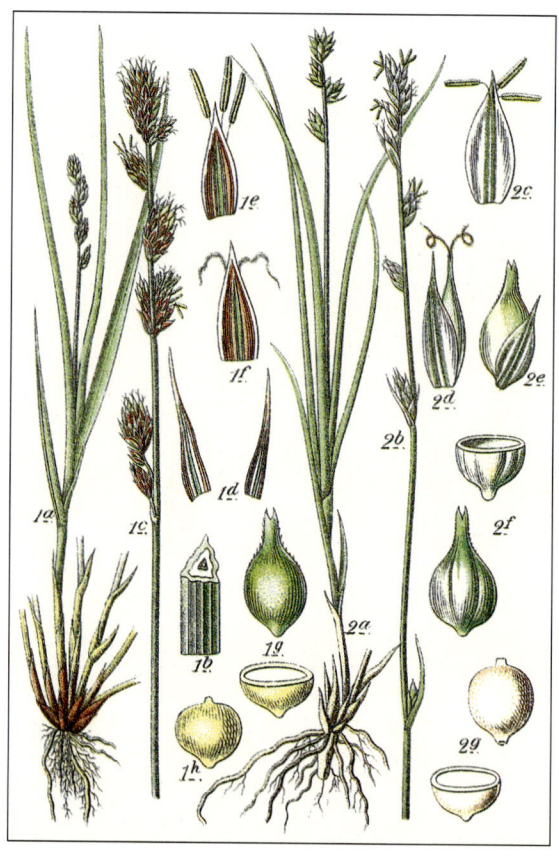

1. Sparrige Segge *(Carex muricata)*
2. Unterbrochenährige Segge *(C. divulsa)*

Tafel 93

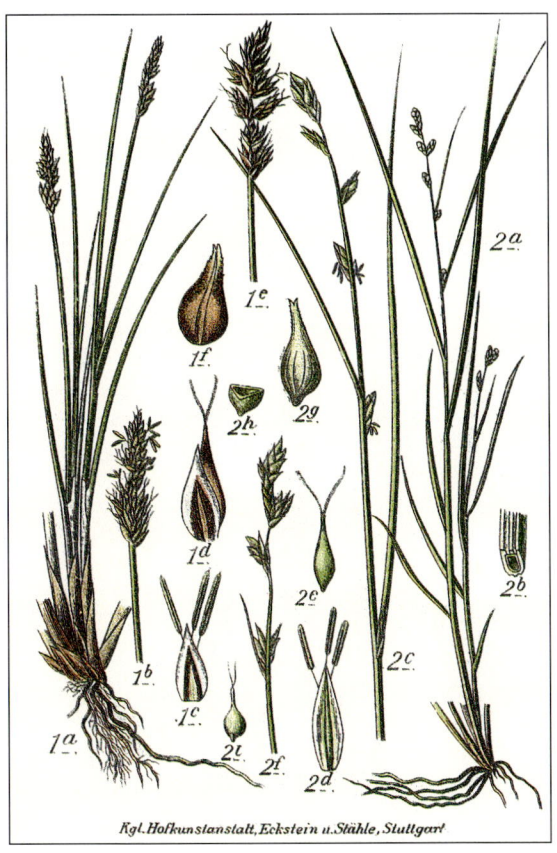

1. Draht-Segge *(Carex diandra)*
2. Winkel-Segge *(C. remota)*

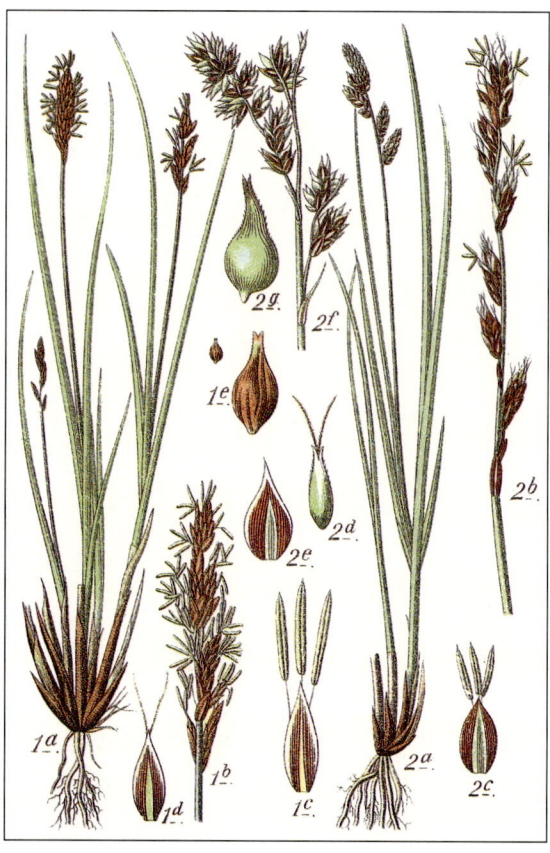

1. Schwarzschopf-Segge *(Carex appropinquata)*
2. Rispen-Segge *(C. paniculata)*

Tafel 95

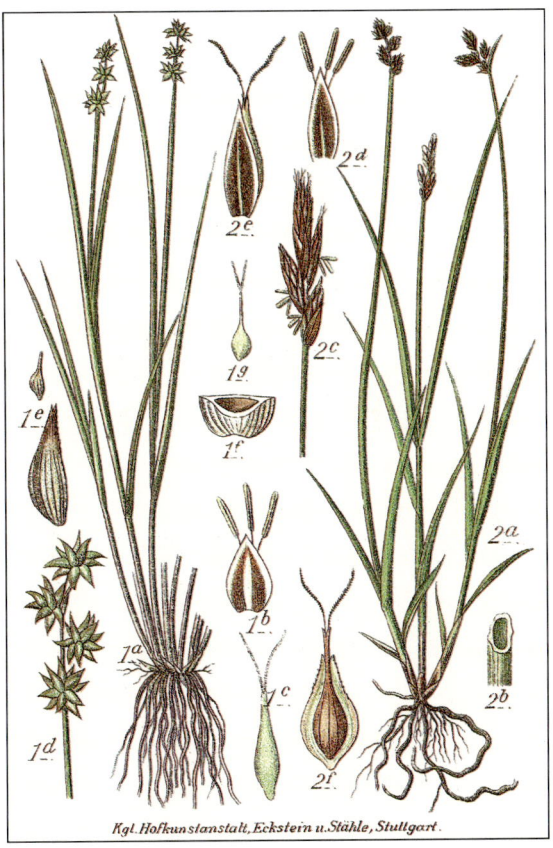

1. Igel-Segge *(Carex echinata)*
2. Hasenpfoten-Segge *(C. ovalis)*

Tafel 96

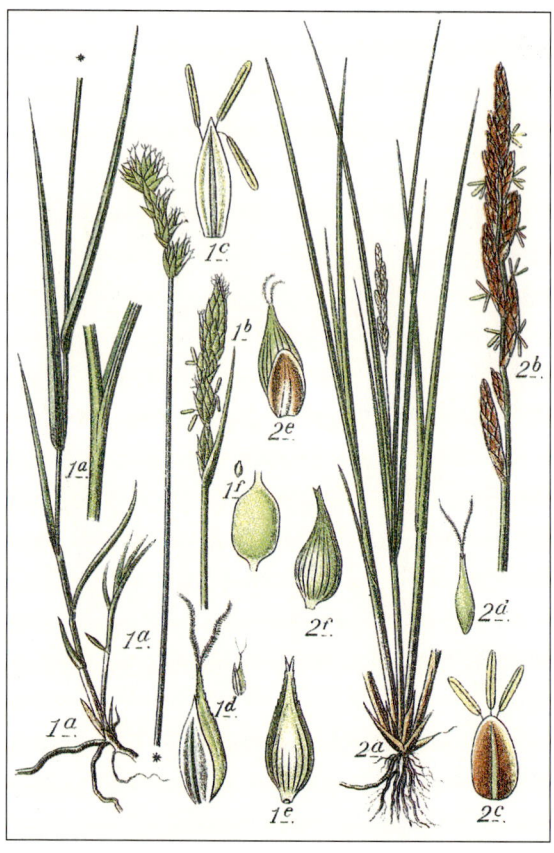

1. Weißspitzige Hasenpfoten-Segge
   (Carex ovalis var. *argyroglochin)*
2. Walzen-Segge *(C. elongata)*

Tafel 97

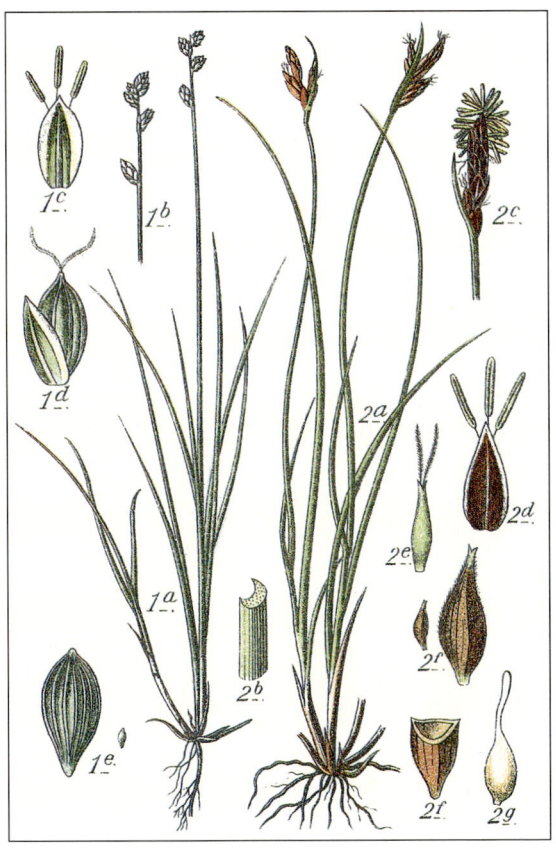

1. Lolchartige Segge *(Carex loliacea)*
2. Stachelspitzige Segge *(C. mucronata)*

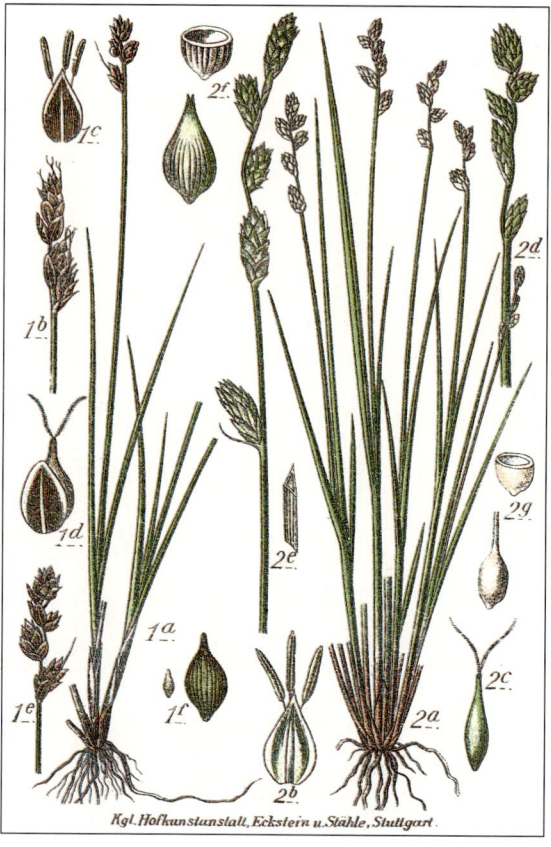

1. Schlenken-Segge *(Carex heleonastes)*
2. Graue Segge *(C. canescens)*

Tafel 99

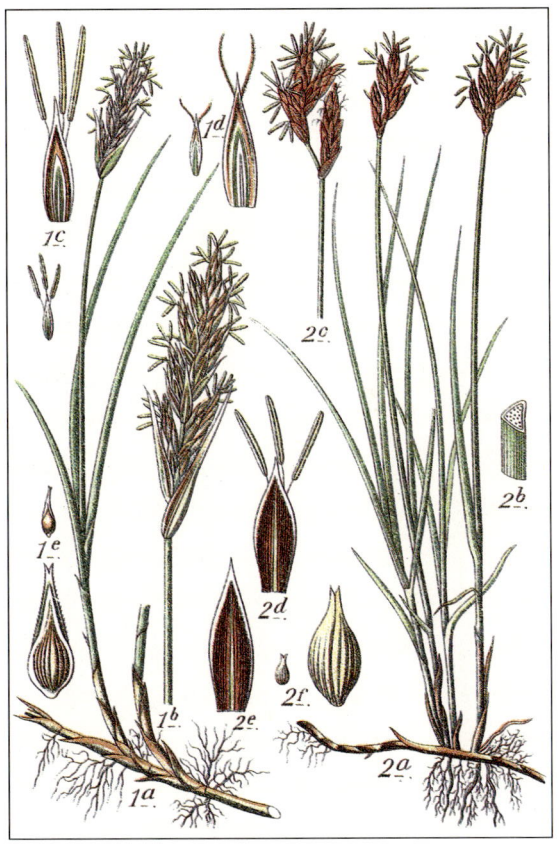

1. Sand-Segge *(Carex arenaria)*
2. Frühe Segge *(C. praecox)*

Tafel 100

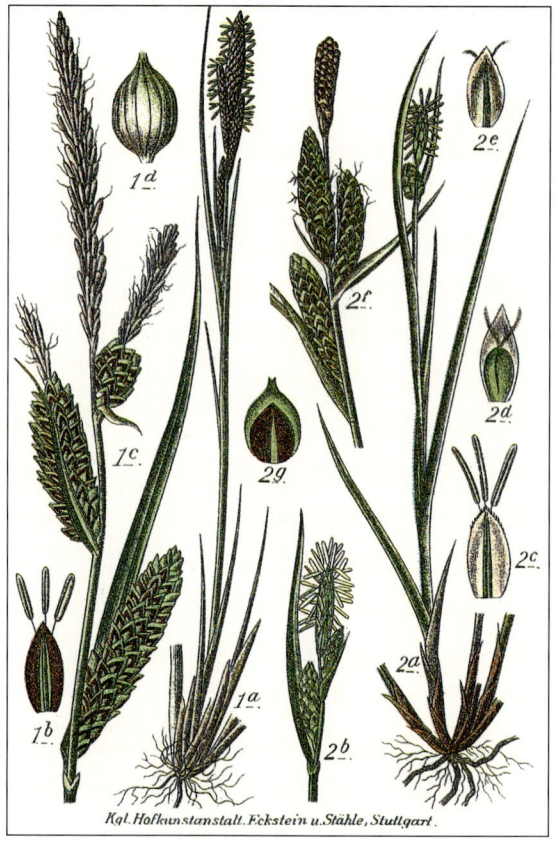

1. Steife Segge *(Carex elata)*
2. Wiesen-Segge *(C. nigra)*

Tafel 101

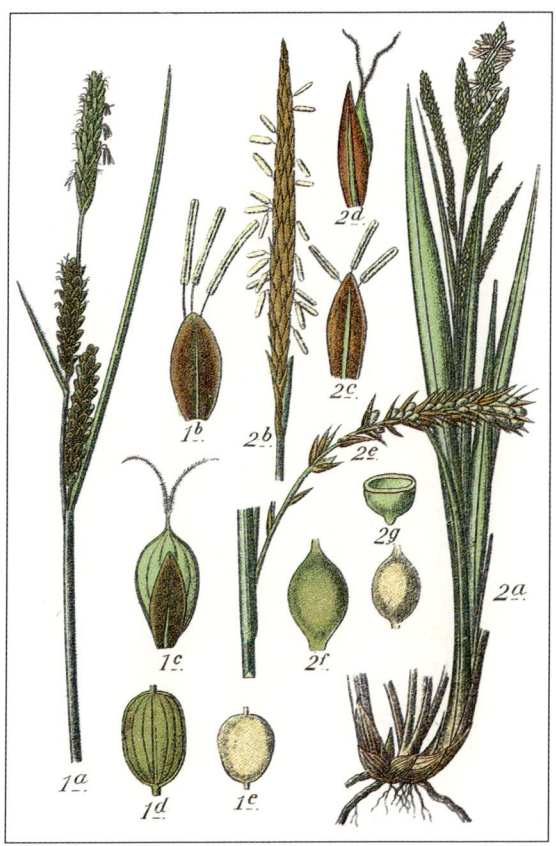

1. Bastard-Steif-Segge *(Carex x turfosa)*
2. Schlank-Segge *(C. acuta)*

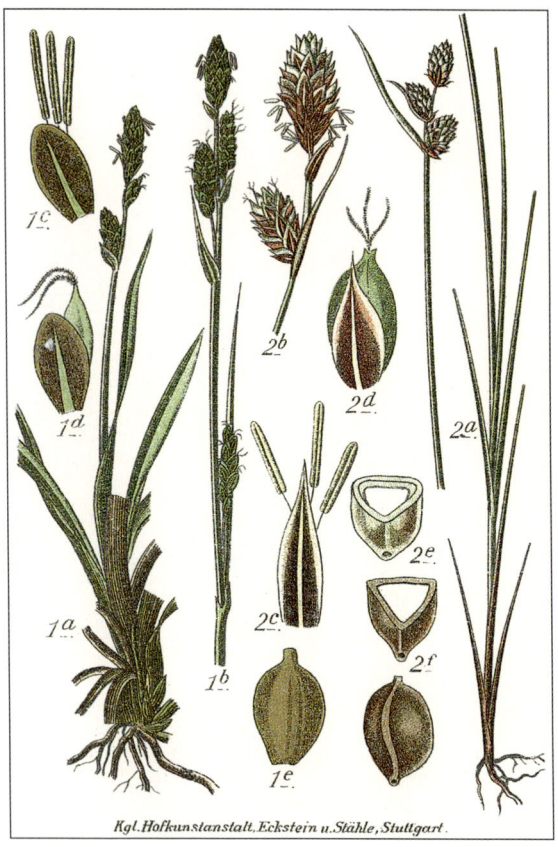

1. Starre Segge *(Carex bigelowii)*
2. Buxbaums Segge *(C. buxbaumii)*

Tafel 103

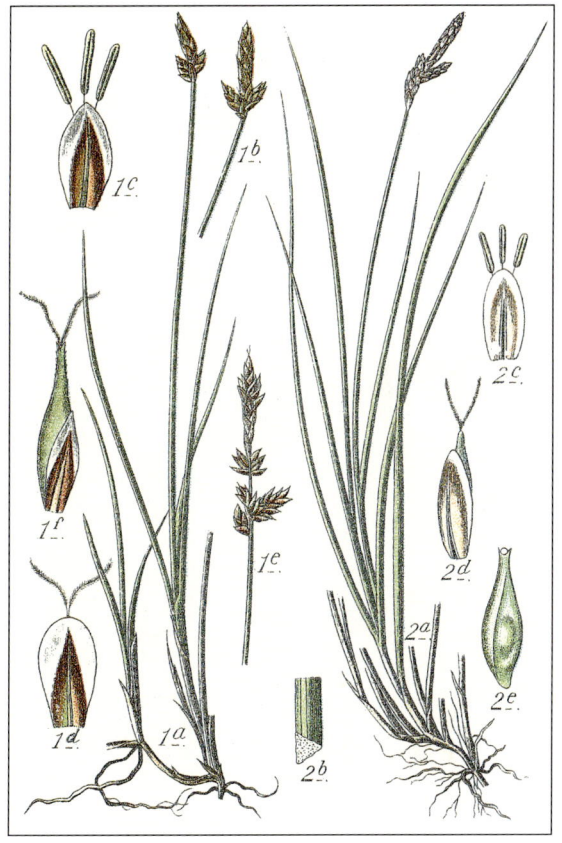

1. Gaudins Segge *(Carex x gaudiniana)*
2. Kleinährige Segge *(C. x microstachya)*

Tafel 104

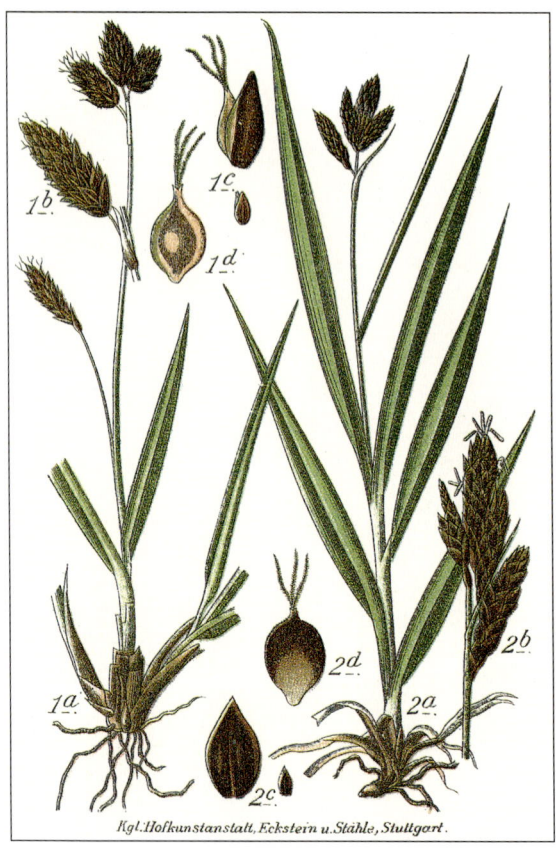

1. Glatte Trauer-Segge *(Carex atrata* ssp. *atrata)*
2. Rauhe Trauer-Segge *(C. atrata* ssp. *aterrima)*

Tafel 105

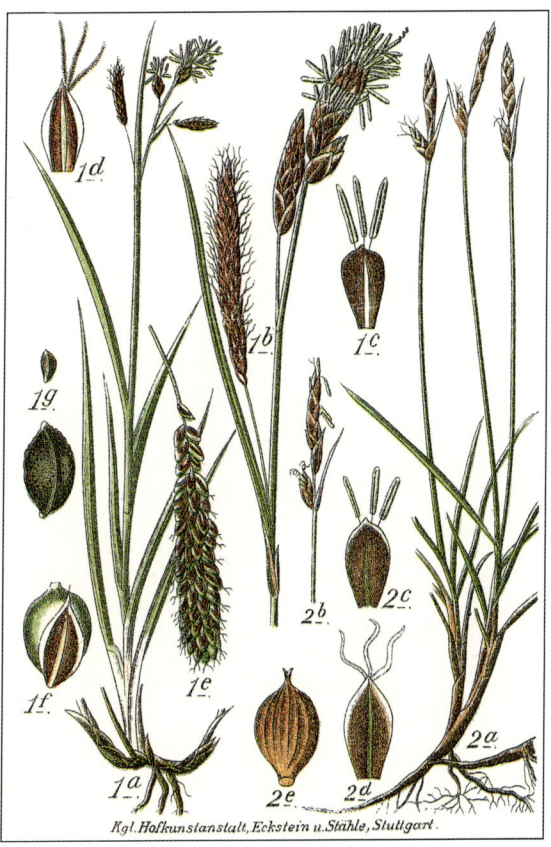

1. Blaugrüne Segge *(Carex flacca)*
2. Steppen-Segge *(C. supina)*

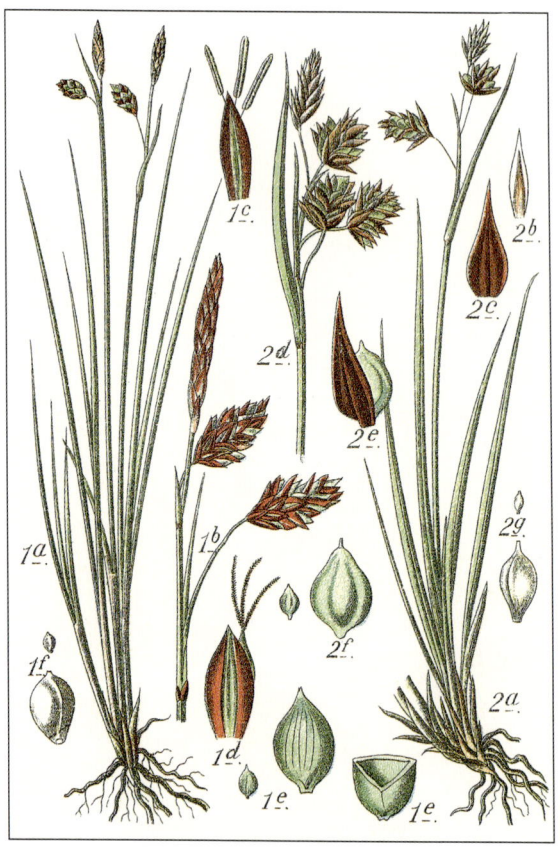

1. Schlamm-Segge *(Carex limosa)*
2. Riesel-Segge *(C. paupercula)*

Tafel 107

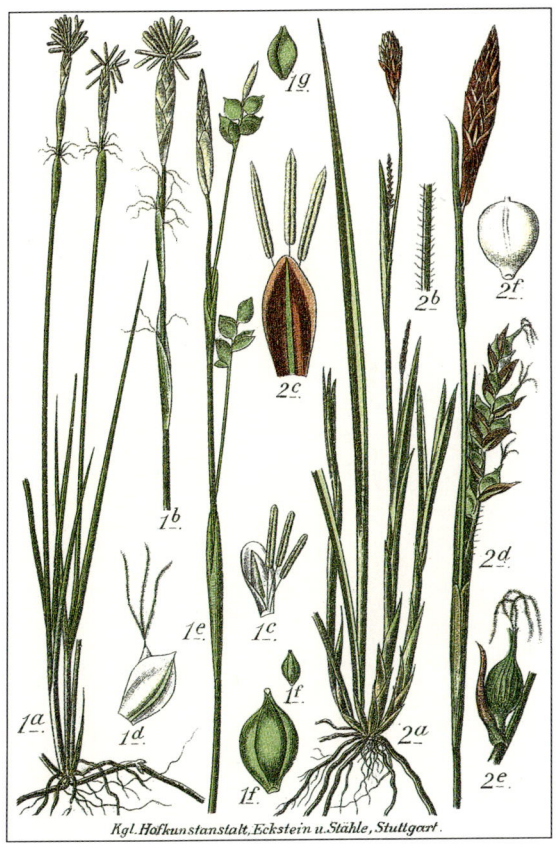

1. Weiße Segge *(Carex alba)*
2. Wimper-Segge *(C. pilosa)*

Tafel 108

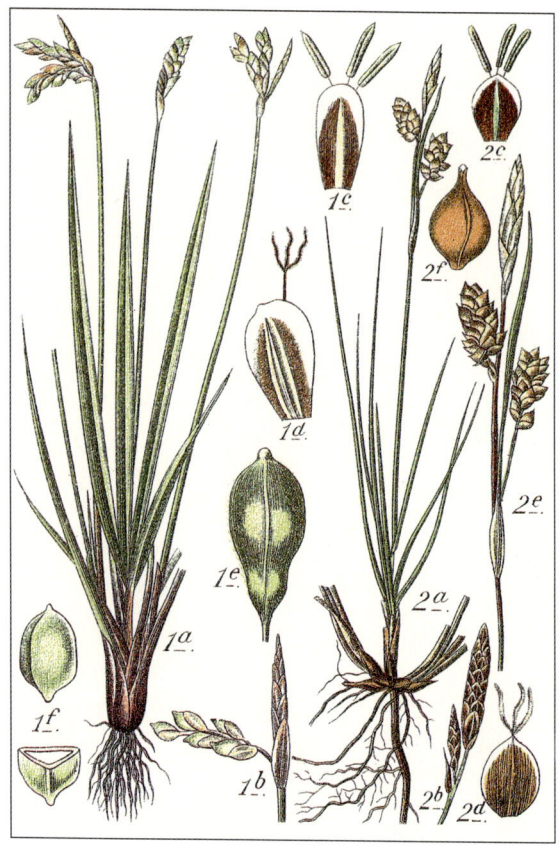

1. Vogelfuß-Segge *(Carex ornithopoda)*
2. Glanz-Segge *(C. nitida)*

Tafel 109

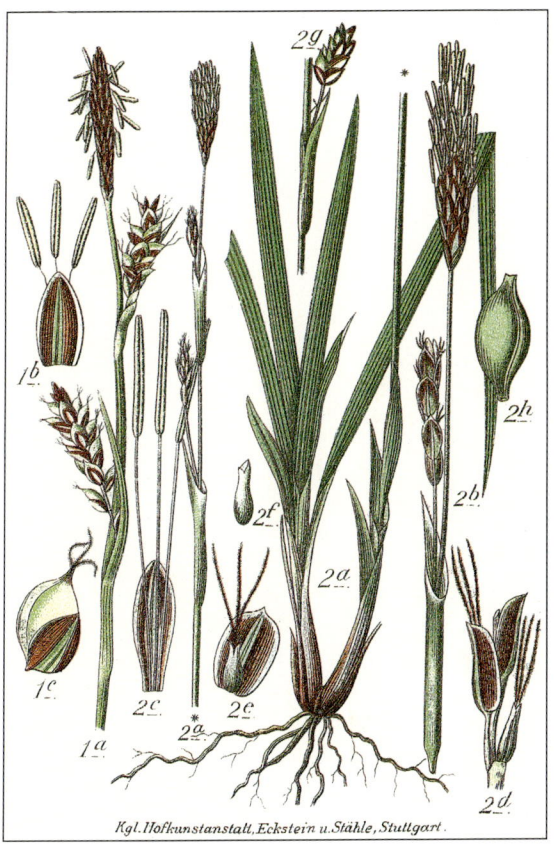

1. Hirse-Segge *(Carex panicea)*
2. Scheiden-Segge *(C. vaginata)*

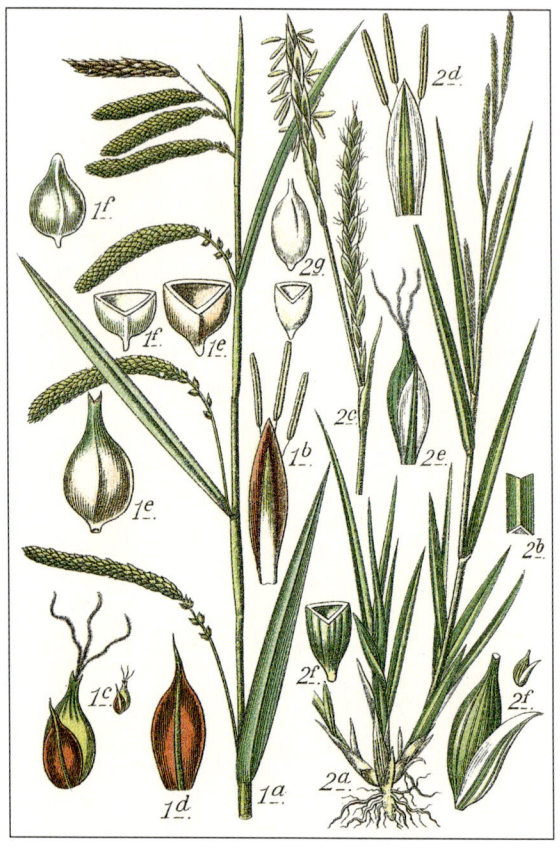

1. Hänge-Segge *(Carex pendula)*
2. Dünnährige Segge *(C. strigosa)*

Tafel 111

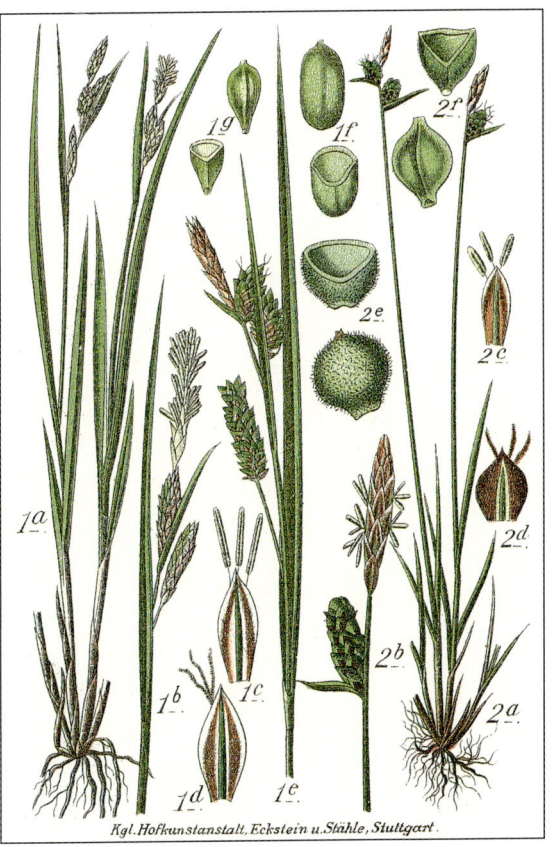

1. Bleiche Segge *(Carex pallescens)*
2. Filz-Segge *(C. tomentosa)*

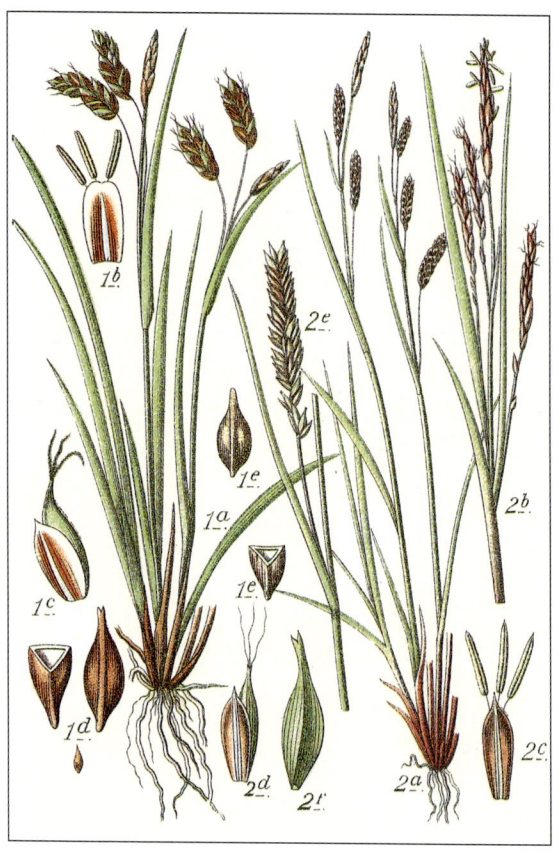

1. Haarstielige Segge *(Carex capillaris)*
2. Kurzährige Segge *(C. brachystachys)*

Tafel 113

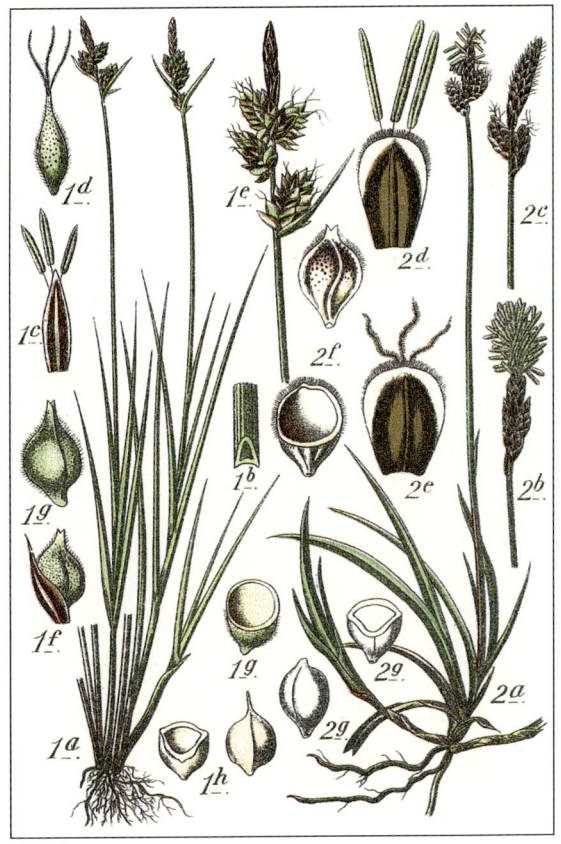

1. Pillen-Segge *(Carex pilulifera)*
2. Heide-S. *(C. ericetorum)*

Tafel 114

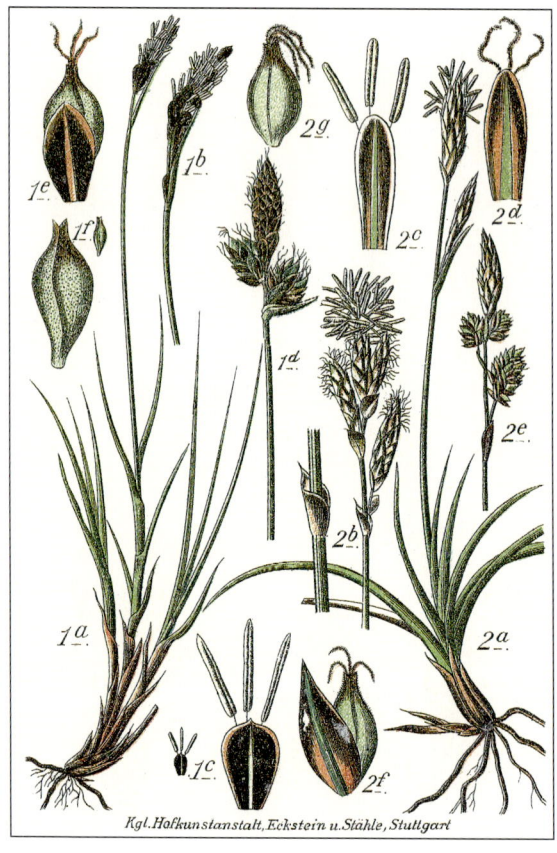

1. Berg-Segge *(Carex montana)*
2. Frühlings-Segge *(C. caryophyllea)*

Tafel 115

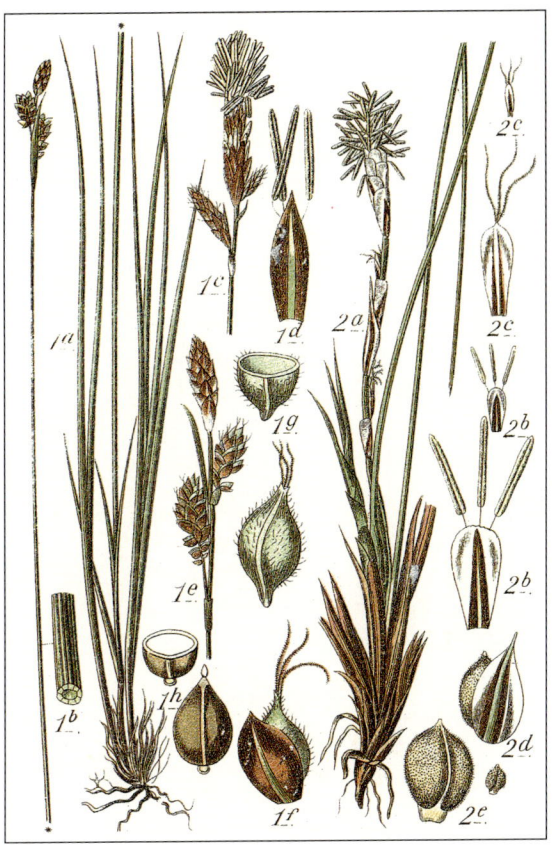

1. Schatten-Segge *(Carex umbrosa)*
2. Erd-Segge *(C. humilis)*

Tafel 116

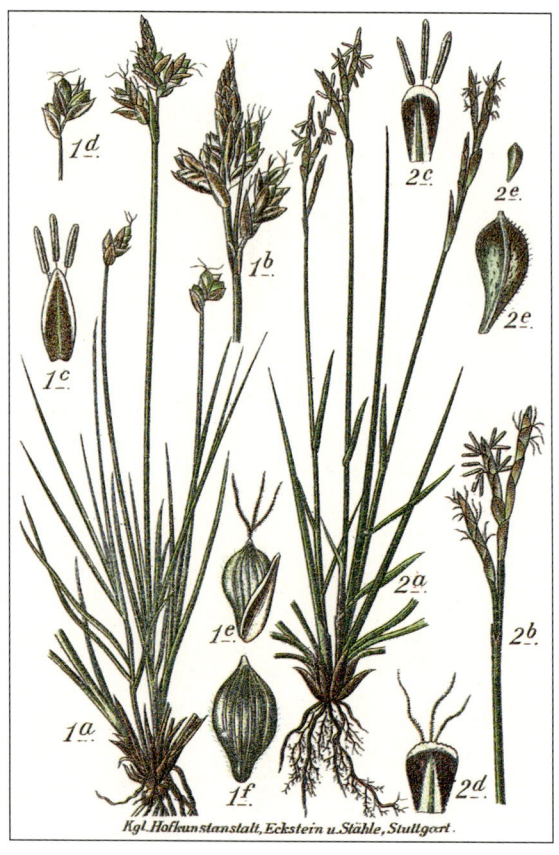

1. Grundblütige Segge *(Carex halleriana)*
2. Finger-Segge *(C. digitata)*

Tafel 117

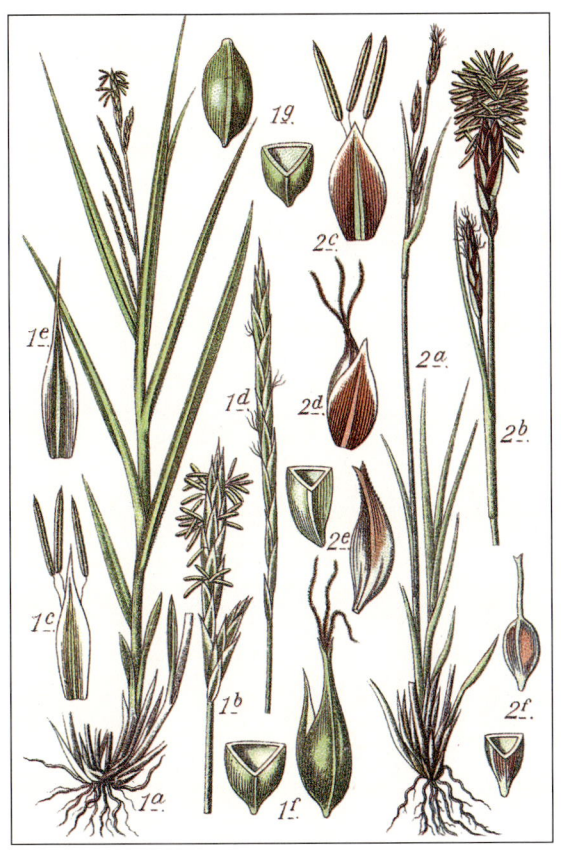

1. Wald-Segge *(Carex sylvatica)*
2. Horst-Segge *(C. sempervirens)*

Tafel 118

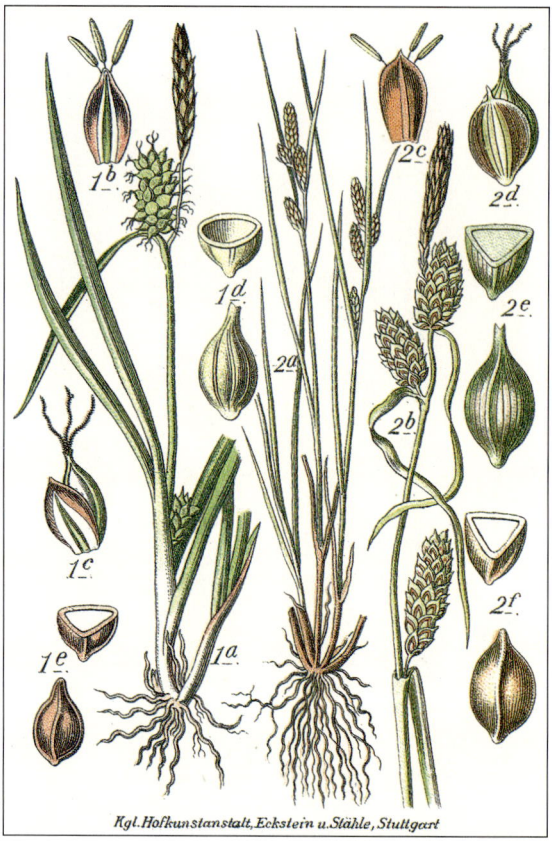

1. Späte Gelb-Segge *(Carex viridula)*
2. Strand-Segge *(C. extensa)*

Tafel 119

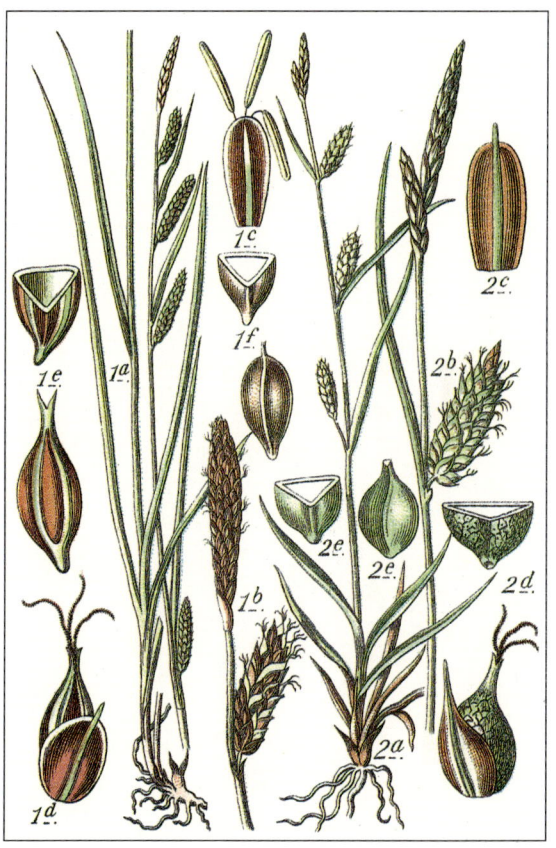

1. Zweinervige Segge *(Carex binervis)*
2. Punktierte Segge *(C. punctata)*

Tafel 120

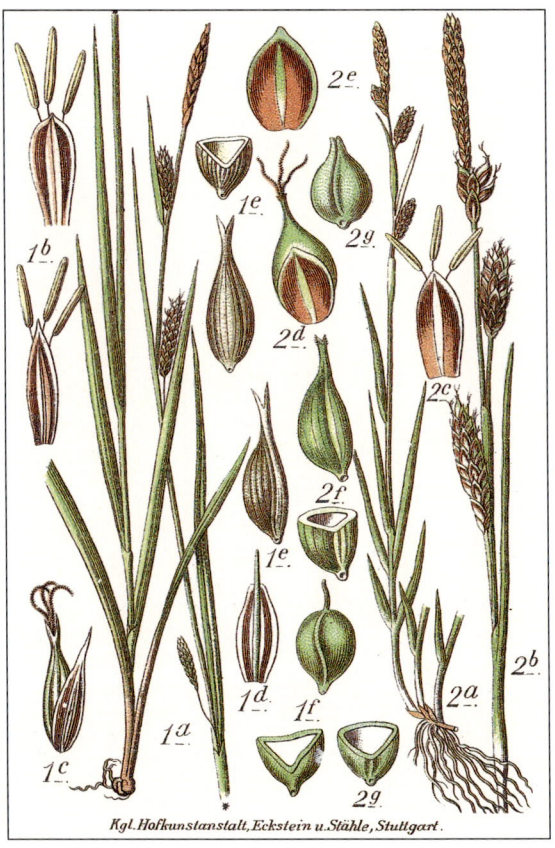

1. Glatte Segge *(Carex laevigata)*
2. Saum-Segge *(C. hostiana)*

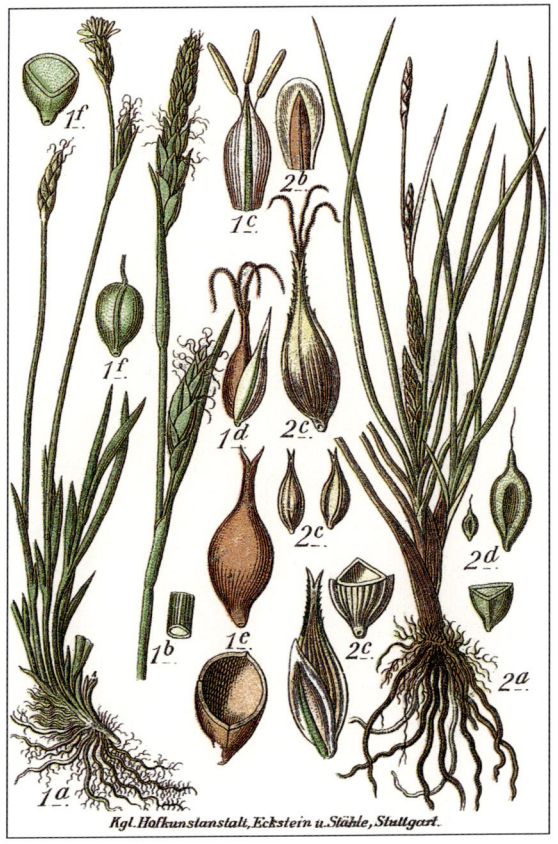

1. Michelis Segge *(Carex michelii)*
2. Gersten-Segge *(C. hordeistichos)*

Tafel 122

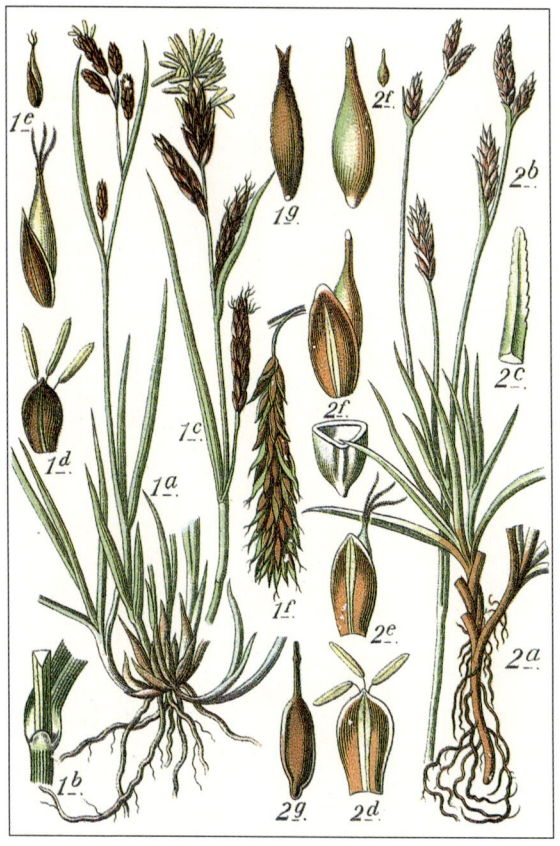

1. Eis-Segge *(Carex frigida)*
2. Polster-Segge *(C. firma)*

Tafel 123

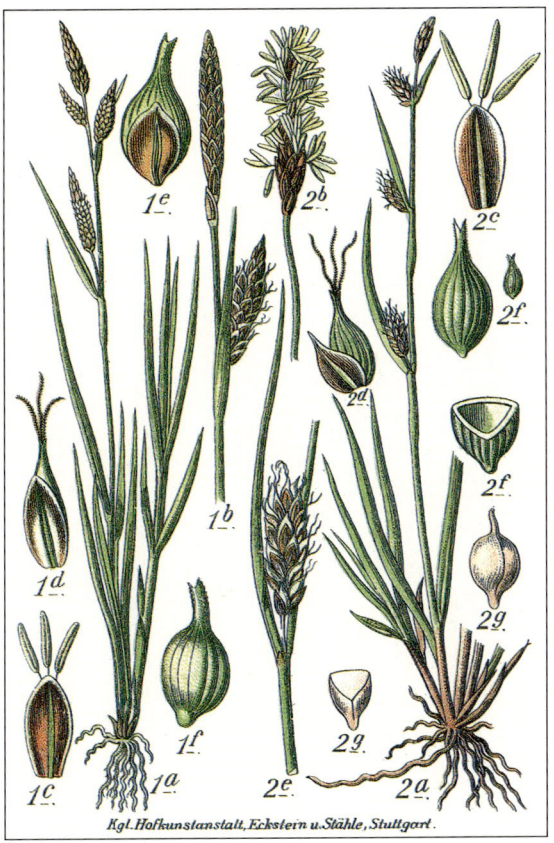

1. Gelbfrüchtige Segge *(Carex x xanthocarpa)*
2. Entferntährige Segge *(C. distans)*

Tafel 124

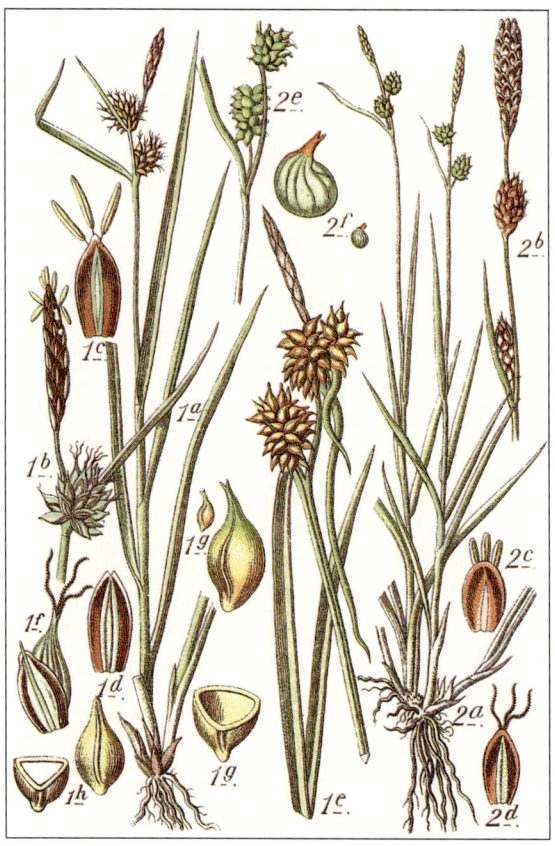

1. Echte Gelb-Segge *(Carex flava)*
2. Schuppenfrüchtige Gelb-Segge *(C. lepidocarpa)*

Tafel 125

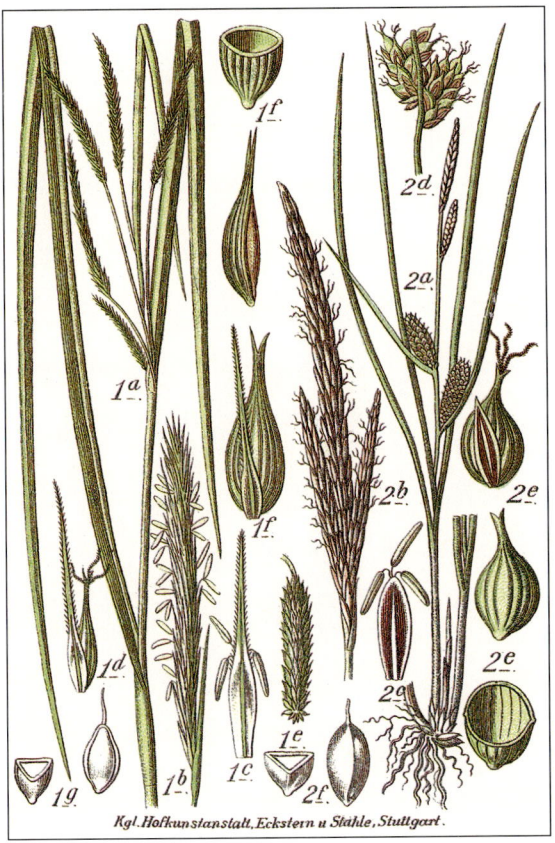

1. Scheinzypergras-Segge *(Carex pseudocyperus)*
2. Schnabel-Segge *(C. rostrata)*

Tafel 126

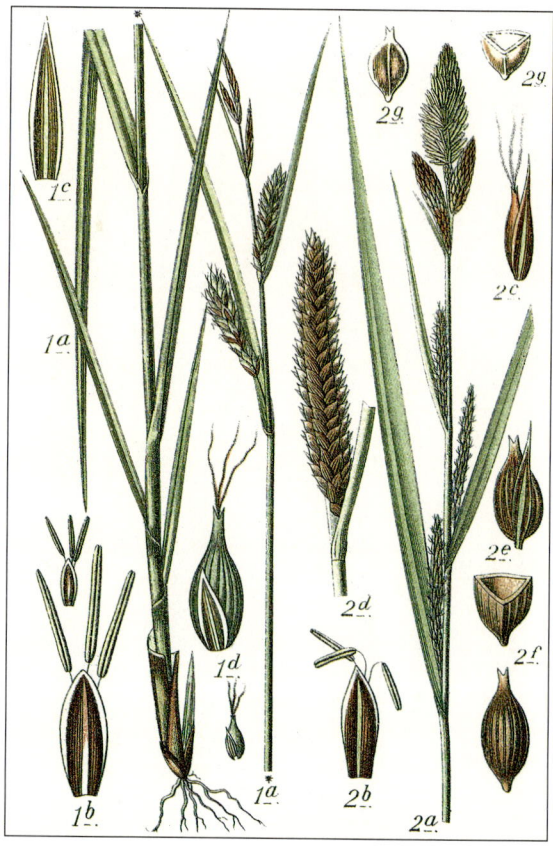

1. Blasen-Segge *(Carex vesicaria)*
2. Sumpf-Segge *(C. acutiformis)*

Tafel 127

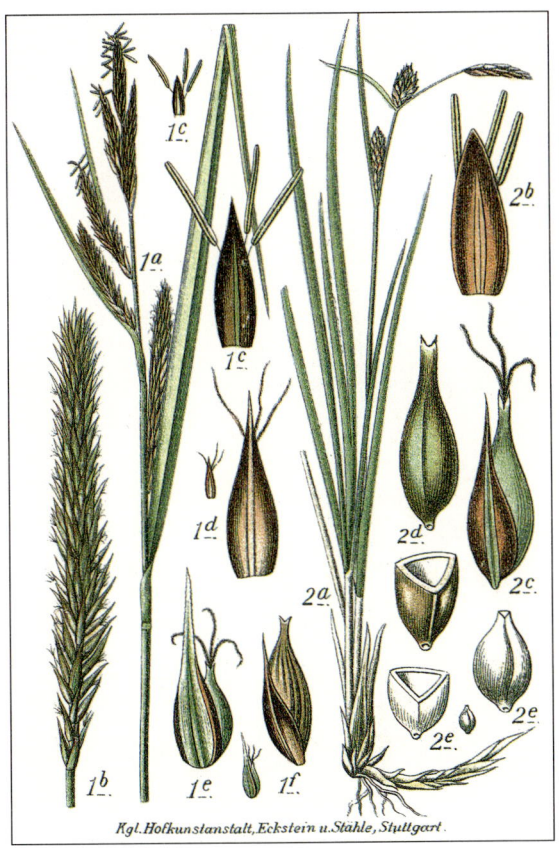

1. Ufer-Segge *(Carex riparia)*
2. Schwarzährige Segge *(C. melanostachya)*

Tafel 128

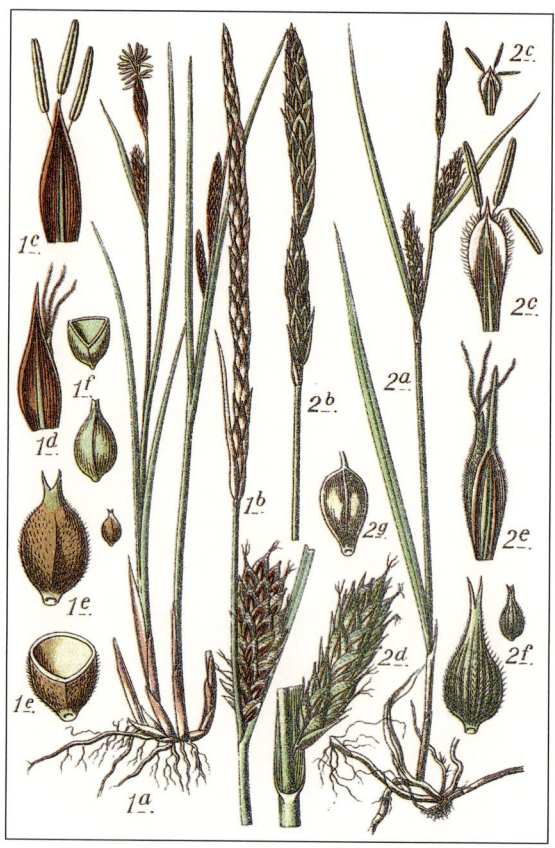

1. Faden-Segge *(Carex lasiocarpa)*
2. Behaarte Segge *(C. hirta)*

Tafel 129

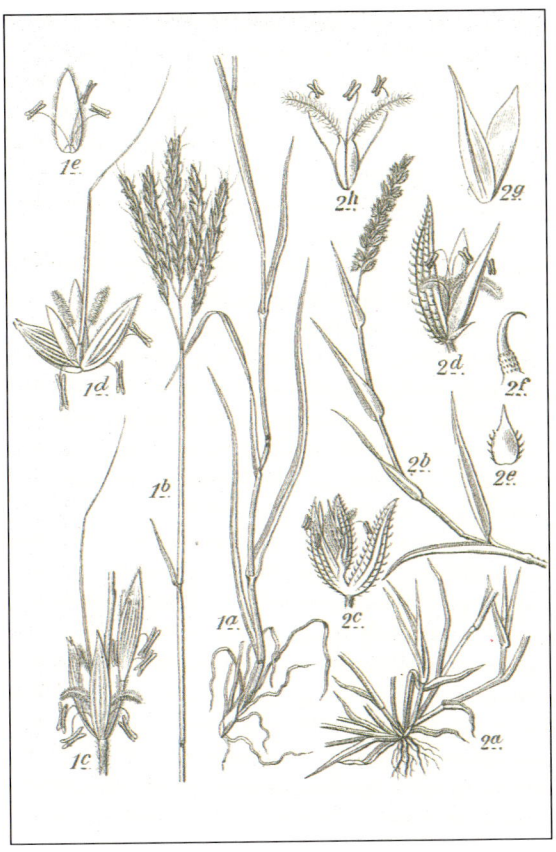

1. Bartgras *(Bothriochloa ischaemum)*
2. Klettengras *(Tragus racemosus)*

Tafel 130

1. Blutrote Fingerhirse *(Digitaria sanguinalis)*
2. Kahle Fingerhirse *(D. ischaemum)*

Tafel 131

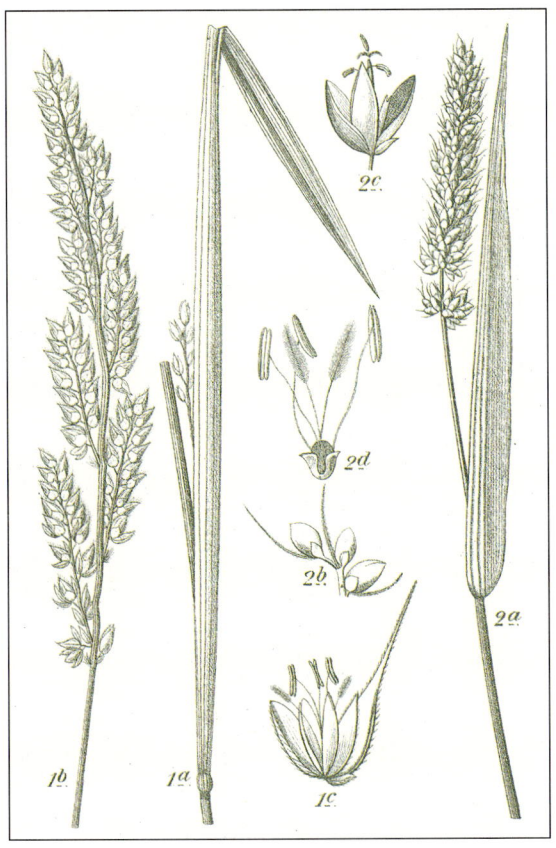

1. Hühnerhirse *(Echinochloa crus-galli)*
2. Quirlige Borstenhirse *(Setaria verticillata)*

1. Grüne Borstenhirse *(Setaria viridis)*
2. Fuchsrote Borstenhirse *(S. pumila)*

Tafel 133

1. Reisquecke *(Leersia oryzoides)*
2. Rohrglanzgras *(Phalaris arundinacea)*

Tafel 134

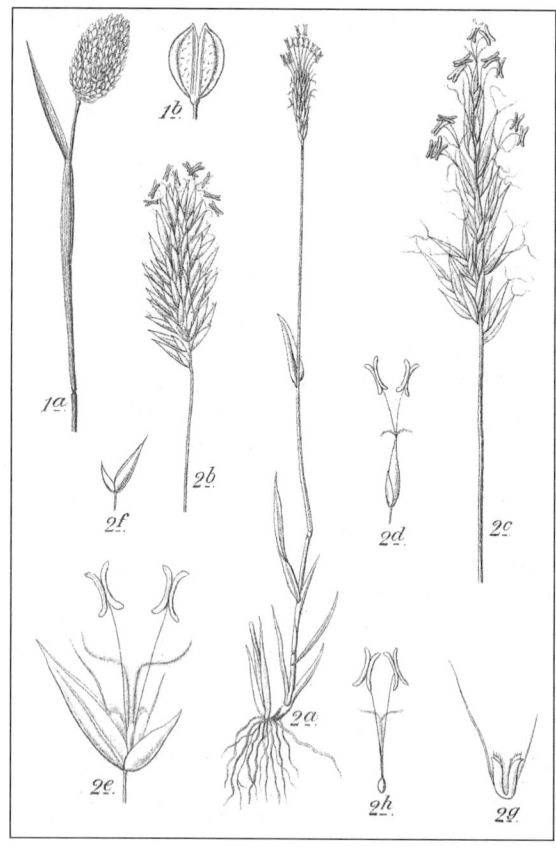

1. Kanariengras *(Phalaris canariensis)*
2. Ruchgras *(Anthoxanthum odoratum)*

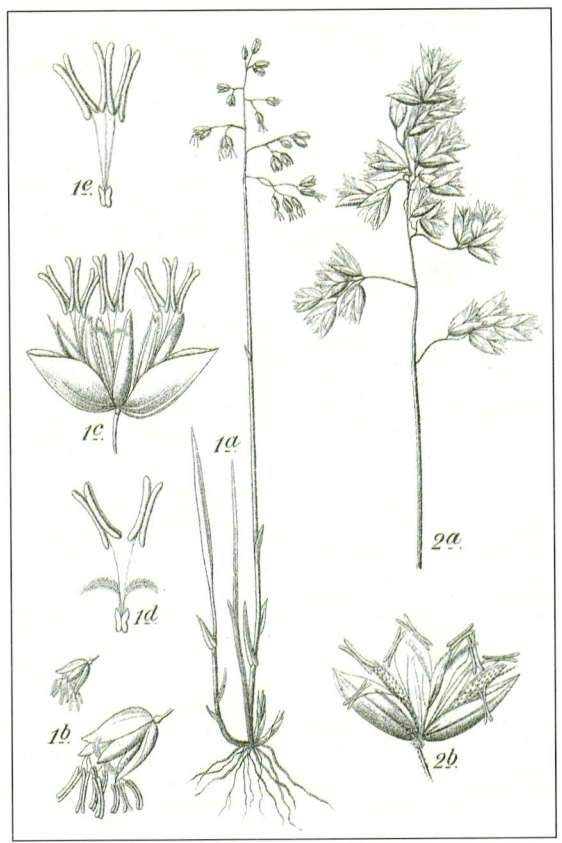

1. Duftendes Mariengras *(Hierochloe odorata)*
2. Südliches Mariengras *(H. australis)*

Tafel 136

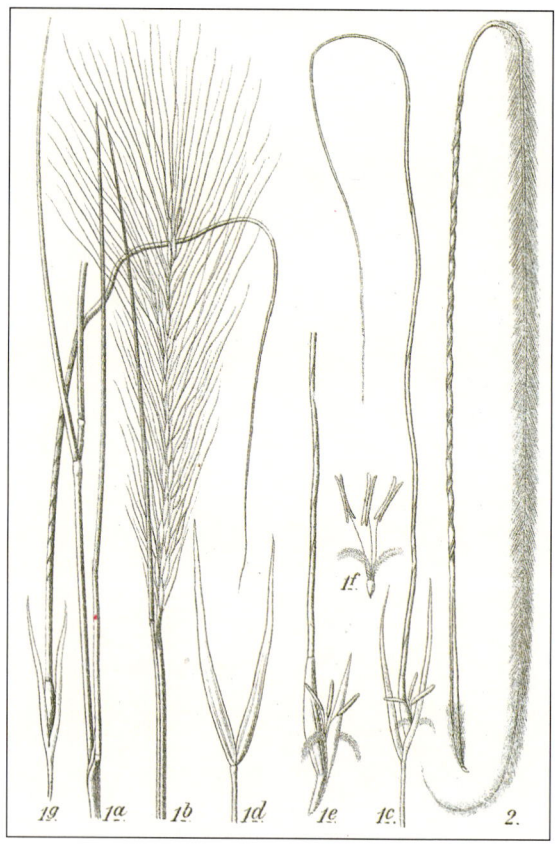

1. Pfriemengras *(Stipa capillata)* *
2. Federgras *(S. pennata)* *

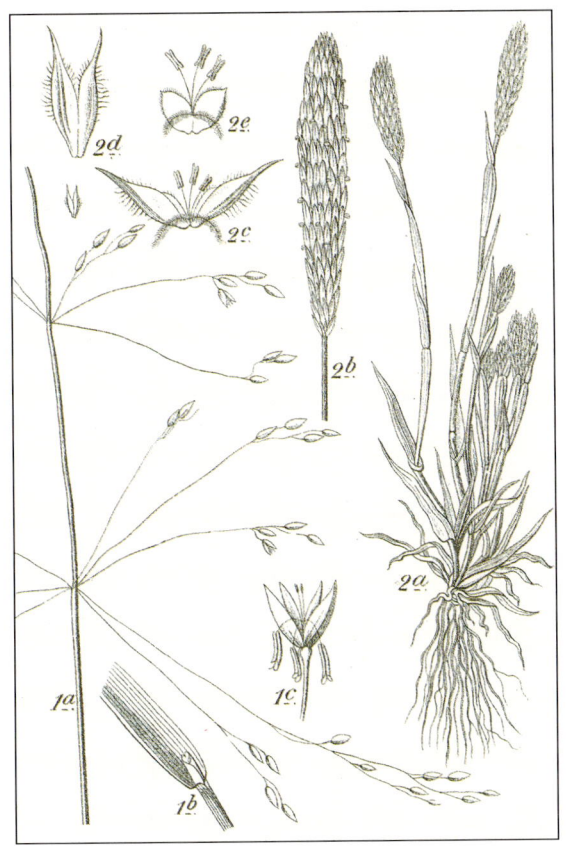

1. Flattergras *(Milium effusum)*
2. Sand-Lieschgras *(Phleum arenarium)*

Tafel 138

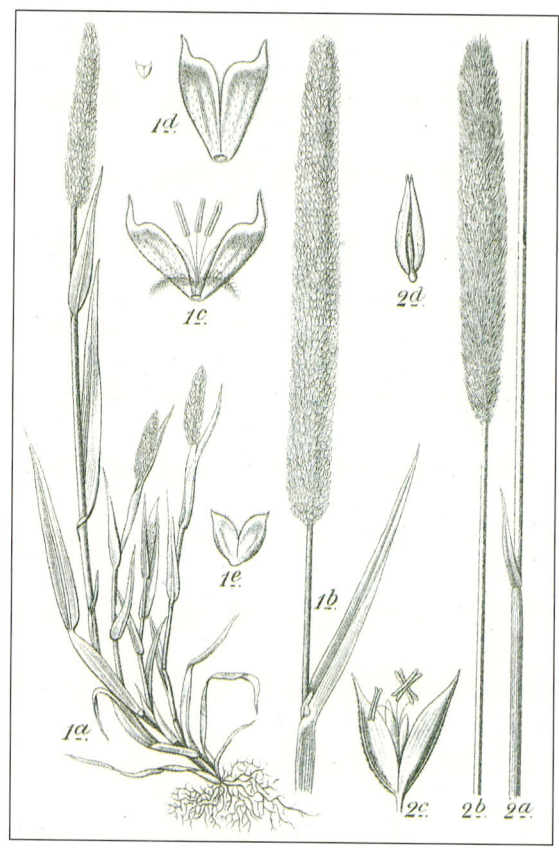

1. Rispen-Lieschgras *(Phleum paniculatum)*
2. Steppen-Lieschgras *(P. phleoides)*

Tafel 139

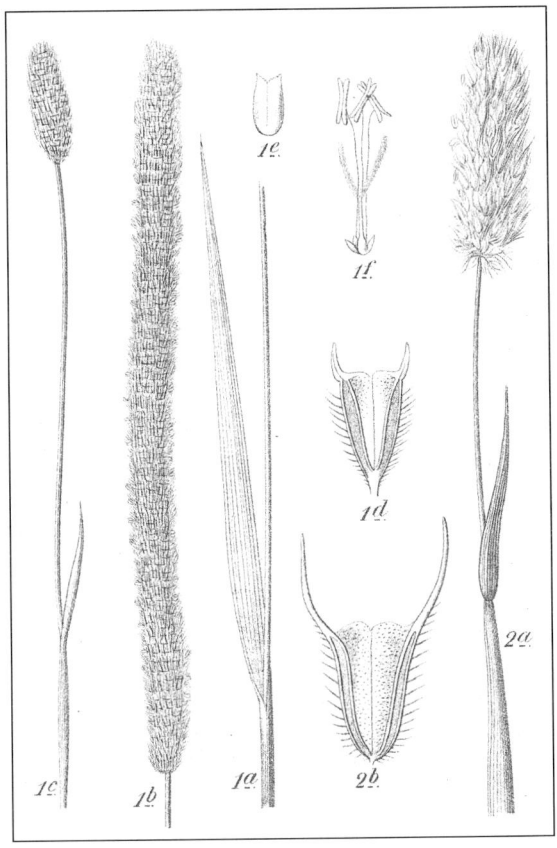

1. Wiesen-Lieschgras *(Phleum pratense)*
2. Alpen-Lieschgras *(P. alpinum)*

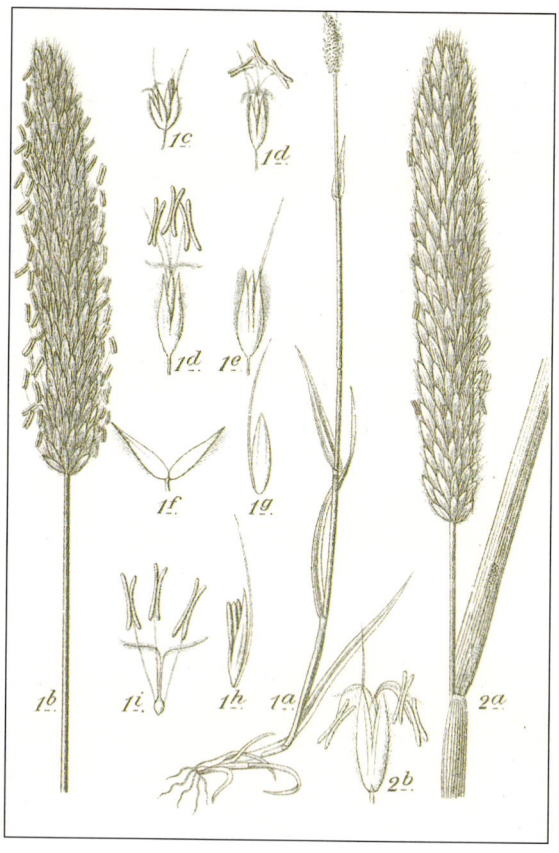

1. Wiesen-Fuchsschwanzgras *(Alopecurus pratensis)*
2. Rohr-Fuchsschwanzgras *(A. arundinaceus)*

Tafel 141

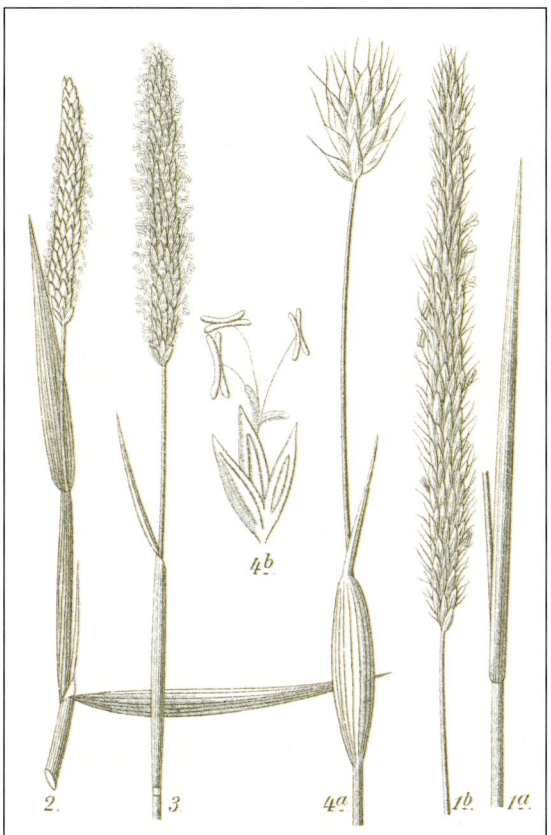

1. Acker-Fuchsschwanzgras *(Alopecurus myosuroides)*
2. Knick-Fuchsschwanzgras *(A. geniculatus)*
3. Rotgelbes Fuchsschwanzgras *(A. aequalis)*
4. Aufgeblasenes Fuchsschwanzgras *(A. rendlei)*

Tafel 142

1. Zwerggras *(Mibora minima)*
2. Rotes Straußgras *(Agrostis capillaris)*

1. Sumpf-Straußgras *(Agrostis canina)*
2. Felsen-Straußgras *(A. rupestris)*

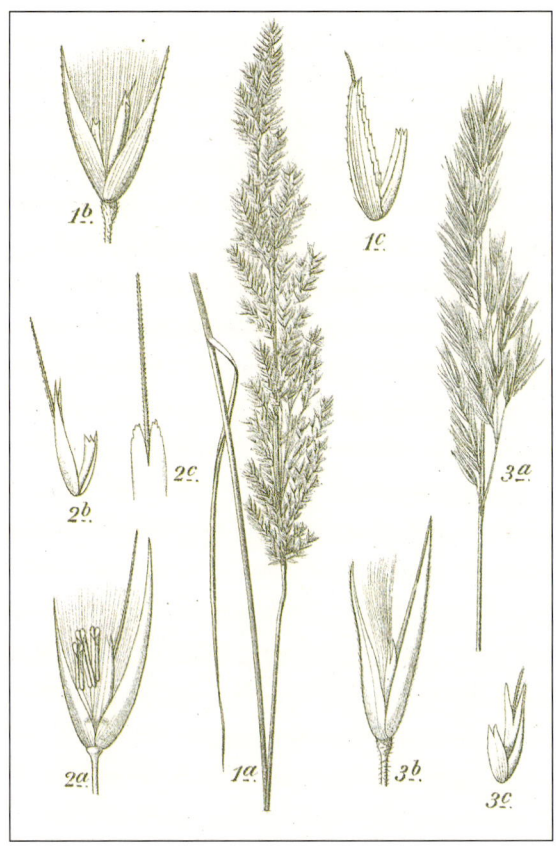

1. Sumpf-Reitgras *(Calamagrostis canescens)*
2. Ufer-Reitgras *(C. pseudophragmites)*
3. Land-Reitgras *(C. epigejos)*

Tafel 145

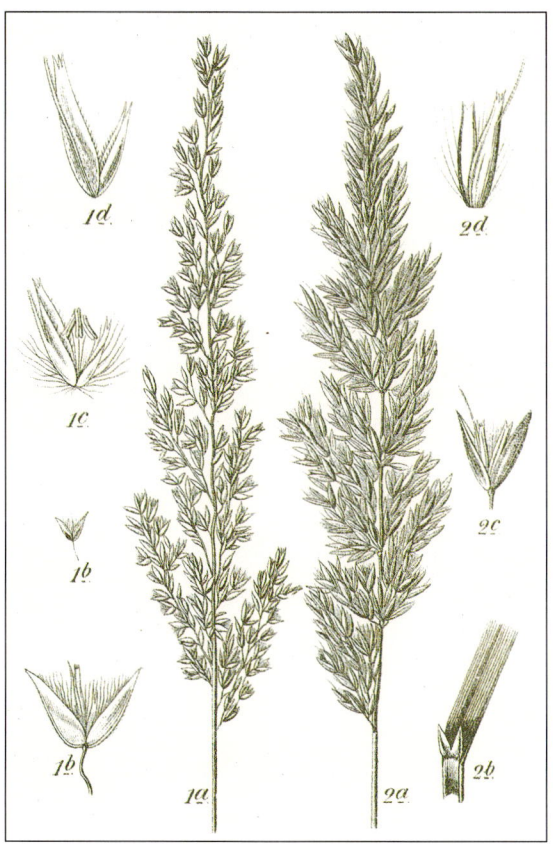

1. Moor-Reitgras *(Calamagrostis stricta)*
2. Buntes Reitgras *(C. varia)*

Tafel 146

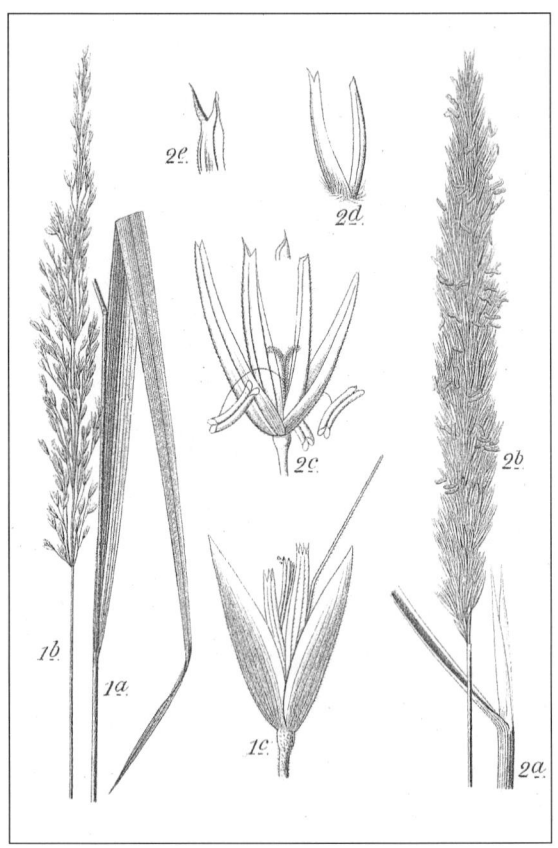

1. Wald-Reitgras *(Calamagrostis arundinacea)*
2. Strandhafer *(Ammophila arenaria)*

Tafel 147

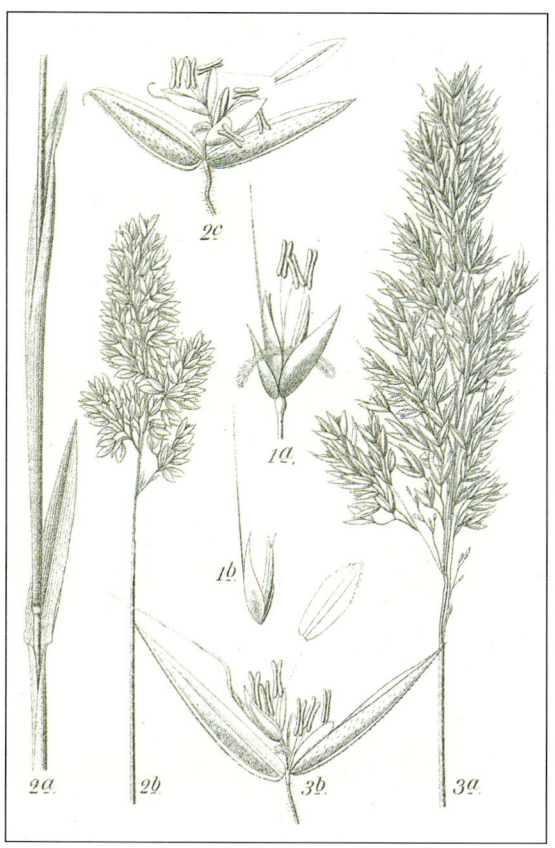

1. Acker-Windhalm *(Apera spica-venti)*
2. Wolliges Honiggras *(Holcus lanatus)*
3. Weiches Honiggras *(H. mollis)*

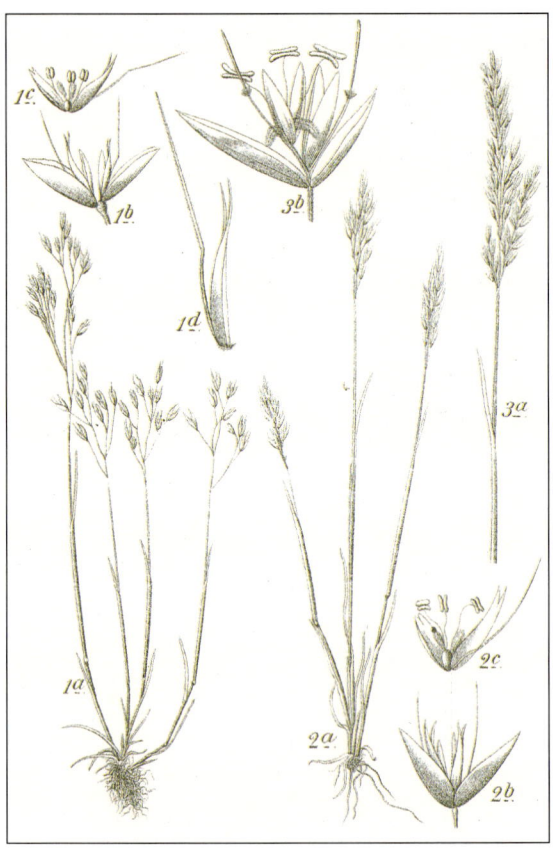

1. Nelken-Haferschmiele *(Aira caryophyllea)*
2. Frühe Haferschmiele *(A. praecox)*
3. Silbergras *(Corynephorus canescens)*

Tafel 149

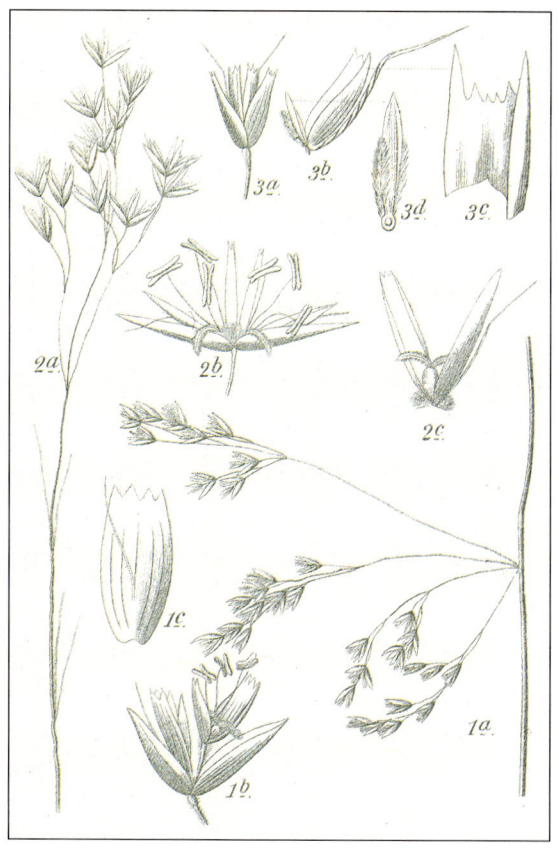

1. Rasen-Schmiele *(Deschampsia cespitosa)*
2. Draht-Schmiele *(D. flexuosa)*
3. Borstenblatt-Schmiele *(D. setacea)*

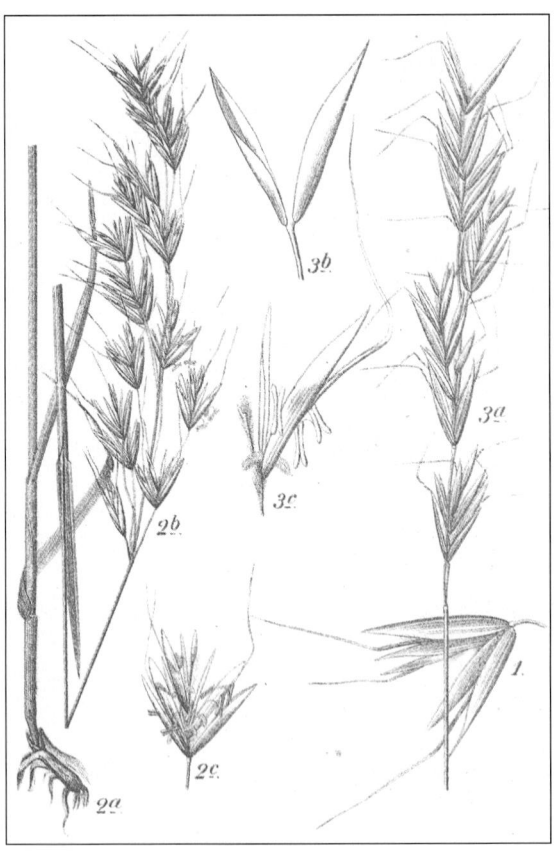

1. Flughafer *(Avena fatua)*
2. Flaumhafer *(Helictotrichon pubescens)*
3. Wiesenhafer *(H. pratense)*

Tafel 151

1. Goldhafer *(Trisetum flavescens)*
2. Grannenhafer *(Ventenata dubia)*

Tafel 152

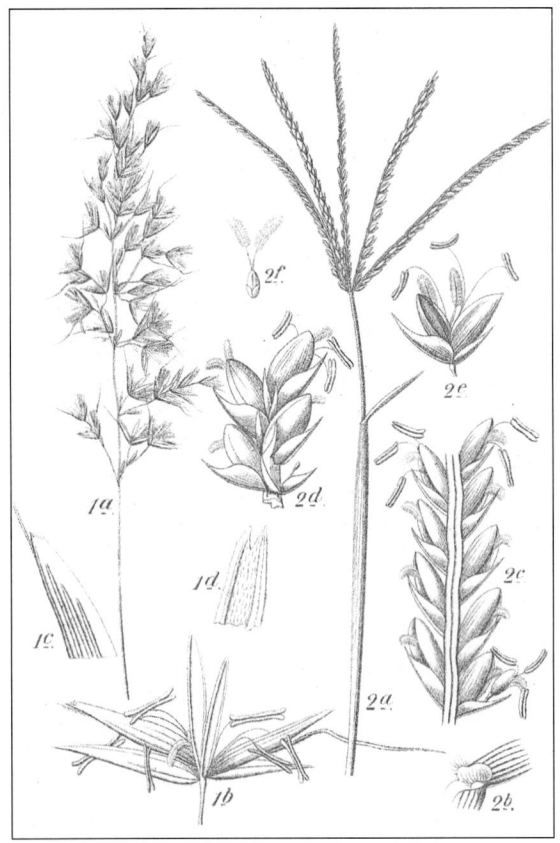

1. Glatthafer *(Arrhenatherum elatius)*
2. Hundszahngras *(Cynodon dactylon)*

Tafel 153

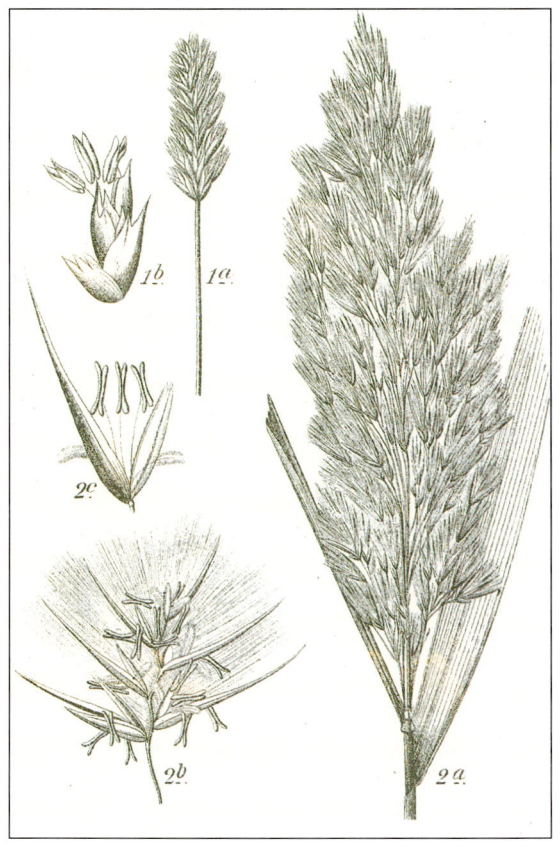

1. Blaugras *(Sesleria albicans)*
2. Schilf *(Phragmites australis)*

Tafel 154

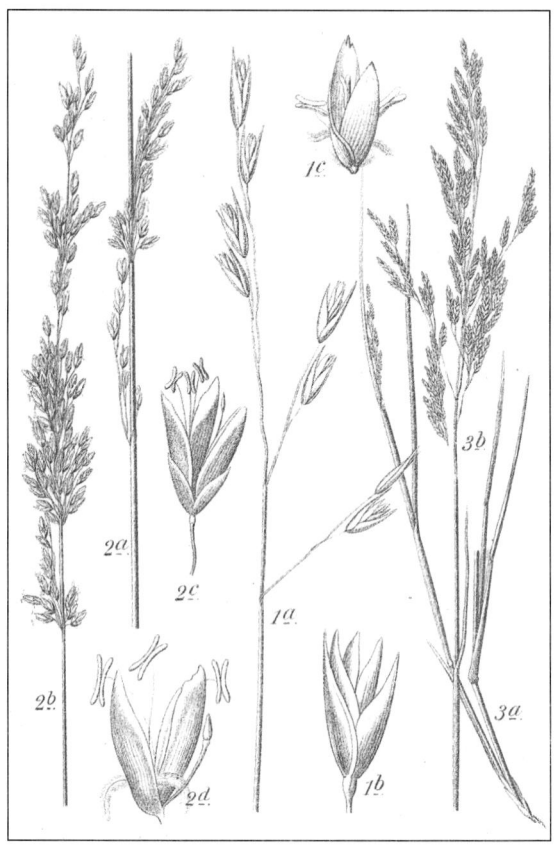

1. Dreizahn *(Danthonia decumbens)*
2. Pfeifengras *(Molinia caerulea)*
3. Behaartes Liebesgras *(Eragrostis pilosa)*

Tafel 155

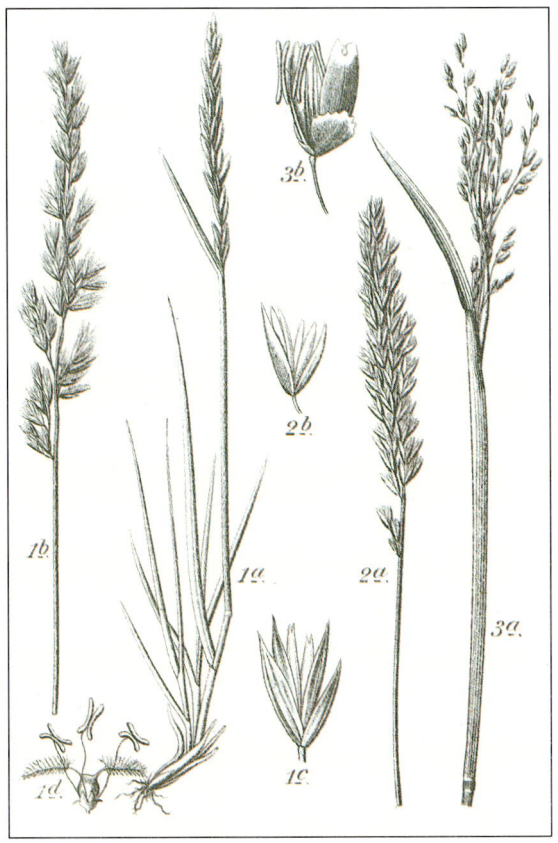

1. Großes Schillergras *(Koeleria pyramidata)*
2. Blaugrünes Schillergras *(K. glauca)*
3. Quellgras *(Catabrosa aquatica)*

Tafel 156

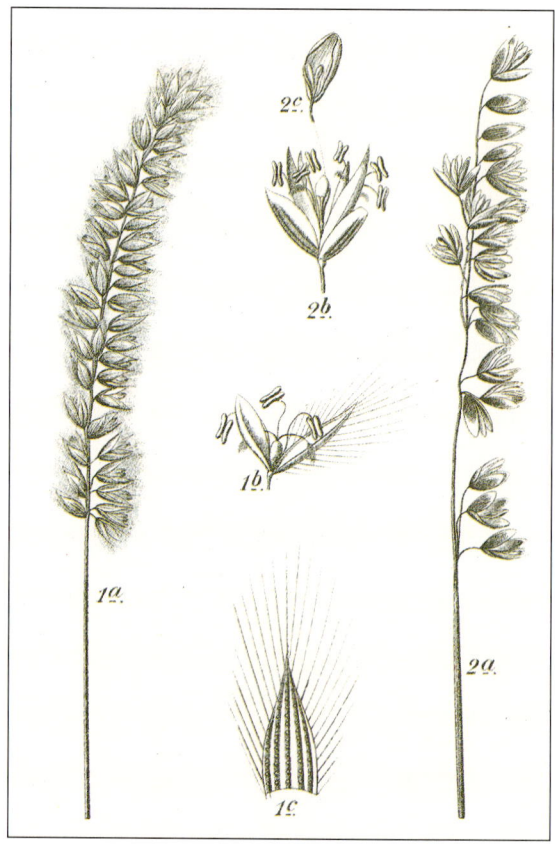

1. Wimper-Perlgras *(Melica ciliata)*
2. Nickendes Perlgras *(M. nutans)*

Tafel 157

1. Einblütiges Perlgras *(Melica uniflora)*
2. Zittergras *(Briza media)*

Tafel 158

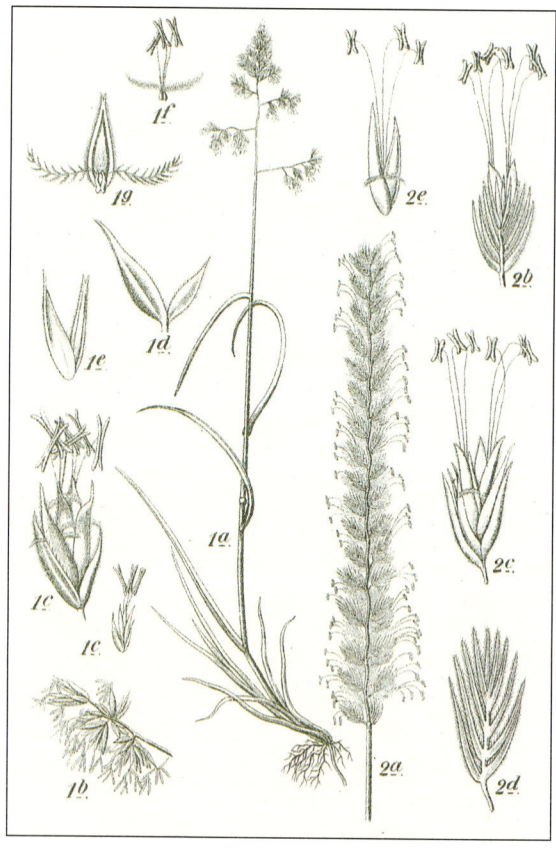

1. Wiesen-Knäuelgras *(Dactylis glomerata)*
2. Kammgras *(Cynosurus cristatus)*

Tafel 159

1. Einjähriges Rispengras *(Poa annua)*
2. Knolliges R. *(P. bulbosa)*

Tafel 160

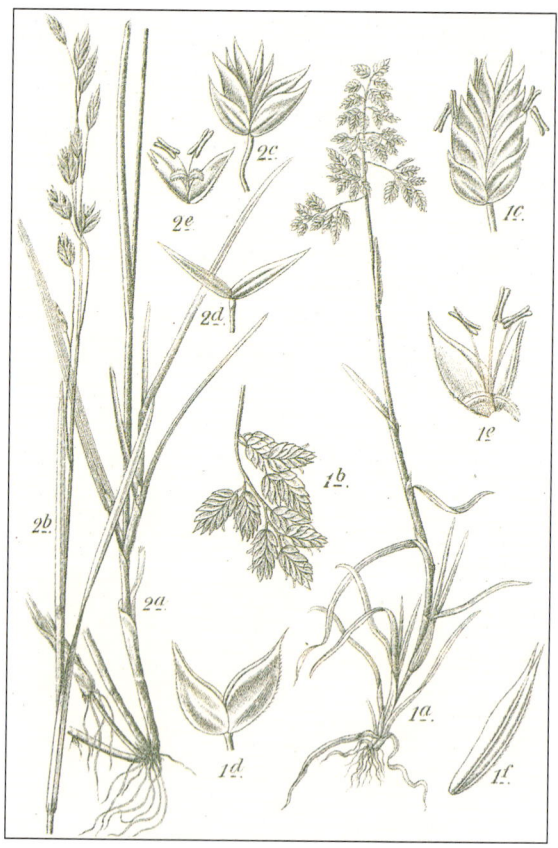

1. Alpen-Rispengras *(Poa alpina)*
2. Kleines Rispengras *(P. minor)*

Tafel 161

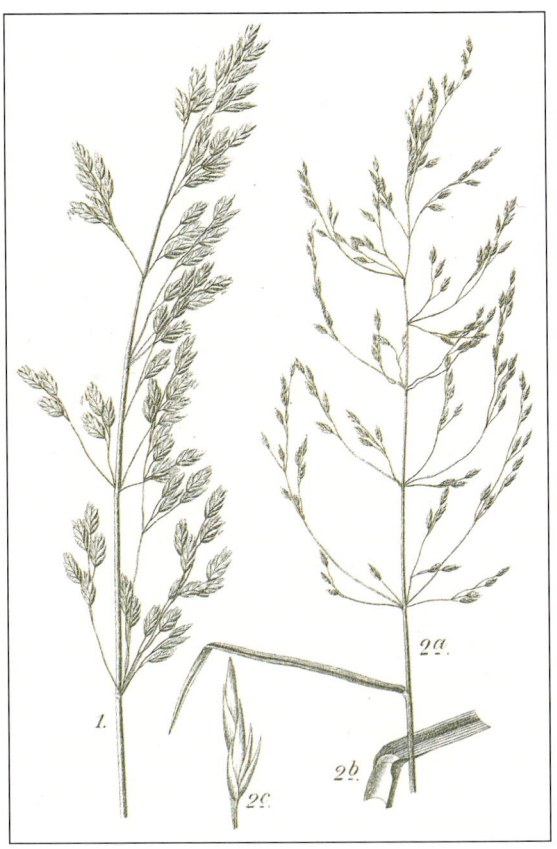

1. Blaugrünes Rispengras *(Poa glauca)*
2. Hain-Rispengras *(P. nemoralis)*

Tafel 162

1. Sumpf-Rispengras *(Poa palustris)*
2. Zusammengedrücktes Rispengras *(P. compressa)*

Tafel 163

1. Mont-Cenis-Rispengras *(Poa cenisia)*
2. Wald-Rispengras *(P. chaixii)*

Tafel 164

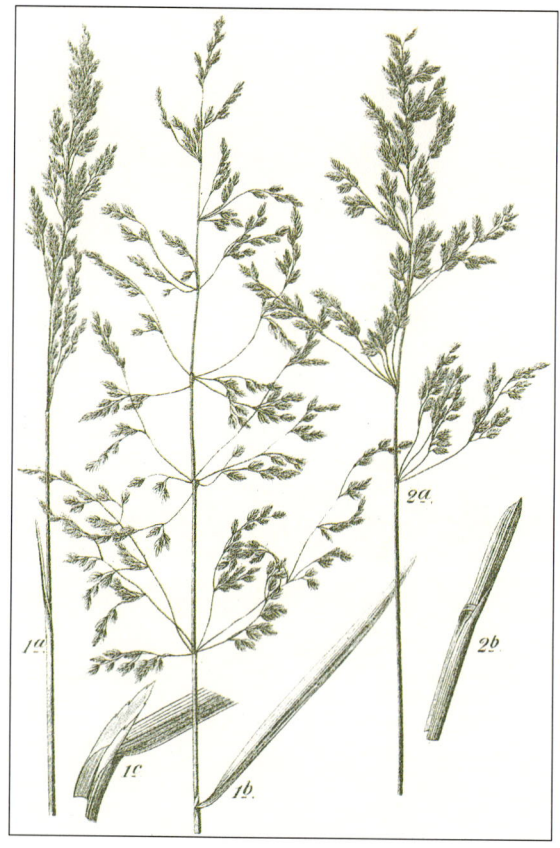

1. Gemeines Rispengras *(Poa trivialis)*
2. Wiesen-Rispengras *(P. pratensis)*

Tafel 165

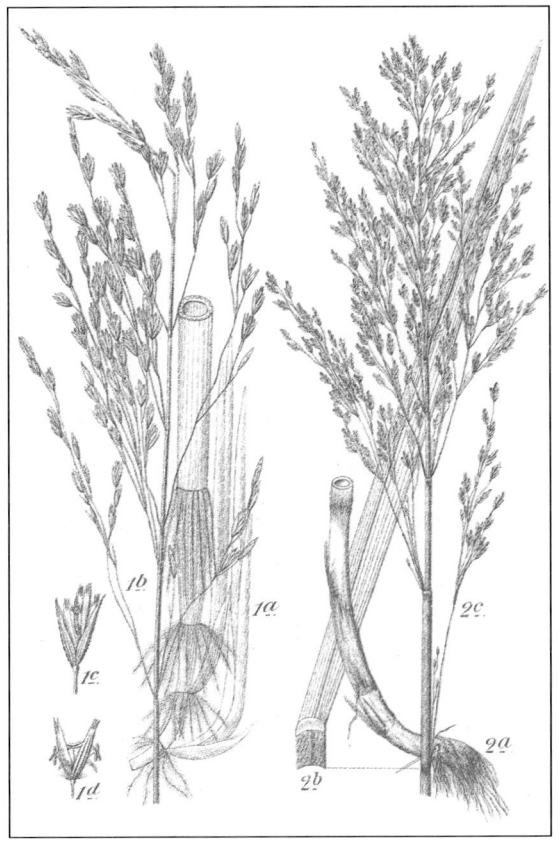

1. Schwingelschilf *(Scolochloa festucacea)*
2. Wasser-Schwaden *(Glyceria maxima)*

Tafel 166

1. Flutender Schwaden *(Glyceria fluitans)*
2. Gefalteter Schwaden *(G. notata)*

Tafel 167

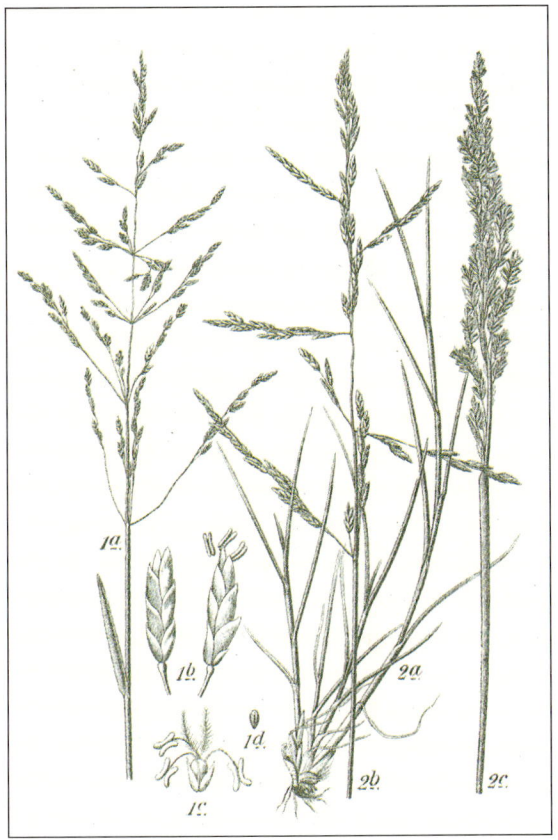

1. Gemeiner Salzschwaden *(Puccinellia distans)*
2. Strand-Salzschwaden *(P. maritima)*

Tafel 168

1. Dünnschwingel *(Micropyrum tenellum)*
2. Liegender Salzschwaden *(Puccinellia rupestris)*

Tafel 169

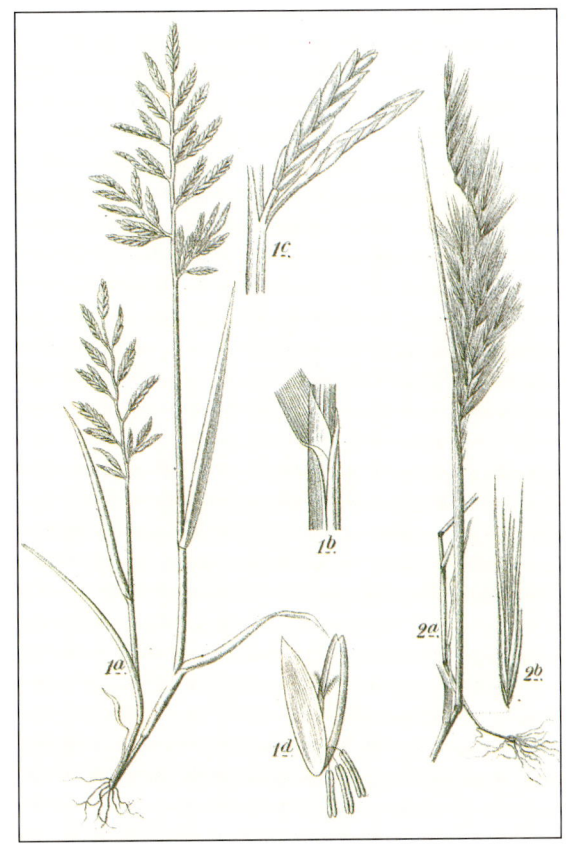

1. Steifgras *(Catapodium rigidum)*
2. Mäuseschwanz-Federschwingel *(Vulpia myuros)*

Tafel 170

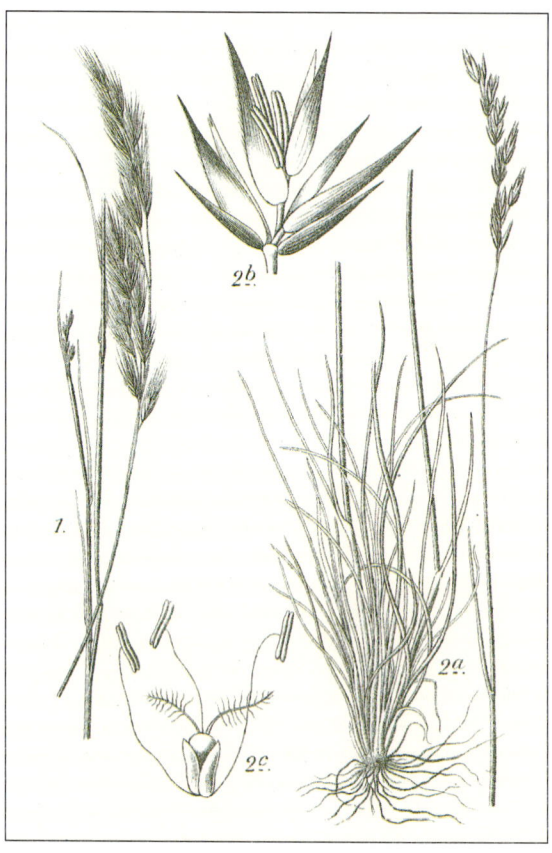

1. Trespen-Federschwingel *(Vulpia bromoides)*
2. Schaf-Schwingel *(Festuca ovina)*

Tafel 171

1. Amethyst-Schwingel *(Festuca amethystina)*
2. Verschiedenblättriger Schwingel *(F. heterophylla)*
3. Rot-Schwingel *(F. rubra)*

Tafel 172

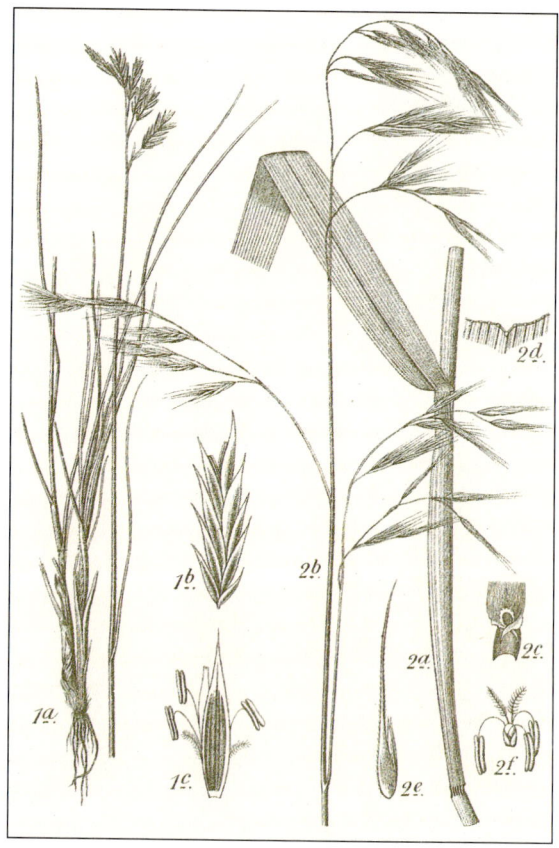

1. Bunter Schwingel *(Festuca varia)*
2. Riesen-Schwingel *(F. gigantea)*

Tafel 173

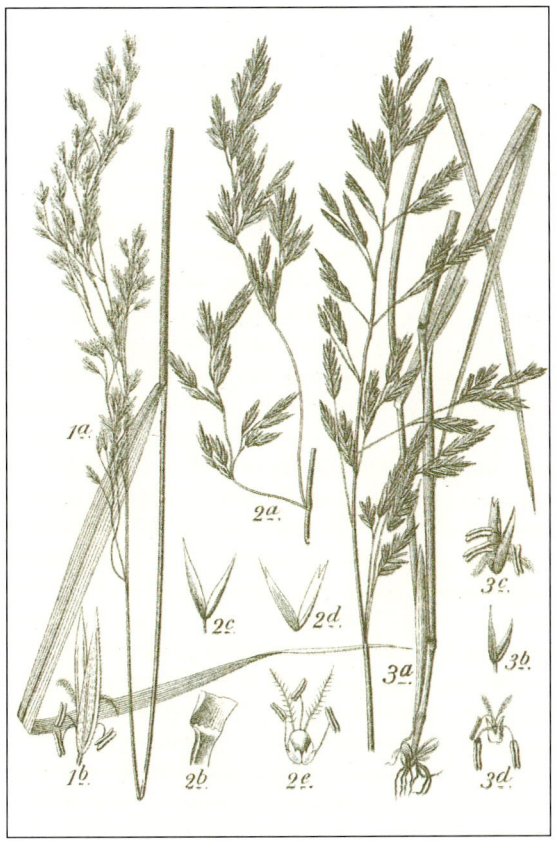

1. Wald-Schwingel *(Festuca altissima)*
2. Rohr-Schwingel *(F. arundinacea)*
3. Wiesen-Schwingel *(F. pratensis)*

Tafel 174

1. Wald-Trespe *(Bromus ramosus)*
2. Aufrechte *Trespe (B. erectus)*

Tafel 175

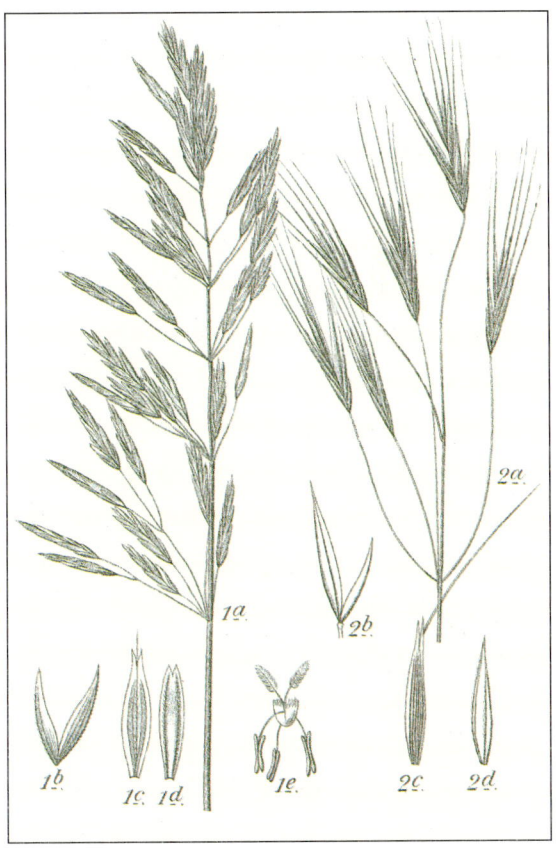

1. Wehrlose Trespe *(Bromus inermis)*
2. Taube Trespe *(B. sterilis)*

Tafel 176

1. Dach-Trespe *(Bromus tectorum)*
2. Roggen-Trespe *(B. secalinus)*

Tafel 177

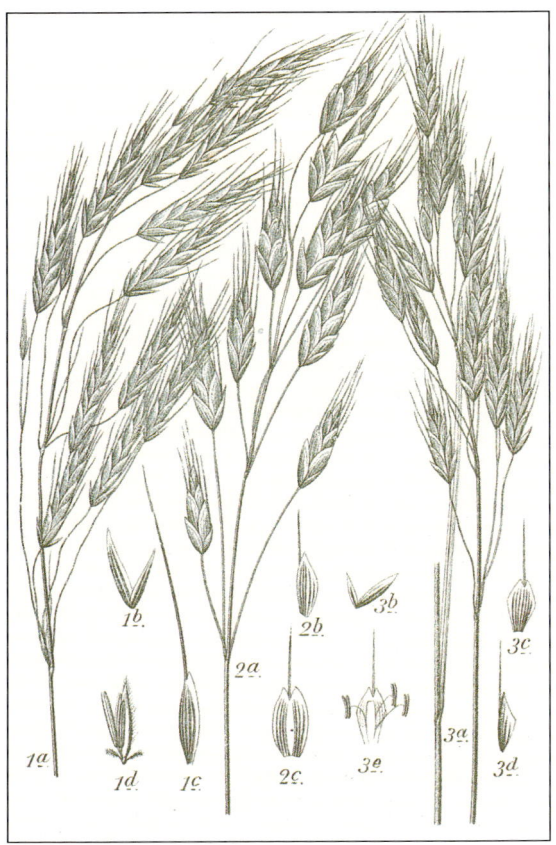

1. Acker-Trespe *(Bromus arvensis)*
2. Traubige Trespe *(B. racemosus)*
3. Verwechselte Trespe *(B. commutatus)*

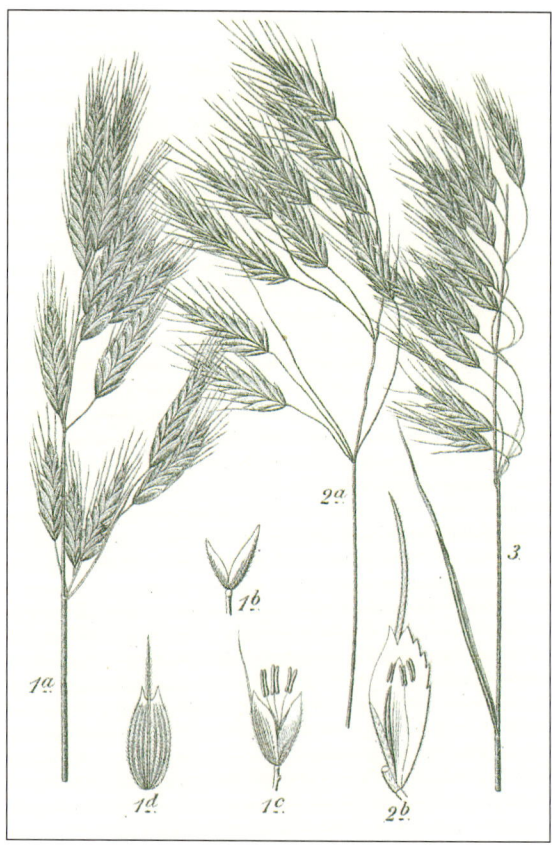

1. Weiche Trespe *(Bromus hordeaceus)*
2. Japanische Trespe *(B. japonicus)*
3. Sparrige Trespe *(B. squarrosus)*

Tafel 179

1. Wald-Zwenke *(Brachypodium sylvaticum)*
2. Fieder-Zwenke *(B. pinnatum)*
3. Borstgras *(Nardus strictus)*

Tafel 180

1. Taumel-Lolch *(Lolium temulentum)*
2. Welsches Weidelgras *(L. multiflorum)*

Tafel 181

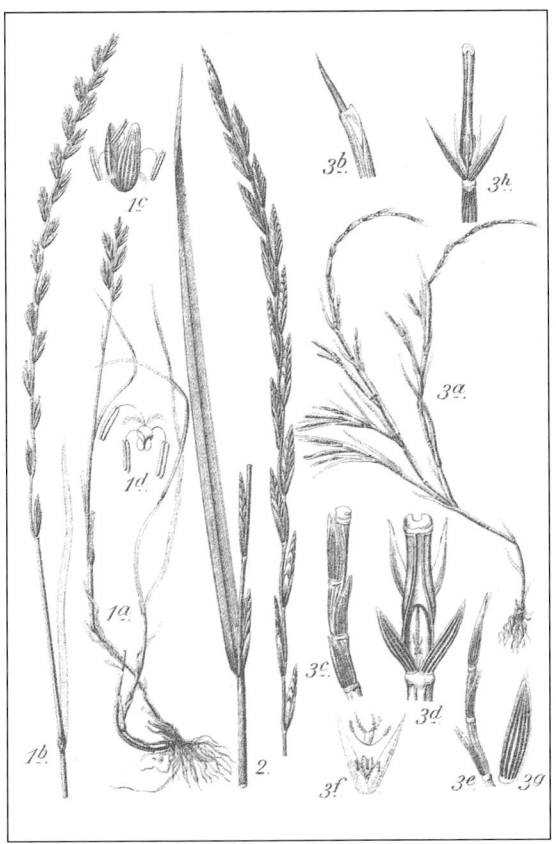

1. Deutsches Weidelgras *(Lolium perenne)*
2. Schwingel-Lolch *(x Festulolium loliaceum)*
3. Dünnschwanz *(Parapholis strigosa)*

Tafel 182

1. Hunds-Quecke *(Elymus caninus)*
2. Kriechende Quecke *(E. repens)*
3. Binsen-Quecke *(E. farctus)*

Tafel 183

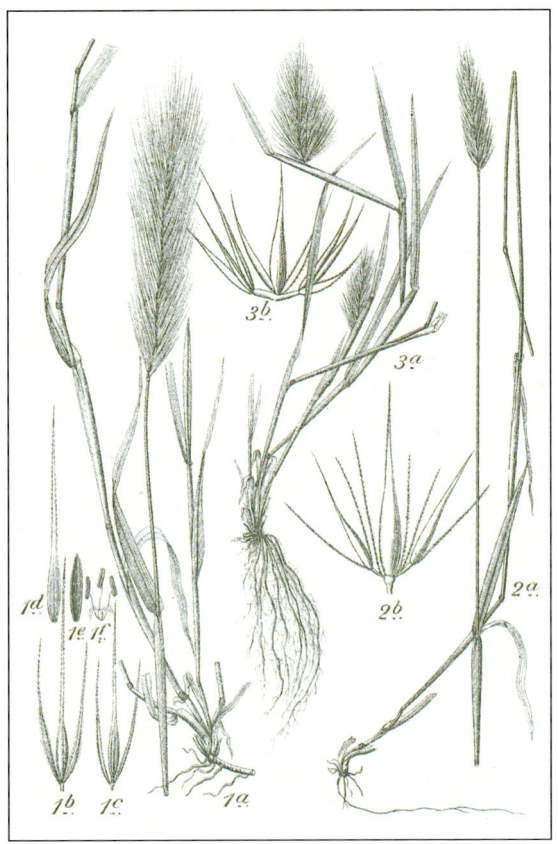

1. Mäuse-Gerste *(Hordeum murinum)*
2. Roggen-Gerste *(H. secalinum)*
3. Strand-Gerste *(H. marinum)*

Tafel 184

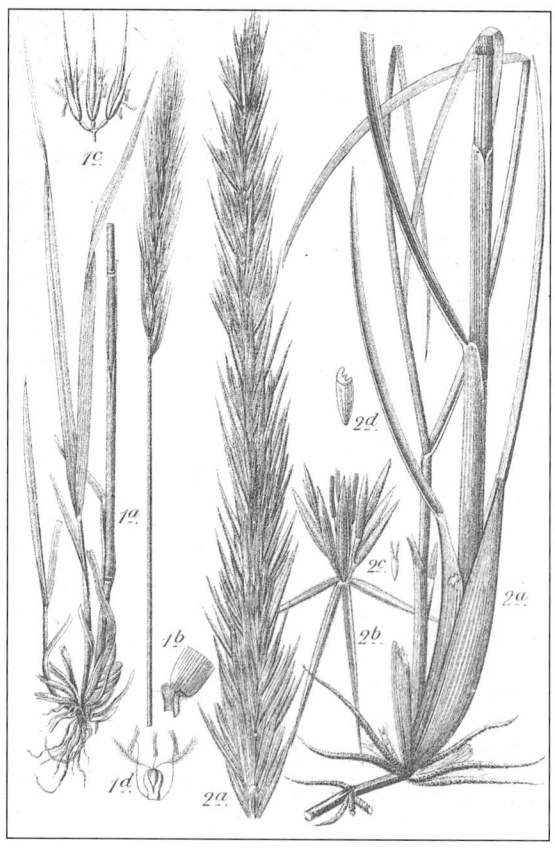

1. Waldgerste *(Hordelymus europaeus)*
2. Strandroggen *(Leymus arenarius)*

Tafel 185

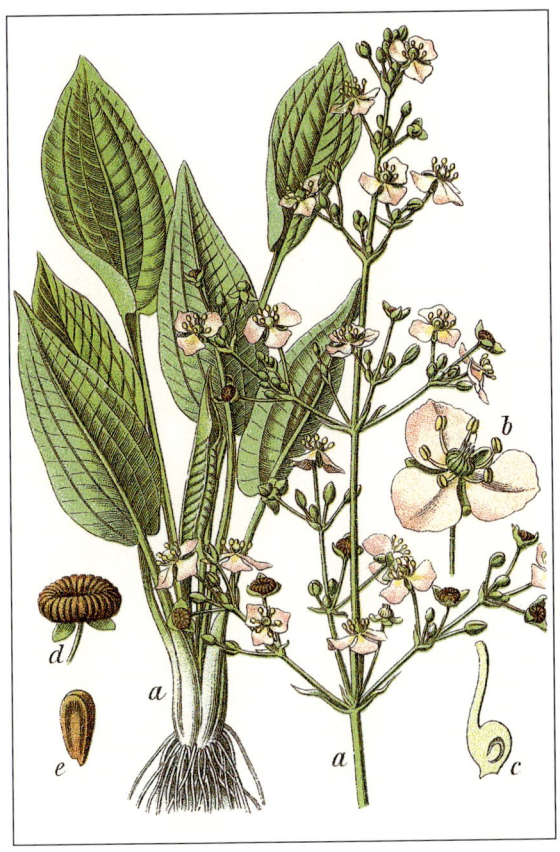

Gemeiner Froschlöffel *(Alisma plantago-aquatica)*

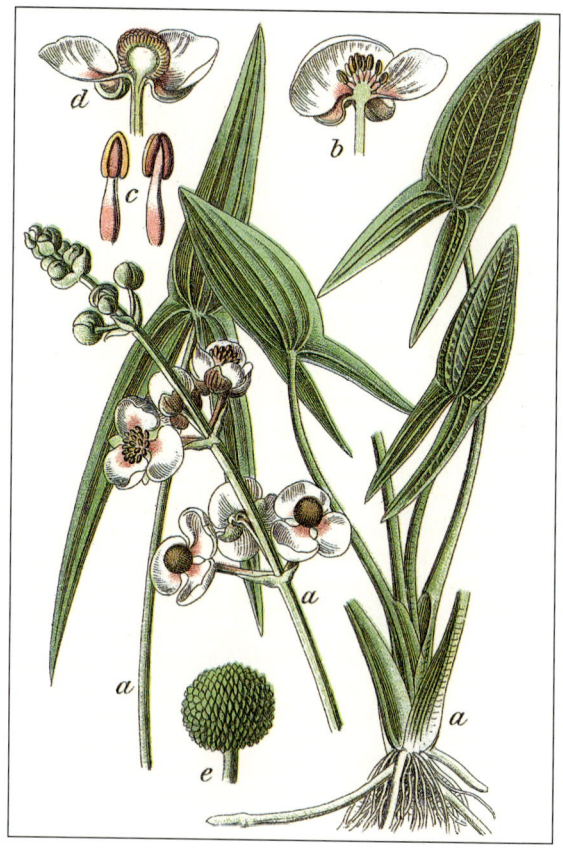

Pfeilkraut *(Sagittaria sagittifolia)*

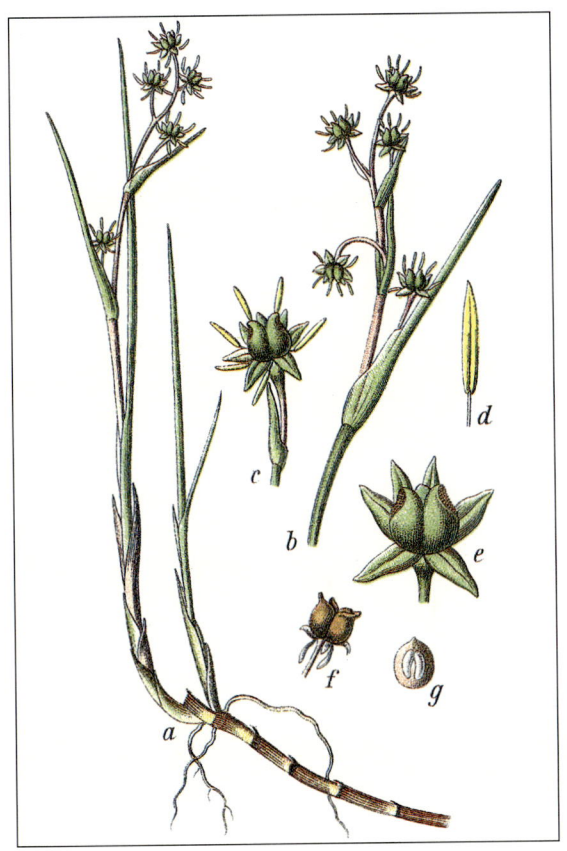

Blasenbinse *(Scheuchzeria palustris)*

Tafel 188

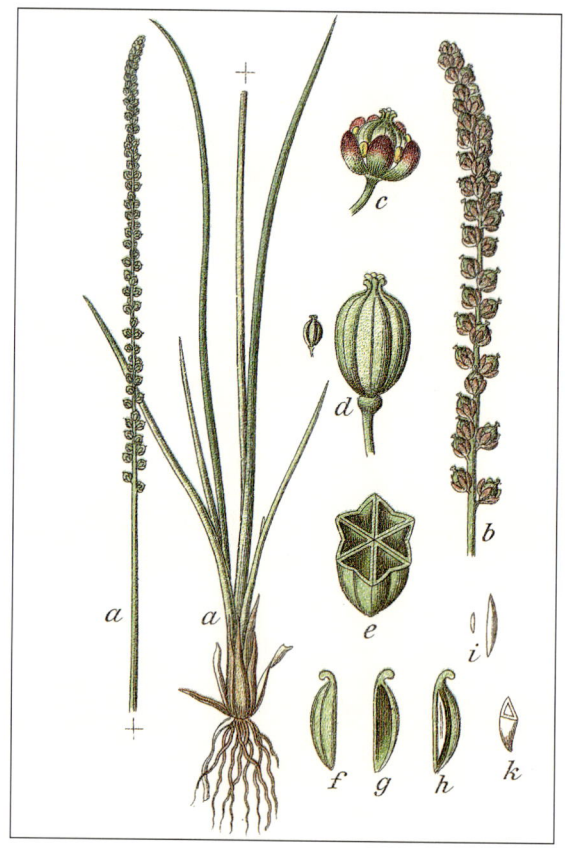

Strand-Dreizack *(Triglochin maritimum)*

Sumpf-Dreizack *(Triglochin palustre)*

Tafel 190

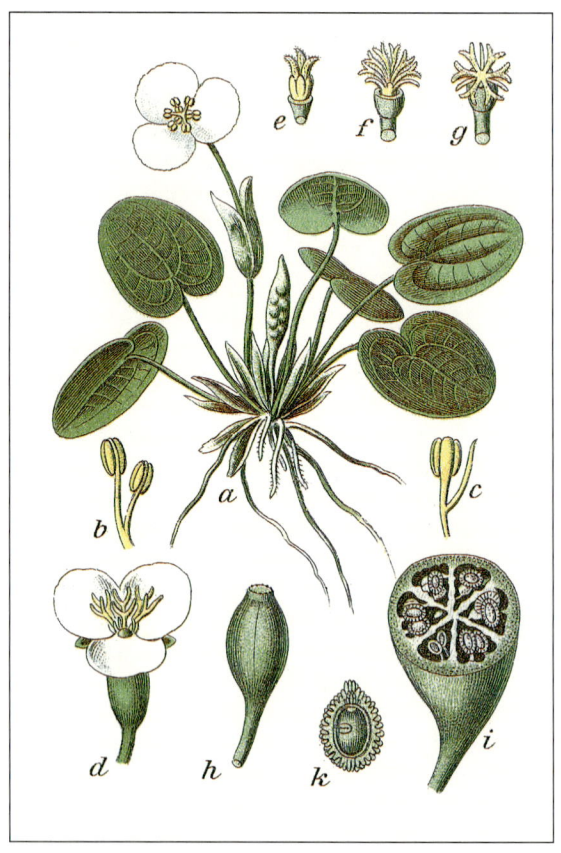

Froschbiß *(Hydrocharis morsus-ranae)*

Tafel 191

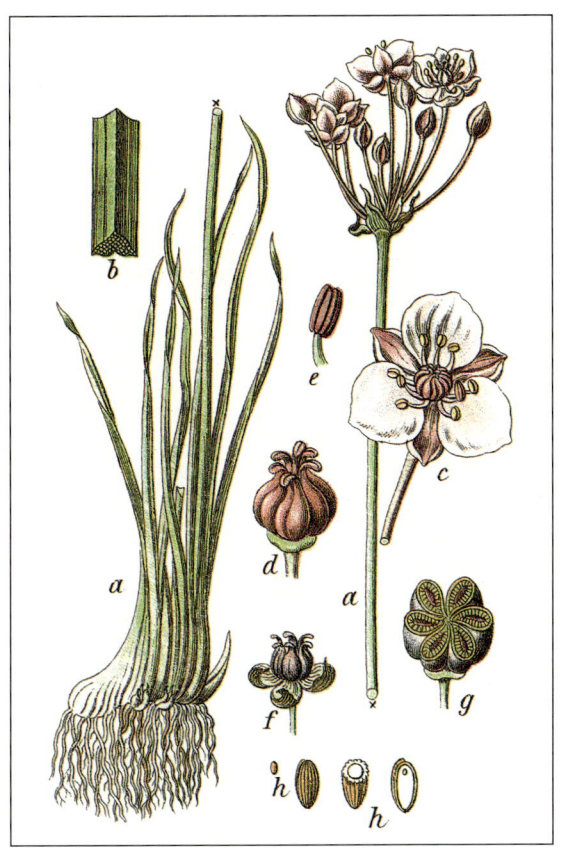

Schwanenblume *(Butomus umbellatus)*

Tafel 192

Schwimmendes Laichkraut *(Potamogeton natans)*

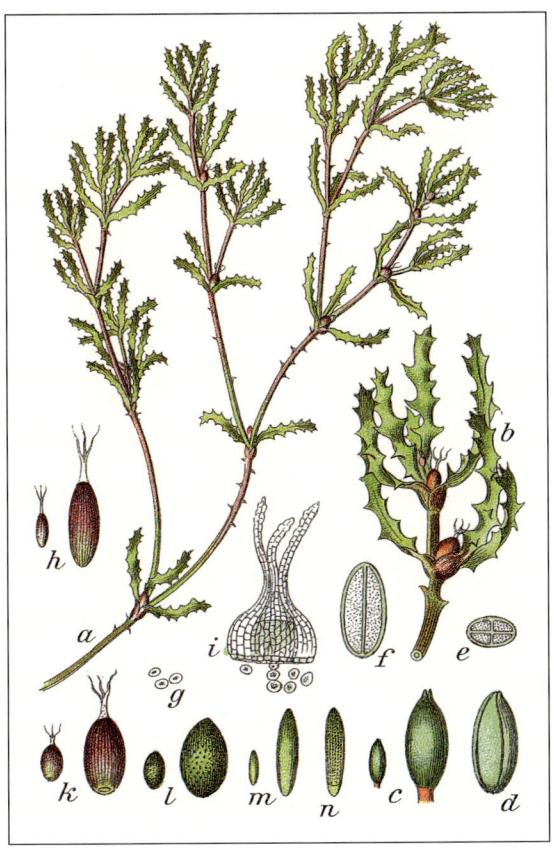

Großes Nixkraut *(Najas marina)*

Tafel 194

Purpur-Knabenkraut *(Orchis purpurea)* *

Brand-Knabenkraut *(Orchis ustulata)* *

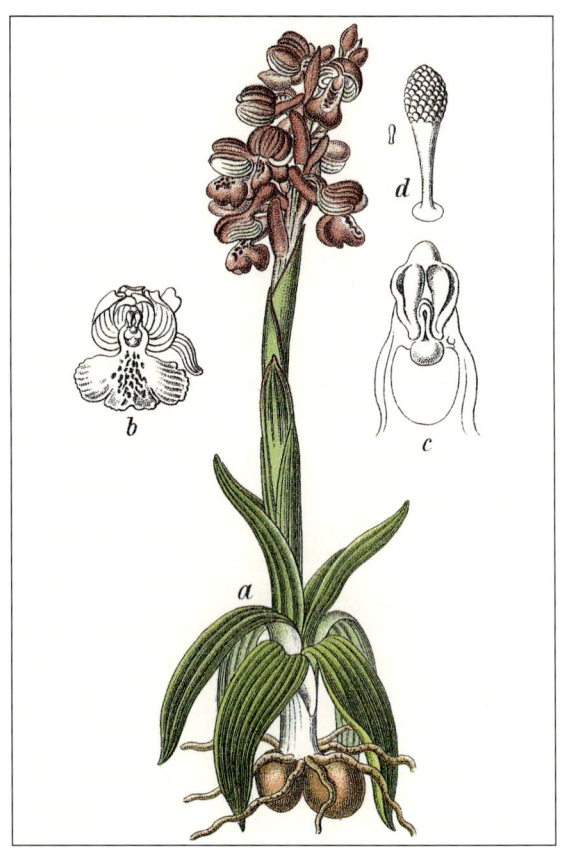

Kleines Knabenkraut *(Orchis morio)* *

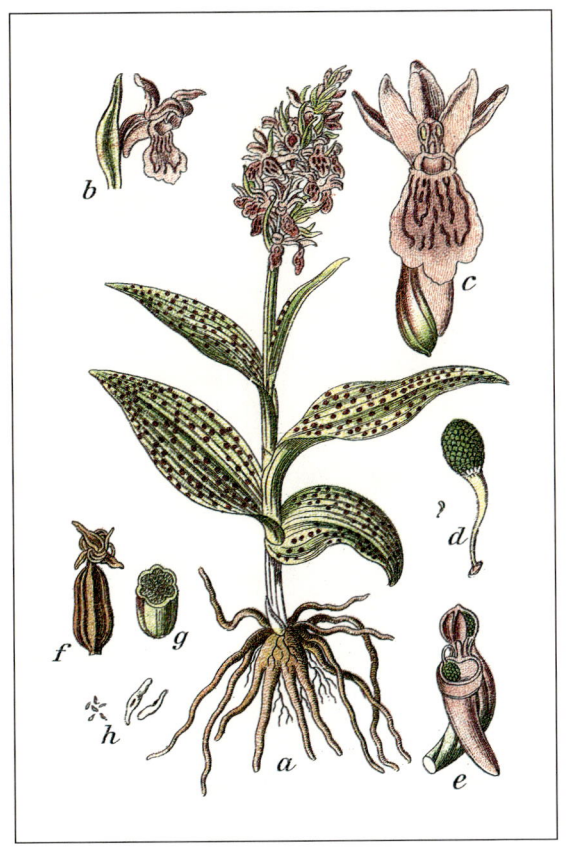

Breitblättriges Knabenkraut *(Dactylorhiza majalis)* *

Tafel 198

Große Händelwurz *(Gymnadenia conopsea)* *

Tafel 199

Fliegen-Ragwurz *(Ophrys insectifera)* *

Tafel 200

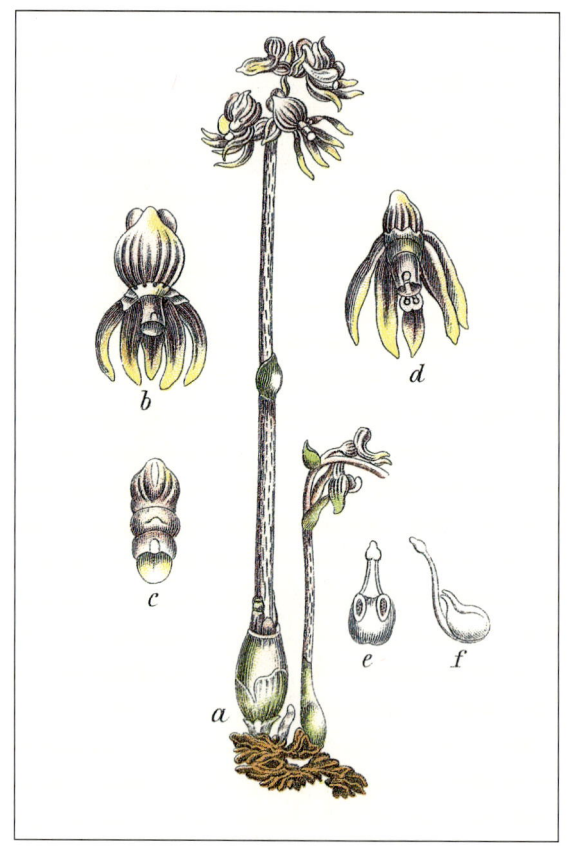

Widerbart *(Epipogium aphyllum)* *

Tafel 201

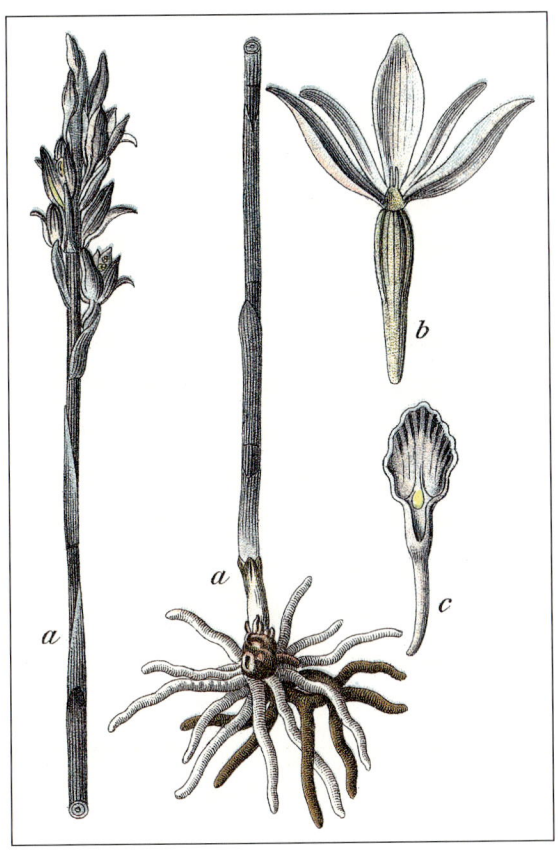

Dingel *(Limodorum abortivum)* *

Tafel 202

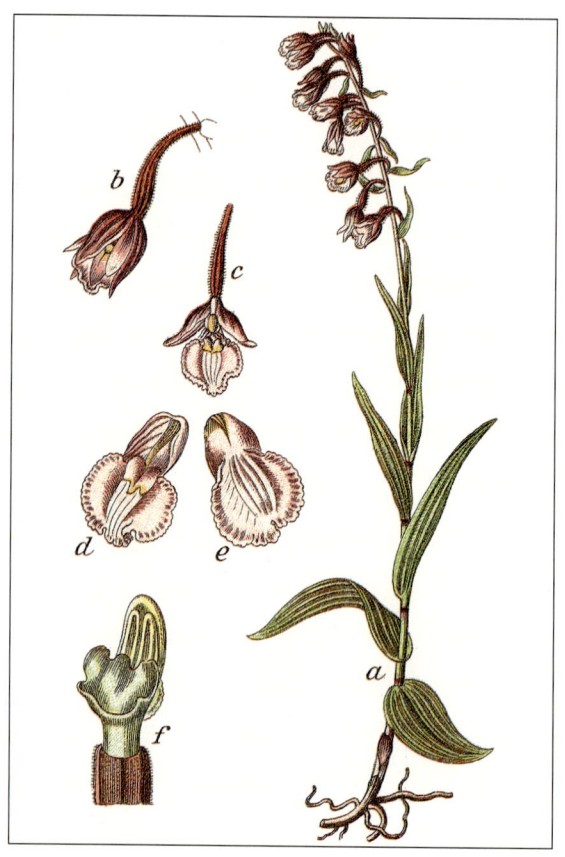

Sumpf-Stendelwurz *(Epipactis palustris)* *

Tafel 203

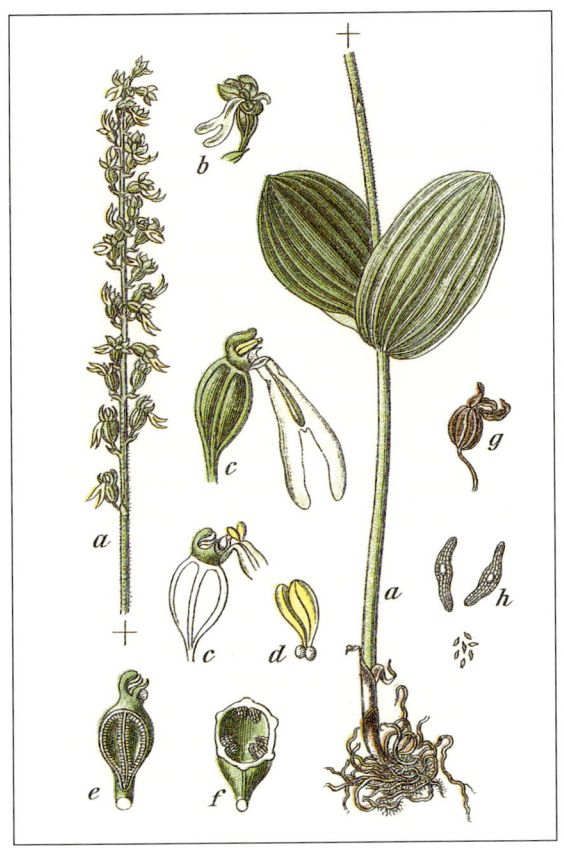

Großes Zweiblatt *(Listera ovata)* *

Tafel 204

Herbst-Drehwurz *(Spiranthes spiralis)* *

Tafel 205

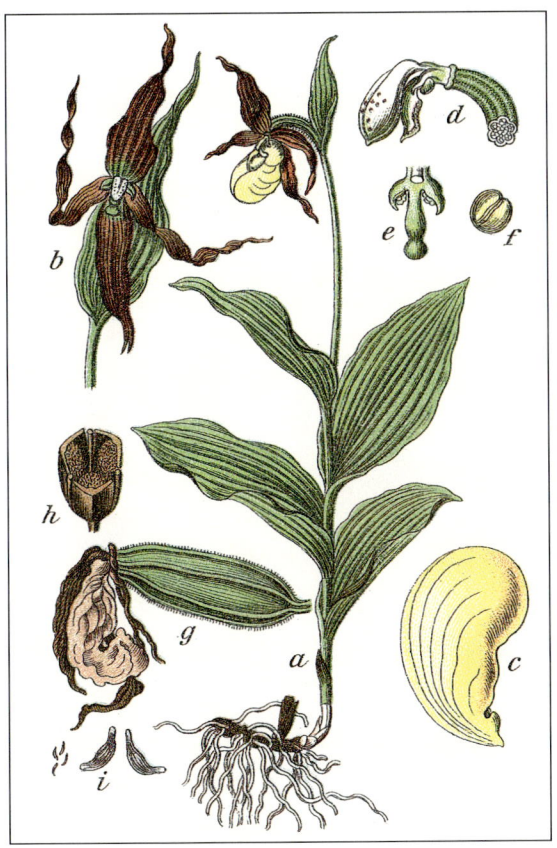

Frauenschuh *(Cypripedium calceolus)* *

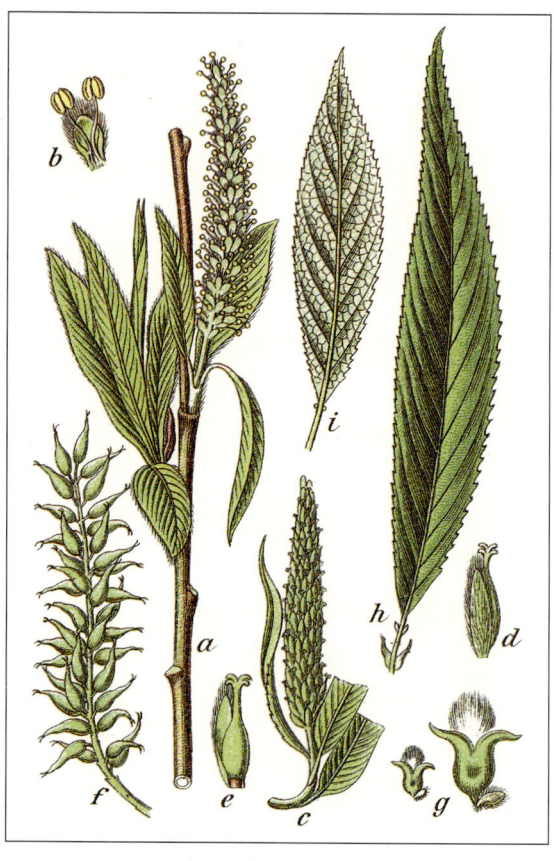

Bruch-Weide *(Salix fragilis)*

Tafel 207

Silber-Weide *(Salix alba)*

Tafel 208

Mandel-Weide *(Salix triandra)*

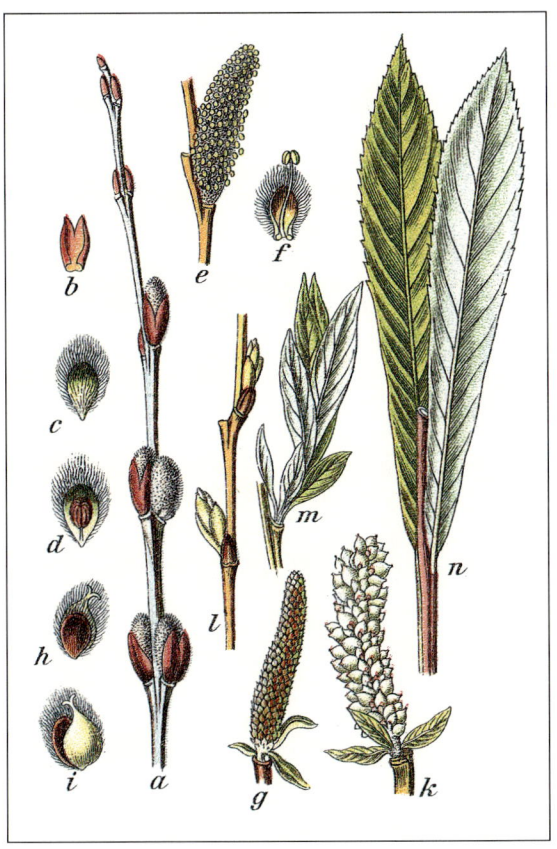

Purpur-Weide *(Salix purpurea)*

Tafel 210

Ohr-Weide *(Salix aurita)*

Korb-Weide *(Salix viminalis)*

Sal-Weide *(Salix caprea)*

Kahle Weide *(Salix glabra)*

Tafel 214

Zitter-Pappel *(Populus tremula)*

Tafel 215

Stiel-Eiche *(Quercus robur)*

Tafel 216

Hasel *(Corylus avellana)*

Tafel 217

Hainbuche *(Carpinus betulus)*

Tafel 218

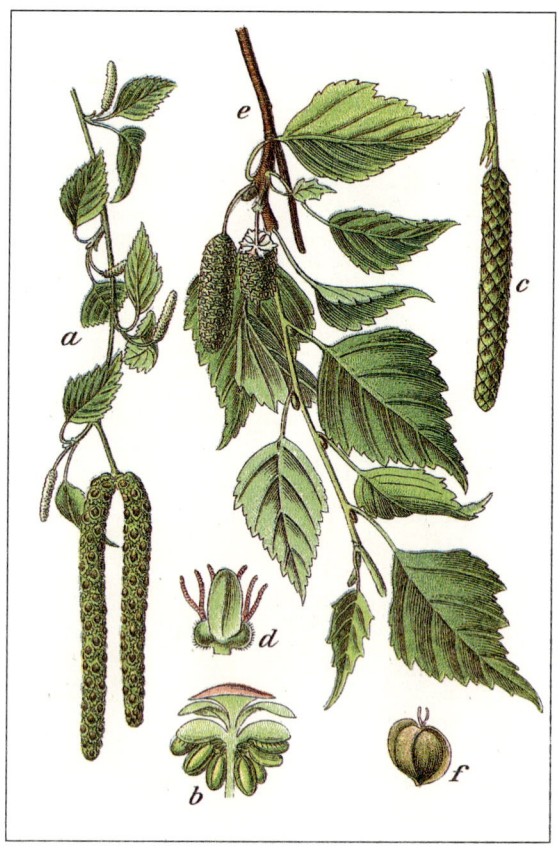

Hänge-Birke *(Betula pendula)*

Tafel 219

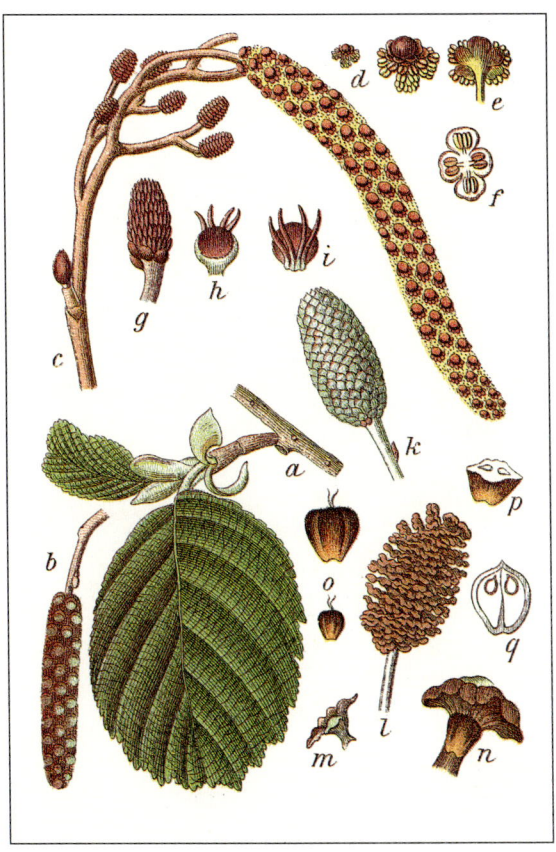

Schwarz-Erle *(Alnus glutinosa)*

Feld-Ulme *(Ulmus minor)*

Tafel 221

Hanf *(Cannabis sativa)*

Hopfen *(Humulus lupulus)*

Tafel 223

Schwarze Maulbeere *(Morus nigra)*

Tafel 224

Kleine Brennessel *(Urtica urens)*

Tafel 225

Aufrechtes Glaskraut *(Parietaria officinalis)*

Tafel 226

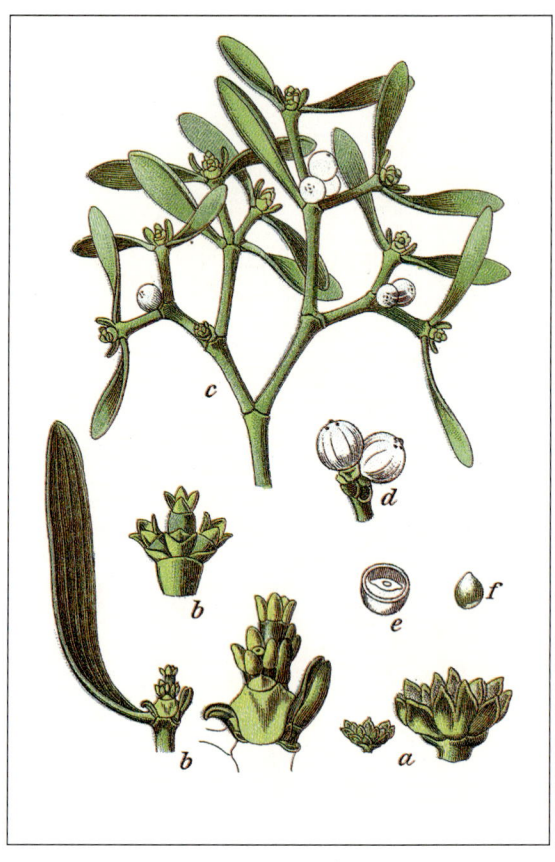

Mistel *(Viscum album)*

Tafel 227

Riemenblume *(Loranthus europaeus)*

Tafel 228

Alpen-Leinblatt *(Thesium alpinum)*

Tafel 229

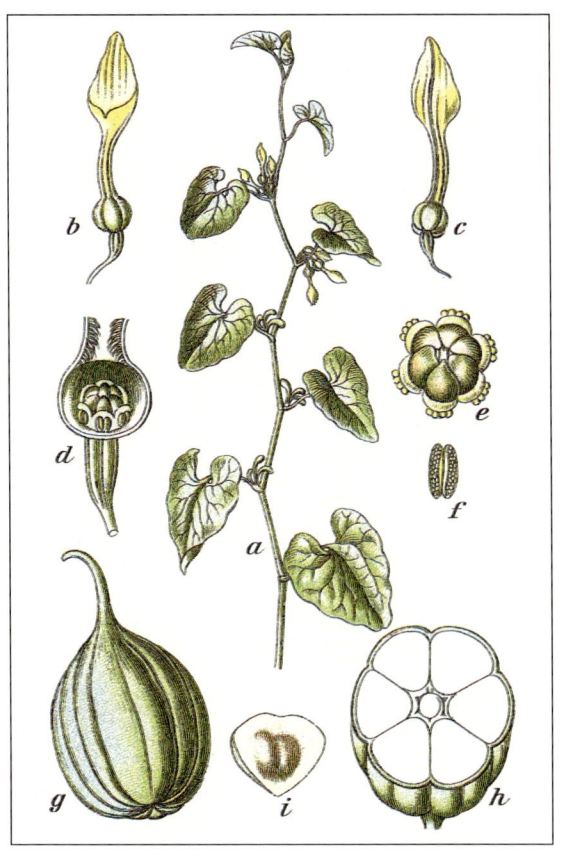

Osterluzei *(Aristolochia clematitis)*

Tafel 230

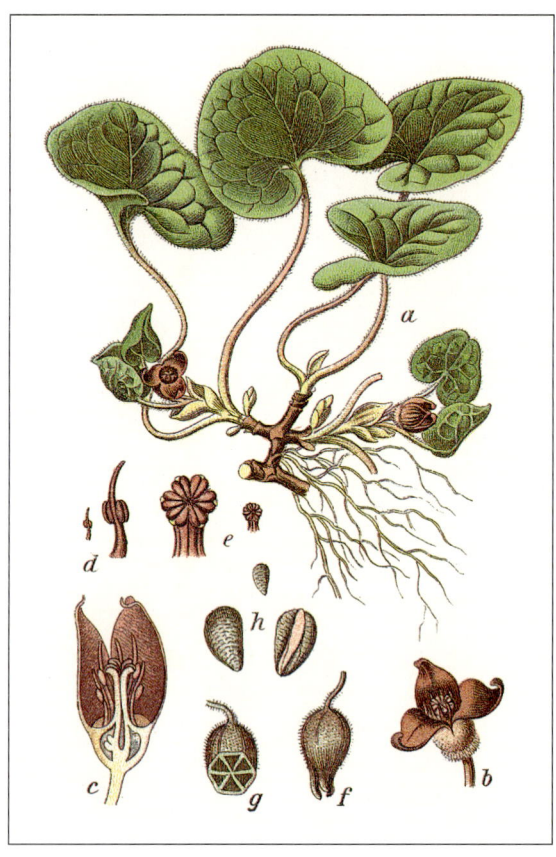

Haselwurz *(Asarum europaeum)*

Tafel 231

Strand-Ampfer *(Rumex maritimus)*

Tafel 232

Stumpfblättriger Ampfer *(Rumex obtusifolius)*

Tafel 233

Schöner Ampfer *(Rumex pulcher)*

Tafel 234

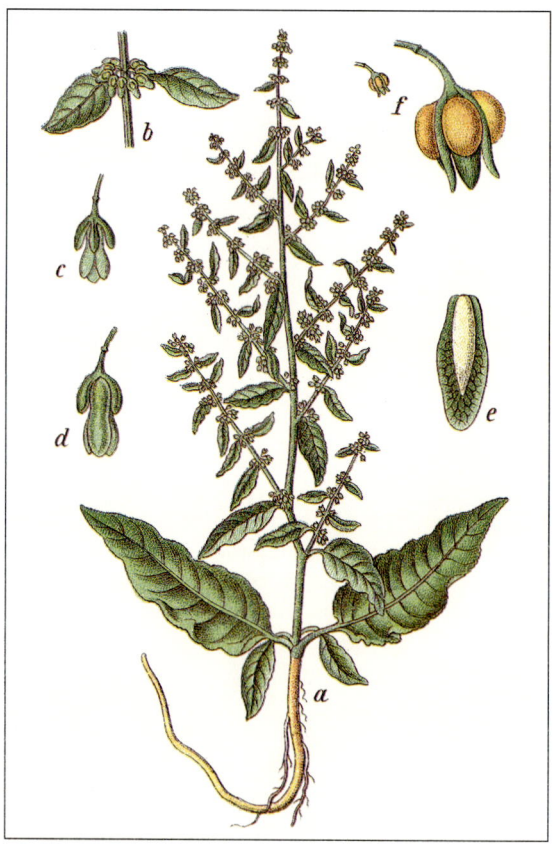

Knäuel-Ampfer *(Rumex conglomeratus)*

Tafel 235

Blut-Ampfer *(Rumex sanguineus)*

Tafel 236

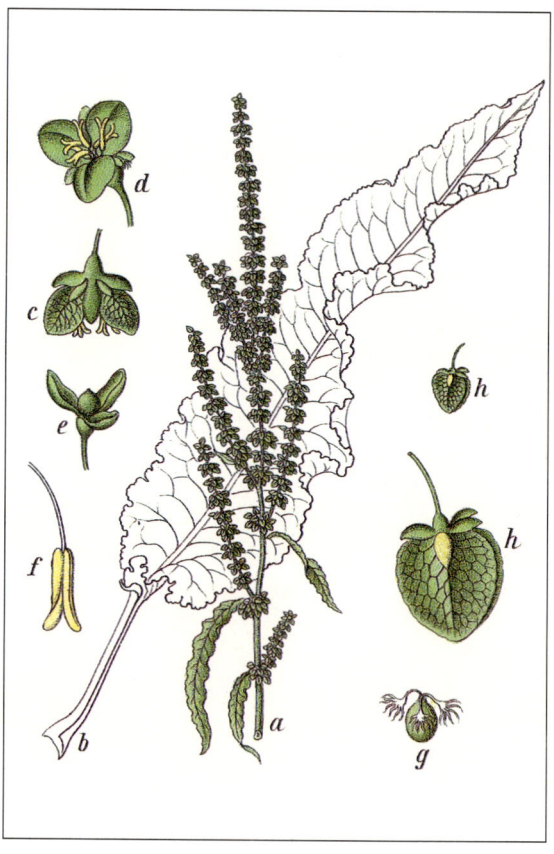

Krauser Ampfer *(Rumex crispus)*

Tafel 237

Fluß-Ampfer *(Rumex hydrolapathum)*

Tafel 238

Verschiedenblättriger Ampfer *(Rumex x heterophyllus)*

Tafel 239

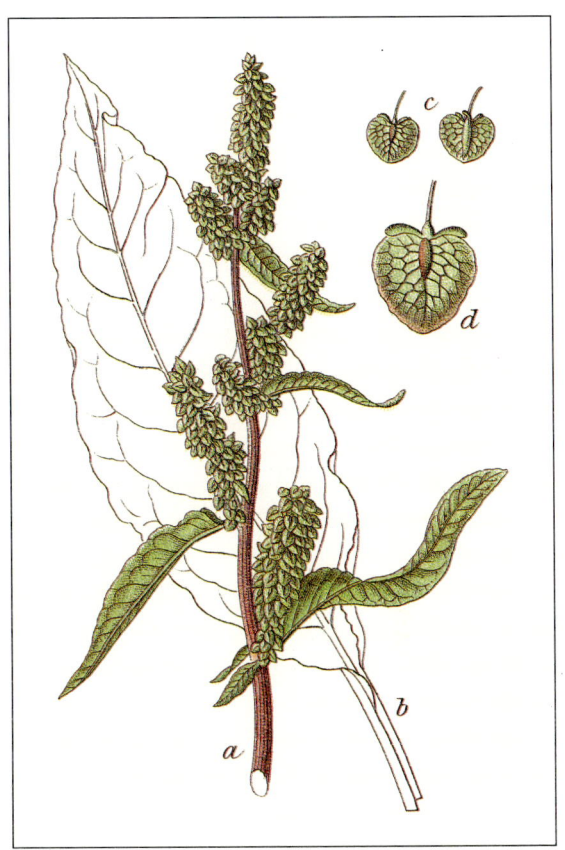

Garten-Ampfer *(Rumex patientia)*

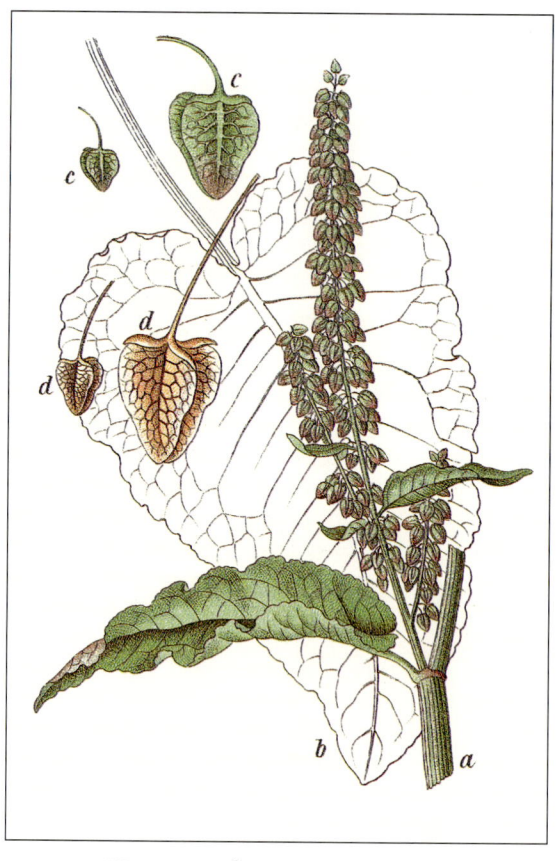

Wasser-Ampfer *(Rumex aquaticus)*

Tafel 241

Alpen-Ampfer *(Rumex pseudoalpinus)*

Tafel 242

Kleiner Sauerampfer *(Rumex acetosella)*

Großer Sauerampfer *(Rumex acetosa)*

Tafel 244

Berg-Sauerampfer *(Rumex arifolius)*

Wiesenknöterich *(Bistorta officinalis)*

Tafel 246

Wasser-Knöterich *(Persicaria amphibia)*

Tafel 247

Vogelknöterich *(Polygonum aviculare)*

Tafel 248

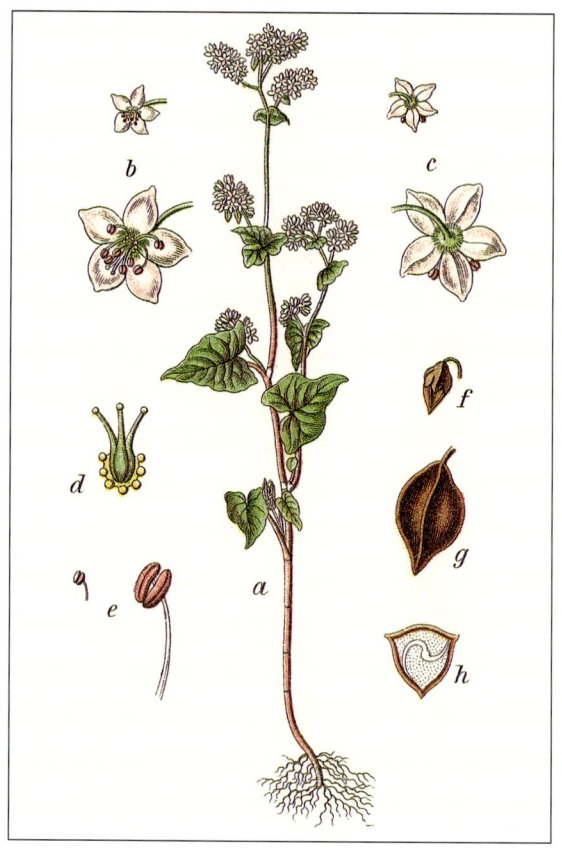

Echter Buchweizen *(Fagopyrum esculentum)*

Tafel 249

Frühlings-Spark *(Spergula morisonii)*

Tafel 250

Kahles Bruchkraut *(Herniaria glabra)*

Tafel 251

Frühlings-Miere *(Minuartia verna)*

Tafel 252

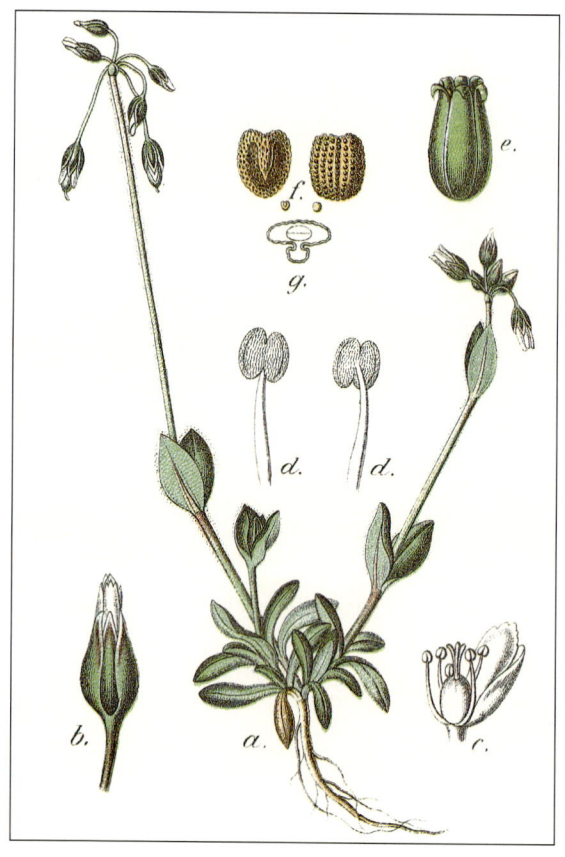

Spurre *(Holosteum umbellatum)*

Tafel 253

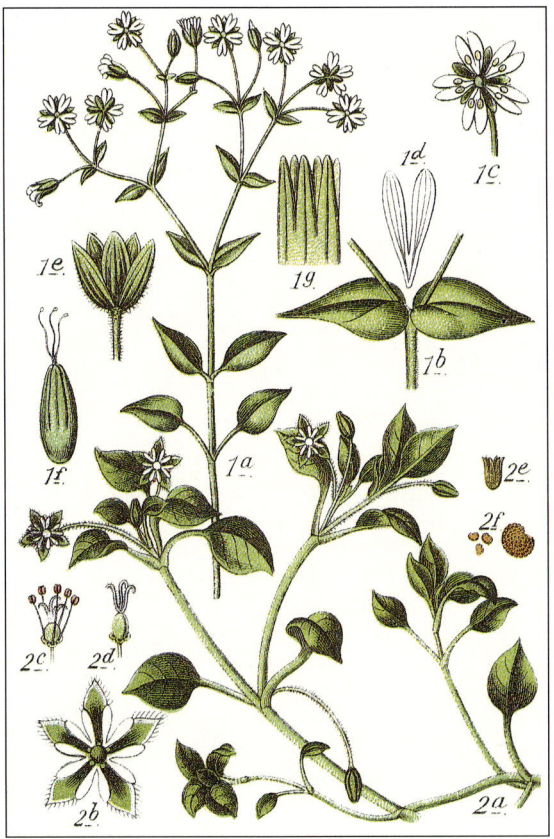

1. Hain-Sternmiere *(Stellaria nemorum)*
2. Vogelmiere *(S. media)*

Tafel 254

Sumpf-Sternmiere *(Stellaria palustris)*

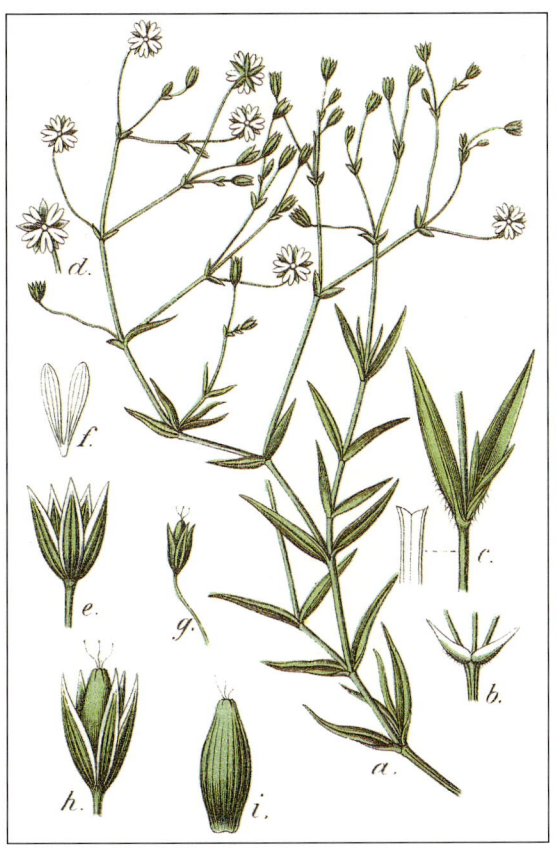

Gras-Sternmiere *(Stellaria graminea)*

1. Langblättrige Sternmiere *(Stellaria longifolia)*
2. Bach-Sternmiere *(S. alsine)*

Tafel 257

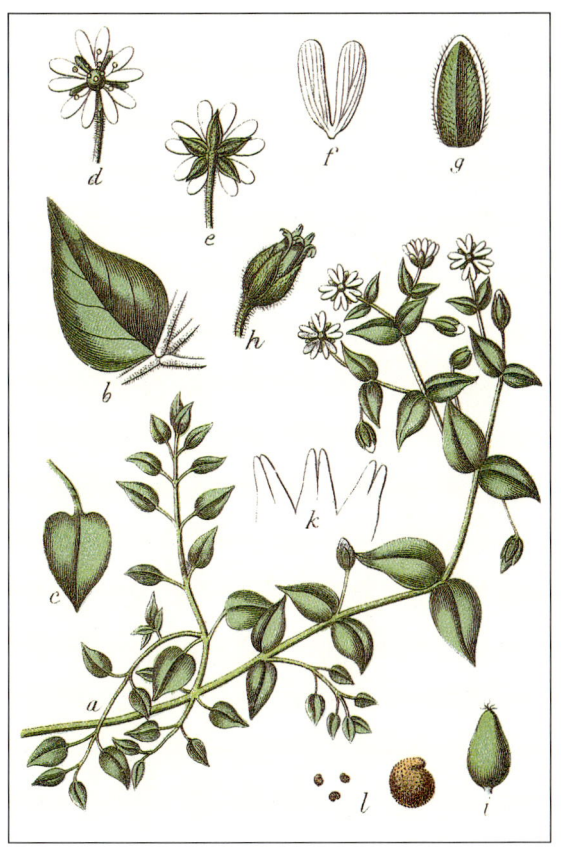

Wasserdarm *(Stellaria aquatica)*

Tafel 258

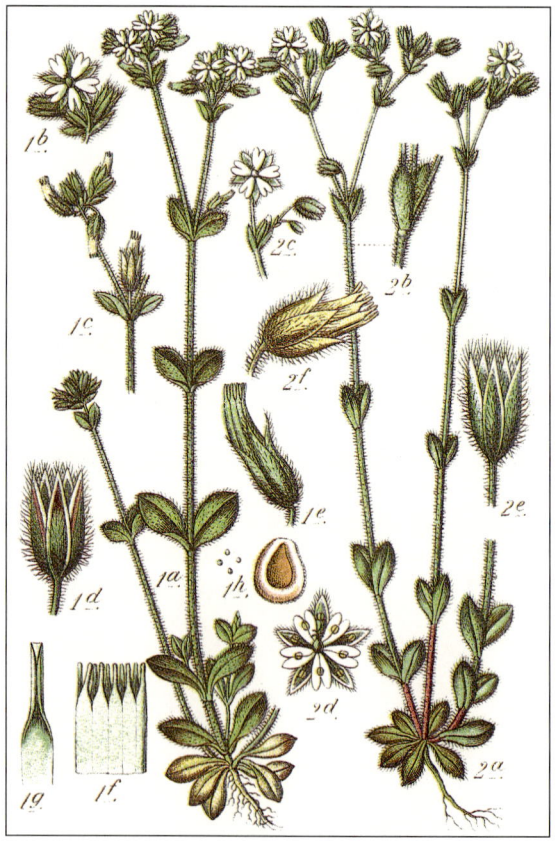

1. Knäueliges Hornkraut *(Cerastium glomeratum)*
2. Bärtiges Hornkraut *(C. brachypetalum)*

Tafel 259

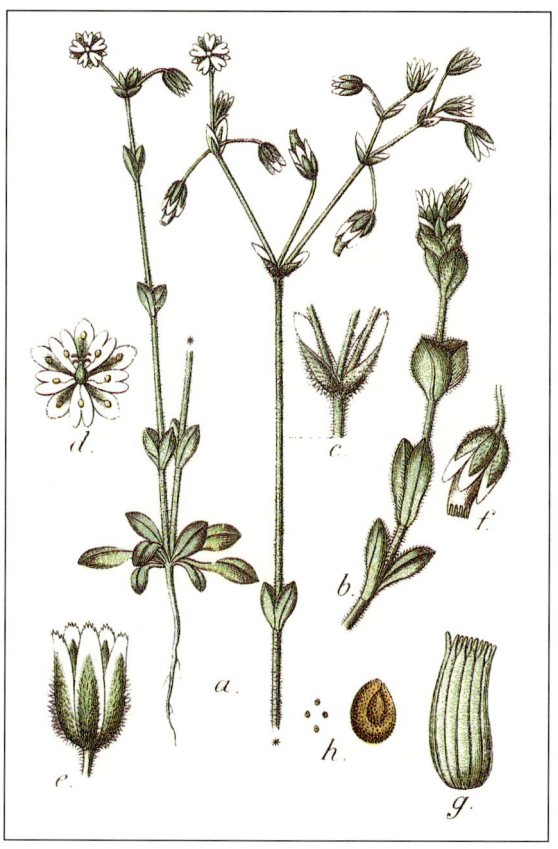

Sand-Hornkraut *(Cerastium semidecandrum)*

Tafel 260

Bleiches Zwerg-Hornkraut *(Cerastium glutinosum)*

Tafel 261

Viermänniges Hornkraut *(Cerastium diffusum)*

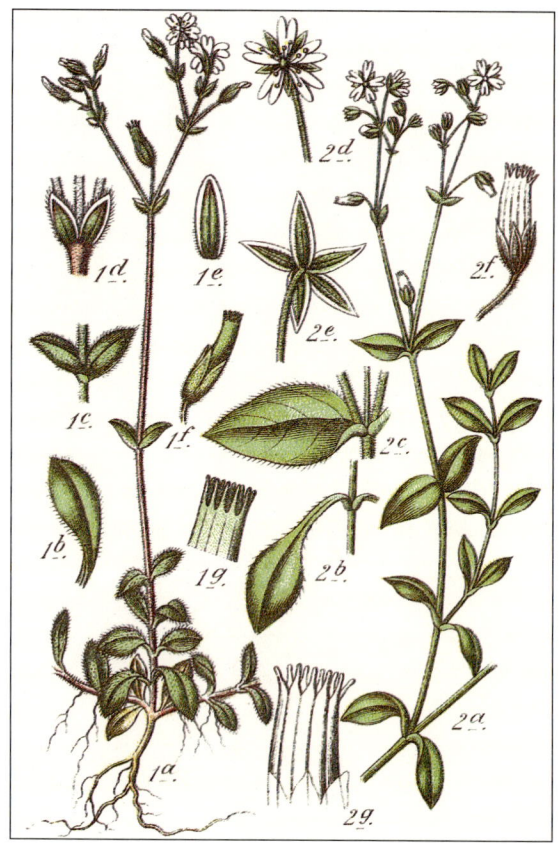

1. Gemeines Hornkraut *(Cerastium holosteoides)*
2. Großfrüchtiges Hornkraut *(C. sylvaticum)*

Tafel 263

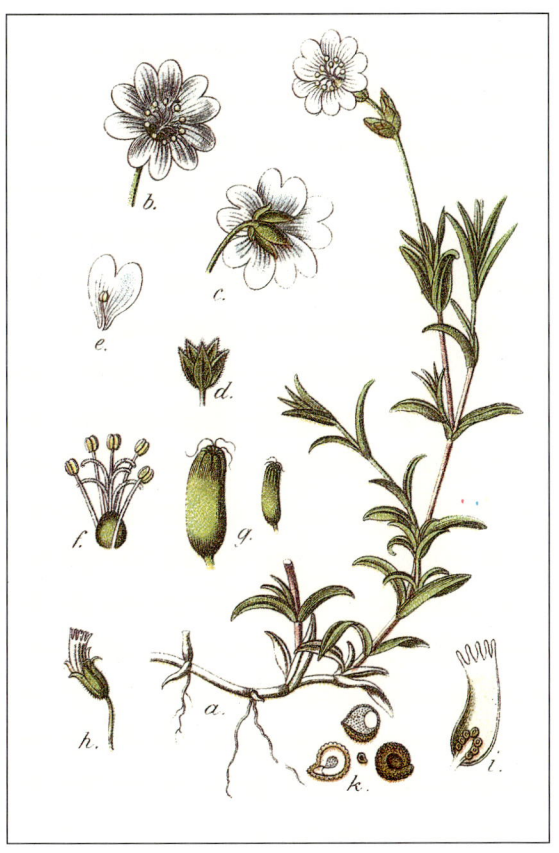

Acker-Hornkraut *(Cerastium arvense)*

Einjähriger Knäuel *(Scleranthus annuus)*

Tafel 265

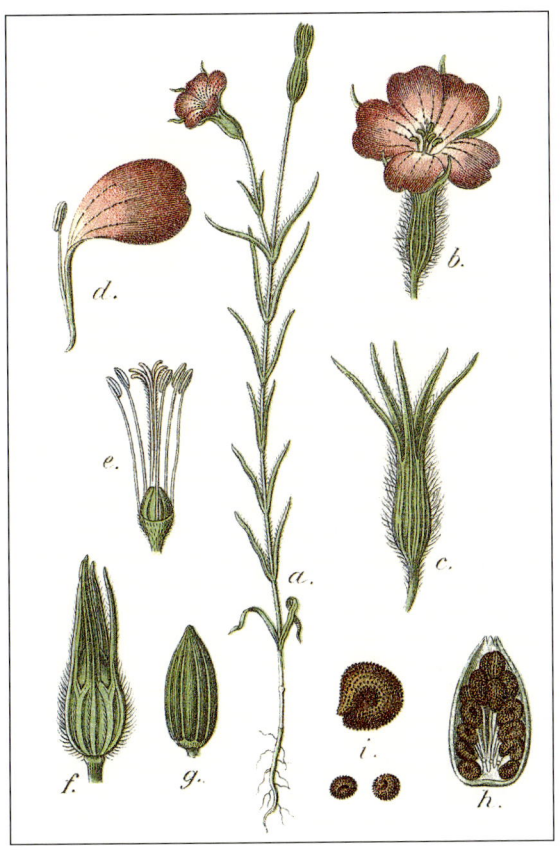

Kornrade *(Agrostemma githago)*

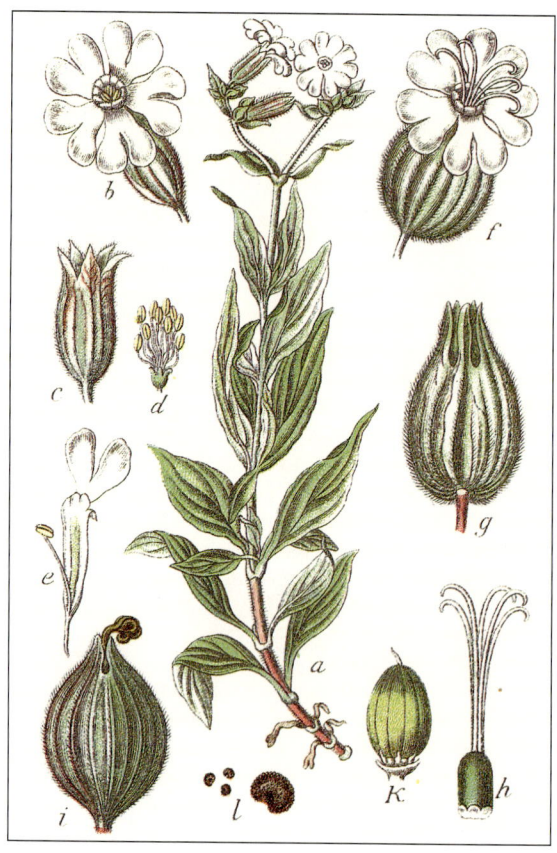

Weiße Lichtnelke *(Silene latifolia)*

Tafel 267

Rote Lichtnelke *(Silene dioica)*

Tafel 268

Acker-Lichtnelke *(Silene noctiflora)*

Tafel 269

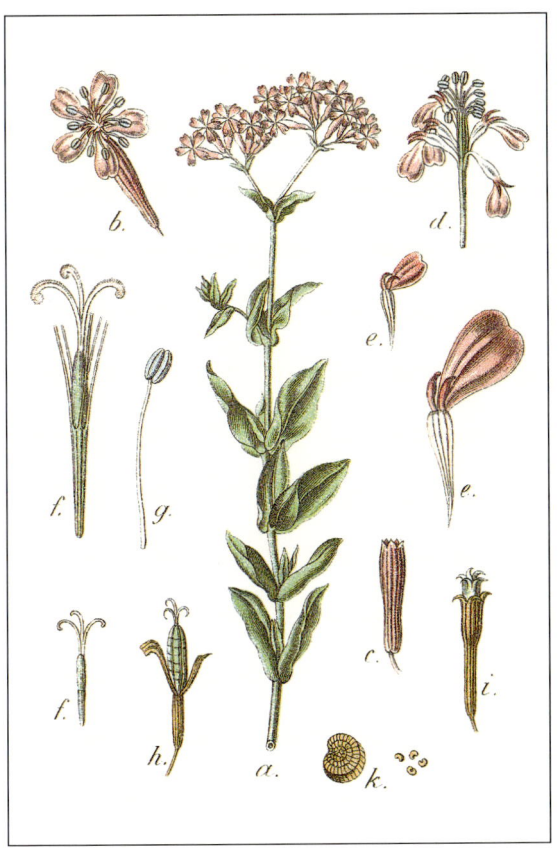

Nelken-Leimkraut *(Silene armeria)*

Tafel 270

Büschel-Nelke *(Dianthus armeria)* *

Busch-Nelke *(Dianthus seguieri)* *

Tafel 272

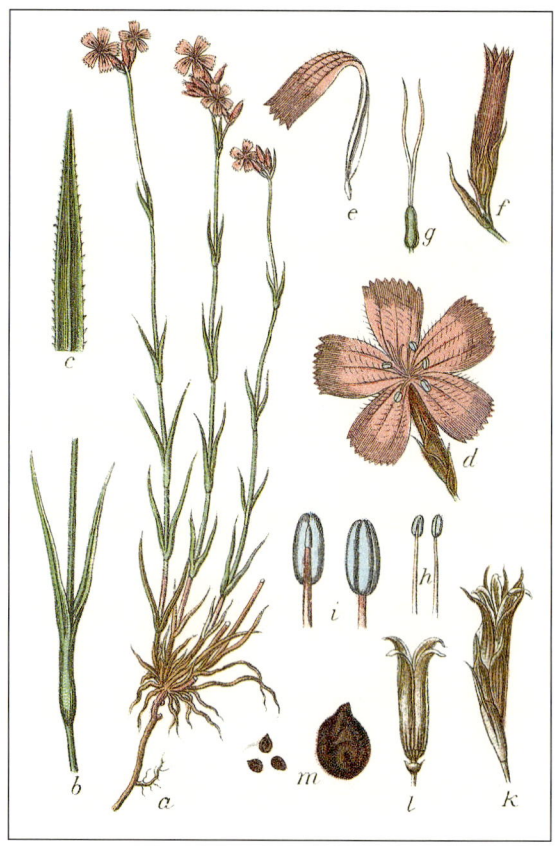

Kartäuser-Nelke *(Dianthus carthusianorum)* *

Tafel 273

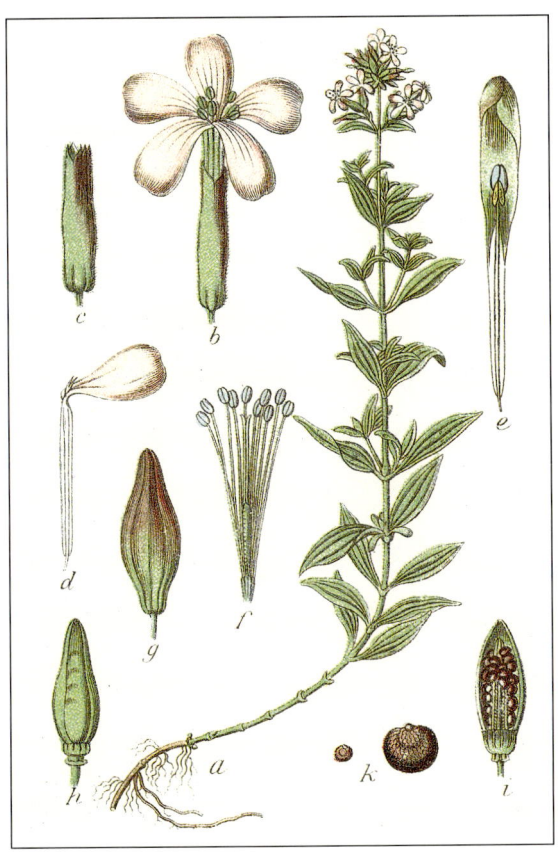

Seifenkraut *(Saponaria officinalis)*

Tafel 274

1. Stechapfelblättriger Gänsefuß
   (Chenopodium hybridum)
2. Straßen-Gänsefuß *(C. urbicum)*

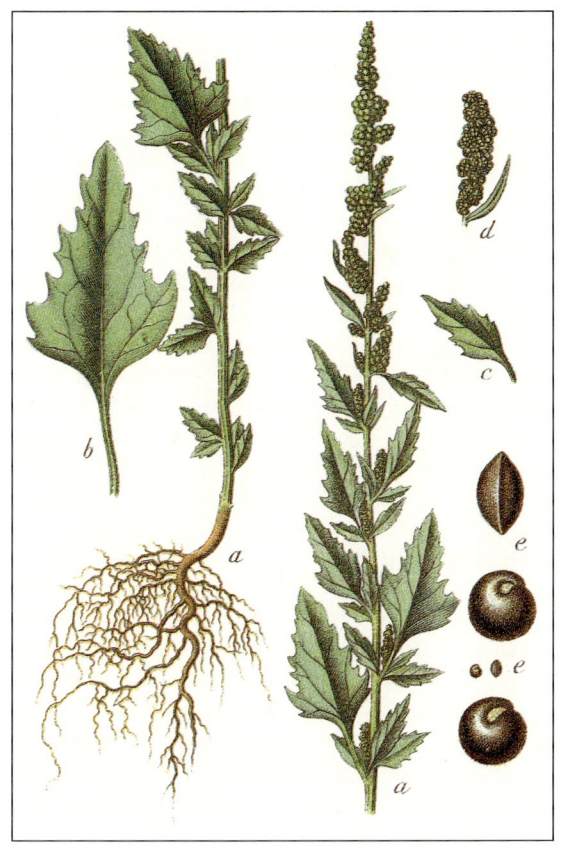

Weißer Gänsefuß *(Chenopodium album)*

1. und 2. Vielsamiger Gänsefuß
(Chenopodium polyspermum)

Tafel 277

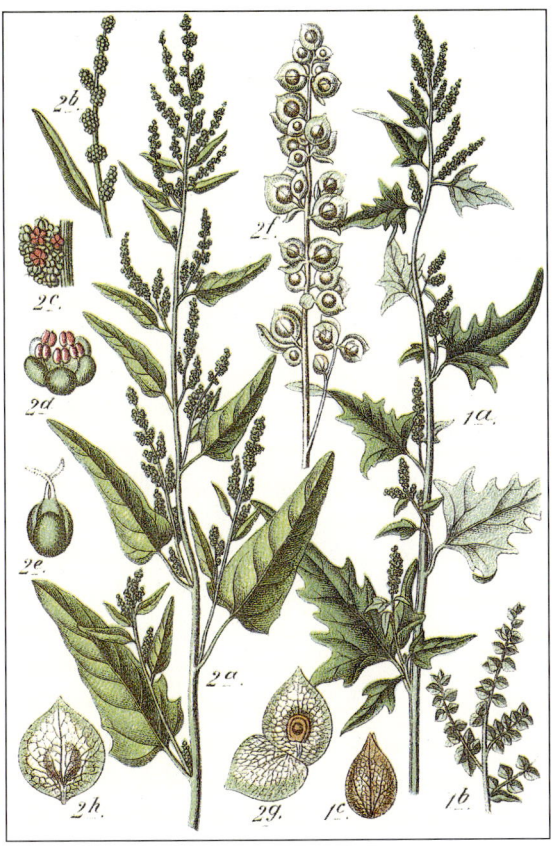

1. Glanz-Melde *(Atriplex sagittata)*
2. Garten-Melde *(A. hortensis)*

Tafel 278

Rosen-Melde *(Atriplex rosea)*

Tafel 279

Sand-Radmelde *(Bassia laniflora)*

Grauer Wanzensame *(Corispermum marschallii)*

1. Bach-Quellkraut *(Montia fontana)*
2. Acker-Knorpelkraut *(Polycnemum arvense)*

Tafel 282

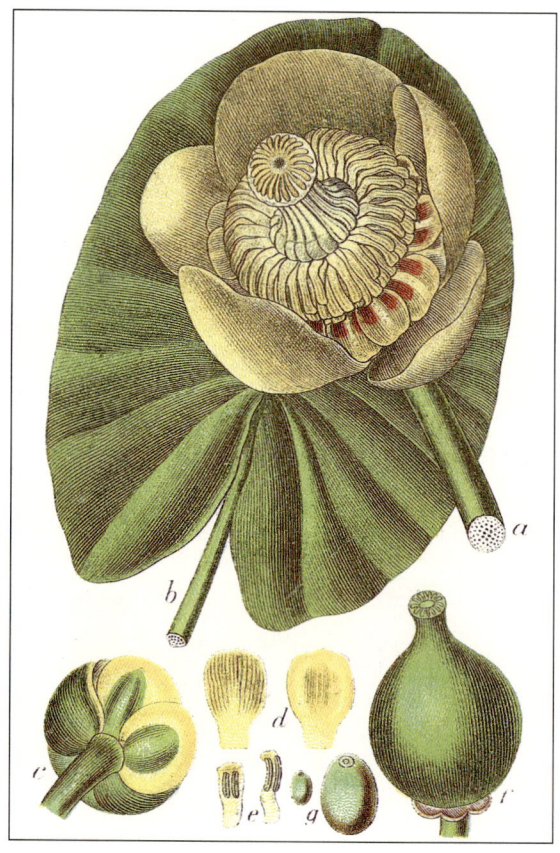

Gelbe Teichrose *(Nuphar lutea)* *

Tafel 283

Weiße Seerose *(Nymphaea alba)**
f = Kleine Seerose *(N. candida)**

Trollblume *(Trollius europaeus)* *

Sumpfdotterblume *(Caltha palustris)*

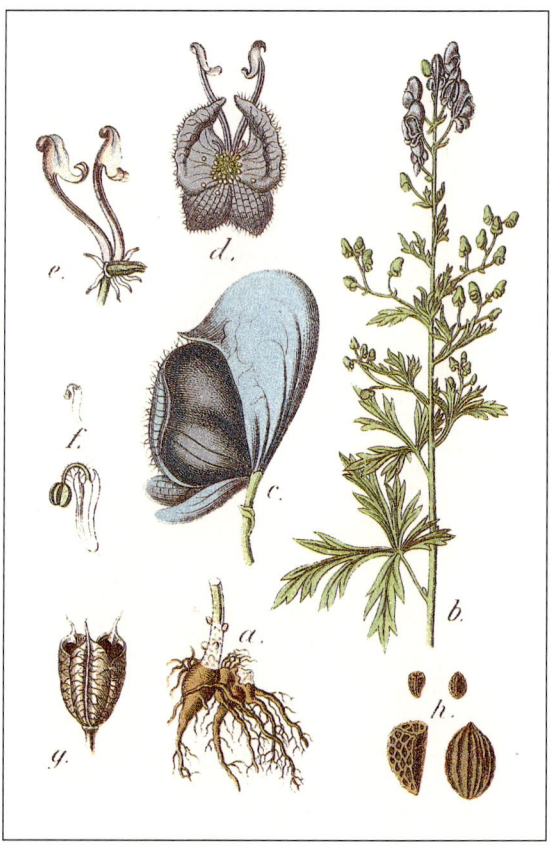

Blauer Eisenhut *(Aconitum napellus)* *

Christophskraut *(Actaea spicata)*

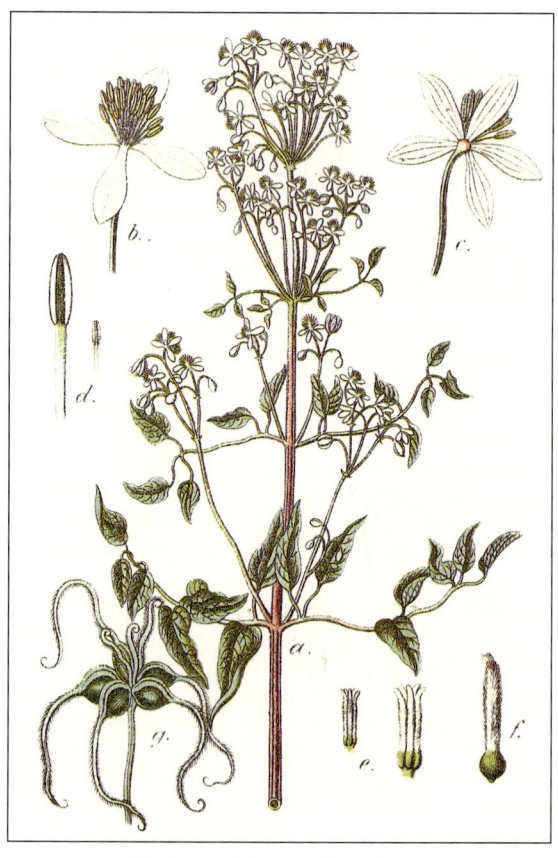

Aufrechte Waldrebe *(Clematis recta)*

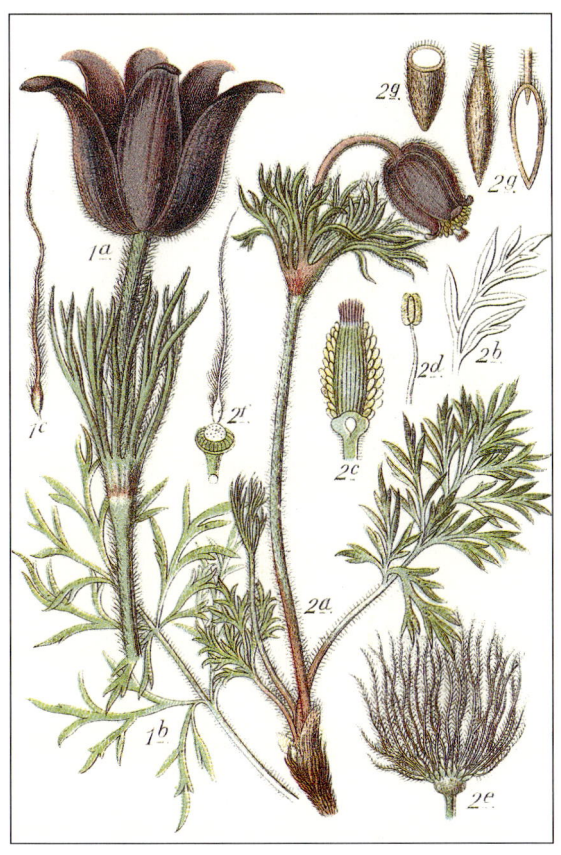

1. Gemeine Kuhschelle *(Pulsatilla vulgaris)* *
2. Wiesen-Kuhschelle *(P. pratensis)* *

Tafel 290

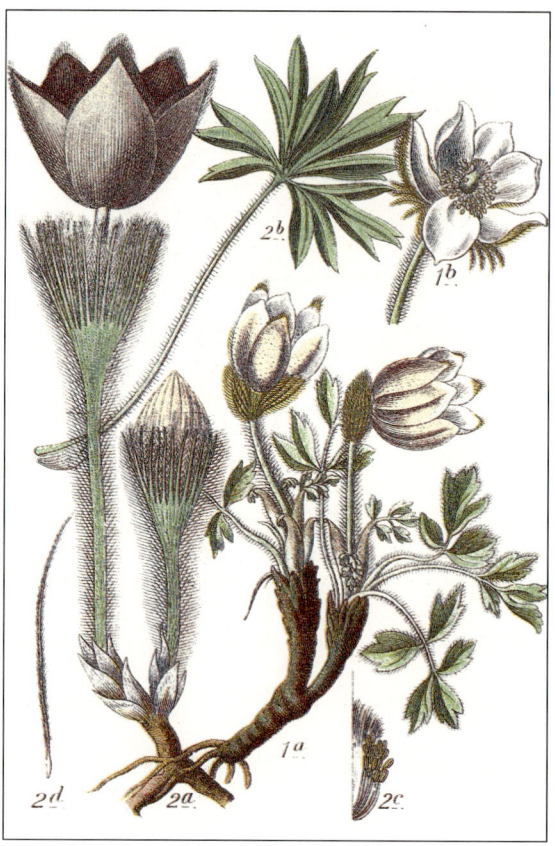

1. Frühlings-Kuhschelle *(Pulsatilla vernalis)* *
2. Finger-Kuhschelle *(P. patens)* *

1. Busch-Windröschen *(Anemone nemorosa)*
2. Gelbes Windröschen *(A. ranunculoides)*

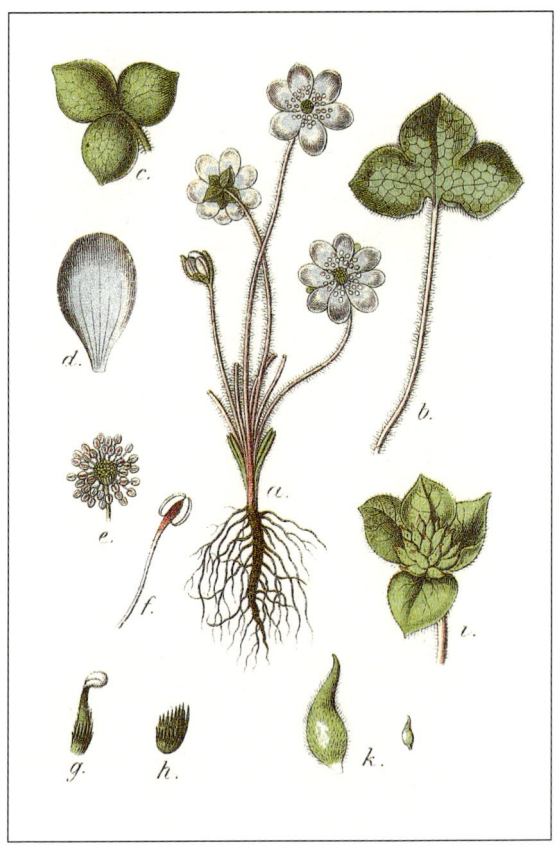

Leberblümchen *(Hepatica nobilis)* *

Tafel 293

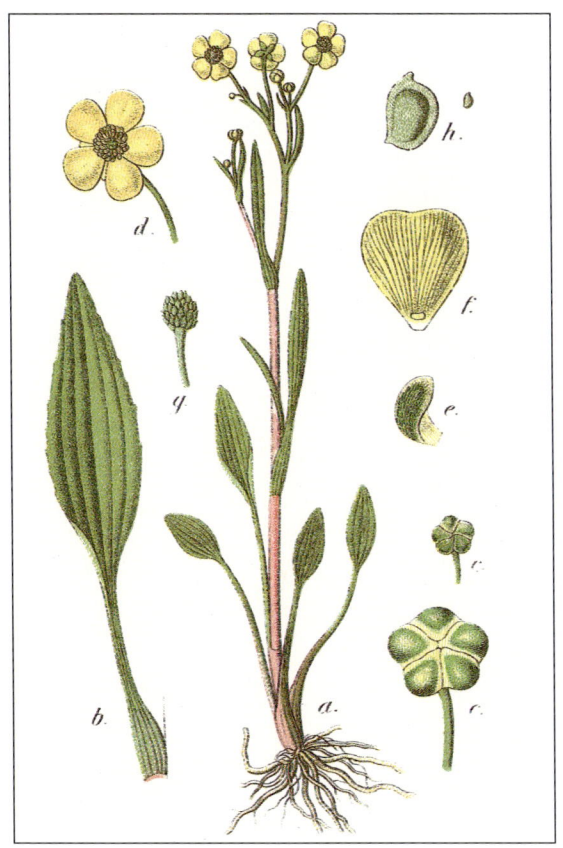

Brennender Hahnenfuß *(Ranunculus flammula)*

Tafel 294

Ufer-Hahnenfuß *(Ranunculus reptans)*

Tafel 295

Zungen-Hahnenfuß *(Ranunculus lingua)*

Tafel 296

1. Scharfer Hahnenfuß *(Ranunculus acris)*
2. Wolliger Hahnenfuß *(R. lanuginosus)*

Tafel 297

Vielblütiger Hahnenfuß *(Ranunculus polyanthemos)*

1. Hain-Hahnenfuß *(Ranunculus nemorosus)*
2. Kriechender Hahnenfuß *(R. repens)*

1. Knolliger Hahnenfuß *(Ranunculus bulbosus)*
2. Wenden-Hahnenfuß *(R. cassubicus)*

Tafel 300

Gold-Hahnenfuß *(Ranunculus auricomus)*

Tafel 301

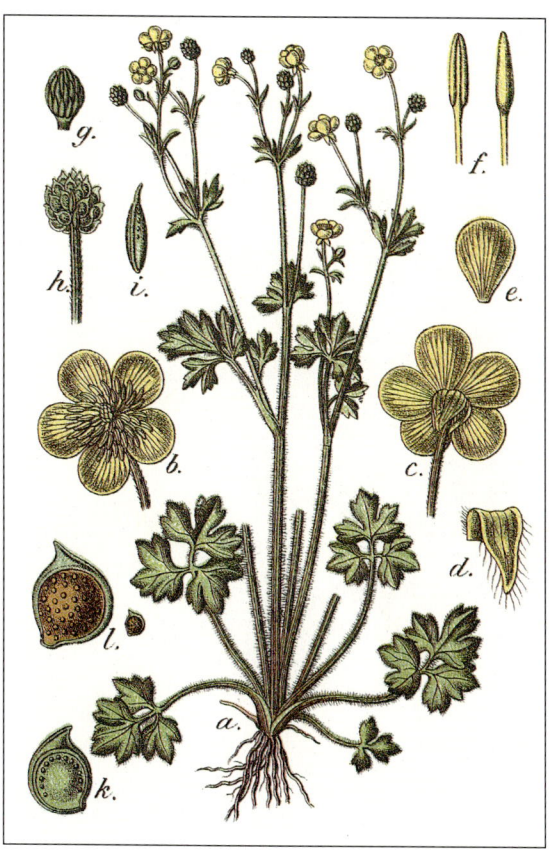

Sardischer Hahnenfuß *(Ranunculus sardous)*

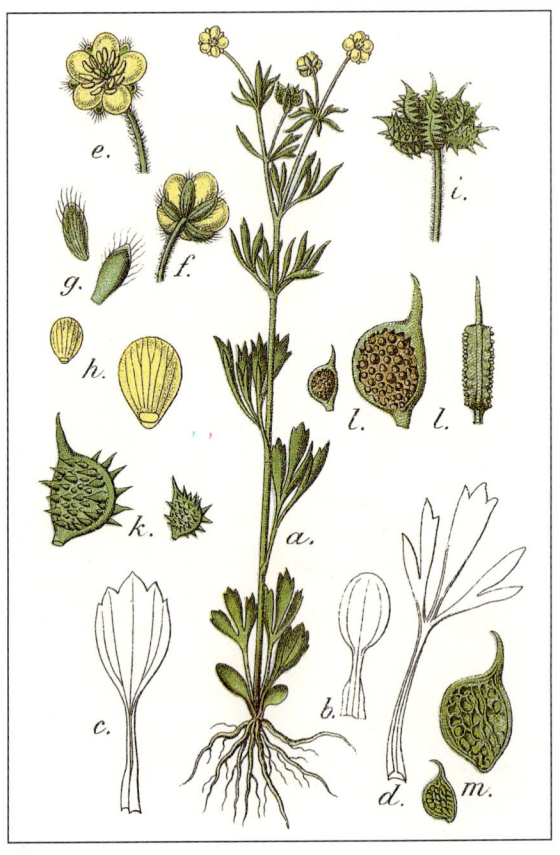

Acker-Hahnenfuß *(Ranunculus arvensis)*

Tafel 303

Gift-Hahnenfuß *(Ranunculus sceleratus)*

Tafel 304

Schild-Wasserhahnenfuß *(Ranunculus peltatus)*

Tafel 305

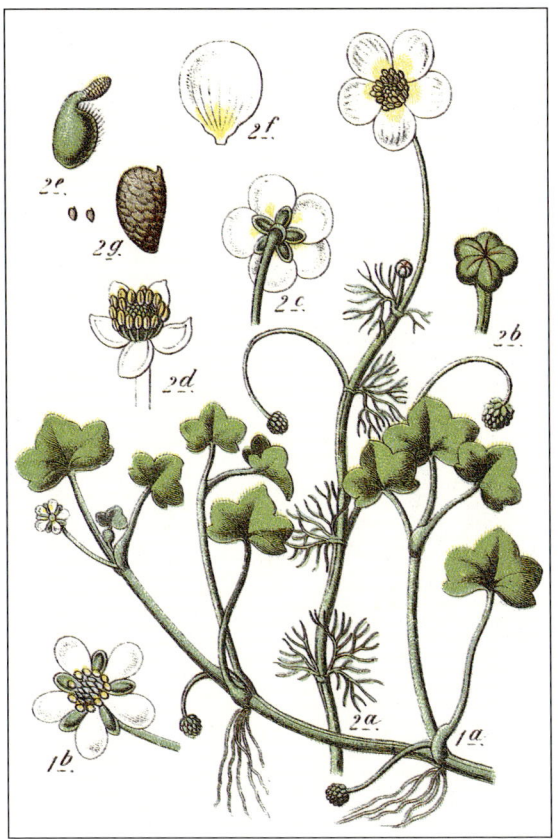

1. Efeublättriger Wasserhahnenfuß
   (Ranunculus hederaceus)
2. Spreizender Wasserhahnenfuß *(R. circinatus)*

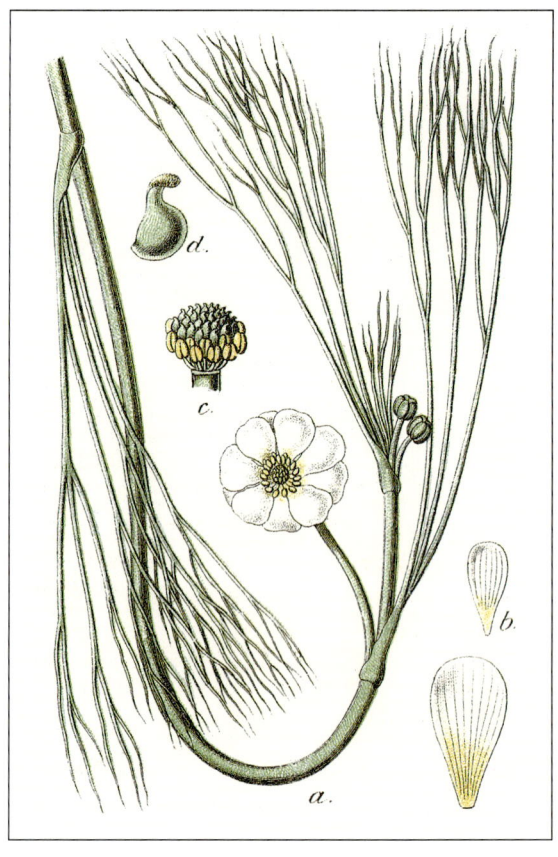

Flutender Wasserhahnenfuß *(Ranunculus fluitans)*

Scharbockskraut *(Ranunculus ficaria)*

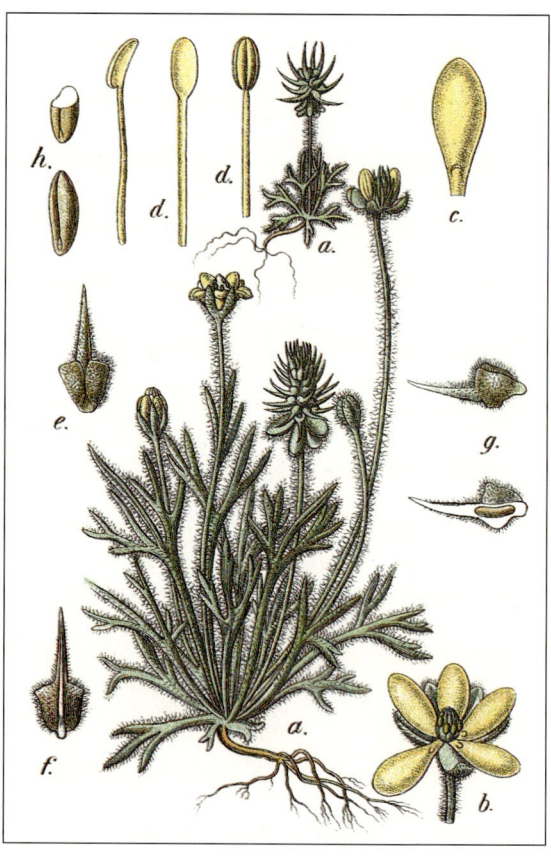

Geradfrüchtiges Hornköpfchen
(Ceratocephala testiculata)

Tafel 309

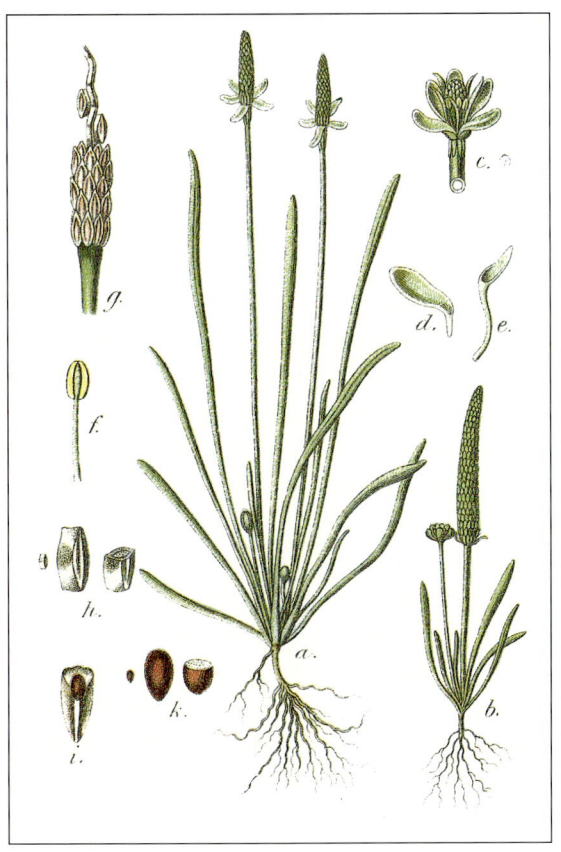

Mäuseschwänzchen *(Myosurus minimus)*

Tafel 310

Frühlings-Adonisröschen *(Adonis vernalis)* *

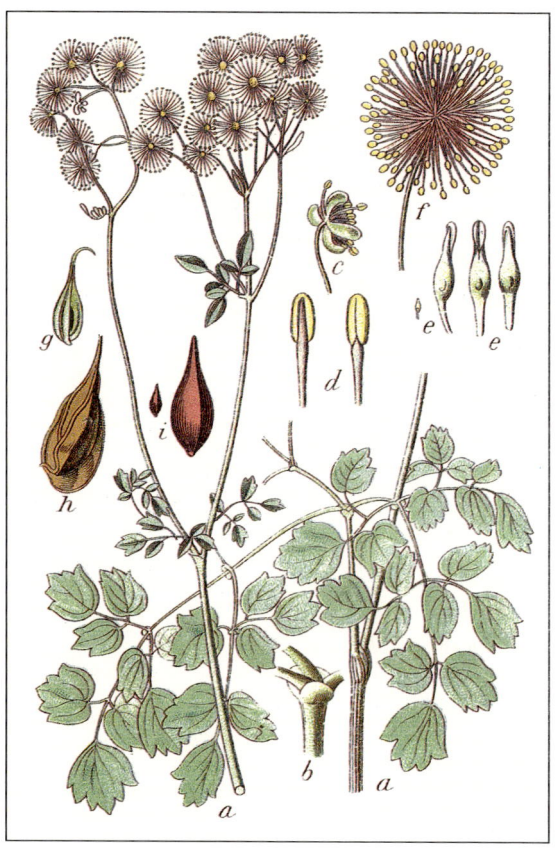

Akeleiblättrige Wiesenraute *(Thalictrum aquilegiifolium)*

Tafel 312

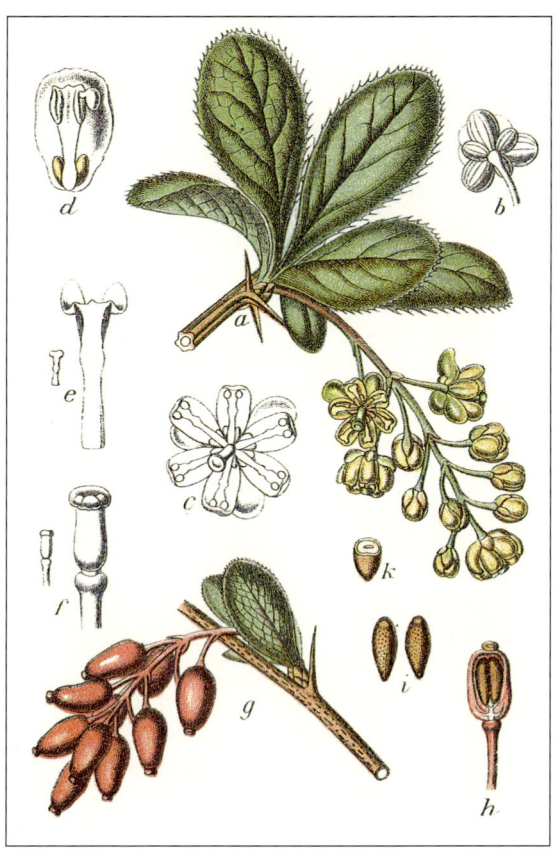

Berberitze *(Berberis vulgaris)*

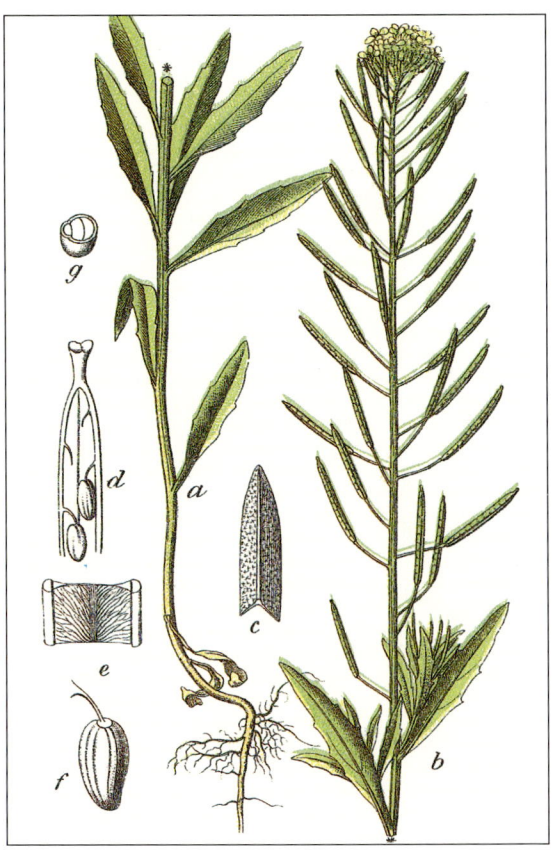

Acker-Schöterich *(Erysimum cheiranthoides)*

Tafel 314

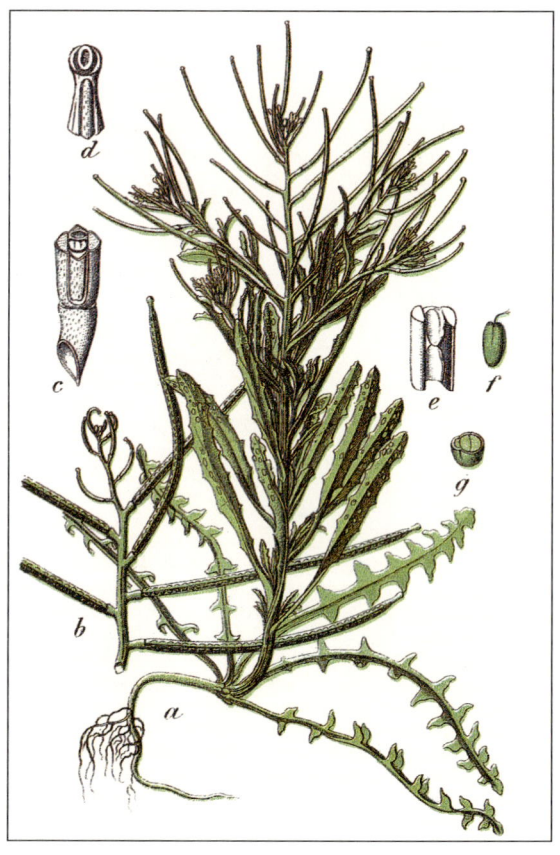

Sparriger Schöterich *(Erysimum repandum)*

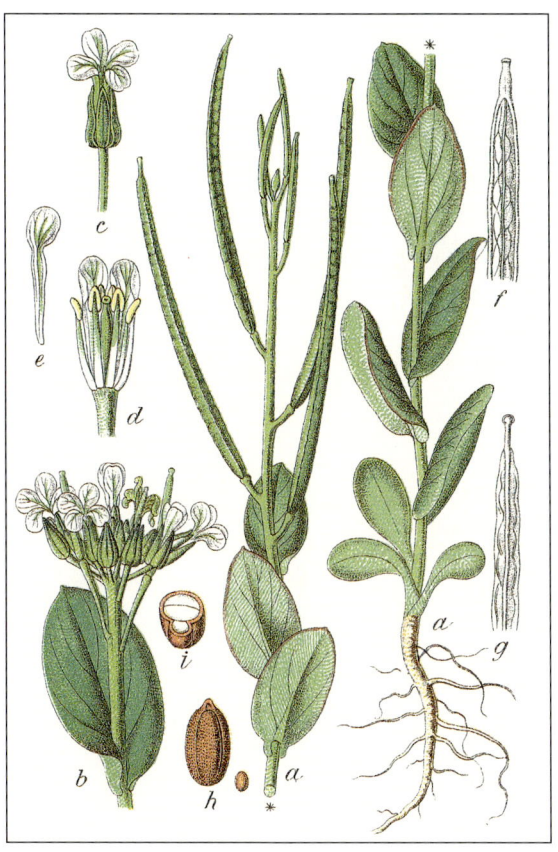

Ackerkohl *(Conringia orientalis)*

Tafel 316

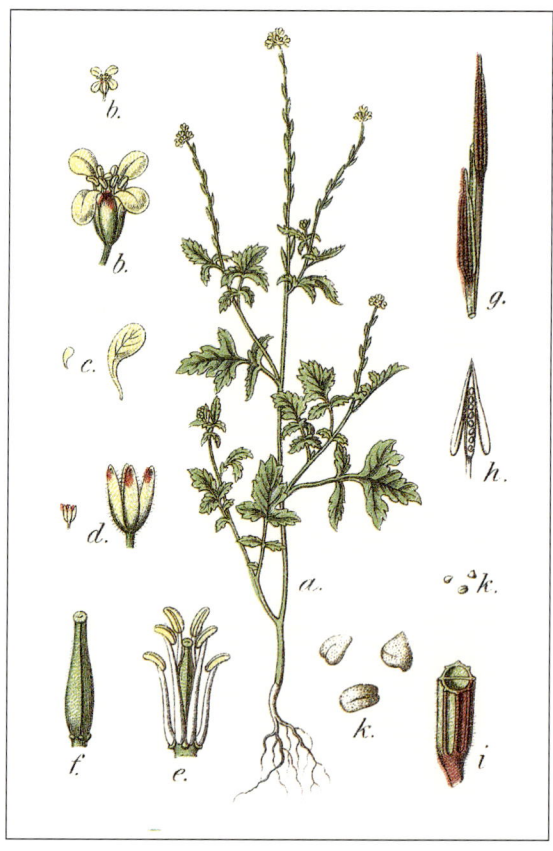

Weg-Rauke *(Sisymbrium officinale)*

Tafel 317

1. Besenrauke *(Descurainia sophia)*
2. Steife Rauke *(Sisymbrium strictissimum)*

Tafel 318

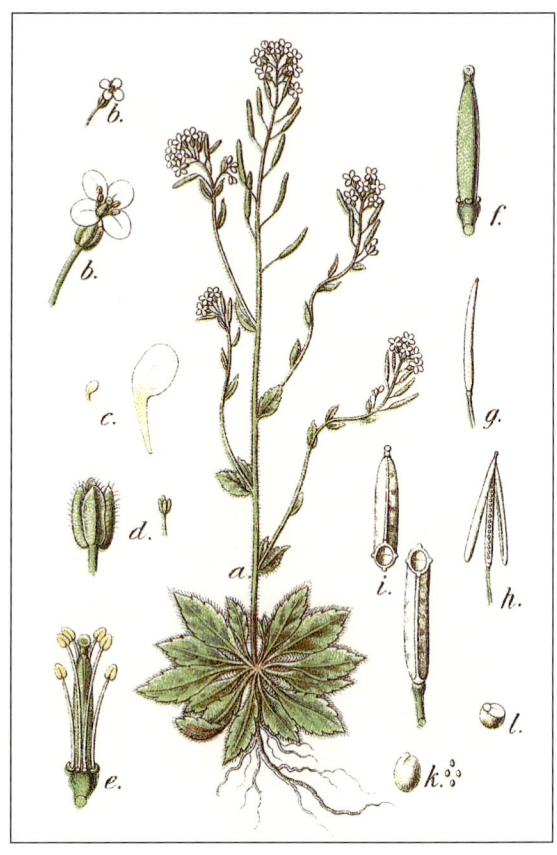

Acker-Schmalwand *(Arabidopsis thaliana)*

Tafel 319

Goldlack *(Erysimum cheiri)*

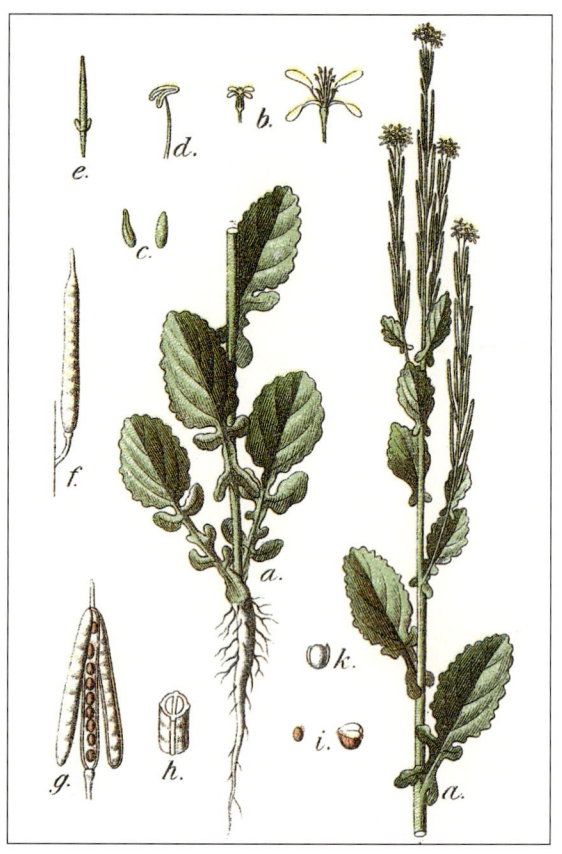

Steifes Barbarakraut *(Barbarea stricta)*

Brunnenkresse *(Nasturtium officinale)*

Tafel 322

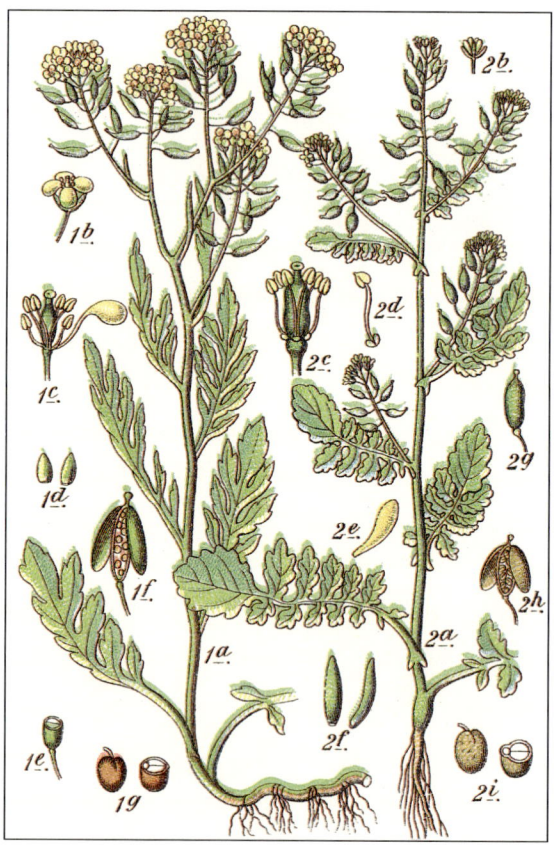

1. Wilde Sumpfkresse *(Rorippa sylvestris)*
2. Gemeine Sumpfkresse *(R. palustris)*

Tafel 323

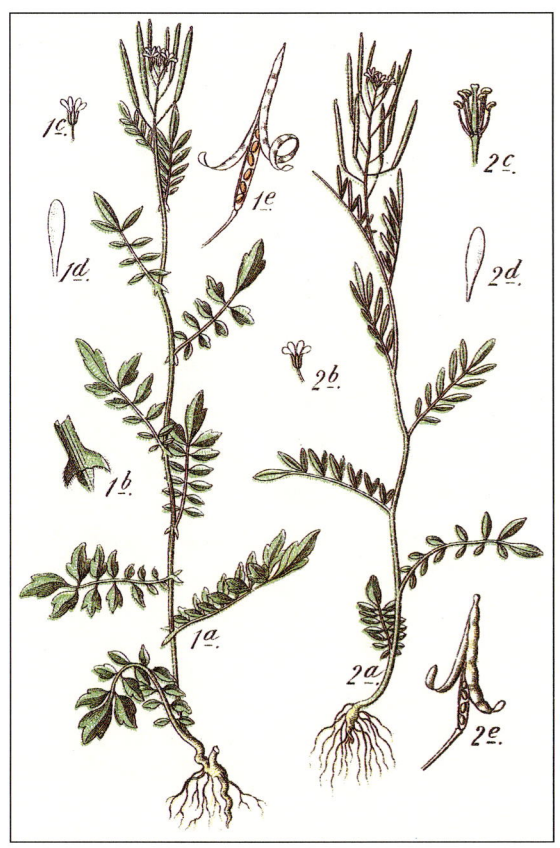

1. Spring-Schaumkraut *(Cardamine impatiens)*
2. Kleinblütiges Schaumkraut *(C. parviflora)*

Tafel 324

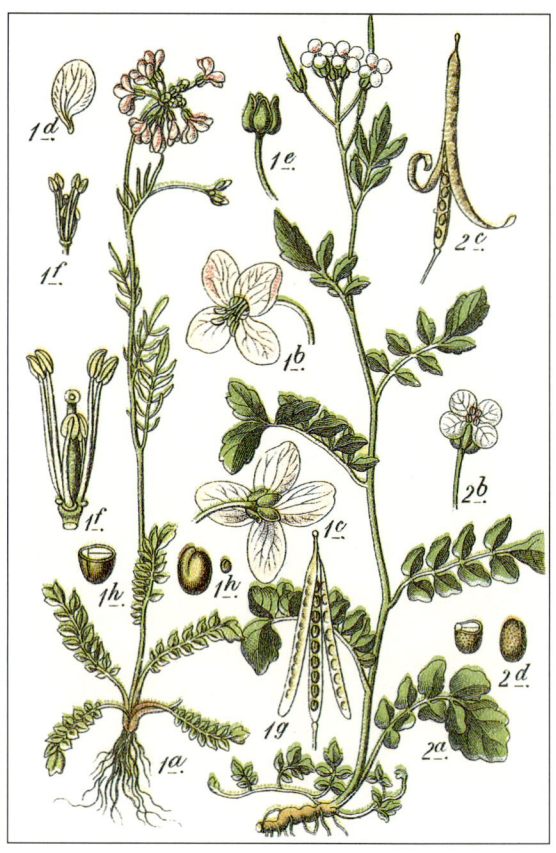

1. Wiesen-Schaumkraut *(Cardamine pratensis)*
2. Bitteres Schaumkraut *(C. amara)*

Tafel 325

Finger-Zahnwurz *(Cardamine pentaphyllos)*

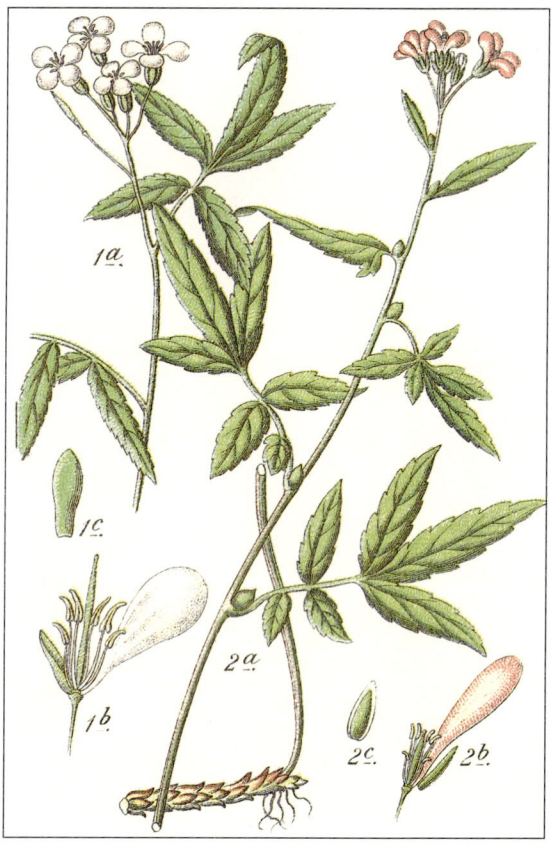

1. Fieder-Zahnwurz *(Cardamine heptaphylla)*
2. Zwiebel-Zahnwurz *(C. bulbifera)*

Tafel 327

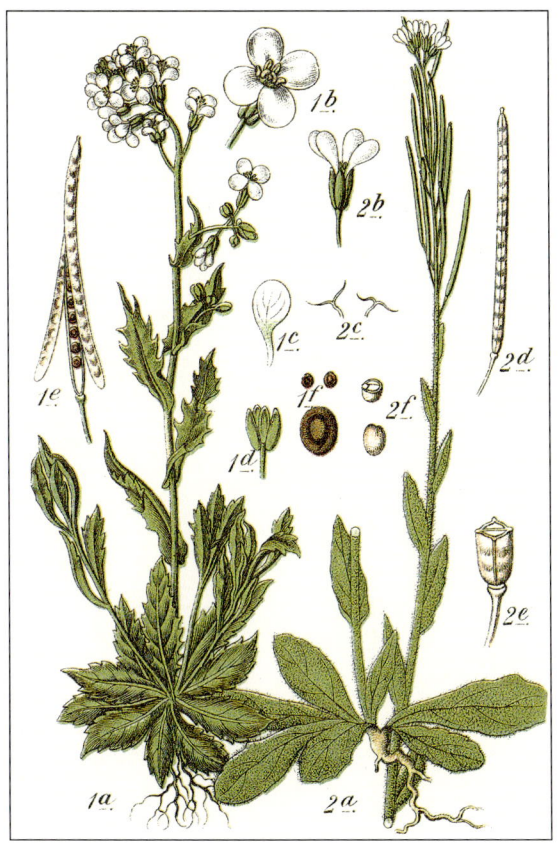

1. Alpen-Gänsekresse *(Arabis alpina)*
2. Behaarte Gänsekresse *(A. hirsuta)*

Tafel 328

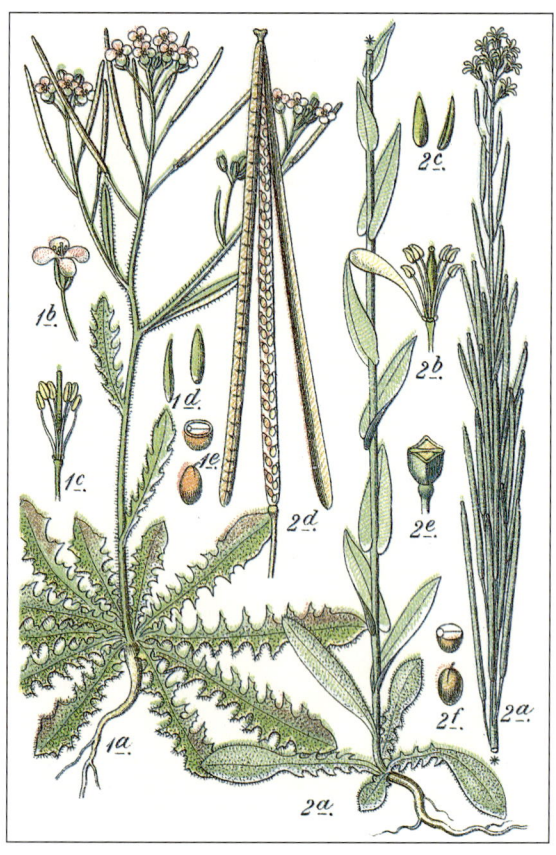

1. Sand-Schaumkresse *(Cardaminopsis arenosa)*
2. Turmkraut *(Arabis glabra)*

Frühlings-Hungerblümchen *(Erophila verna)*

Tafel 330

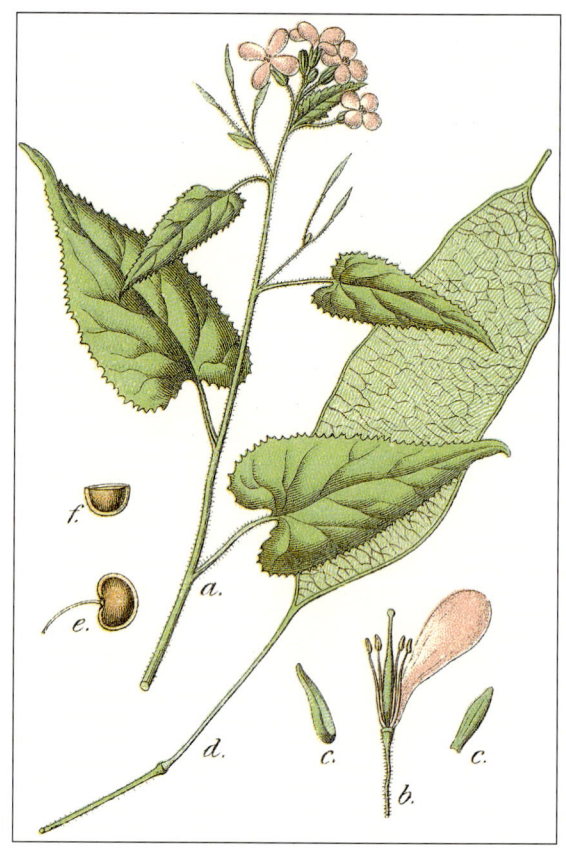

Mondviole *(Lunaria rediviva)*

Felsen-Steinkraut *(Aurinia saxatilis)* *

Tafel 332

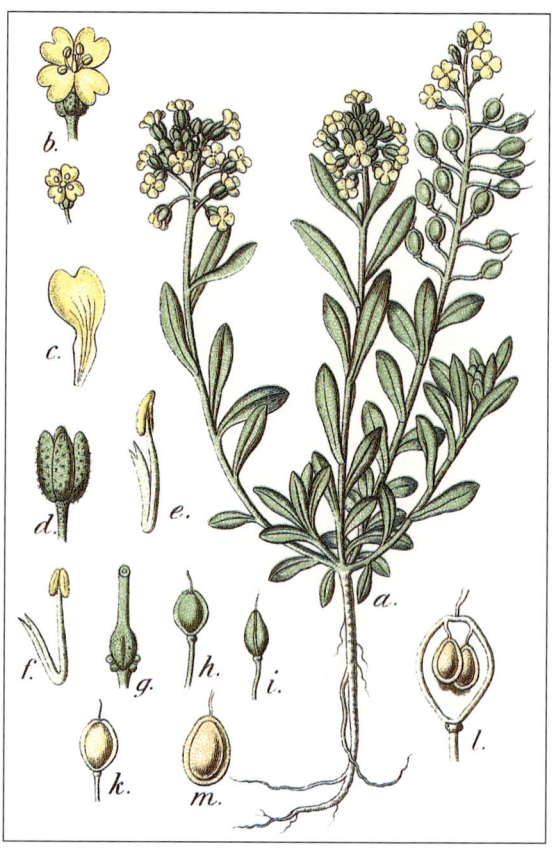

Berg-Steinkraut *(Alyssum montanum)* *

Schutt-Kresse *(Lepidium ruderale)*

Tafel 334

Grasblättrige Kresse *(Lepidium graminifolium)*

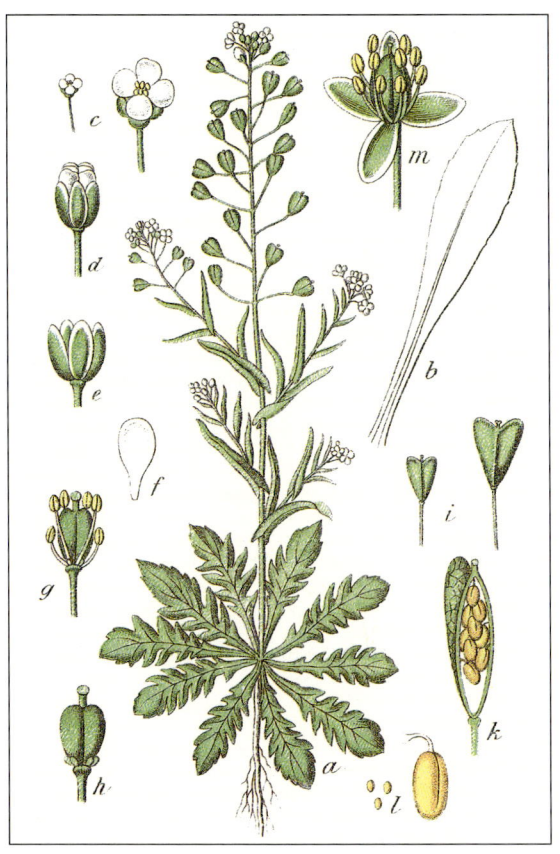

Hirtentäschel *(Capsella bursa-pastoris)*

Tafel 336

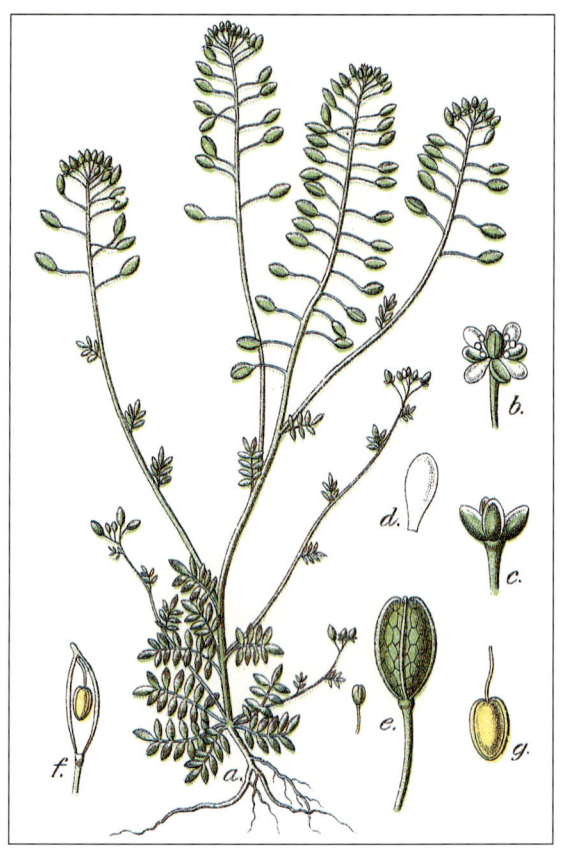

Felsenkresse *(Hornungia petraea)*

Tafel 337

Bauernsenf *(Teesdalia nudicaulis)*

Tafel 338

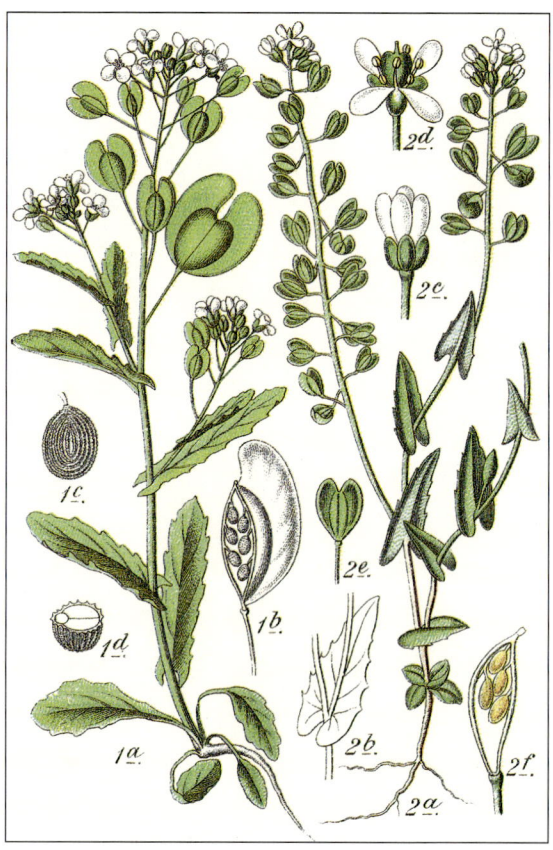

1. Acker-Hellerkraut *(Thlaspi arvense)*
2. Stengelumfassendes Hellerkraut *(T. perfoliatum)*

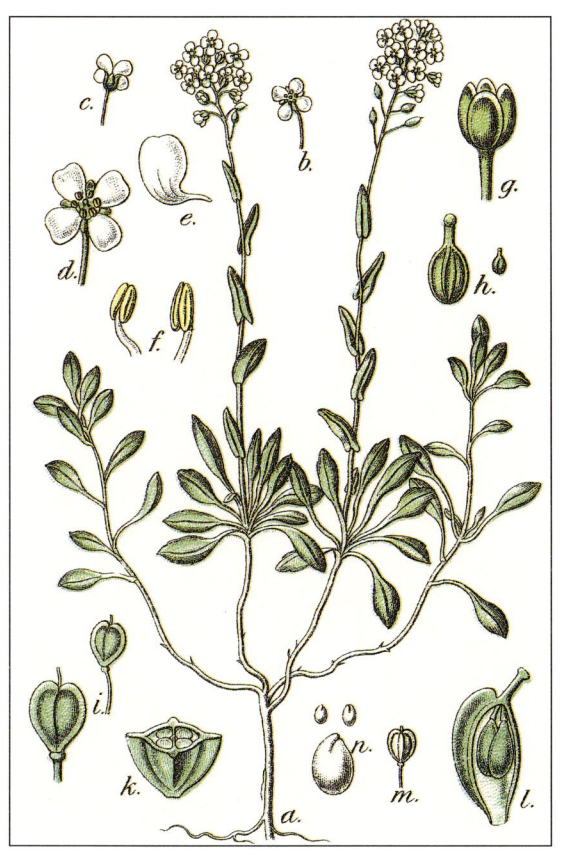

Berg-Hellerkraut *(Thlaspi montanum)*

Tafel 340

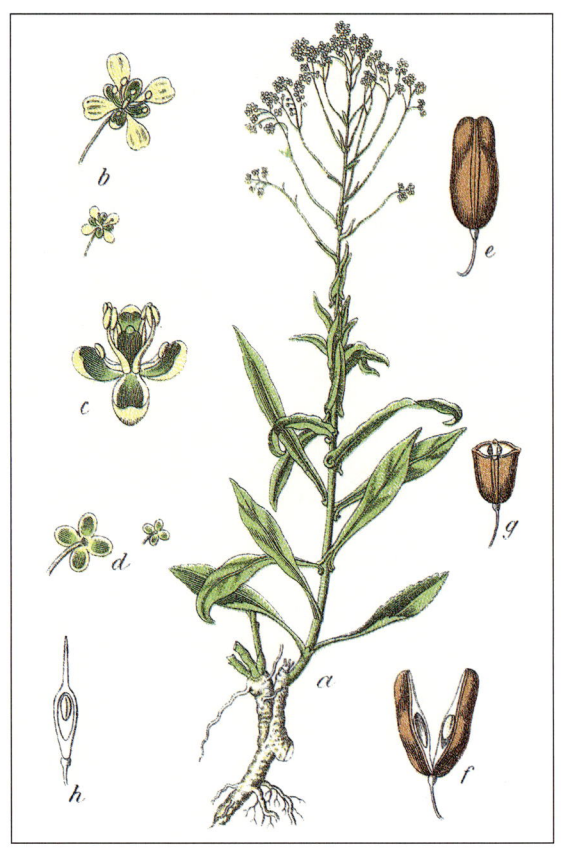

Färber-Waid *(Isatis tinctoria)*

Tafel 341

Niederliegender Krähenfuß *(Coronopus squamatus)*

Tafel 342

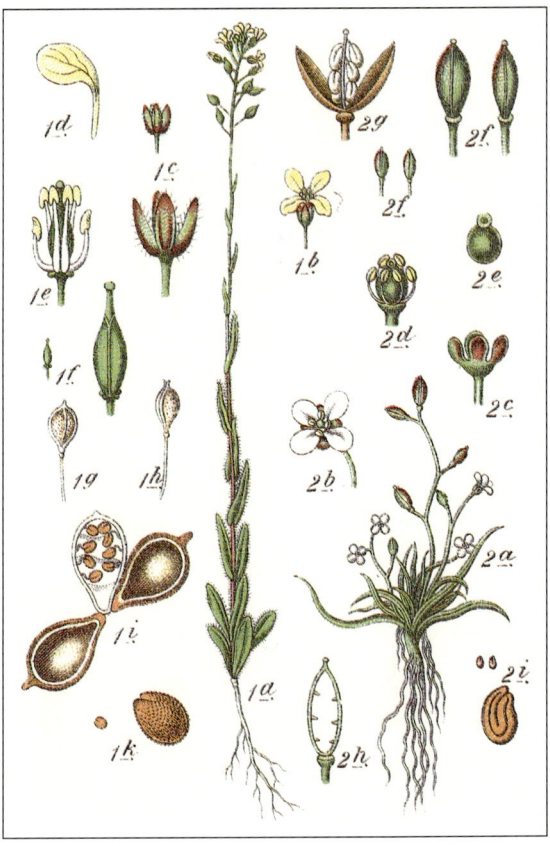

1. Kleinfrüchtiger Leindotter *(Camelina microcarpa)*
2. Pfriemenkresse *(Subularia aquatica)*

Tafel 343

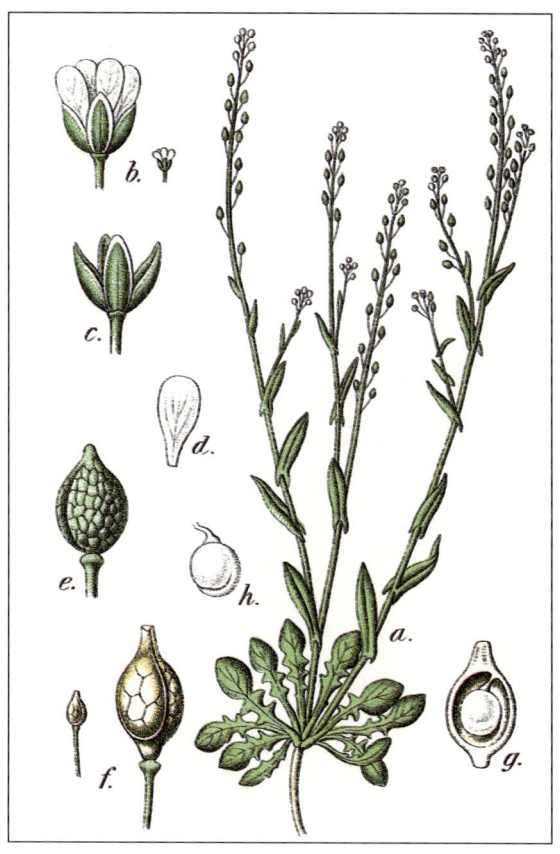

Wendich *(Calepina irregularis)*

Tafel 344

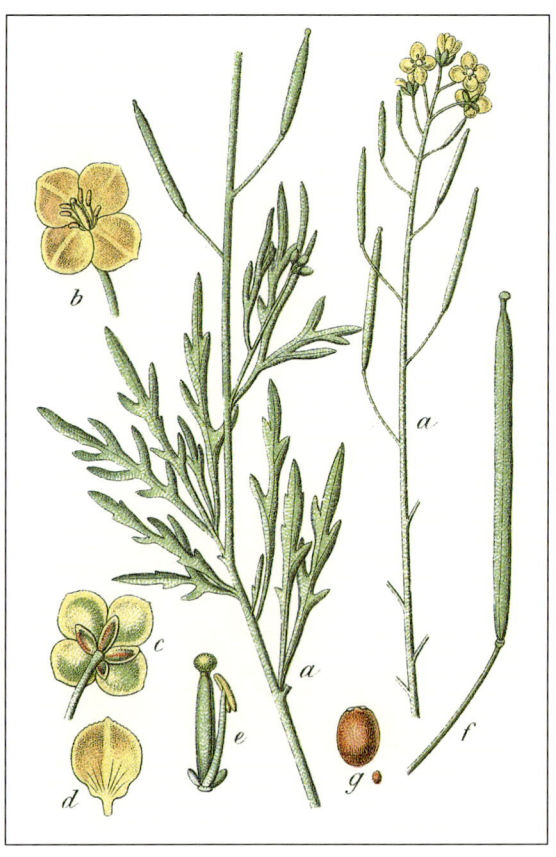

Schmalblättriger Doppelsame *(Diplotaxis tenuifolia)*

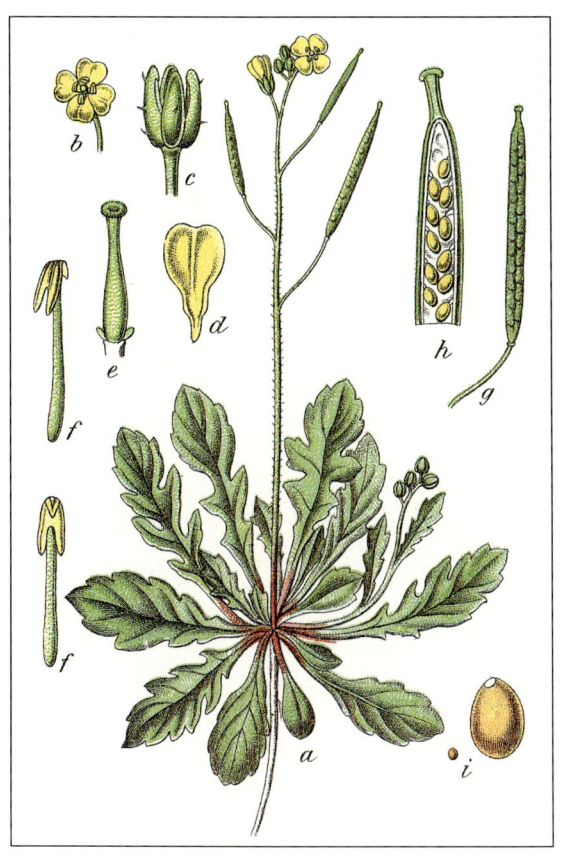

Mauer-Doppelsame *(Diplotaxis muralis)*

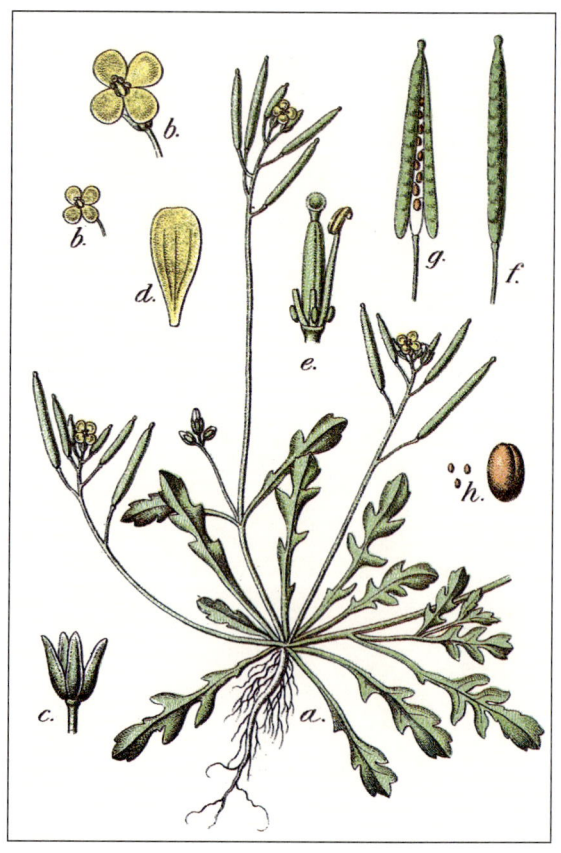

Ruten-Doppelsame *(Diplotaxis viminea)*

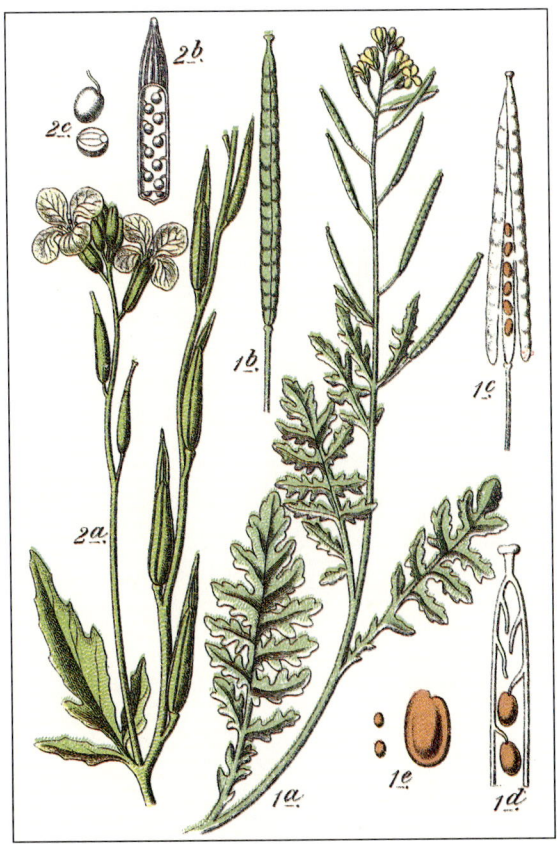

1. Französische Hundsrauke *(Erucastrum gallicum)*
2. Ölrauke *(Eruca sativa)*

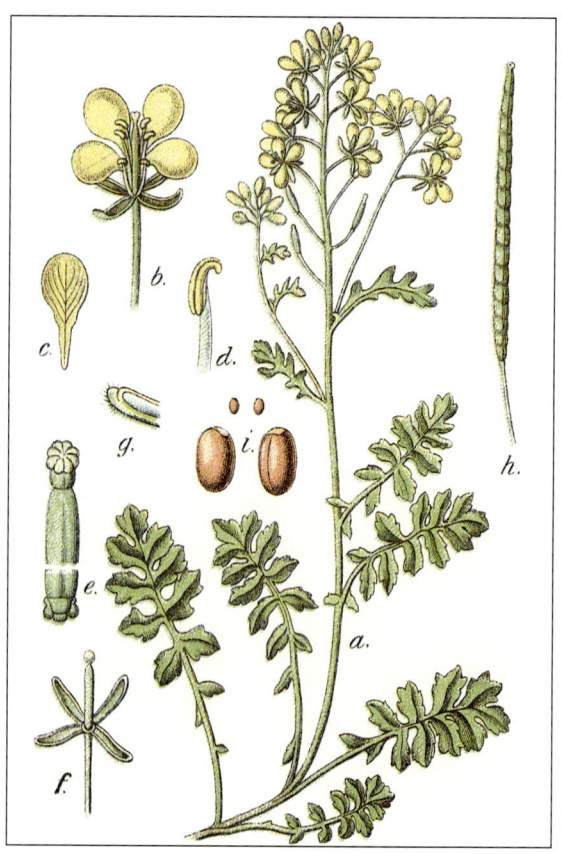

Schnabelsenf *(Coincya cheiranthos)*

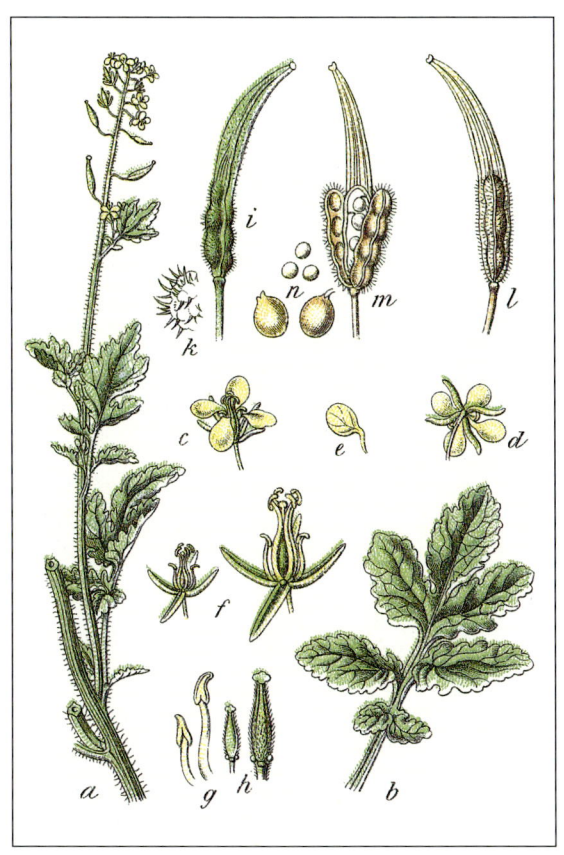

Weißer Senf *(Sinapis alba)*

Tafel 350

Schwarzer Senf *(Brassica nigra)*

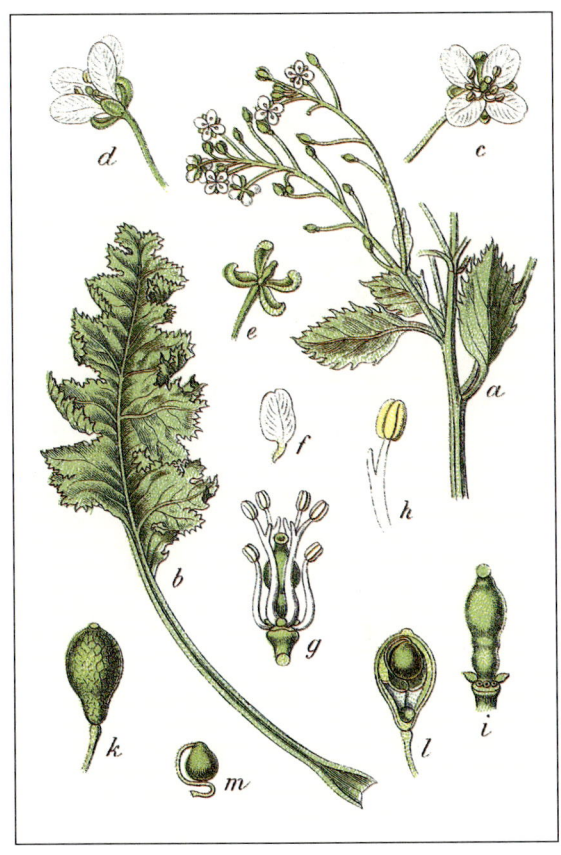

Meerkohl *(Crambe maritima)* *

Tafel 352

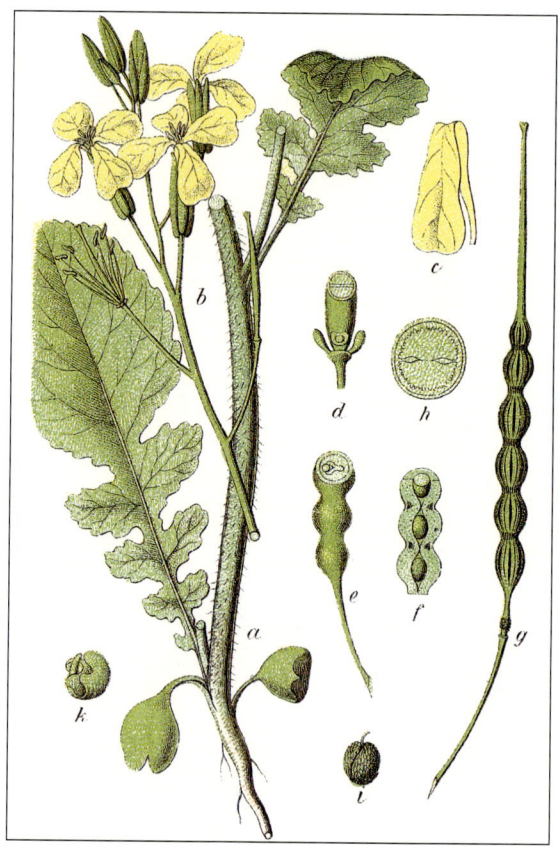

Hederich *(Raphanus raphanistrum)*

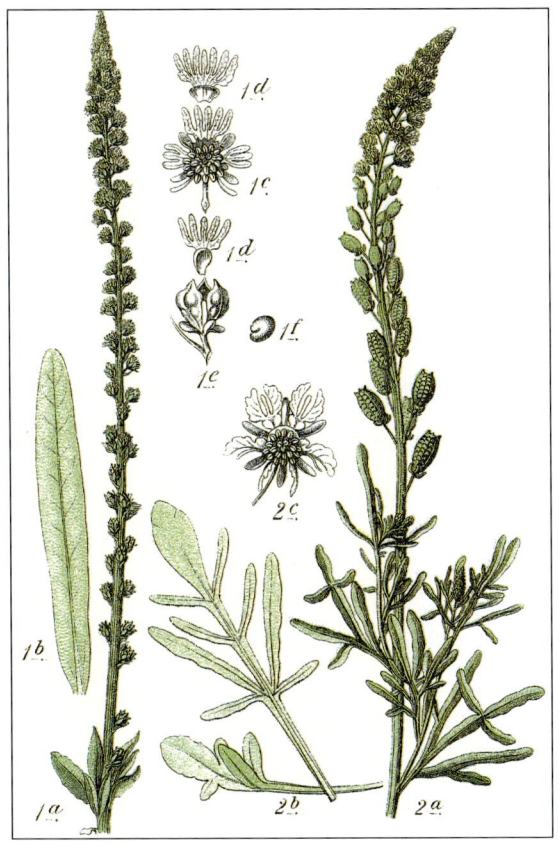

1. Färber-Wau *(Reseda luteola)*
2. Gelber Wau *(R. lutea)*

Tafel 354

Hohler Lerchensporn *(Corydalis cava)*

Mittlerer Lerchensporn *(Corydalis intermedia)*

Tafel 356

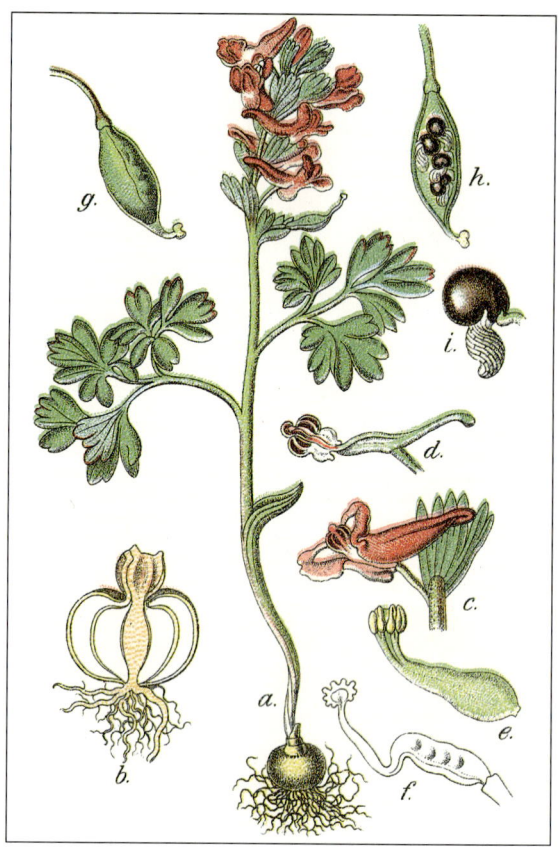

Gefingerter Lerchensporn *(Corydalis solida)*

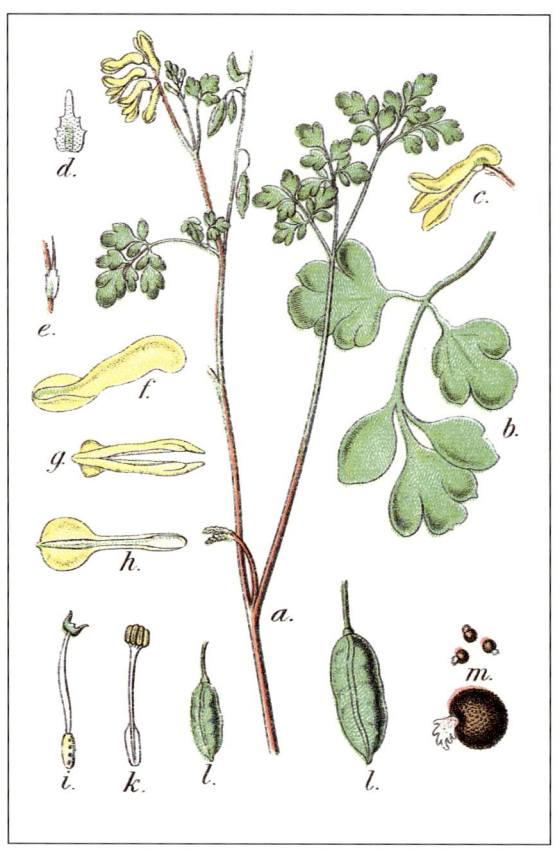

Gelber Lerchensporn *(Pseudofumaria lutea)*

Tafel 358

Gemeiner Erdrauch *(Fumaria officinalis)*

Blasser Erdrauch *(Fumaria vaillantii)*

Kleinblütiger Erdrauch *(Fumaria parviflora)*

Tafel 361

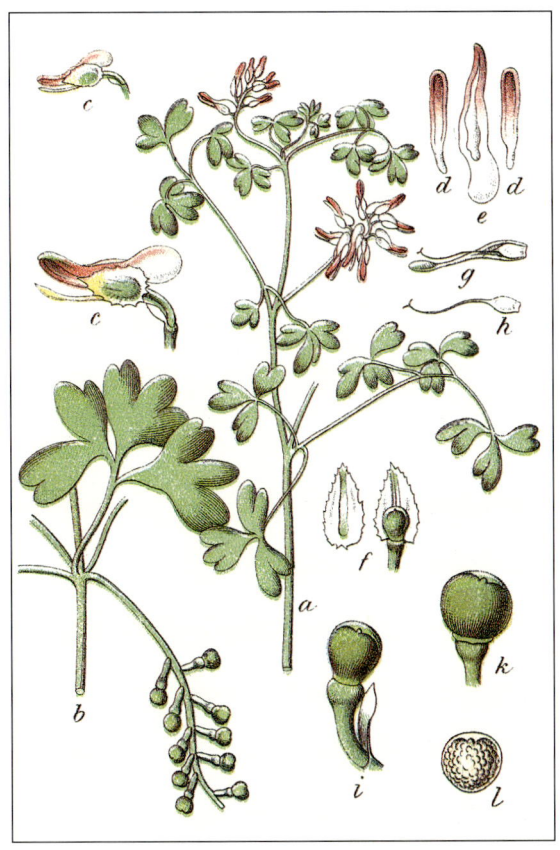

Rankender Erdrauch *(Fumaria capreolata)*

Tafel 362

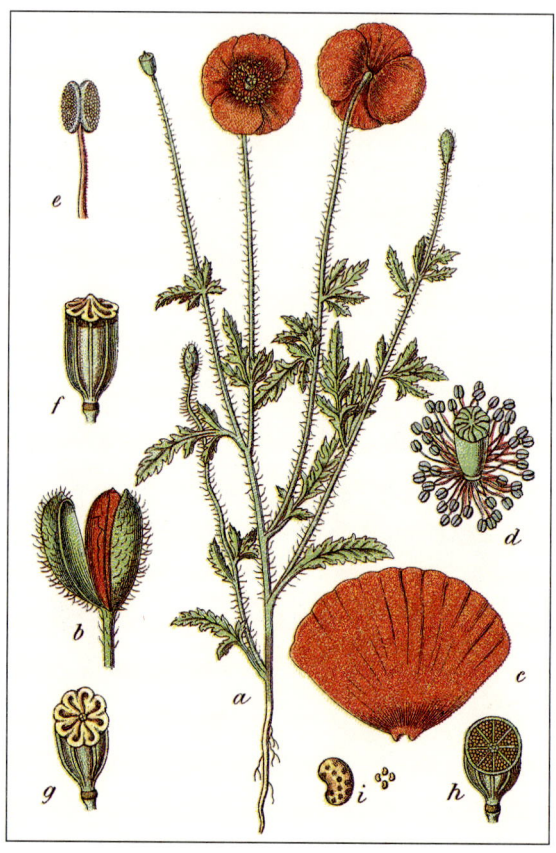

Klatsch-Mohn *(Papaver rhoeas)*

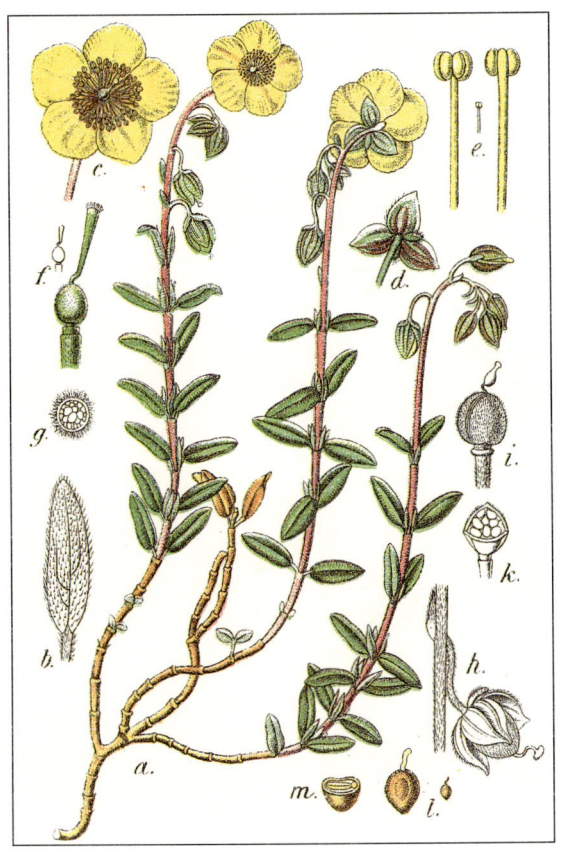

Gemeines Sonnenröschen
(Helianthemum nummularium)

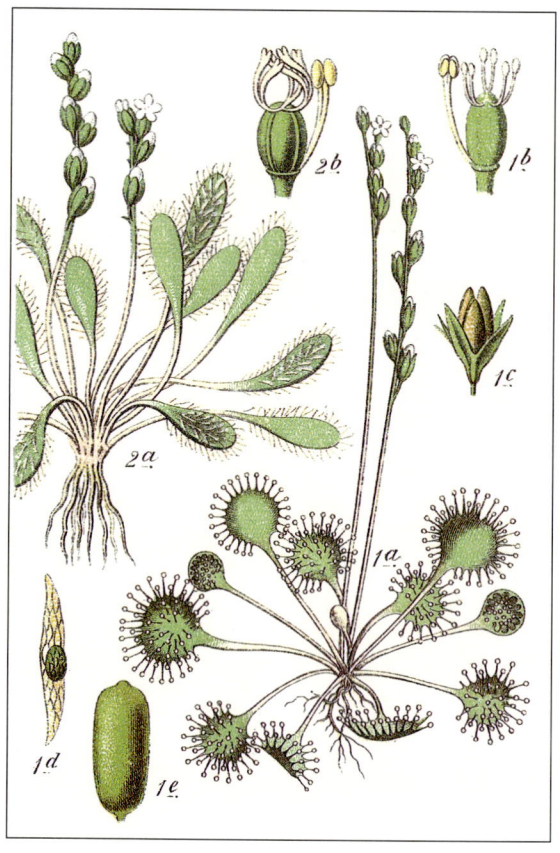

1. Rundblättriger Sonnentau *(Drosera rotundifolia)* *
2. Mittlerer Sonnentau *(D. intermedia)* *

Tafel 365

Moor-Veilchen *(Viola uliginosa)*

Tafel 366

Rauhhaariges Veilchen *(Viola hirta)*

Tafel 367

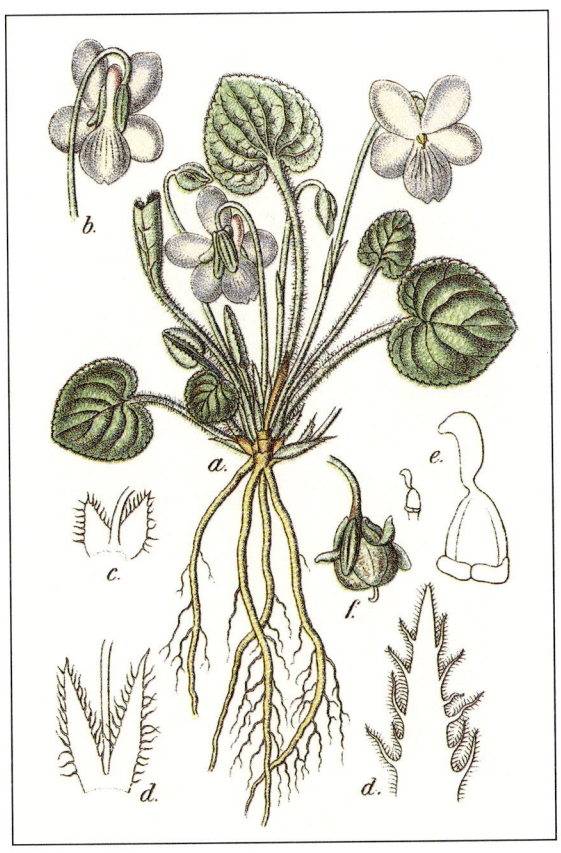

Hügel-Veilchen *(Viola collina)*

Tafel 368

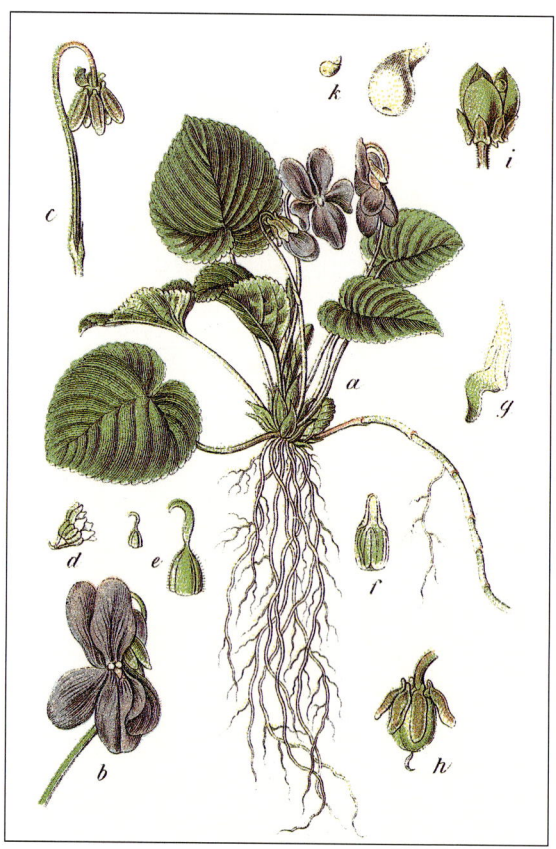

März-Veilchen *(Viola odorata)*

Tafel 369

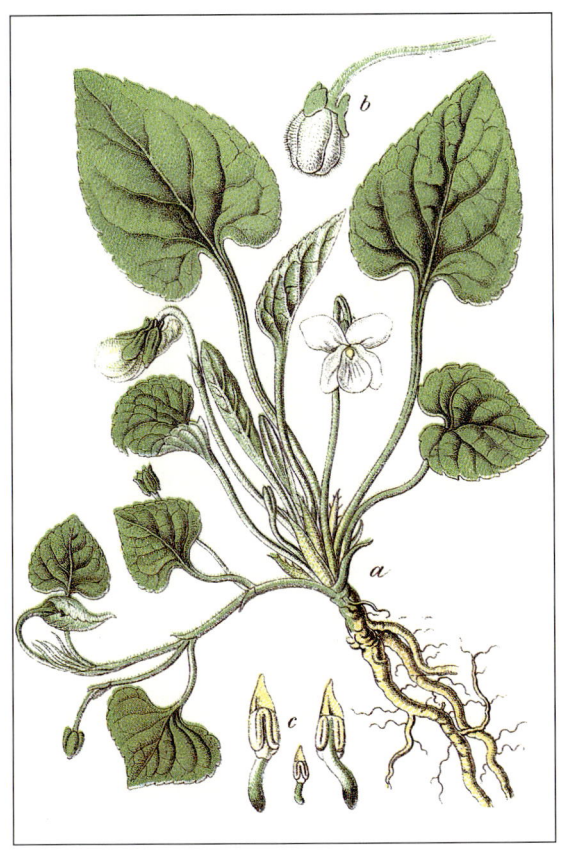

Weißes Veilchen *(Viola alba)*

Tafel 370

Dünen-Stiefmütterchen *(Viola tricolor* var. *maritima)*

1. Niederliegendes Johanniskraut
   (Hypericum humifusum)
2. Geflügeltes Johanniskraut *(H. tetrapterum)*

Tafel 372

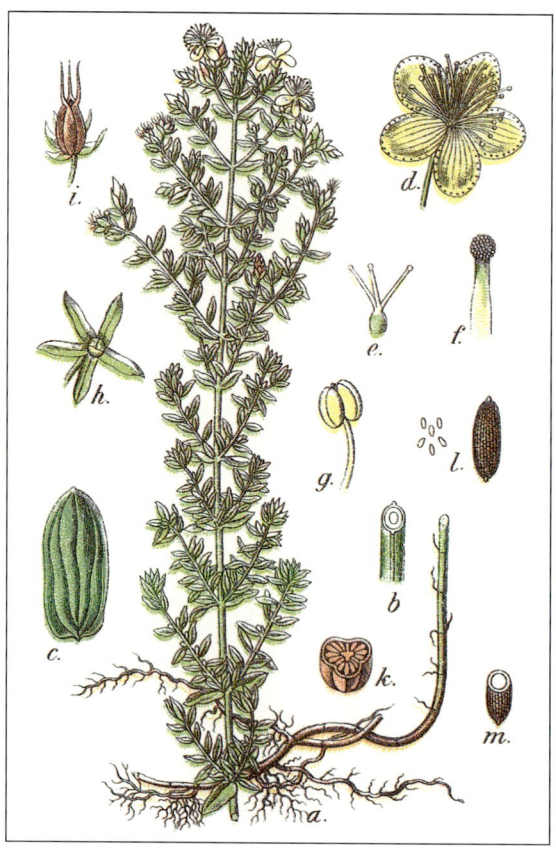

Tüpfel-Johanniskraut *(Hypericum perforatum)*

Tafel 373

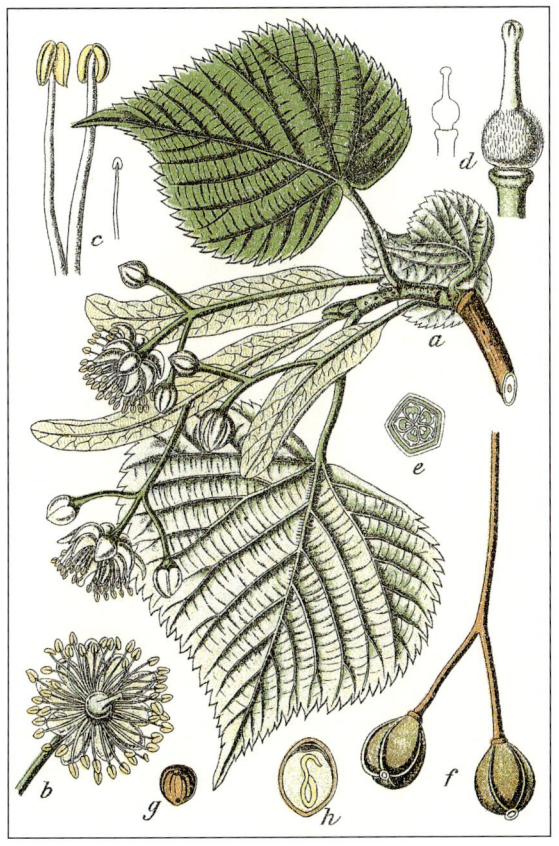

Sommer-Linde *(Tilia platyphyllos)*

Tafel 374

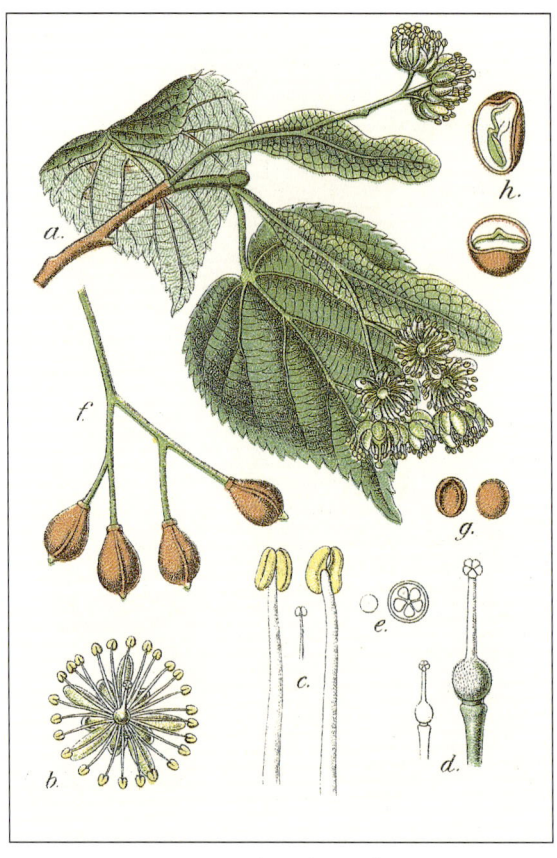

Winter-Linde *(Tilia cordata)*

Tafel 375

Wilde Malve *(Malva sylvestris)*

Tafel 376

Weg-Malve *(Malva neglecta)*

Tafel 377

Brauner Storchschnabel *(Geranium phaeum)*

Tafel 378

Pyrenäen-Storchschnabel *(Geranium pyrenaicum)*

Tafel 379

Kleiner Storchschnabel *(Geranium pusillum)*

Weicher Storchschnabel *(Geranium molle)*

Tafel 381

Spreizender Storchschnabel *(Geranium divaricatum)*

Glänzender Storchschnabel *(Geranium lucidum)*

Tafel 383

Ruprechtskraut *(Geranium robertianum)*

Gemeiner Reiherschnabel *(Erodium cicutarium)*

Tafel 385

Moschus-Reiherschnabel *(Erodium moschatum)*

Tafel 386

Gehörnter Sauerklee *(Oxalis corniculata)*

Tafel 387

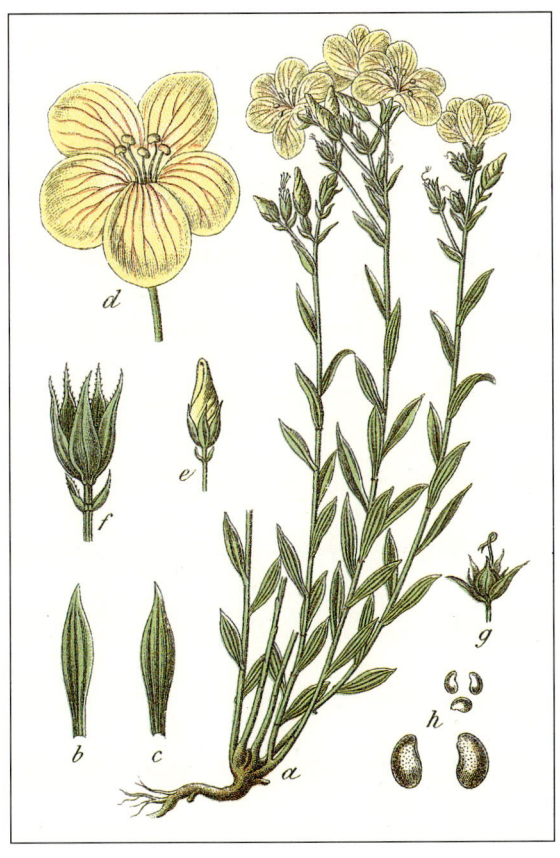

Gelber Lein *(Linum flavum)* *

Tafel 388

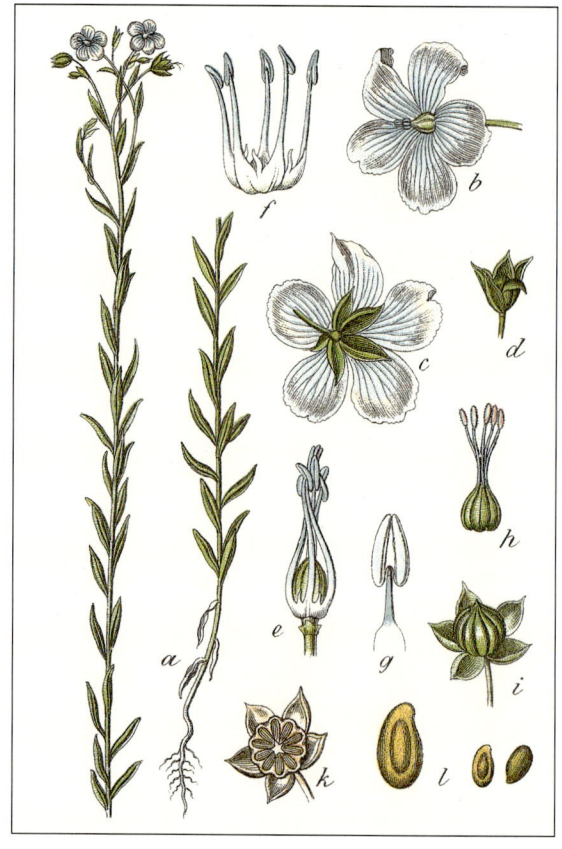

Echter Lein *(Linum usitatissimum)*

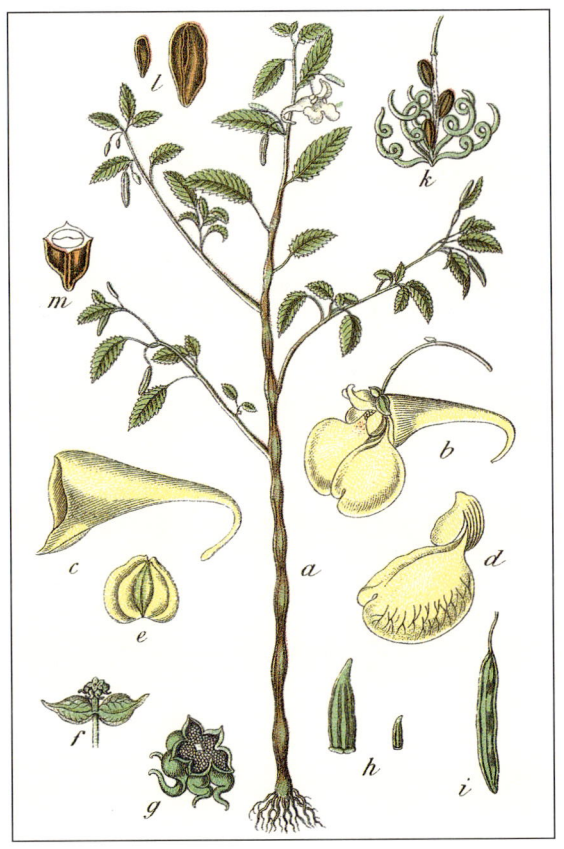

Großes Springkraut *(Impatiens noli-tangere)*

Tafel 390

Gemeines Kreuzblümchen *(Polygala vulgaris)*

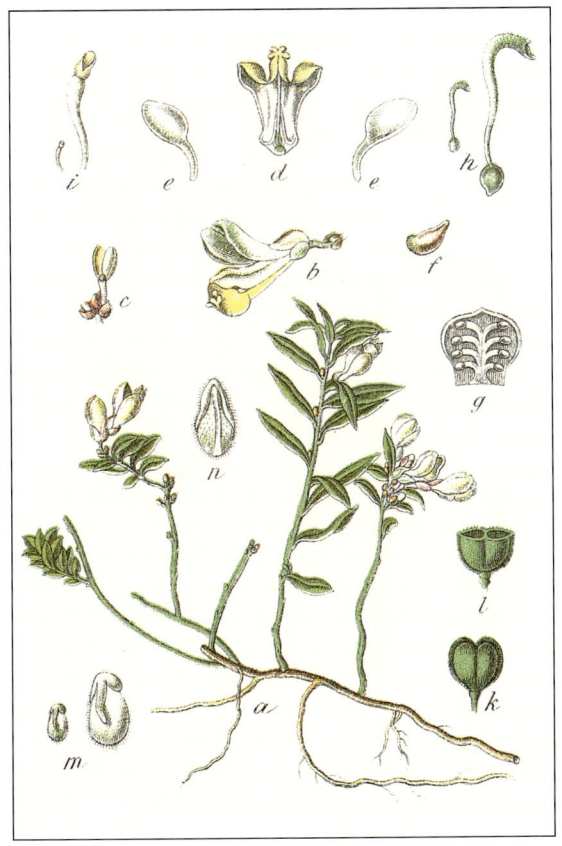

Buchsblättriges Kreuzblümchen
(Polygala chamaebuxus)

Tafel 392

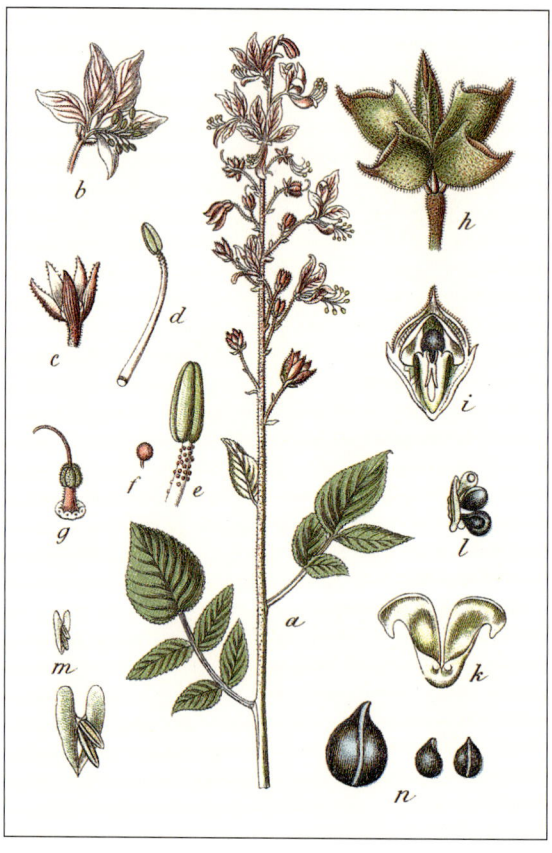

Diptam *(Dictamnus albus)* *

Tafel 393

Berg-Ahorn *(Acer pseudoplatanus)*

Tafel 394

Feld-Ahorn *(Acer campestre)*

Tafel 395

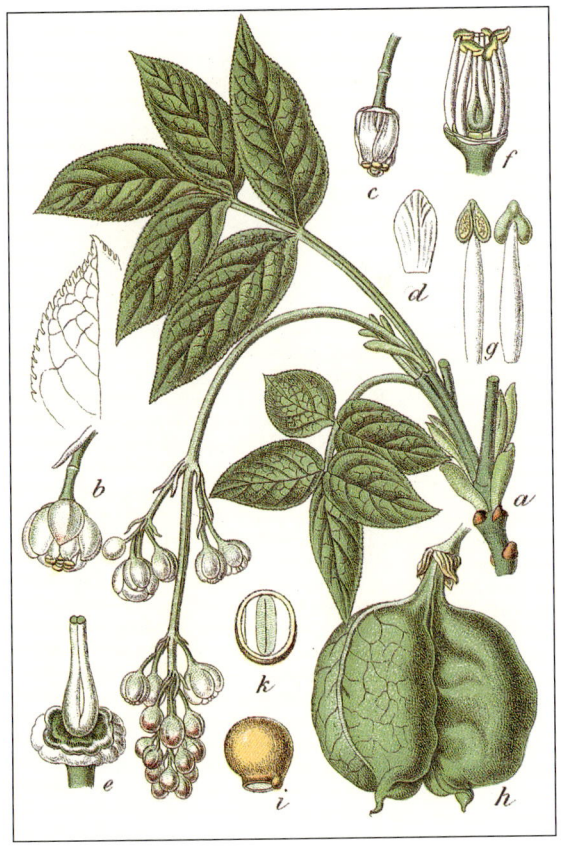

Pimpernuß *(Staphylea pinnata)*

Tafel 396

Gemeines Pfaffenhütchen *(Euonymus europaea)*

Tafel 397

Breitblättriges Pfaffenhütchen *(Euonymus latifolia)*

Tafel 398

Schwarze Krähenbeere *(Empetrum nigrum)*

Tafel 399

Stechpalme *(Ilex aquifolium)* *

Weinrebe *(Vitis vinifera)*

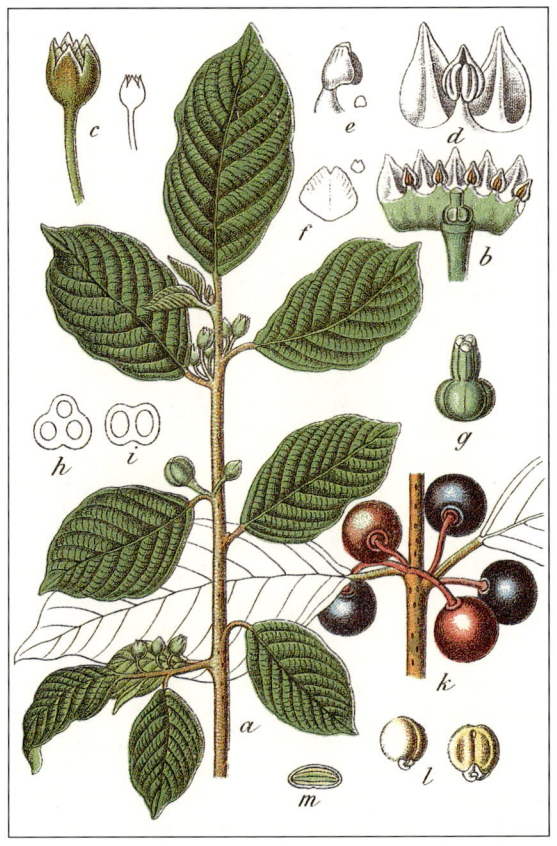

Faulbaum *(Frangula alnus)*

Tafel 402

Sonnenwend-Wolfsmilch *(Euphorbia helioscopia)*

Breitblättrige Wolfsmilch *(Euphorbia platyphyllos)*

Tafel 404

Süße Wolfsmilch *(Euphorbia dulcis)*

Tafel 405

1. Warzen-Wolfsmilch *(Euphorbia verrucosa)*
2. Steppen-Wolfsmilch *(E. seguieriana)*

Tafel 406

Zypressen-Wolfsmilch *(Euphorbia cyparissias)*

Esels-Wolfsmilch *(Euphorbia esula)*

Sichel-Wolfsmilch *(Euphorbia falcata)*

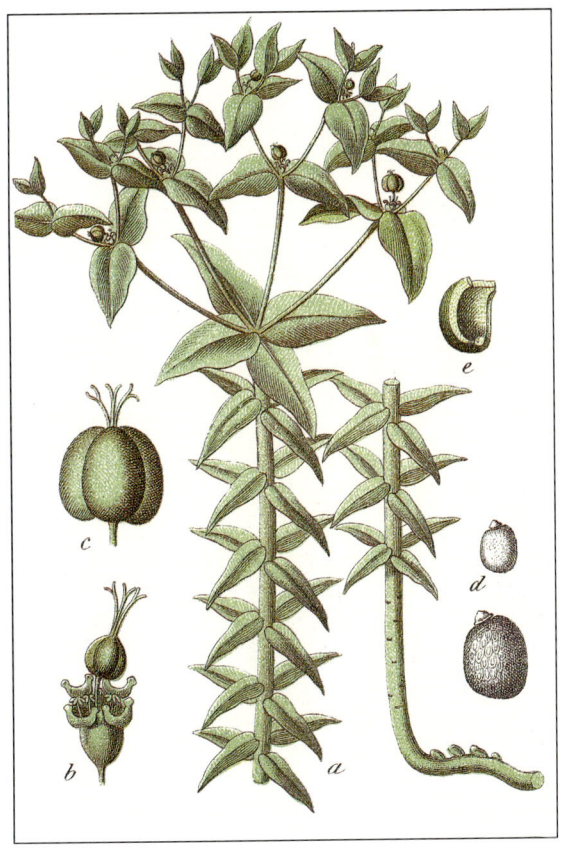

Kreuzblättrige Wolfsmilch *(Euphorbia lathyris)*

Kleine Wolfsmilch *(Euphorbia exigua)*

Tafel 411

Wald-Bingelkraut *(Mercurialis perennis)*

Tafel 412

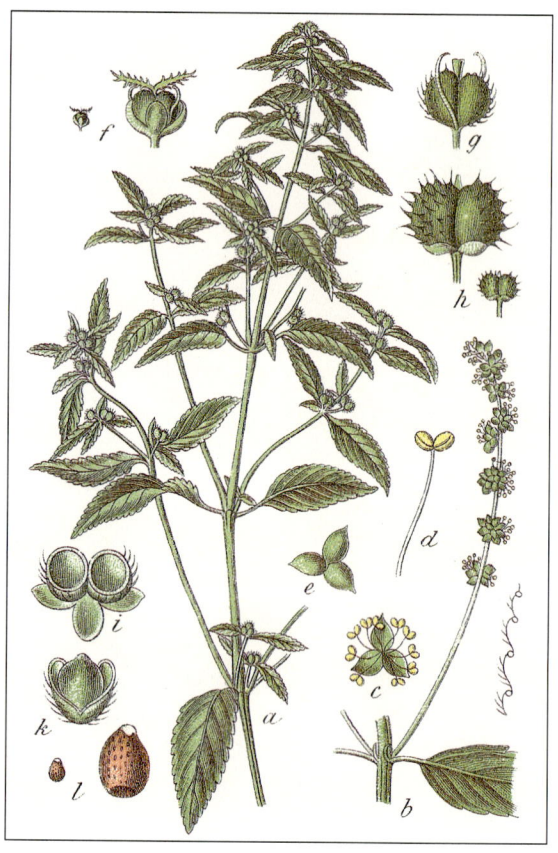

Einjähriges Bingelkraut *(Mercurialis annua)*

Tafel 413

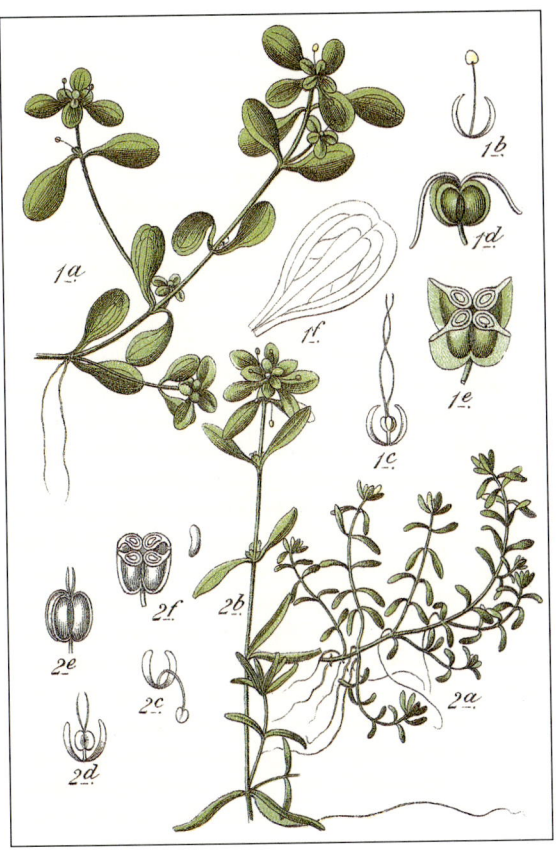

1. Teich-Wasserstern *(Callitriche stagnalis)*
2. Wasserstern-Arten *(C. spec.)*

Tafel 414

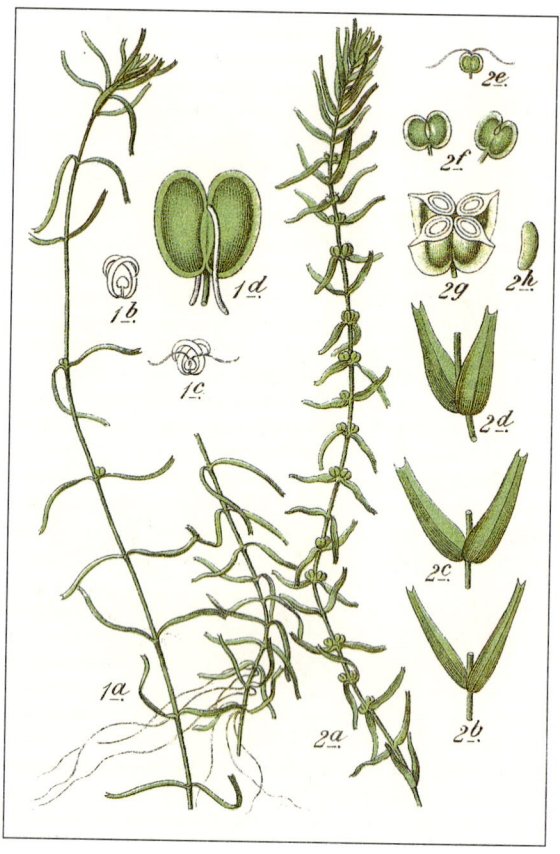

1. Haken-Wasserstern *(Callitriche hamulata)*
2. Herbst-Wasserstern *(C. hermaphroditica)*

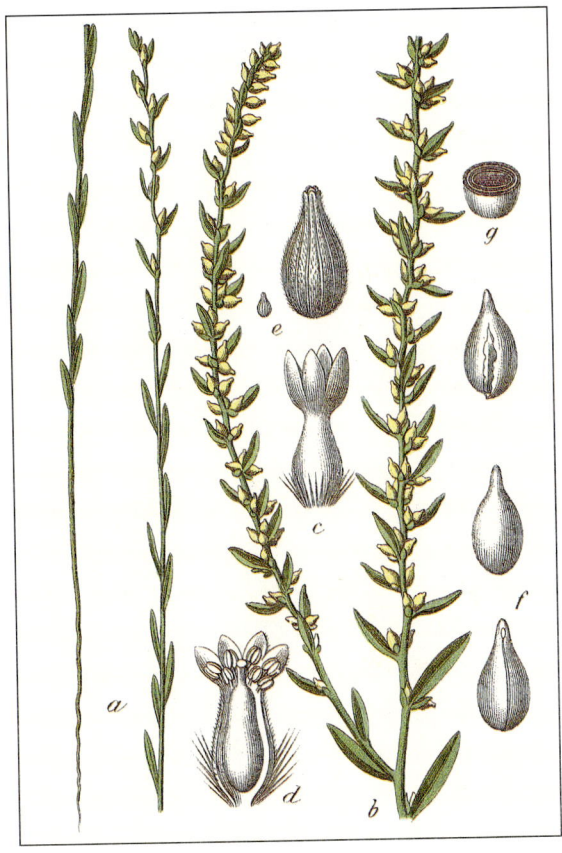

Spatzenzunge *(Thymelaea passerina)*

Tafel 416

Seidelbast *(Daphne mezereum)* *

Tafel 417

Sanddorn *(Hippophaë rhamnoides)*

Tafel 418

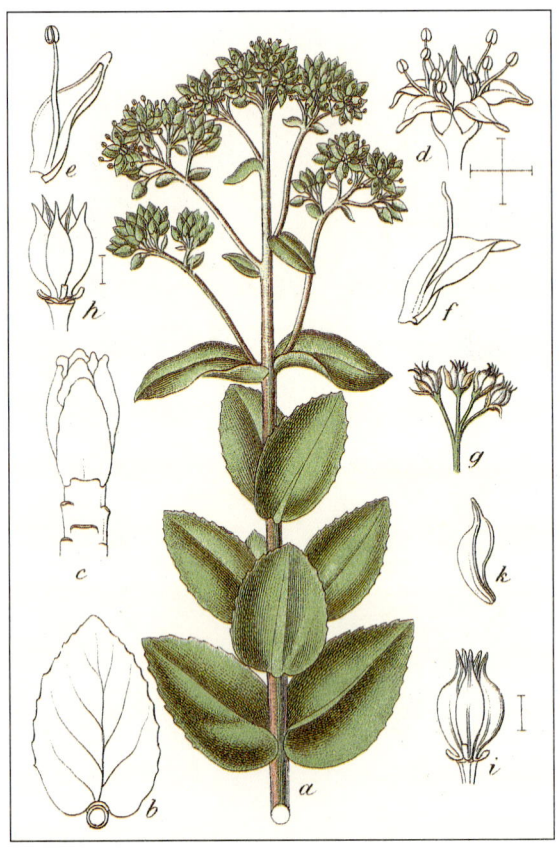

Große Fetthenne *(Sedum maximum)*

Tafel 419

Berg-Fetthenne *(Sedum telephium* ssp. *fabaria)*

Tafel 420

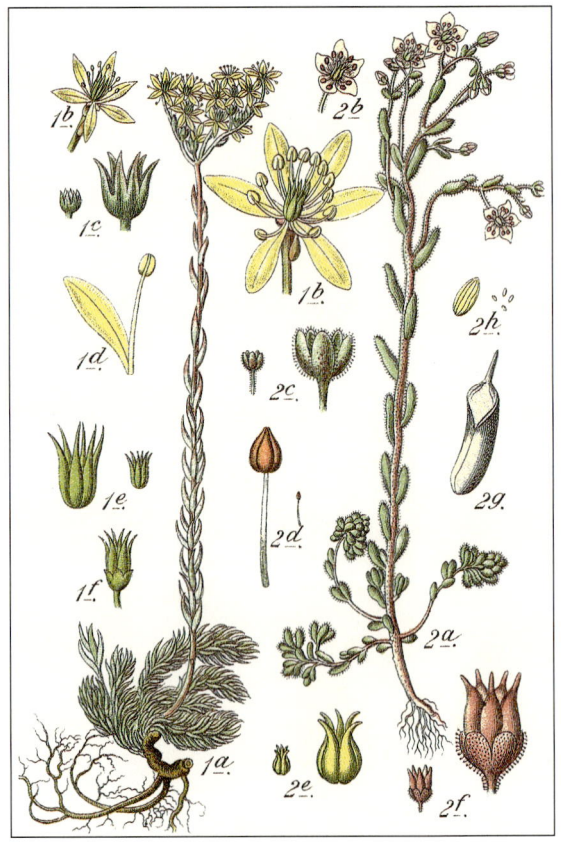

1. Felsen-Fetthenne *(Sedum rupestre)*
2. Behaarte Fetthenne *(S. villosum)*

Tafel 421

Dach-Hauswurz *(Sempervivum tectorum)* *

Tafel 422

Berg-Hauswurz *(Sempervivum montanum)* *

Kultur-Stachelbeere *(Ribes uva-crispa* ssp. *grossularia)*

Wilde Stachelbeere *(Ribes uva-crispa* ssp. *uva-crispa)*

Tafel 425

Alpen-Johannisbeere *(Ribes alpinum)*

Tafel 426

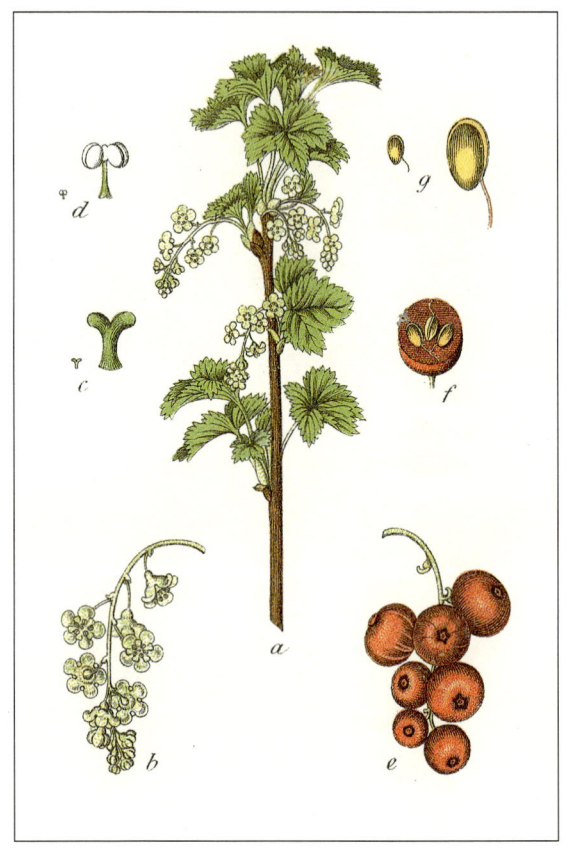

Rote Johannisbeere *(Ribes rubrum)*

Tafel 427

Felsen-Johannisbeere *(Ribes petraeum)*

Rispen-Steinbrech *(Saxifraga paniculata)* *

Tafel 429

Kies-Steinbrech *(Saxifraga mutata)* *

Tafel 430

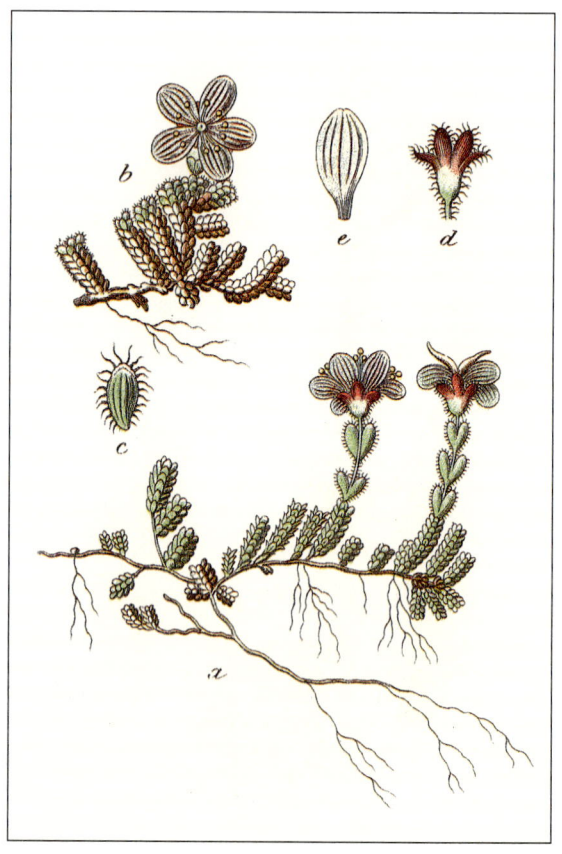

Gegenblättriger Steinbrech *(Saxifraga oppositifolia)* *

Fetthennen-Steinbrech *(Saxifraga aizoides)*

Moschus-Steinbrech *(Saxifraga moschata)* *

Tafel 433

Rasen-Steinbrech *(Saxifraga rosacea)* *

Tafel 434

Moor-Steinbrech *(Saxifraga hirculus)* *

Stern-Steinbrech *(Saxifraga stellaris)* *

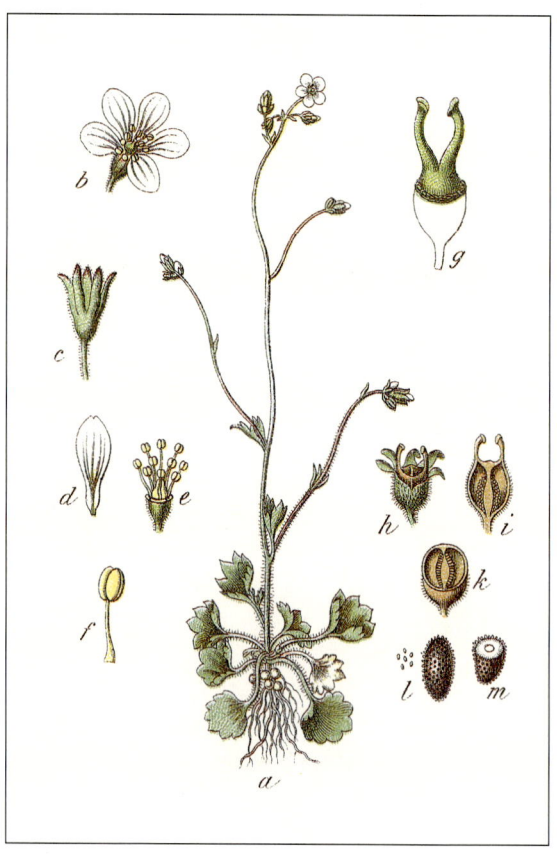

Knöllchen-Steinbrech *(Saxifraga granulata)* *

Rundblättriger Steinbrech *(Saxifraga rotundifolia)* *

Tafel 438

Wechselblättriges Milzkraut
(*Chrysosplenium alternifolium*)

Tafel 439

Gegenblättriges Milzkraut
(*Chrysosplenium oppositifolium*)

Tafel 440

Sumpf-Herzblatt *(Parnassia palustris)* *

J. Sturms
Flora von Deutschland
Band 2

J. Sturms
Flora von Deutschland

Nomenklatorisch bearbeitet
und mit einem Vorwort versehen
von
Gerd K. Müller

Band II: Tafeln 441–888, Register

MANUSCRIPTUM

Revidierter Nachdruck des Tafelteils der
Originalausgabe von 1900–1907

ISBN 3-933497-57-4

© Manuscriptum Verlagsbuchhandlung
Thomas Hoof KG · Waltrop und Leipzig 2001
Einbandgestaltung: Unica Design, Recklinghausen

Tafel 441

Gemeine Zwergmispel *(Cotoneaster integerrimus)*

Tafel 442

Mispel *(Mespilus germanica)*

Tafel 443

Zweigriffliger Weißdorn *(Crataegus laevigata)*

Tafel 444

Eingriffliger Weißdorn *(Crataegus monogyna)*

Tafel 445

Quitte *(Cydonia oblonga)*

Tafel 446

Kultur-Birne *(Pyrus communis)*

Tafel 447

Kultur-Apfel *(Malus domestica)*

Speierling *(Sorbus domestica)*

Echte Mehlbeere *(Sorbus aria)*

Tafel 450

Gemeine Felsenbirne *(Amelanchier ovalis)*

Geißbart *(Aruncus dioicus)* *

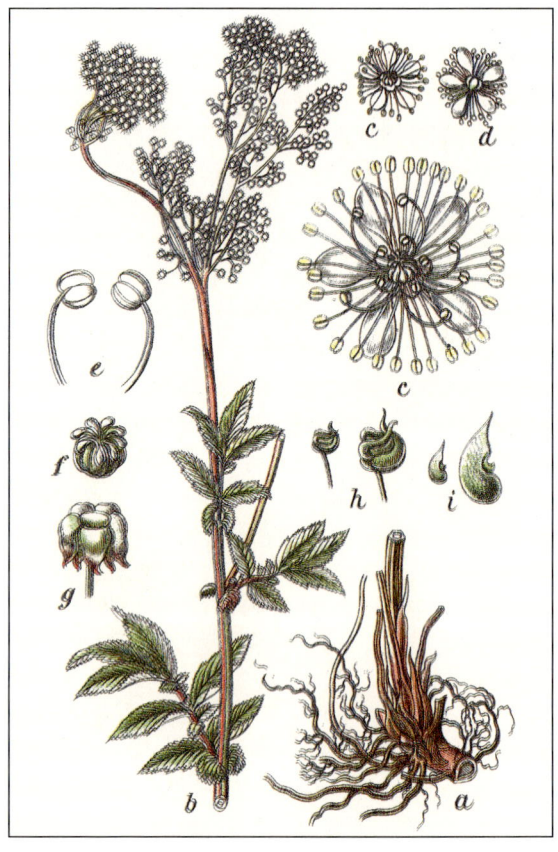

Echtes Mädesüß *(Filipendula ulmaria)*

Tafel 453

Kleines Mädesüß *(Filipendula vulgaris)*

Tafel 454

Himbeere *(Rubus idaeus)*

Steinbeere *(Rubus saxatilis)*

Tafel 456

Niedriges Fingerkraut *(Potentilla supina)*

Norwegisches Fingerkraut *(Potentilla norvegica)*

Tafel 458

Gänse-Fingerkraut *(Potentilla anserina)*

Tafel 459

Felsen-Fingerkraut *(Potentilla rupestris)*

Tafel 460

Blutauge *(Potentilla palustris)*

Tafel 461

Wald-Erdbeere *(Fragaria vesca)*

Tafel 462

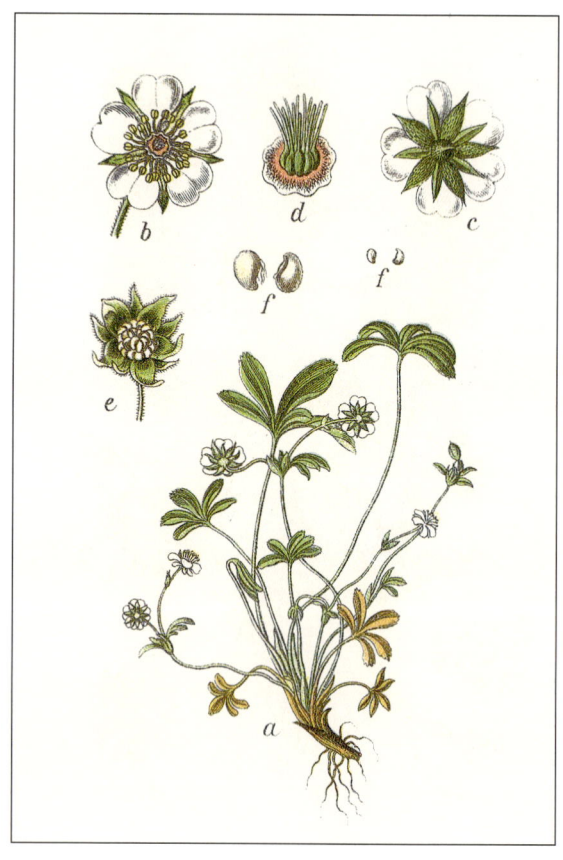

Weißes Fingerkraut *(Potentilla alba)*

Tafel 463

Erdbeer-Fingerkraut *(Potentilla sterilis)*

Kleinblütiges Fingerkraut *(Potentilla micrantha)*

Sand-Fingerkraut *(Potentilla incana)*

Frühlings-Fingerkraut *(Potentilla tabernaemontani)*

Tafel 467

Zottiges Fingerkraut *(Potentilla crantzii)*

Tafel 468

Rötliches Fingerkraut *(Potentilla heptaphylla)*

Tafel 469

Gold-Fingerkraut *(Potentilla aurea)*

Tafel 470

Gelbling *(Sibbaldia procumbens)*

Tafel 471

Silber-Fingerkraut *(Potentilla argentea)*

Hohes Fingerkraut *(Potentilla recta* ssp. *recta)*

Tafel 473

Blutwurz *(Potentilla erecta)*

1. Kriechendes Fingerkraut *(Potentilla reptans)*
2. Niederliegendes Fingerkraut *(P. anglica)*

Tafel 475

Potentilla x hybrida (P. alba x P. sterilis)

Hügel-Fingerkraut *(Potentilla collina)*

Tafel 477

Graues Fingerkraut *(Potentilla inclinata)*

Tafel 478

Weichhaariges Fingerkraut *(Potentilla recta* ssp. *pilosa)*

Thüringisches Fingerkraut *(Potentilla thuringiaca)*

Tafel 480

Potentilla x mixta (P. anglica x P. reptans)

Tafel 481

Kriechende Nelkenwurz *(Geum reptans)*

Tafel 482

Berg-Nelkenwurz *(Geum montanum)*

Tafel 483

Silberwurz *(Dryas octopetala)*

Tafel 484

Echte Nelkenwurz *(Geum urbanum)*

Tafel 485

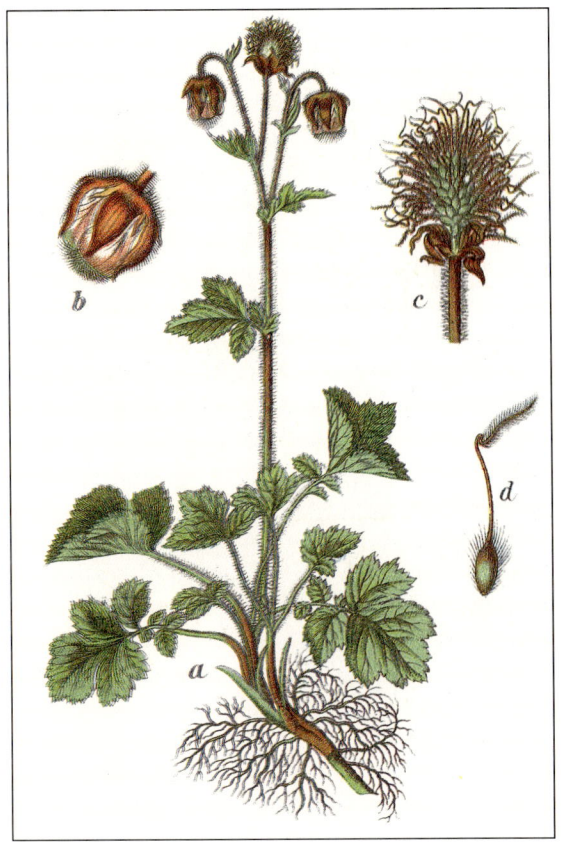

Bach-Nelkenwurz *(Geum rivale)*

Tafel 486

Bibernell-Rose *(Rosa spinosissima)*

Tafel 487

Alpen-Hecken-Rose *(Rosa pendulina)*

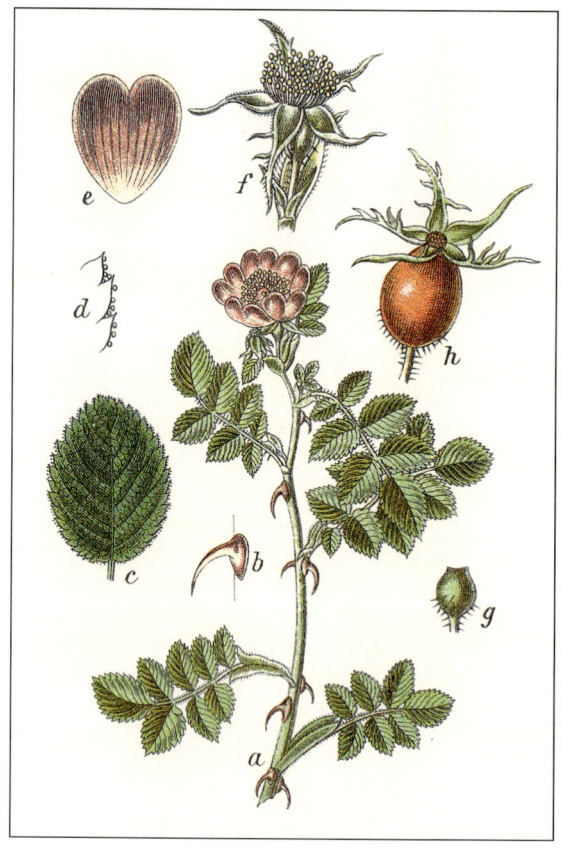

Wein-Rose *(Rosa rubiginosa)*

Apfel-Rose *(Rosa villosa)*

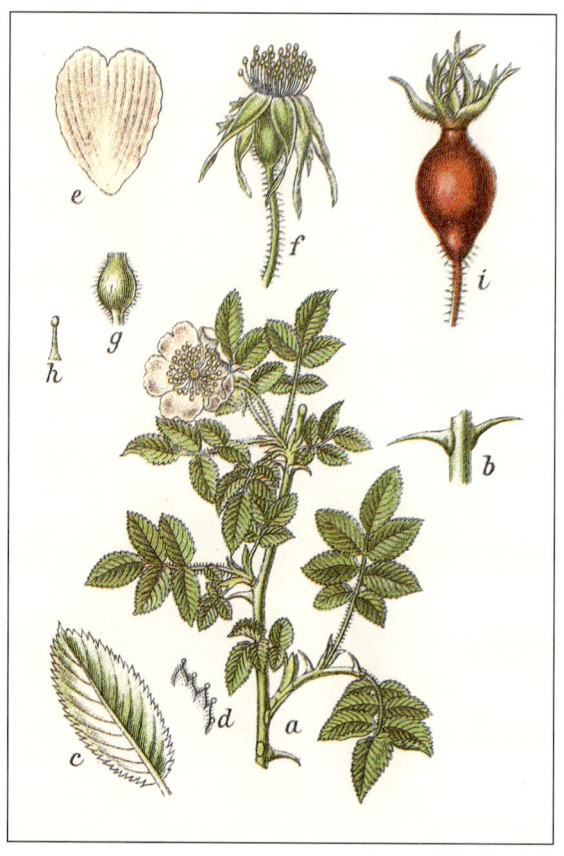

Weiche Rose *(Rosa mollis)*

Tafel 491

Hecken-Rose *(Rosa corymbifera)*

Tafel 492

Kriechende Rose *(Rosa arvensis)*

Rosa x collina (R. gallica x R. corymbifera)

Tafel 494

Gemeiner Frauenmantel *(Alchemilla vulgaris)*

Tafel 495

Spaltblättriger Frauenmantel *(Alchemilla fissa)*

Alpen-Frauenmantel *(Alchemilla alpina)*

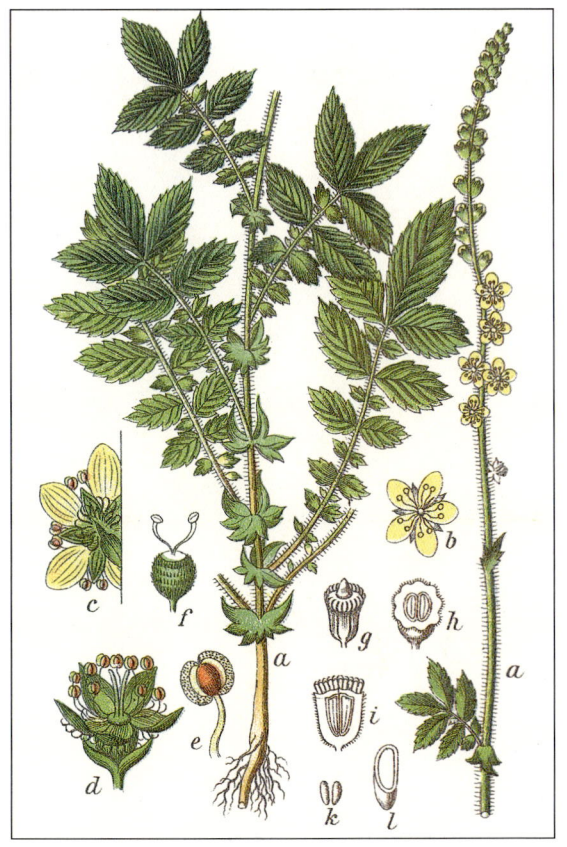

Kleiner Odermennig *(Agrimonia eupatoria)*

Tafel 498

Großer Wiesenknopf *(Sanguisorba officinalis)*

Tafel 499

Traubenkirsche *(Prunus padus)*

Tafel 500

Sauerkirsche *(Prunus cerasus)*

Tafel 501

Aprikose *(Prunus armeniaca)*

Tafel 502

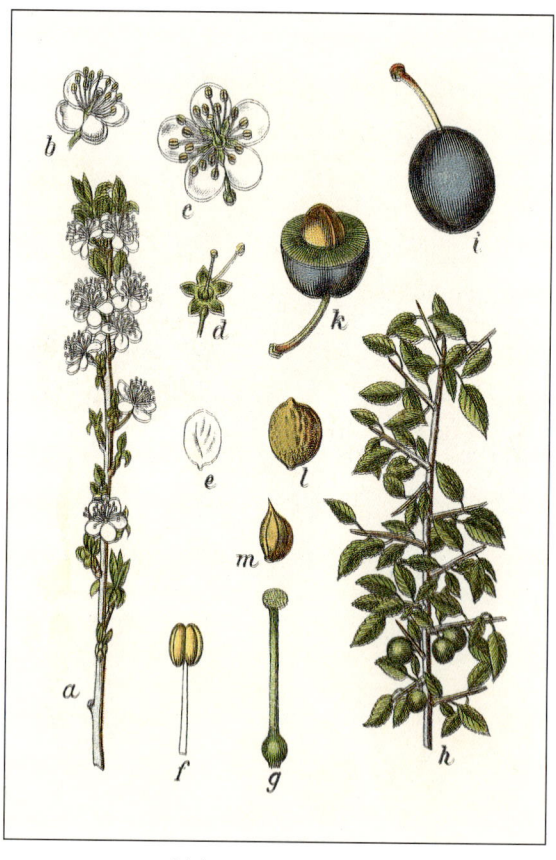

Schlehe *(Prunus spinosa)*

Tafel 503

Pflaume *(Prunus domestica)*

Tafel 504

Pfirsich *(Prunus persica)*

Tafel 505

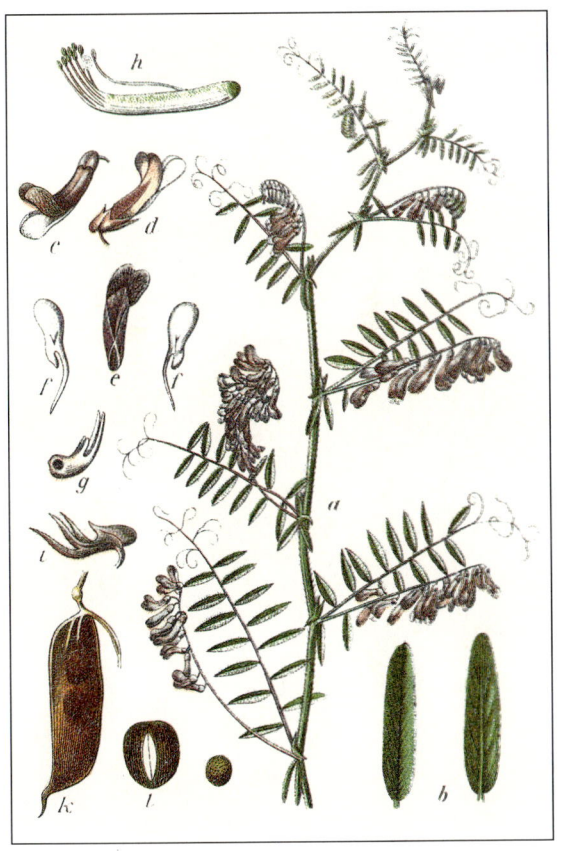

Zottel-Wicke *(Vicia villosa)*

Tafel 506

Vogel-Wicke *(Vicia cracca)*

Kaschuben-Wicke *(Vicia cassubica)*

Tafel 508

1. Feinblättrige Wicke *(Vicia tenuifolia)*
2. Hecken-Wicke *(V. dumetorum)*

Wald-Wicke *(Vicia sylvatica)*

Erbsen-Wicke *(Vicia pisiformis)*

Linsen-Wicke *(Vicia ervilia)*

Tafel 512

Linse *(Lens culinaris)*

Tafel 513

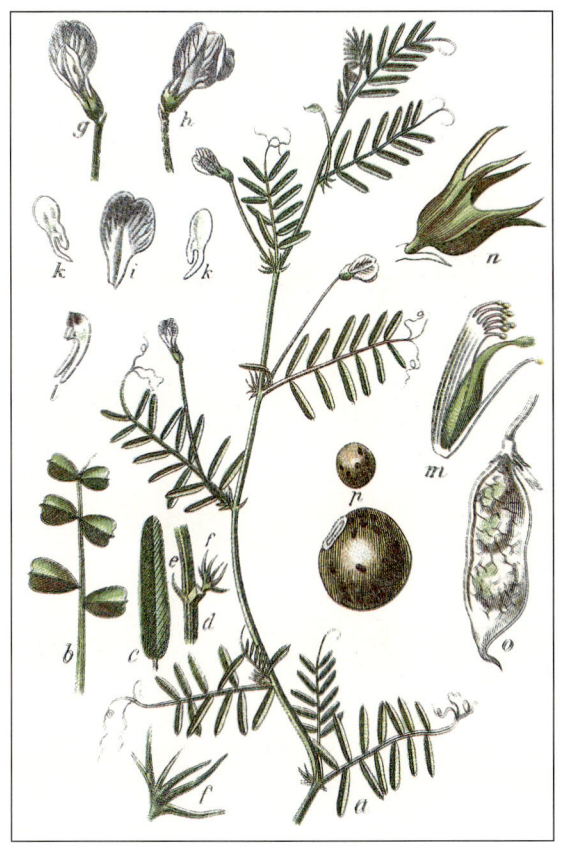

Einblütige Wicke *(Vicia articulata)*

Tafel 514

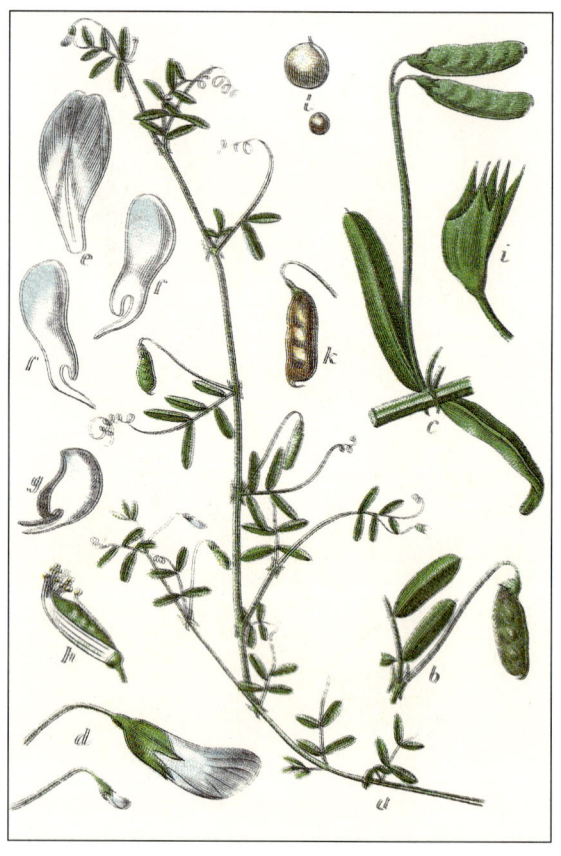

Viersamige Wicke *(Vicia tetrasperma)*

Tafel 515

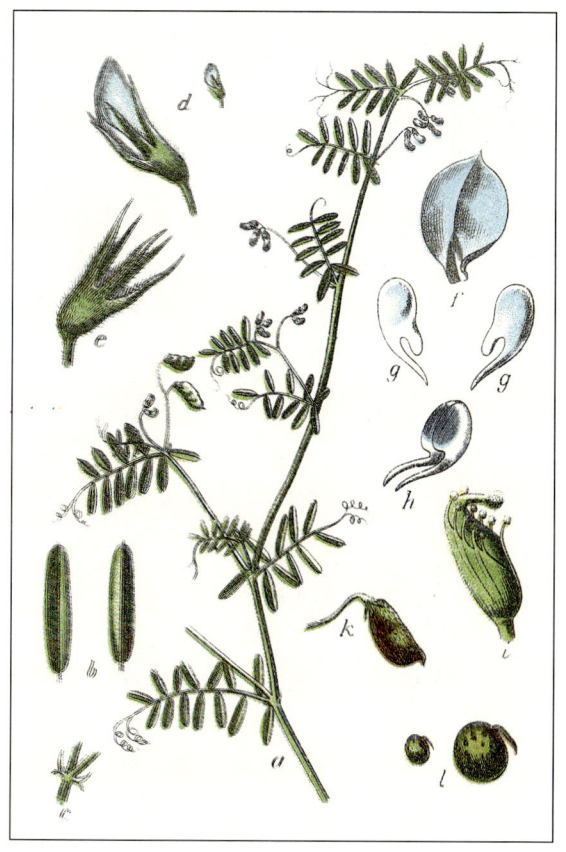

Rauhhaarige Wicke *(Vicia hirsuta)*

Tafel 516

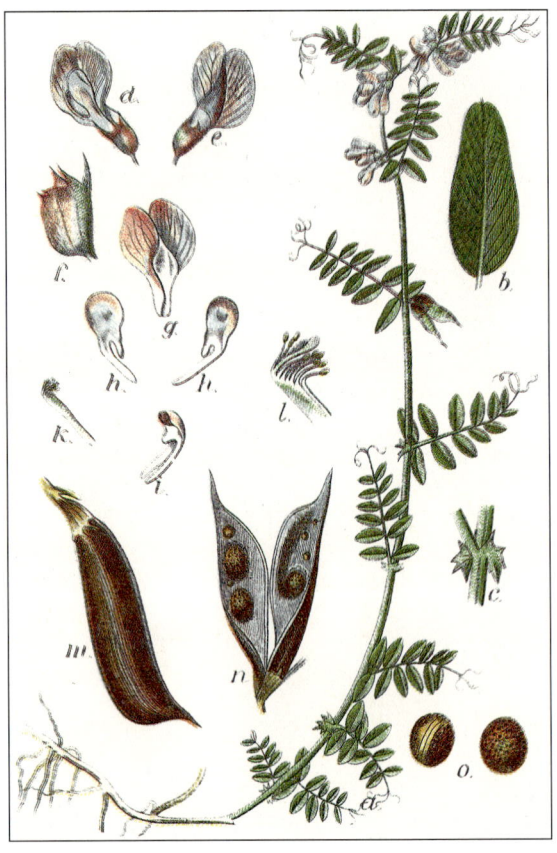

Zaun-Wicke *(Vicia sepium)*

Tafel 517

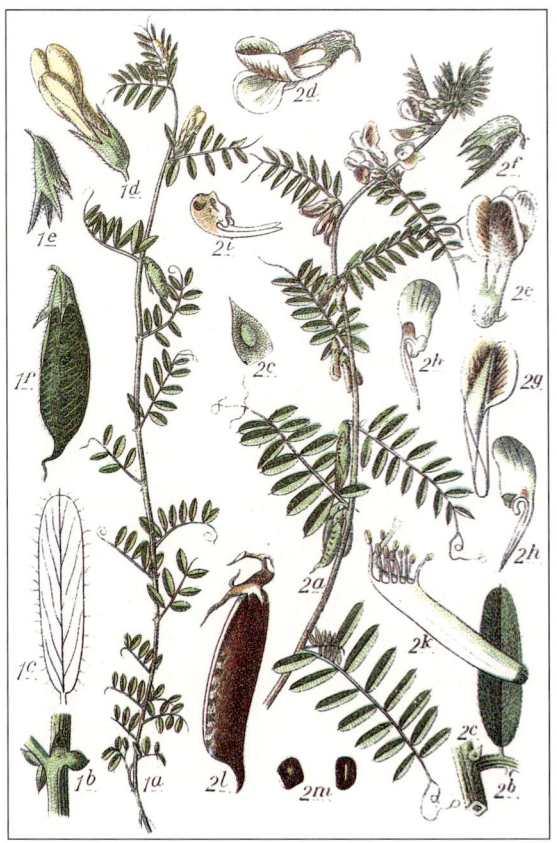

1. Gelbe Wicke *(Vicia lutea)*
2. Ungarische Wicke *(V. pannonica)*

Tafel 518

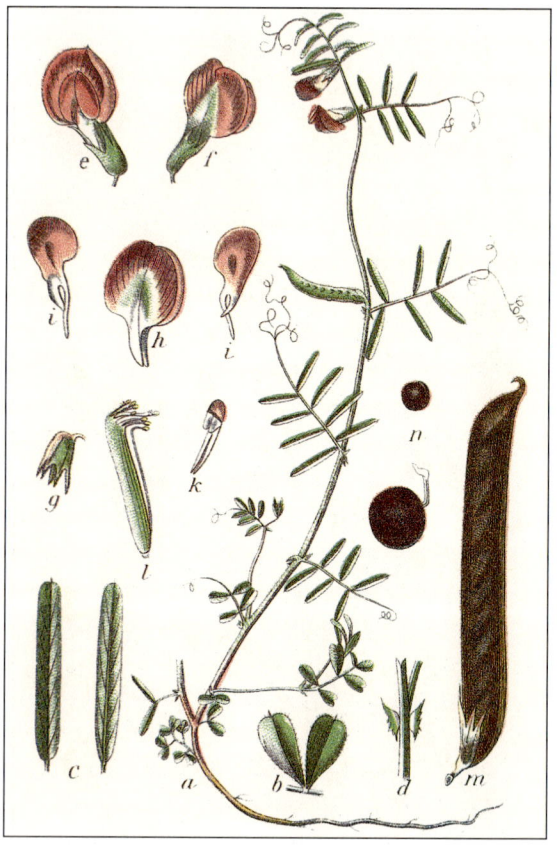

Schmalblättrige Wicke *(Vicia angustifolia)*

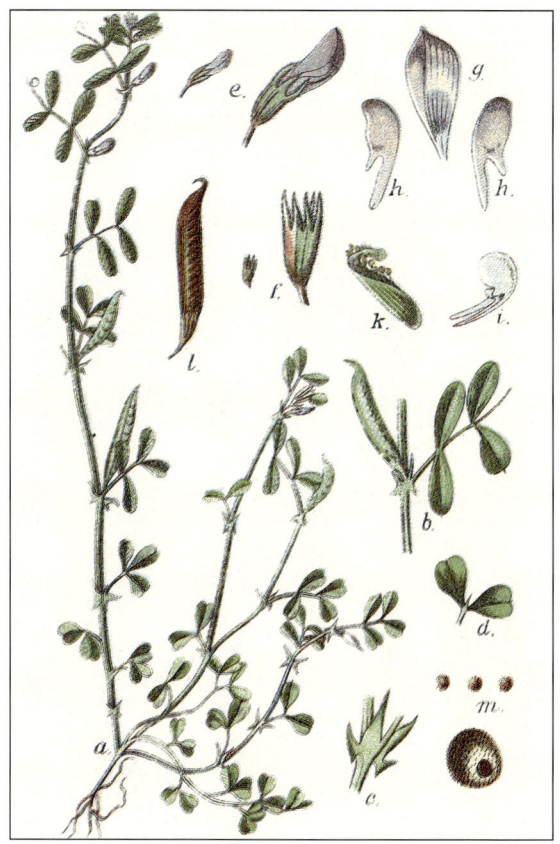

Platterbsen-Wicke *(Vicia lathyroides)*

Wiesen-Platterbse *(Lathyrus pratensis)*

Tafel 521

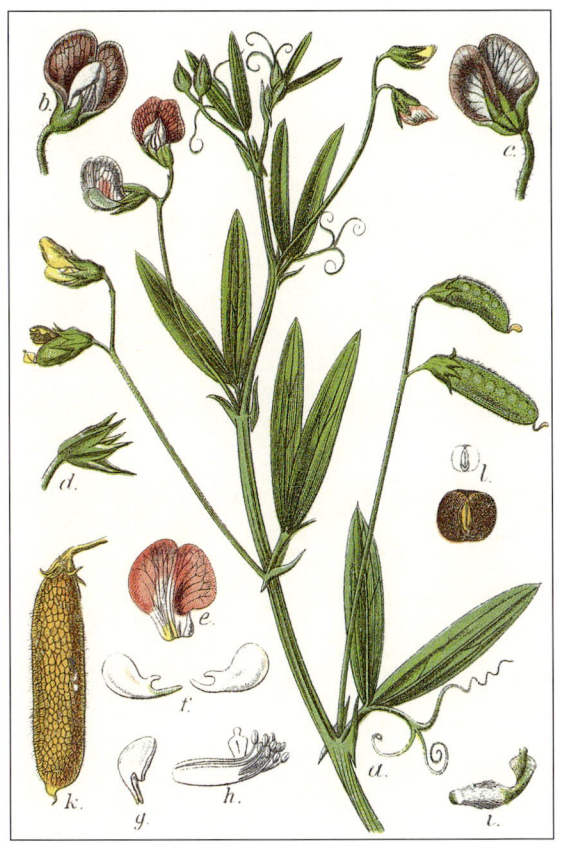

Behaartfrüchtige Platterbse *(Lathyrus hirsutus)*

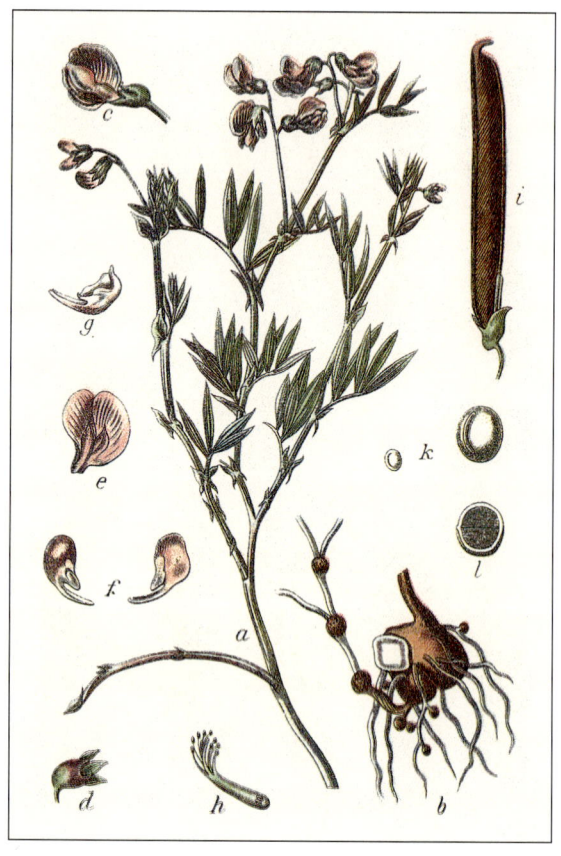

Berg-Platterbse *(Lathyrus linifolius)*

Tafel 523

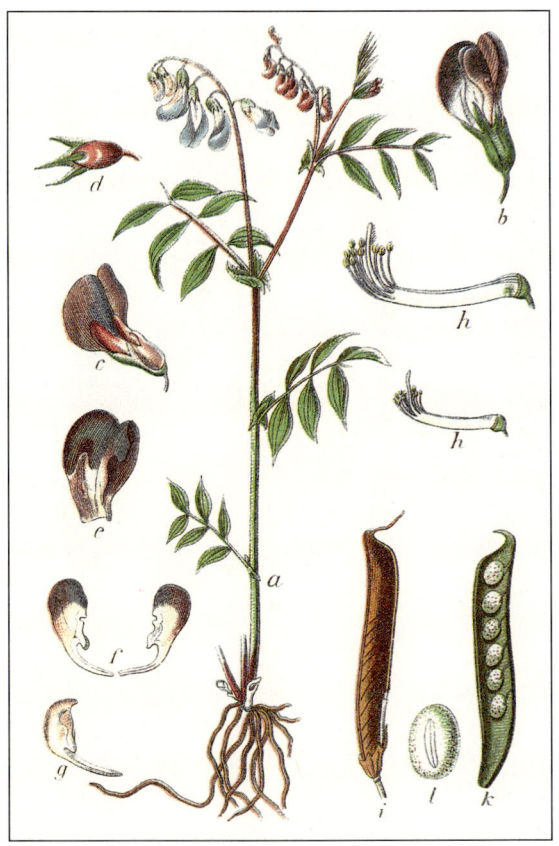

Frühlings-Platterbse *(Lathyrus vernus)*

Tafel 524

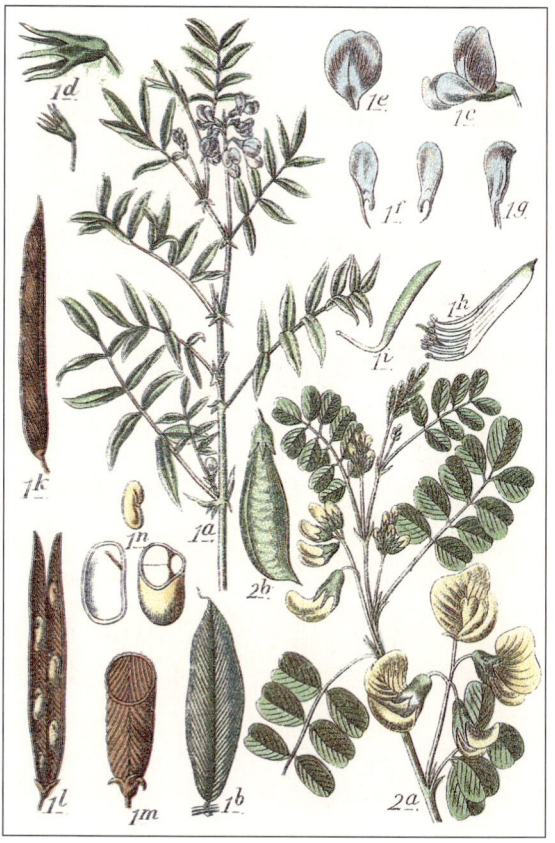

1. Geißraute *(Galega officinalis)*
2. Blasenstrauch *(Colutea arborescens)*

1. Zottige Fahnenwicke *(Oxytropis pilosa)*
2. Kicher-Tragant *(Astragalus cicer)*

Tafel 526

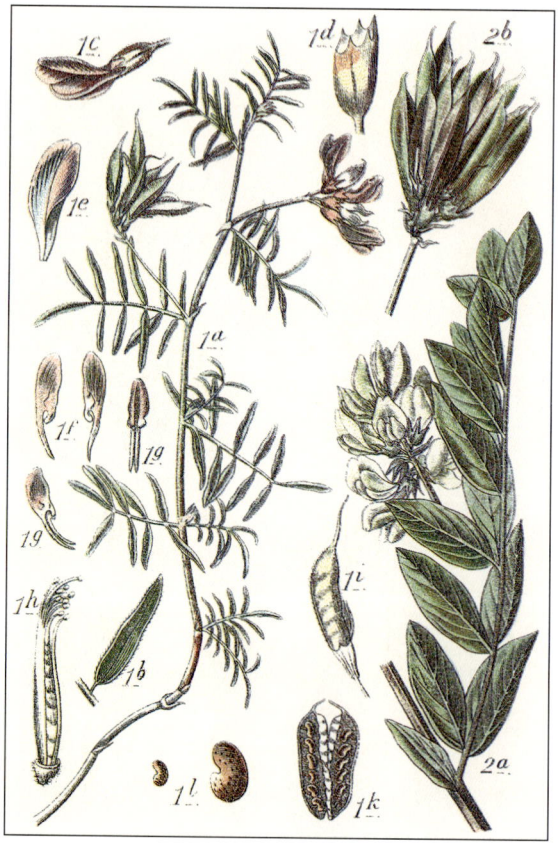

1. Sand-Tragant *(Astragalus arenarius)*
2. Bärenschote *(A. glycyphyllos)*

1. Hufeisenklee *(Hippocrepis comosa)*
2. Berg-Kronwicke *(Coronilla coronata)*

Tafel 528

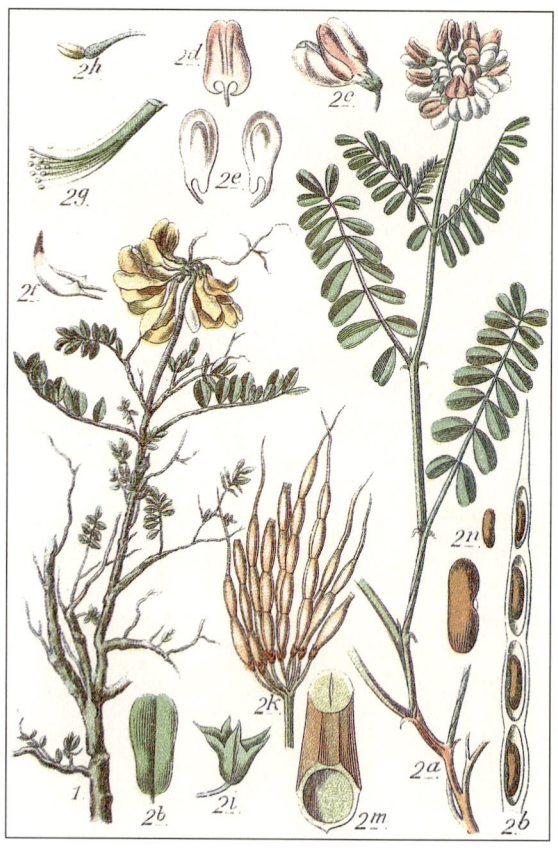

1. Scheiden-Kronwicke *(Coronilla vaginalis)*
2. Bunte Kronwicke *(Securigera varia)*

Tafel 529

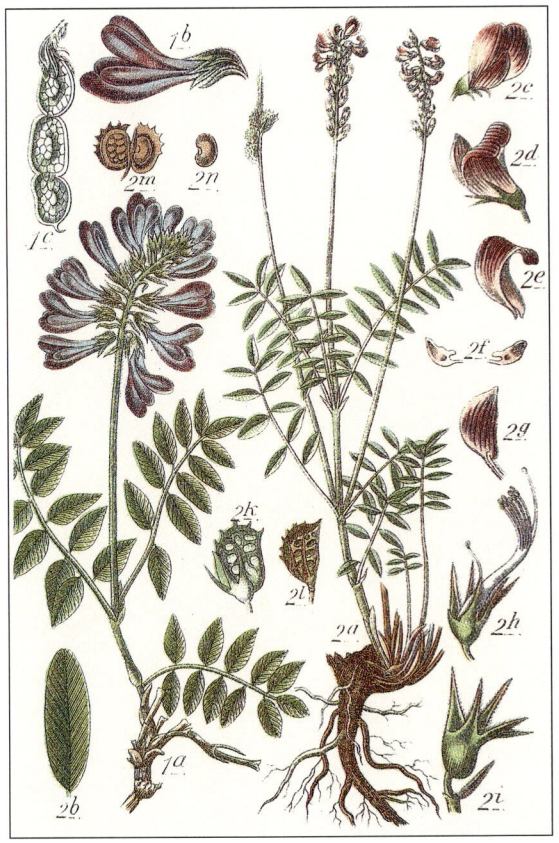

1. Alpen-Süßklee *(Hedysarum hedysaroides)*
2. Esparsette *(Onobrychis viciifolia)*

1. Schwärzender Geißklee *(Cytisus nigricans)*
2. Regensburger Zwergginster
 (Chamaecytisus ratisbonensis)

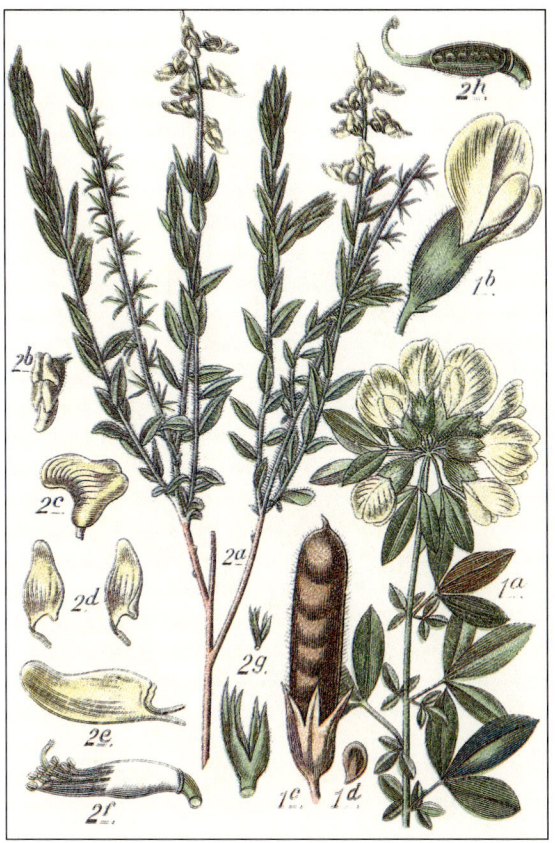

1. Kopf-Zwergginster *(Chamaecytisus supinus)*
2. Deutscher Ginster *(Genista germanica)*

1. Dornige Hauhechel *(Ononis spinosa)*
2. Bocks-Hauhechel *(O. arvensis)*

Tafel 533

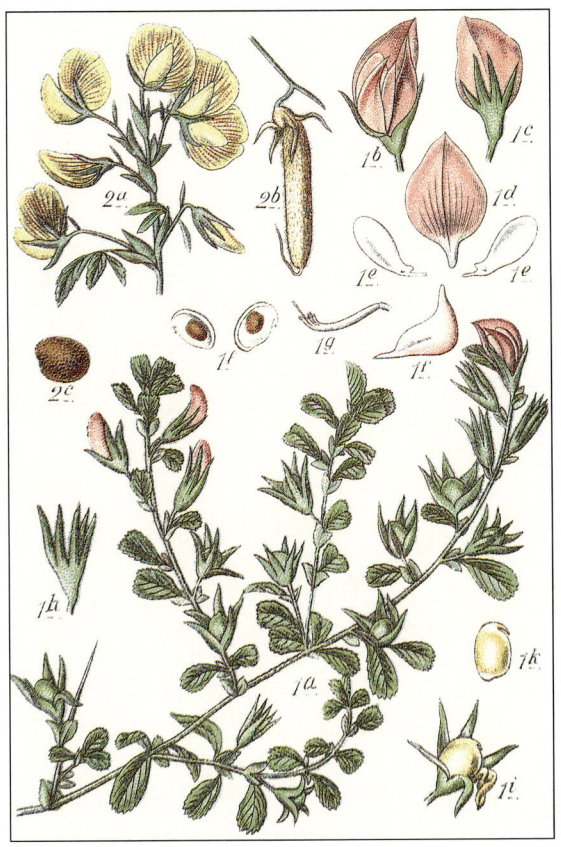

1. Kriechende Hauhechel *(Ononis repens)*
2. Gelbe Hauhechel *(O. natrix)*

Tafel 534

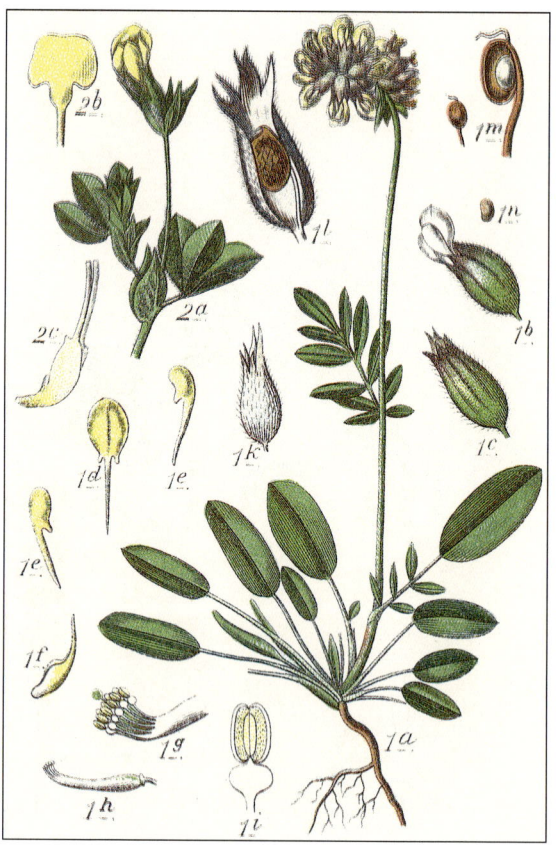

1. Wundklee *(Anthyllis vulneraria)*
2. Spargelerbse *(Tetragonolobus maritimus)*

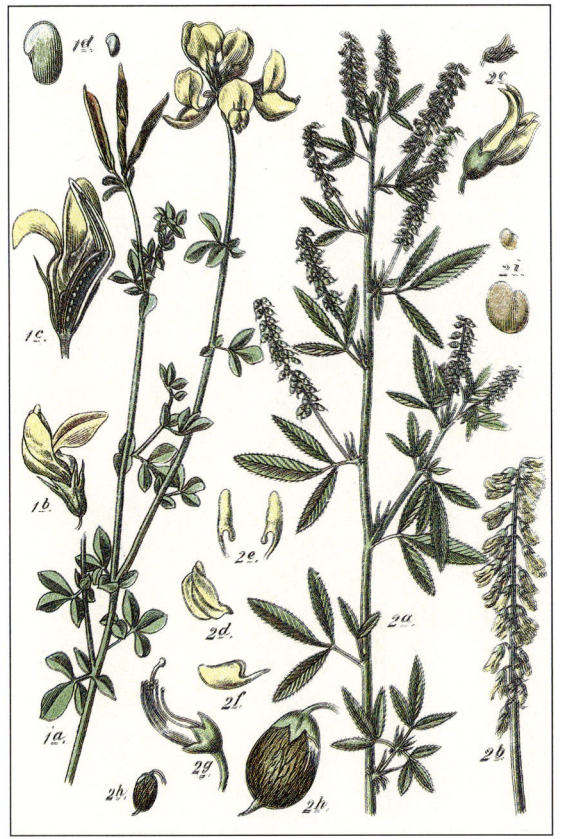

1. Gemeiner Hornklee *(Lotus corniculatus)*
2. Gezähnter Steinklee *(Melilotus dentatus)*

Tafel 536

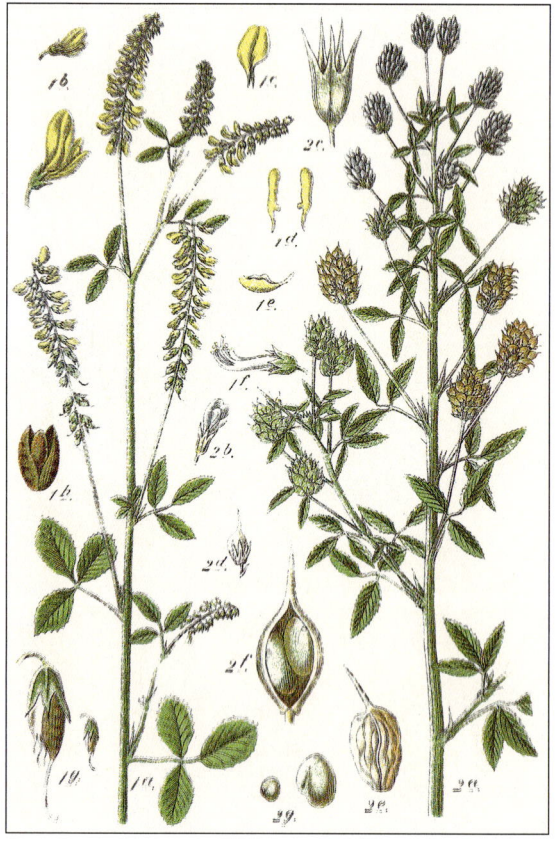

1. Echter Steinklee *(Melilotus officinalis)*
2. Schabzigerklee *(Trigonella caerulea)*

Tafel 537

1. Gold-Klee *(Trifolium aureum)*
2. Feld-Klee *(T. campestre)*

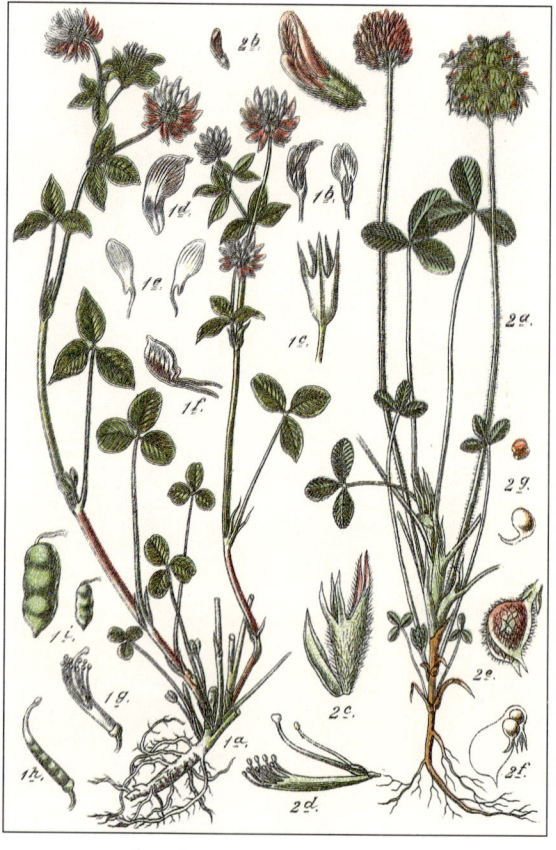

1. Schweden-Klee *(Trifolium hybridum)*
2. Erdbeer-Klee *(T. fragiferum)*

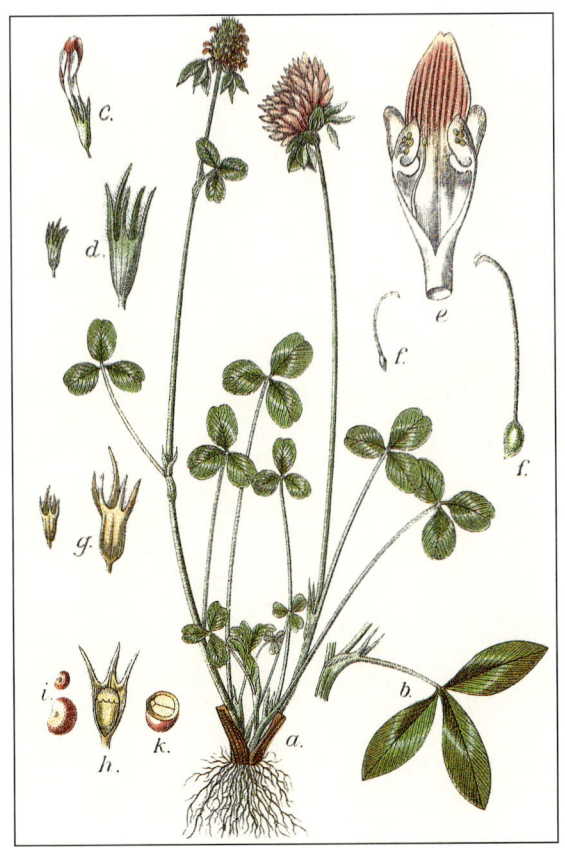

Wiesen-Klee *(Trifolium pratense)*

Tafel 540

1. Blaßgelber Klee *(Trifolium ochroleucon)*
2. Hasen-Klee *(T. arvense)*

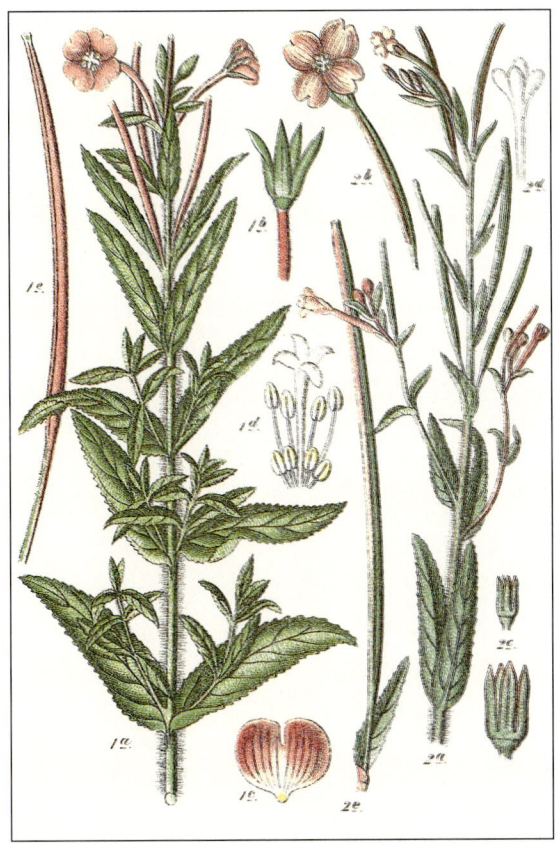

1. Zottiges Weidenröschen *(Epilobium hirsutum)*
2. Kleinblütiges Weidenröschen *(E. parviflorum)*

Tafel 542

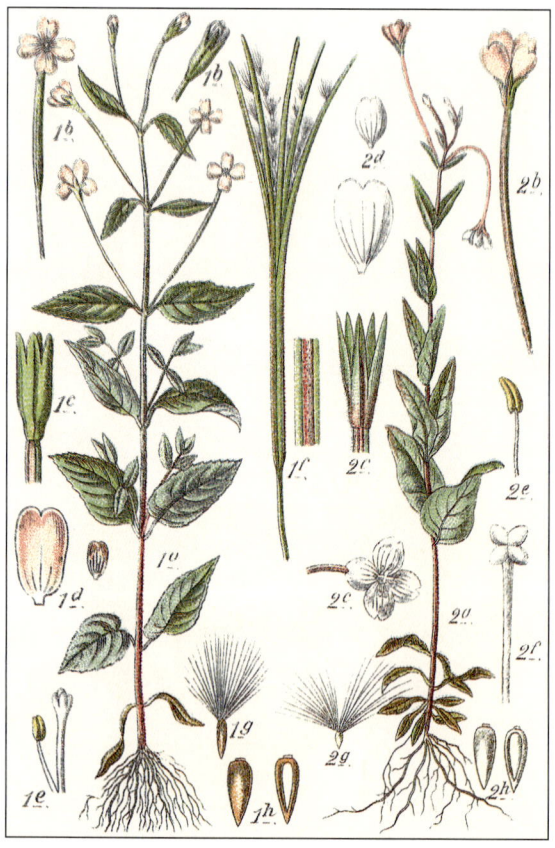

1. Berg-Weidenröschen *(Epilobium montanum)*
2. Hartheu-Weidenröschen *(E. hypericifolium)*

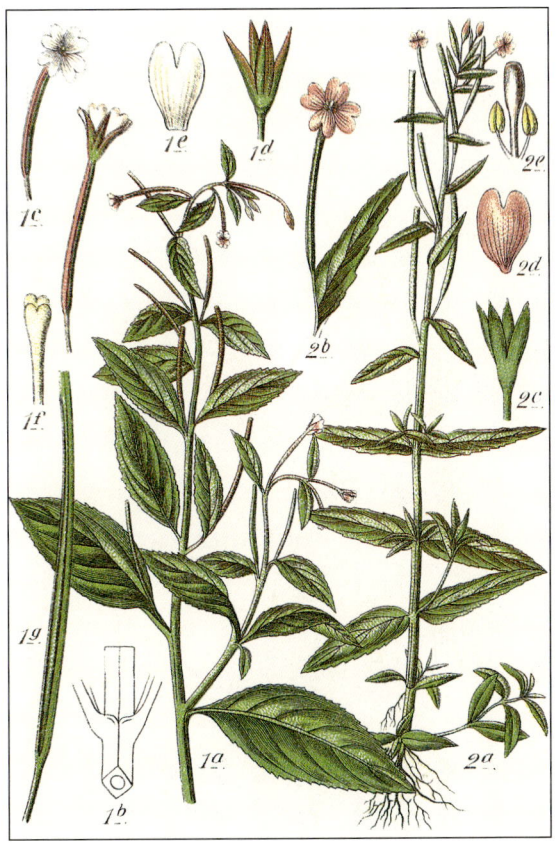

1. Rosenrotes Weidenröschen *(Epilobium roseum)*
2. Dunkelgrünes Weidenröschen *(E. obscurum)*

Tafel 544

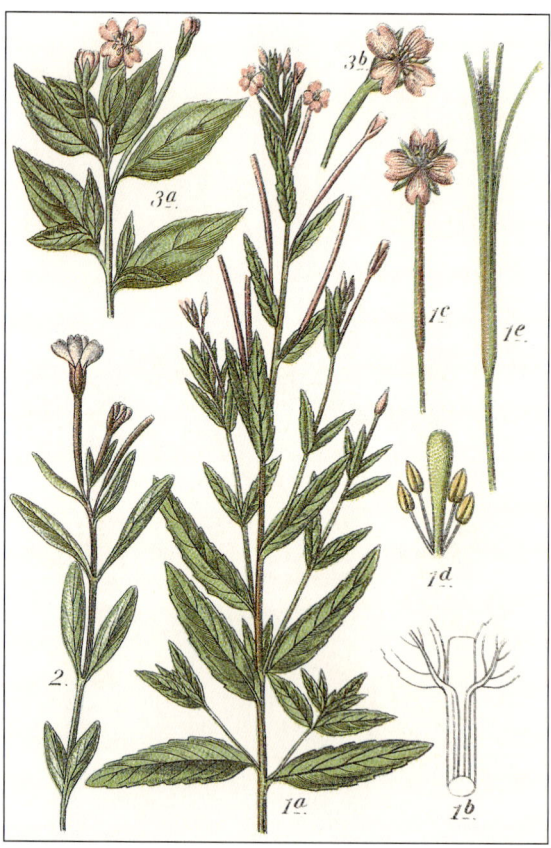

1. Vierkantiges Weidenröschen *(Epilobium tetragonum)*
2. Gauchheil-Weidenröschen *(E. anagallidifolium)*
3. Mieren-Weidenröschen *(E. alsinifolium)*

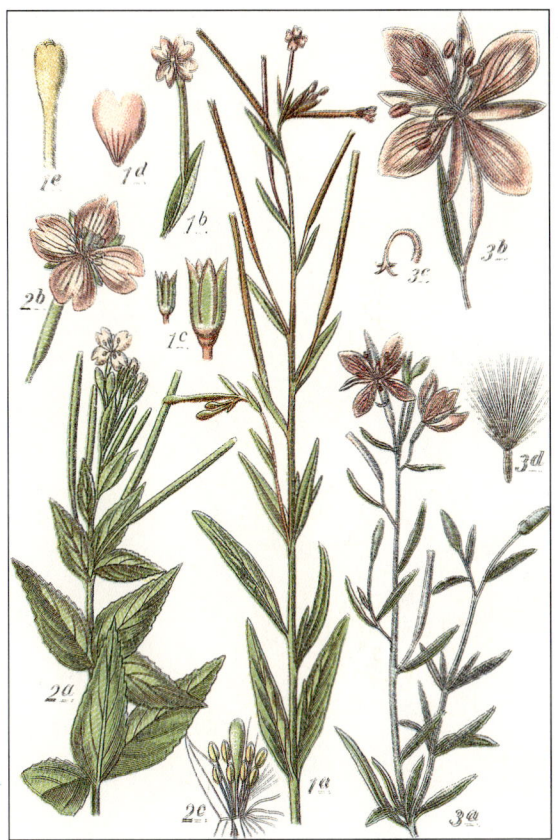

1. Sumpf-Weidenröschen *(Epilobium palustre)*
2. Quirl-Weidenröschen *(E. alpestre)*
3. Fleischers Weidenröschen *(E. fleischeri)* *

Tafel 546

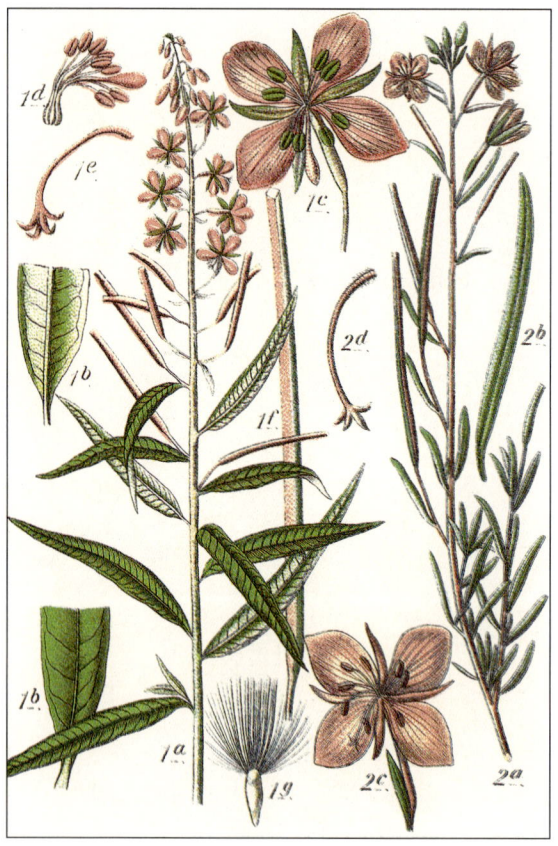

1. Schmalblättriges Weidenröschen
   (Epilobium angustifolium)
2. Rosmarin-Weidenröschen *(E. dodonaei)*

Tafel 547

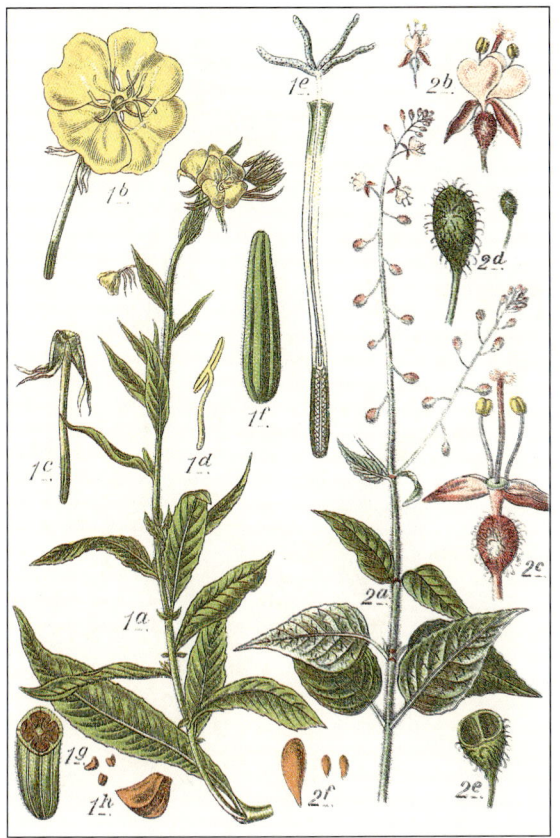

1. Gemeine Nachtkerze *(Oenothera biennis)*
2. Großes Hexenkraut *(Circaea lutetiana)*

1. Sumpf-Heusenkraut *(Ludwigia palustris)*
2. Wassernuß *(Trapa natans)* *

Tafel 549

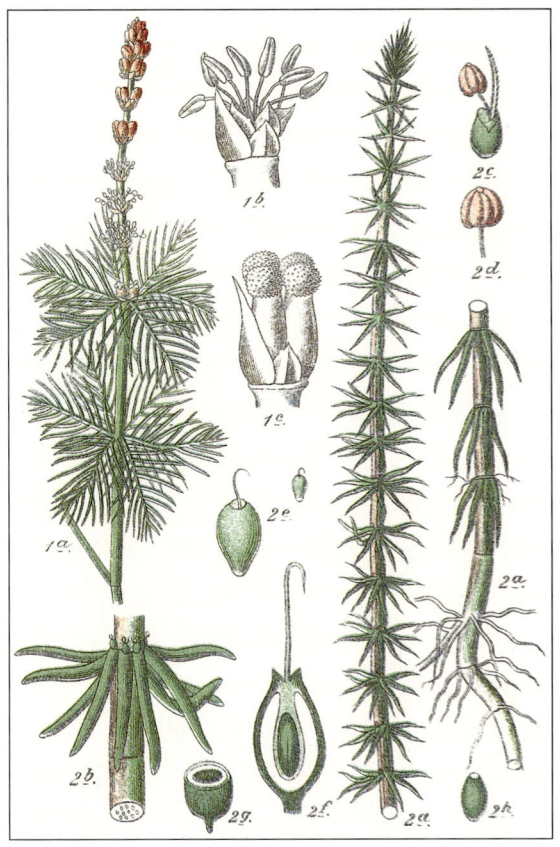

1. Ähriges Tausendblatt *(Myriophyllum spicatum)*
2. Tannenwedel *(Hippuris vulgaris)*

1. Blut-Weiderich *(Lythrum salicaria)*
2. Sumpfquendel *(Peplis portula)*

Tafel 551

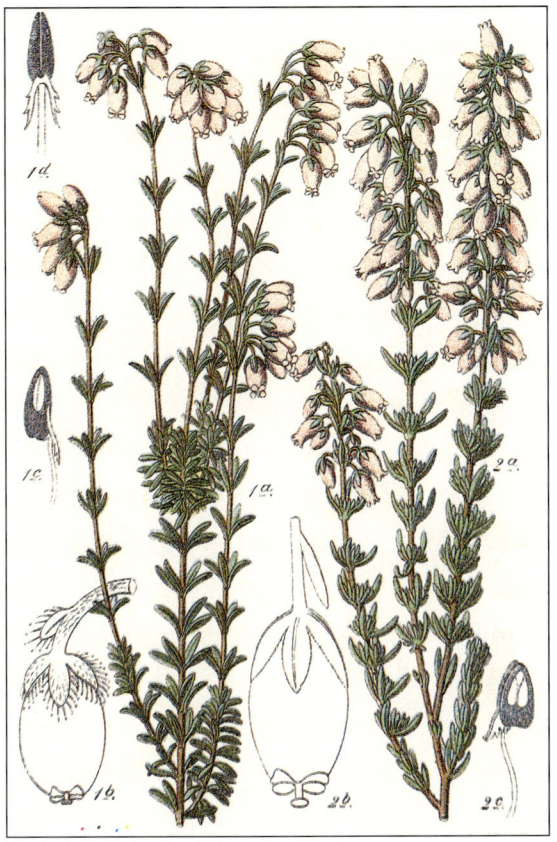

1. Glocken-Heide *(Erica tetralix)*
2. Graue Heide *(E. cinerea)*

Tafel 552

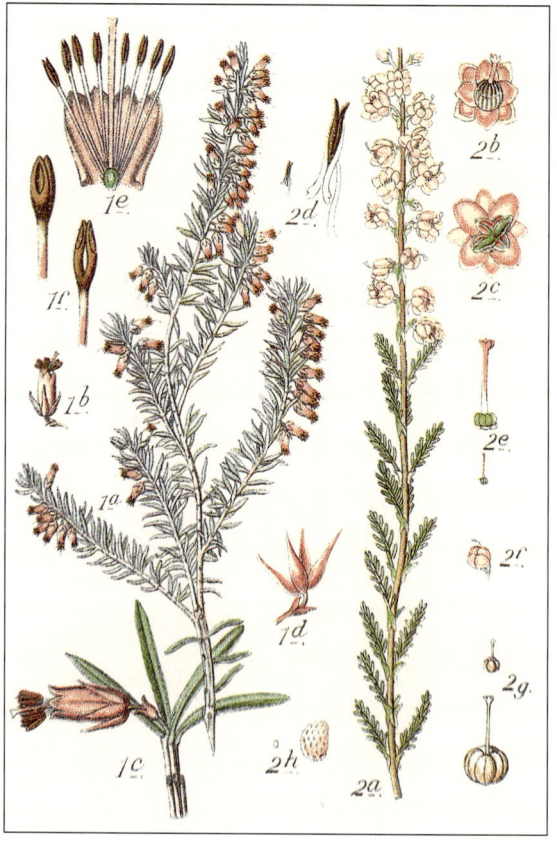

1. Schnee-Heide *(Erica carnea)*
2. Heidekraut *(Calluna vulgaris)*

Tafel 553

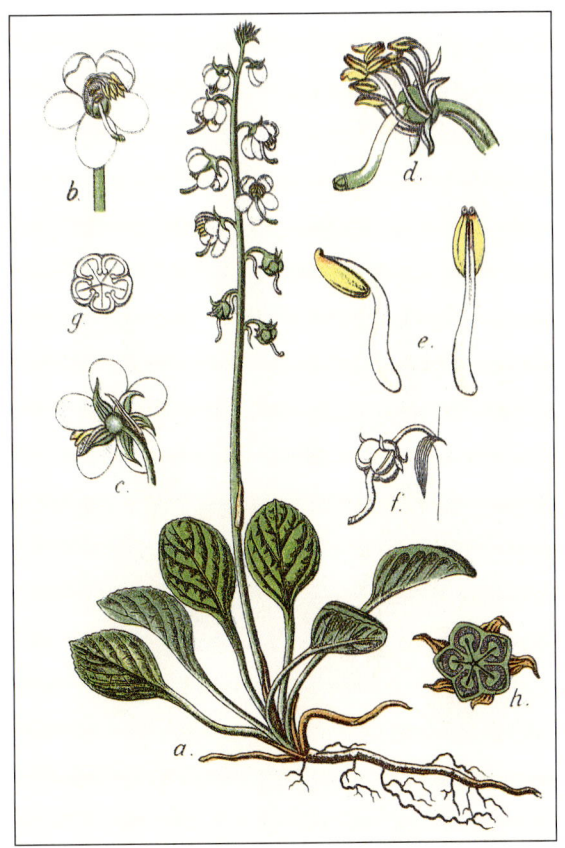

Rundblättriges Wintergrün *(Pyrola rotundifolia)*

Tafel 554

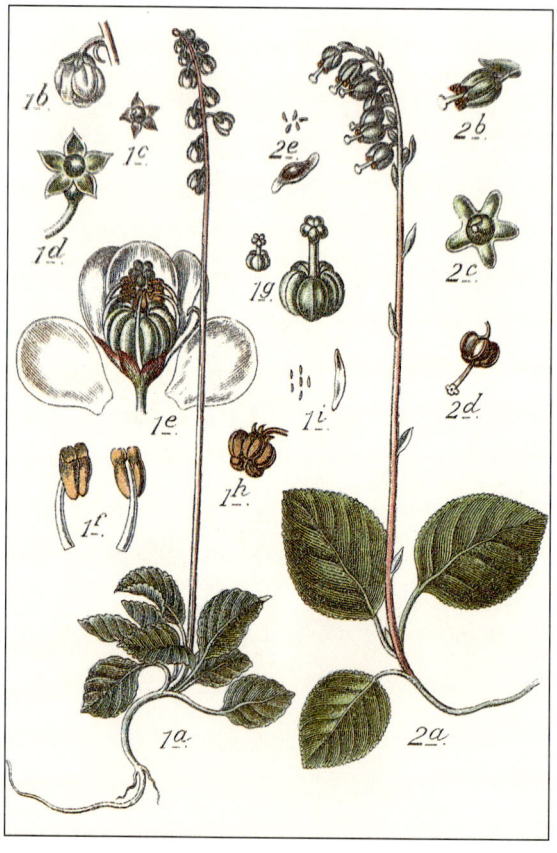

1. Kleines Wintergrün *(Pyrola minor)*
2. Birngrün *(Orthilia secunda)*

Tafel 555

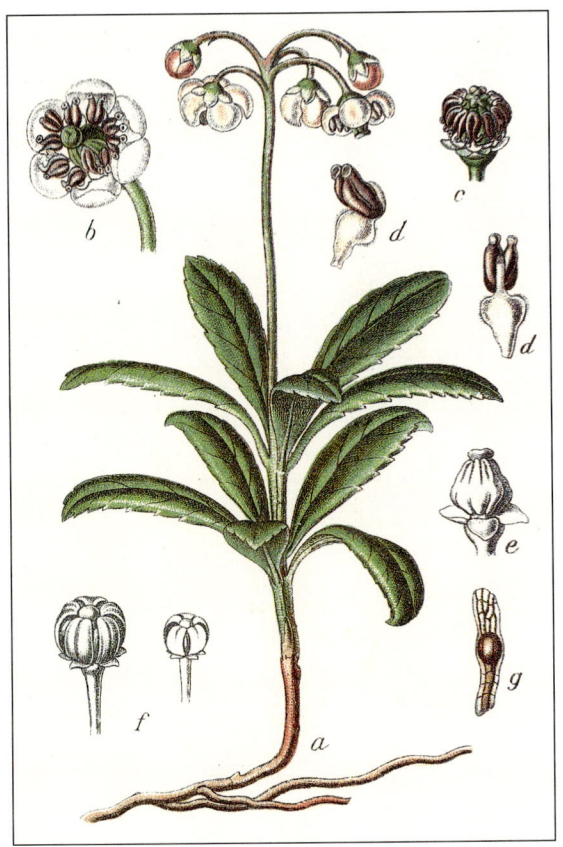

Winterlieb *(Chimaphila umbellata)* *

Tafel 556

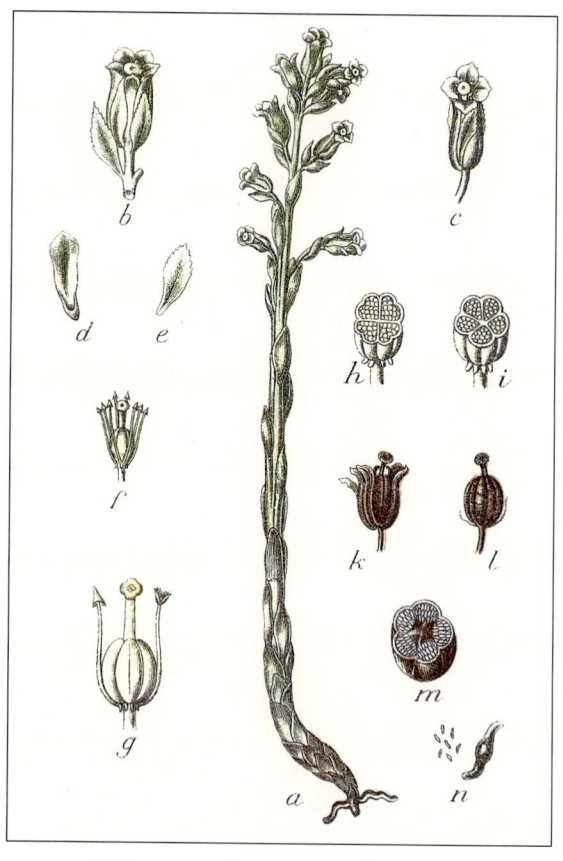

Fichtenspargel *(Monotropa hypopitys)*

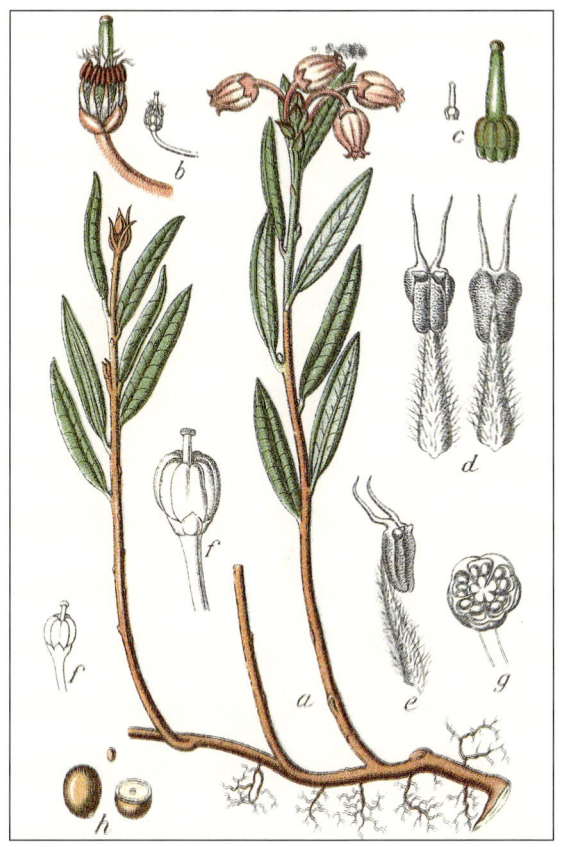

Rosmarinheide *(Andromeda polifolia)*

Echte Bärentraube *(Arctostaphylos uva-ursi)* *

Tafel 559

Heidelbeere *(Vaccinium myrtillus)*

Tafel 560

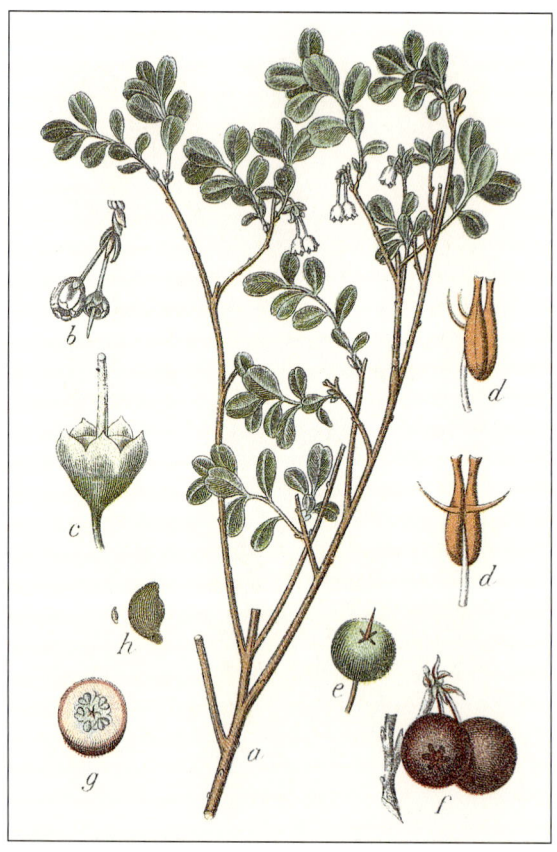

Trunkelbeere *(Vaccinium uliginosum)*

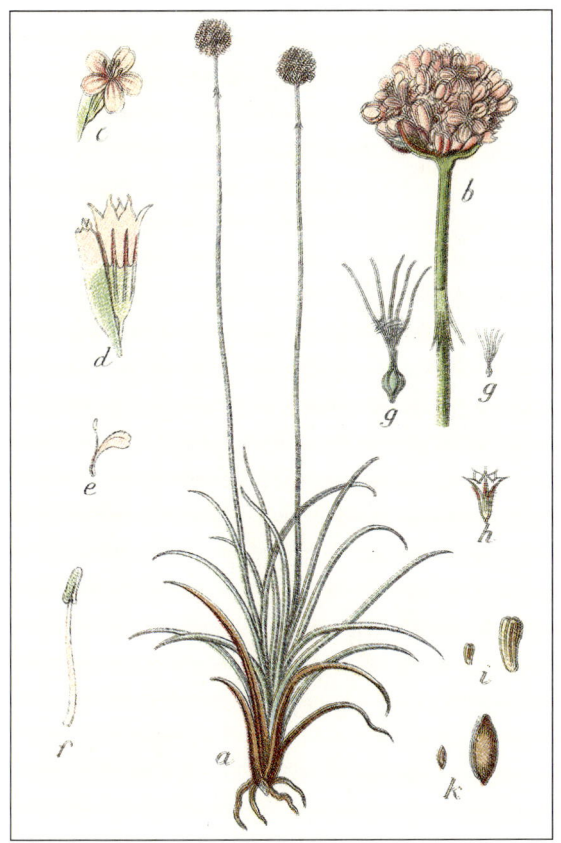

Sand-Grasnelke *(Armeria maritima* ssp. *elongata)*

Tafel 562

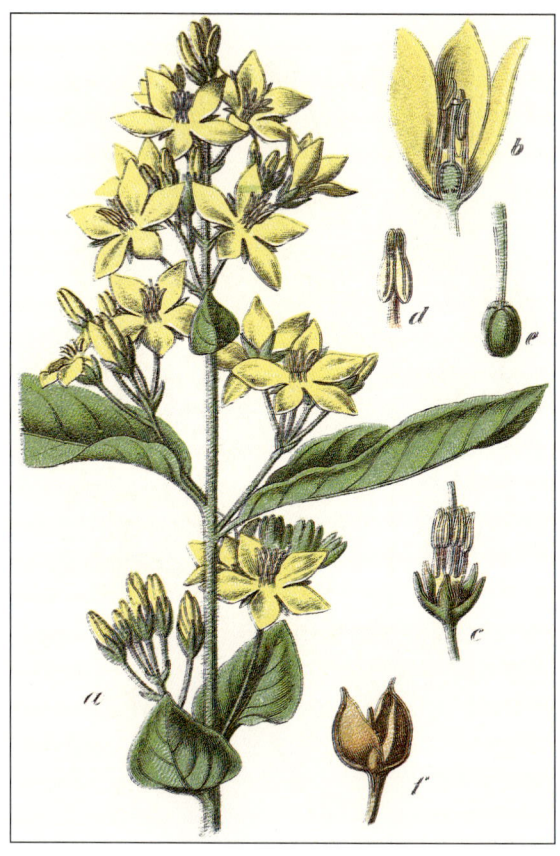

Gemeiner Gilbweiderich *(Lysimachia vulgaris)*

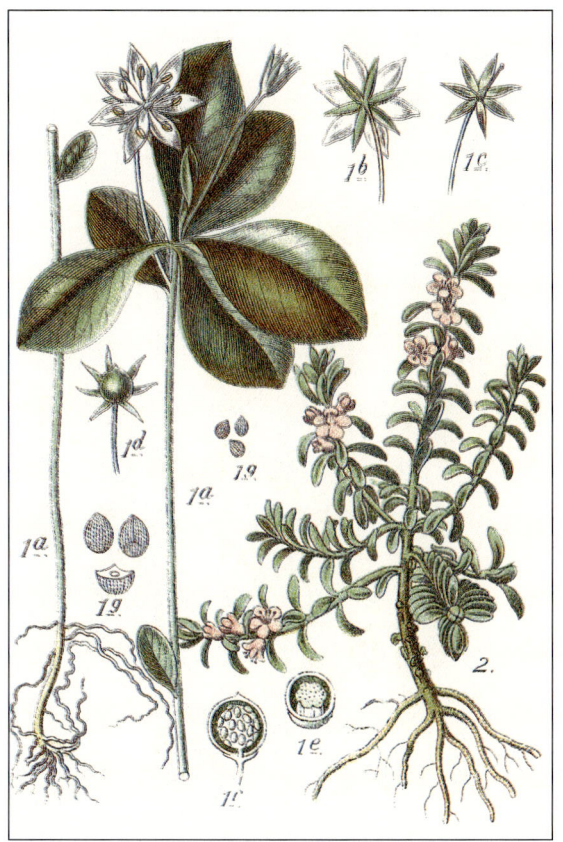

1. Siebenstern *(Trientalis europaea)*
2. Milchkraut *(Glaux maritima)*

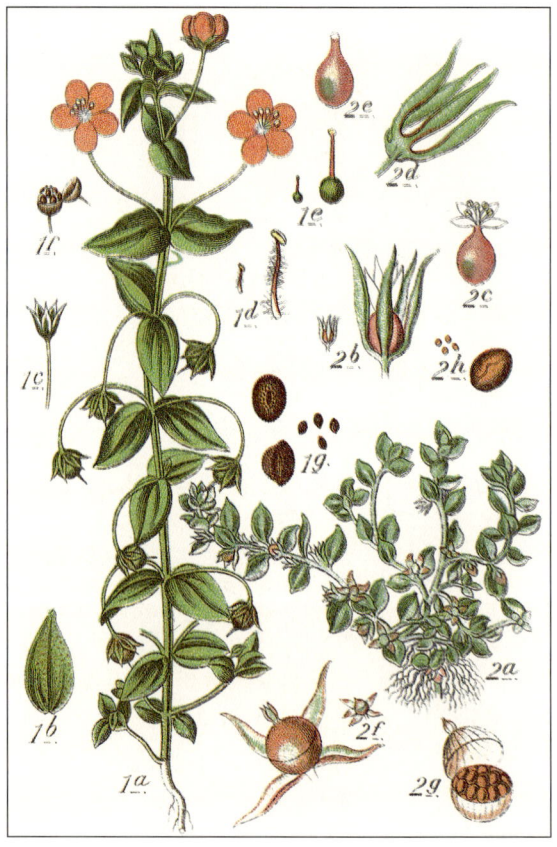

1. Acker-Gauchheil *(Anagallis arvensis)*
2. Kleinling *(A. minima)*

Tafel 565

1. Mehl-Primel *(Primula farinosa)* *
2. Stengellose Schlüsselblume *(P. vulgaris)* *

Tafel 566

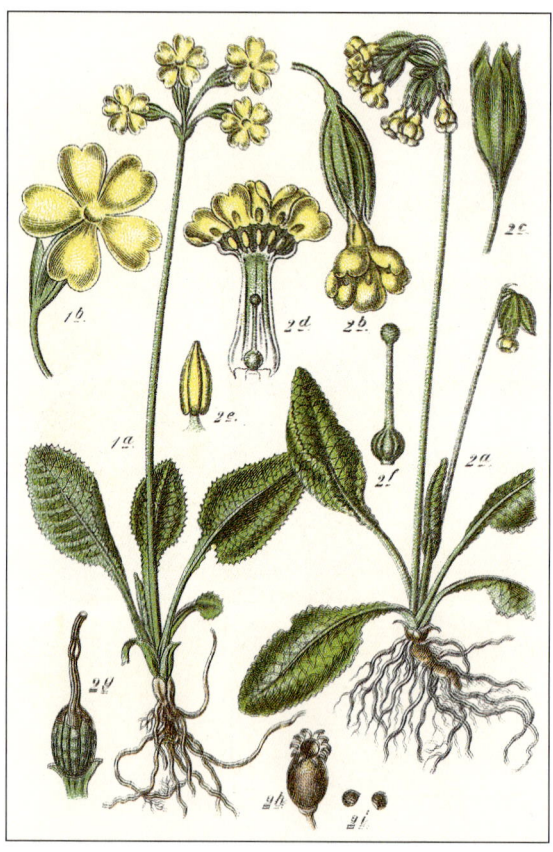

1. Hohe Schlüsselblume *(Primula elatior)*
2. Echte Schlüsselblume *(P. veris)*

Tafel 567

1. Zwerg-Schlüsselblume *(Primula minima)* *
2. Alpen-Aurikel *(P. auricula)* *

Tafel 568

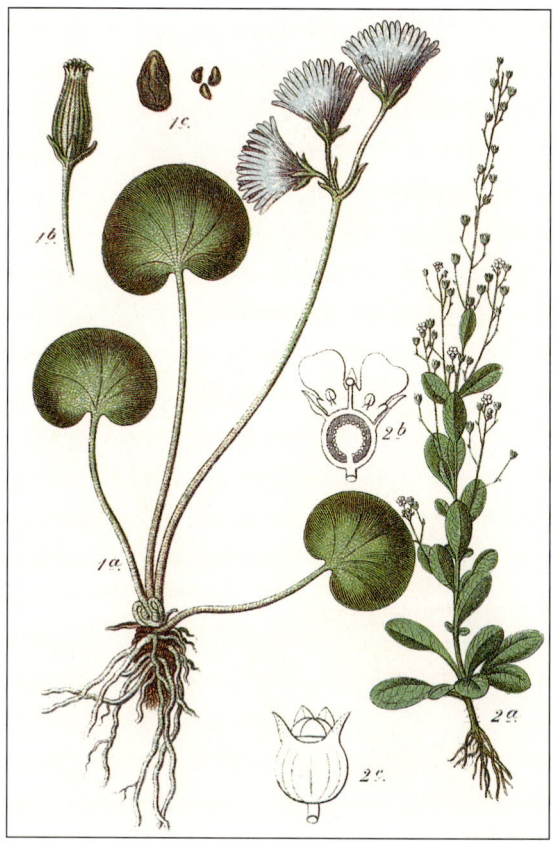

1. Gemeines Alpenglöckchen *(Soldanella alpina)* *
2. Salzbunge *(Samolus valerandi)*

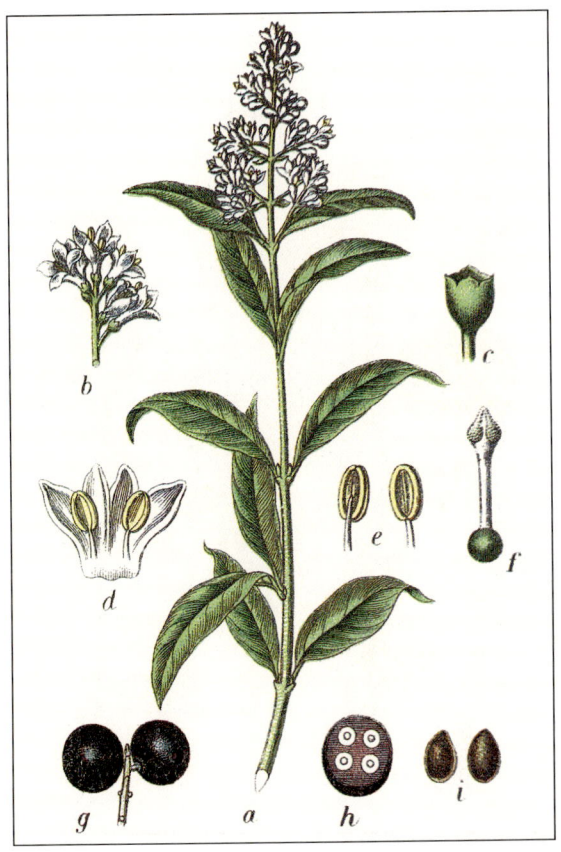

Liguster *(Ligustrum vulgare)*

Tafel 570

Flieder *(Syringa vulgaris)*

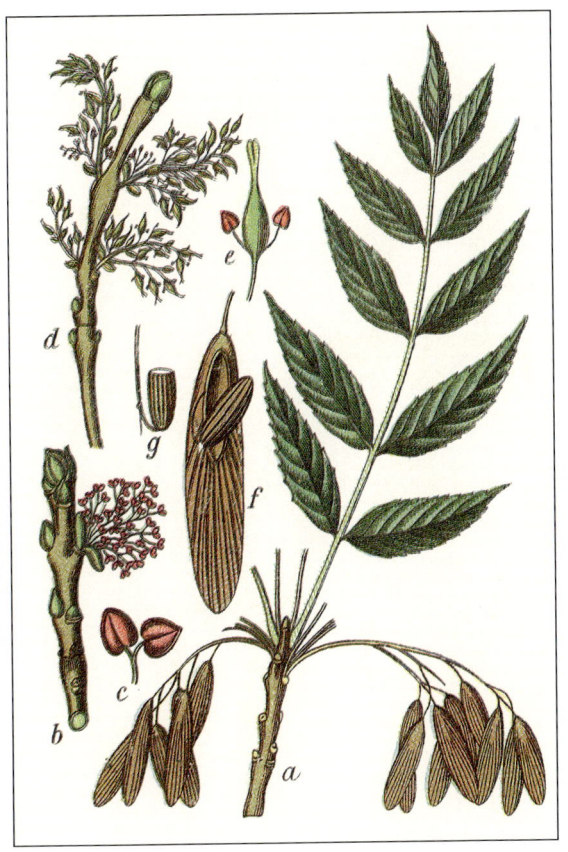

Gemeine Esche *(Fraxinus excelsior)*

Tafel 572

Fieberklee (*Menyanthes trifoliata*)*

Tafel 573

Seekanne *(Nymphoides peltata)* *

Tafel 574

Echtes Tausendgüldenkraut *(Centaurium erythraea)* *

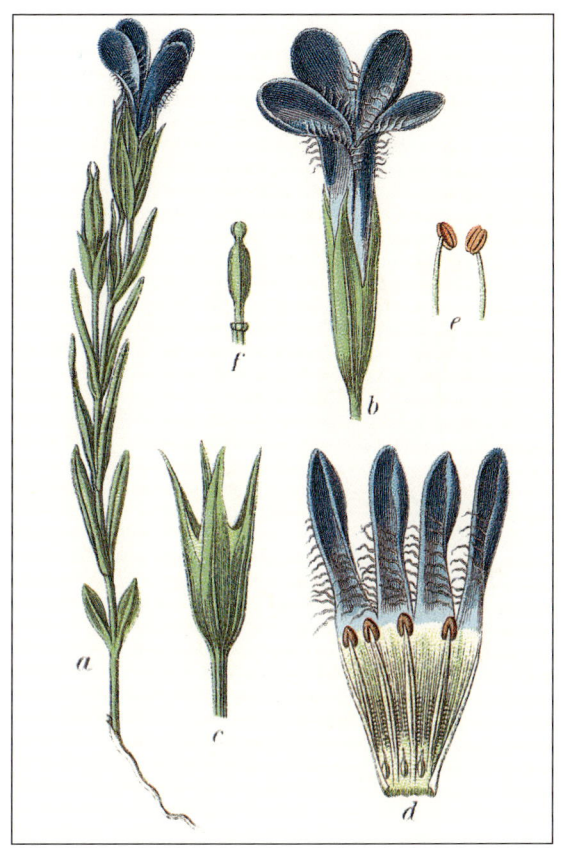

Fransen-Enzian *(Gentianella ciliata)* *

Tafel 576

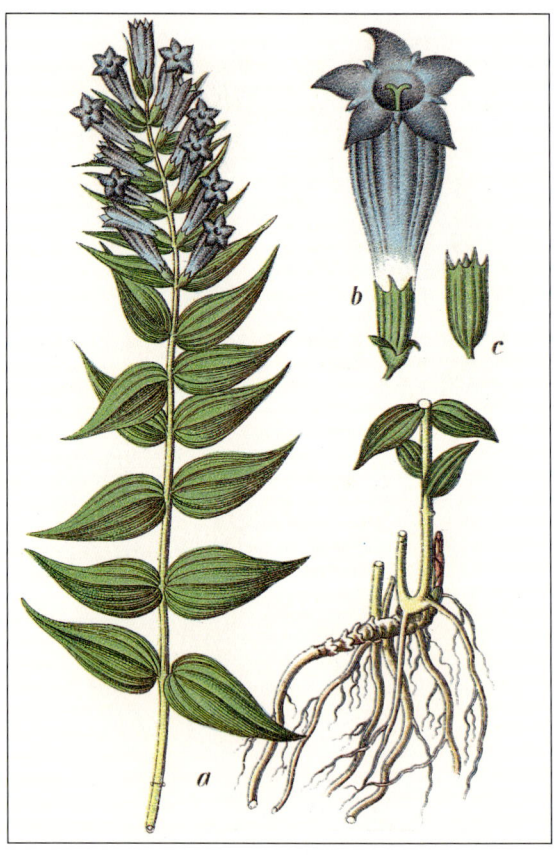

Schwalbenwurz-Enzian *(Gentiana asclepiadea)* *

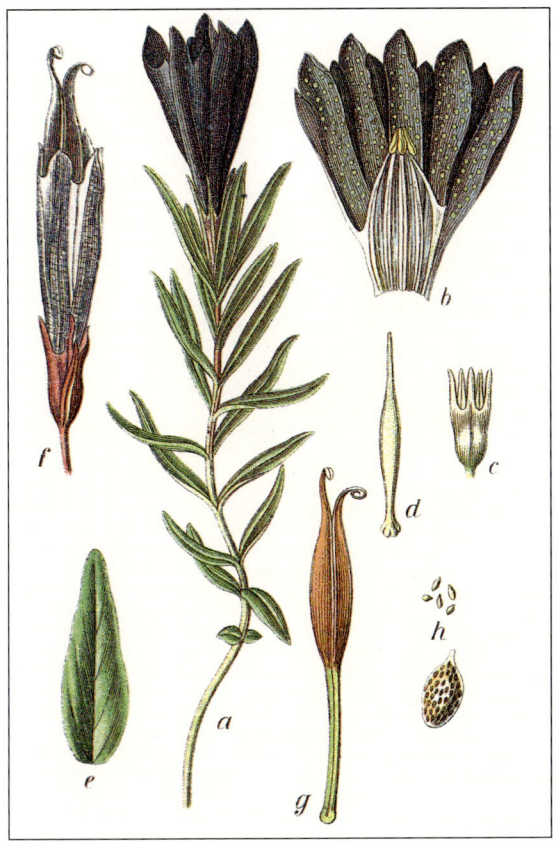

Lungen-Enzian *(Gentiana pneumonanthe)* *

Tafel 578

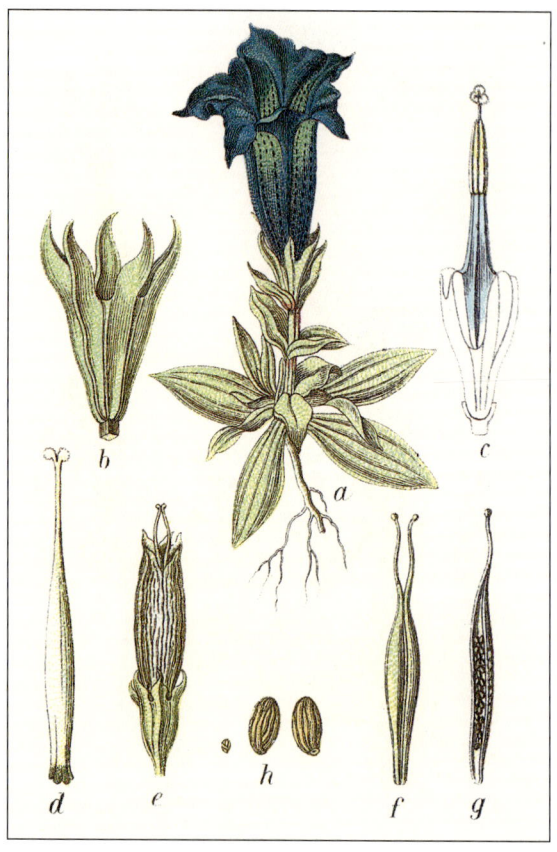

Stengelloser Glocken-Enzian *(Gentiana acaulis)* *

Tafel 579

1. Bayerischer Enzian *(Gentiana bavarica)* *
2. Frühlings-Enzian *(G. verna)* *

Tafel 580

Rauher Enzian *(Gentianella aspera)* *

Tafel 581

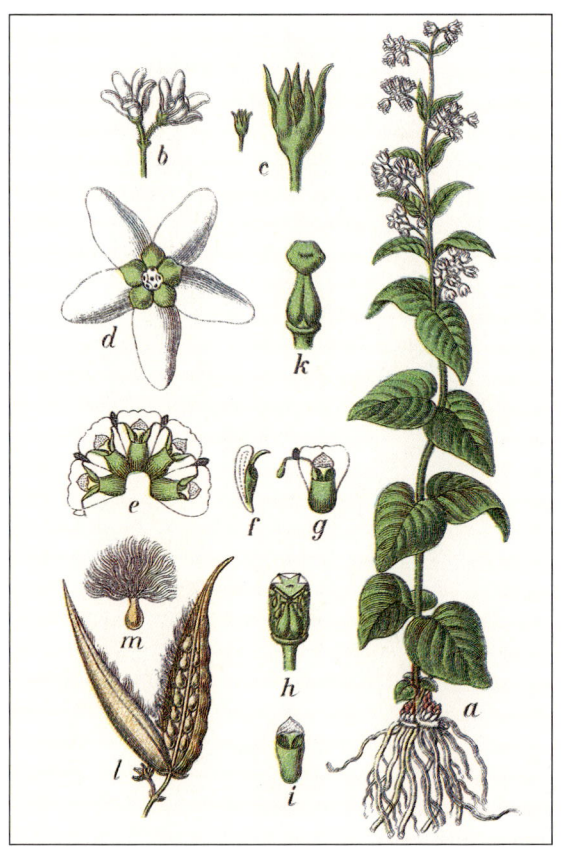

Schwalbenwurz *(Vincetoxicum hirundinaria)*

Tafel 582

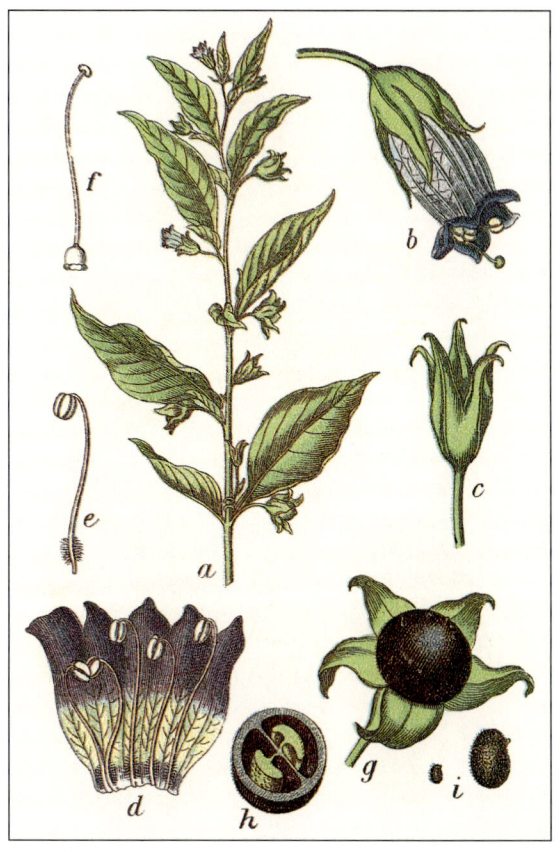

Tollkirsche *(Atropa bella-donna)*

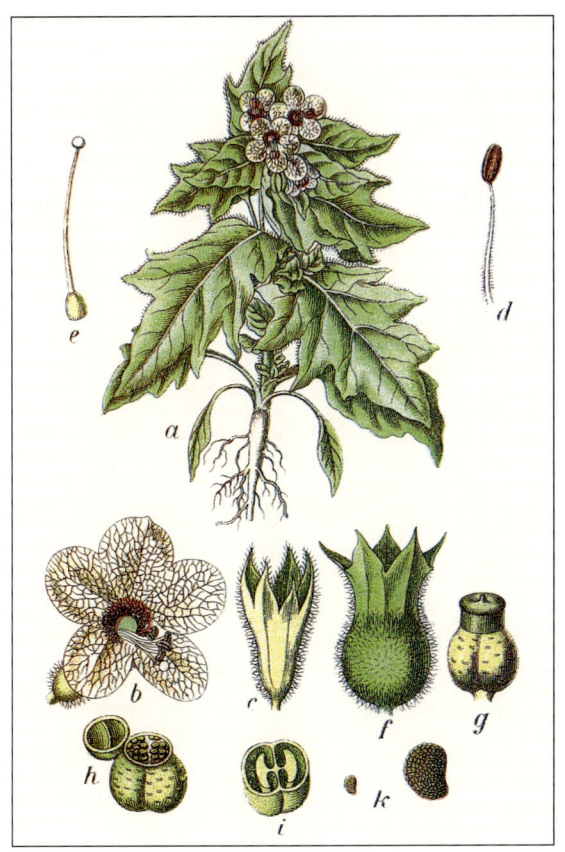

Bilsenkraut *(Hyoscyamus niger)*

Tafel 584

Schwarzer Nachtschatten *(Solanum nigrum)*

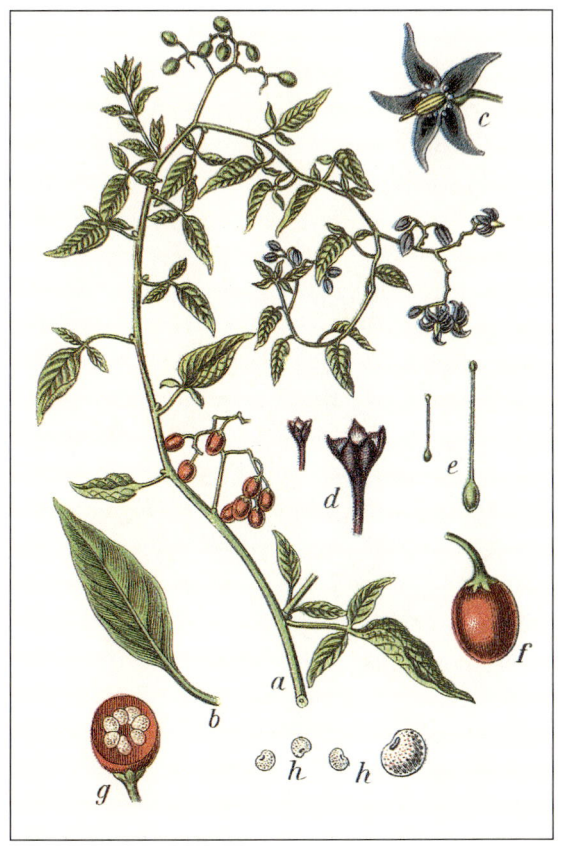

Bittersüßer Nachtschatten *(Solanum dulcamara)*

Tafel 586

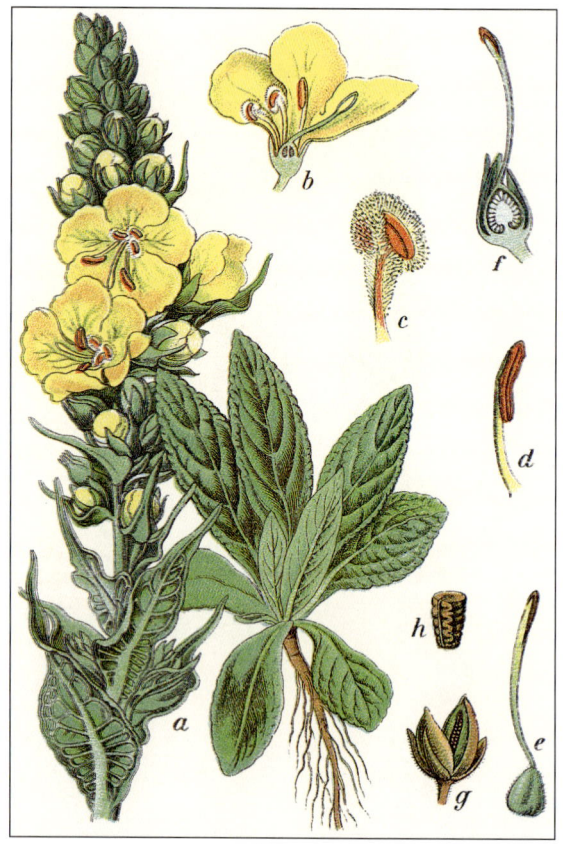

Großblütige Königskerze *(Verbascum densiflorum)*

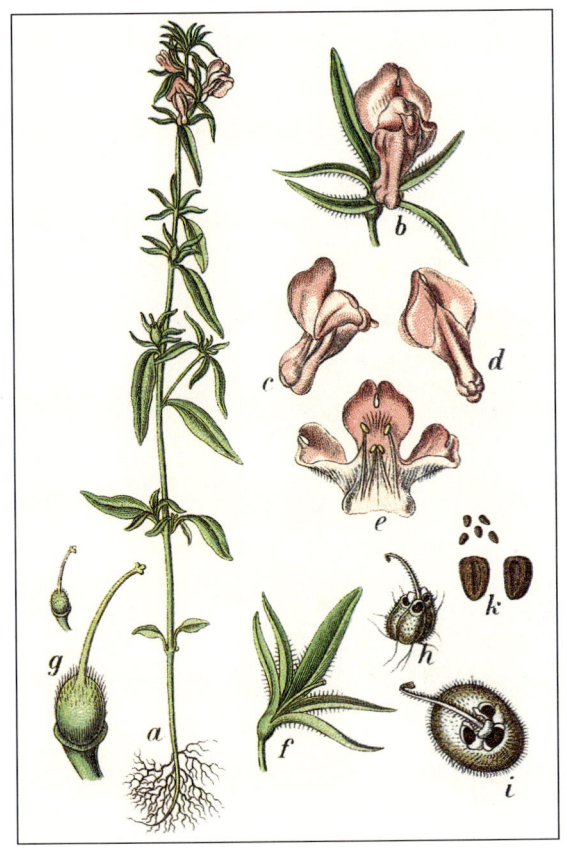

Ackerlöwenmaul *(Misopates orontium)*

Tafel 588

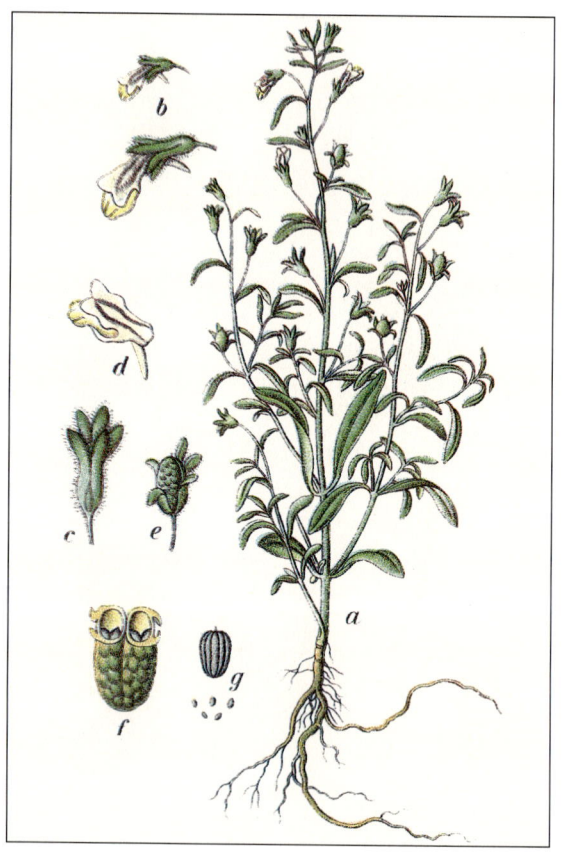

Orant *(Chaenorhinum minus)*

Zymbelkraut *(Cymbalaria muralis)*

Tafel 590

Spießblättriges Tännelkraut *(Kickxia elatine)*

Tafel 591

Eiblättriges Tännelkraut *(Kickxia spuria)*

Alpen-Leinkraut *(Linaria alpina)*

Tafel 593

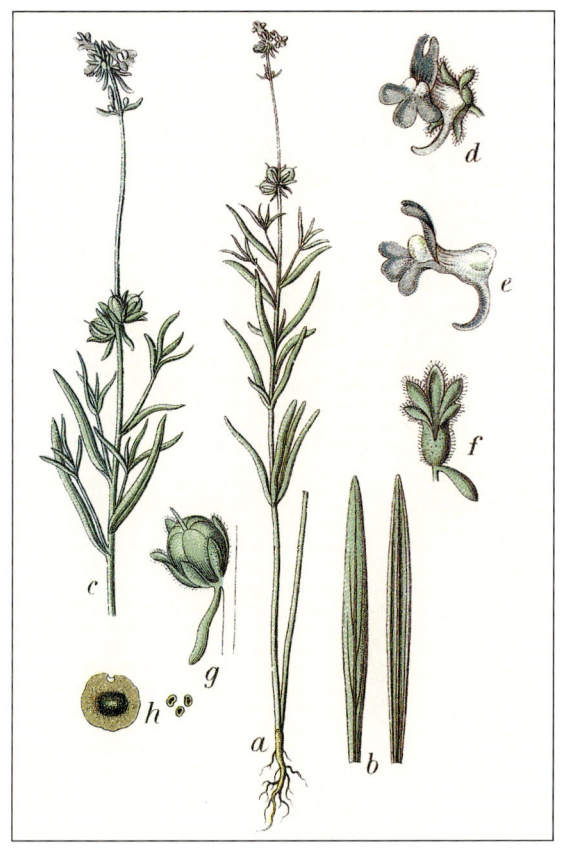

Acker-Leinkraut *(Linaria arvensis)*

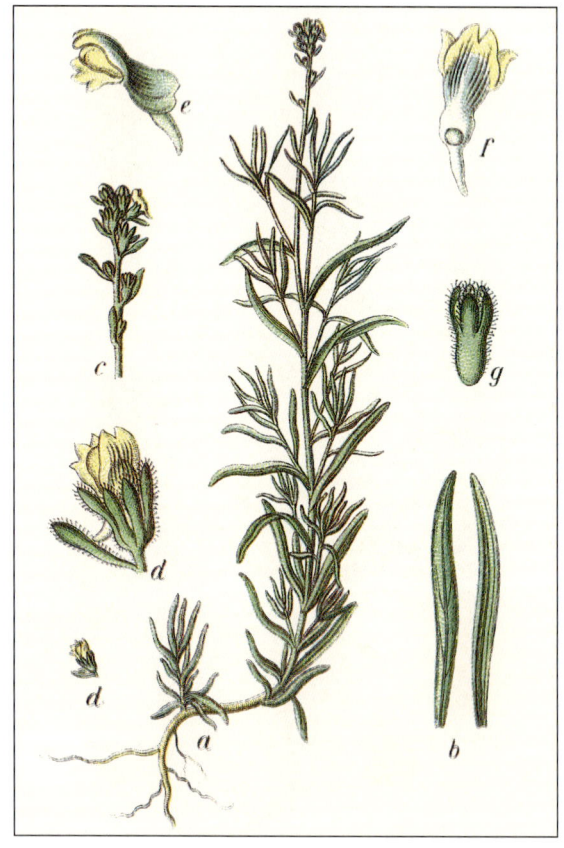

Einfaches Leinkraut *(Linaria simplex)*

Frauenflachs *(Linaria vulgaris)*

Tafel 596

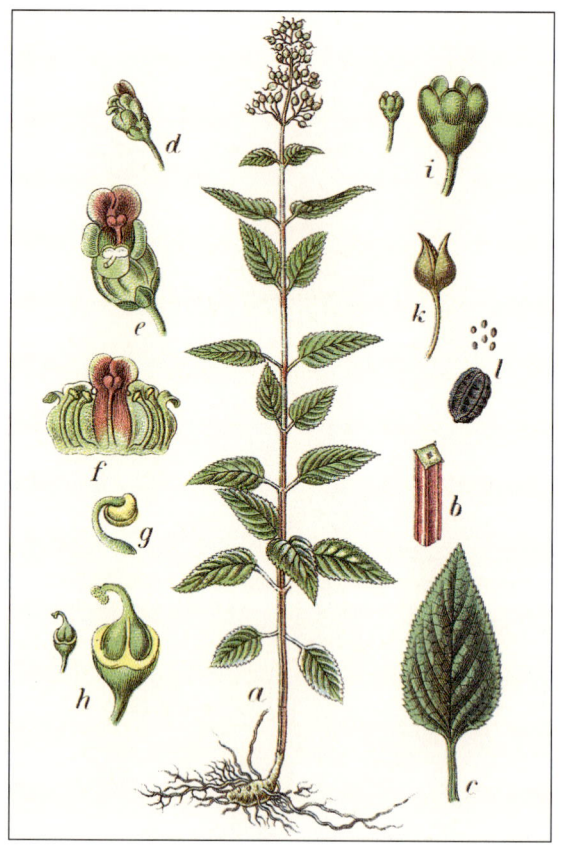

Knotige Braunwurz *(Scrophularia nodosa)*

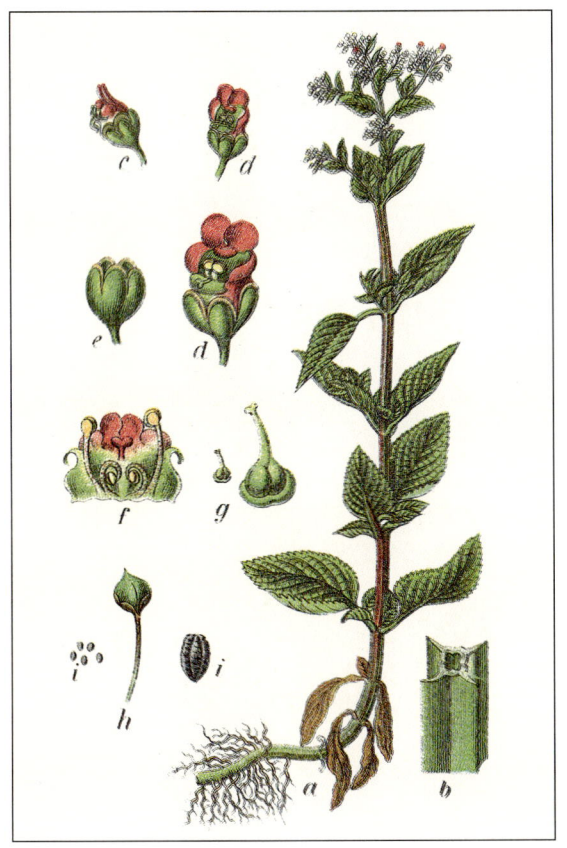

Geflügelte Braunwurz *(Scrophularia umbrosa)*

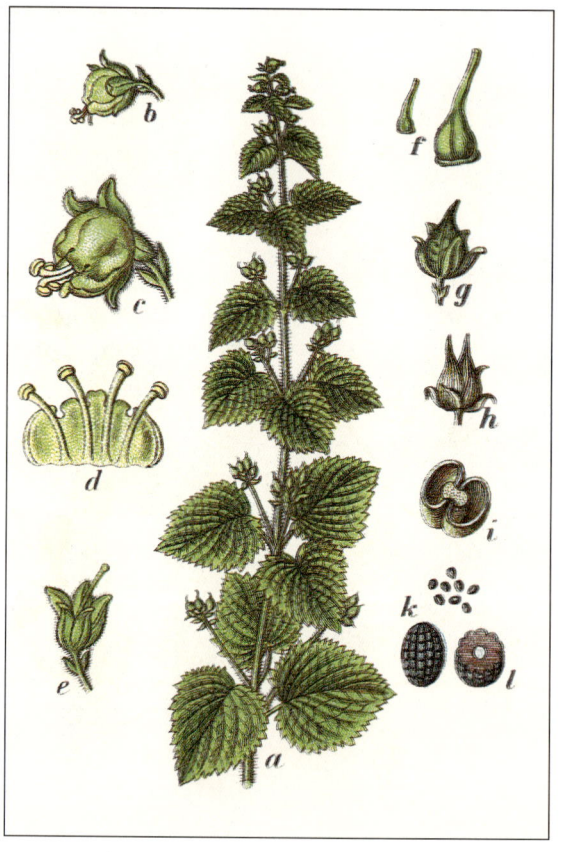

Frühlings-Braunwurz *(Scrophularia vernalis)*

Tafel 599

Liegendes Büchsenkraut *(Lindernia procumbens)*

Tafel 600

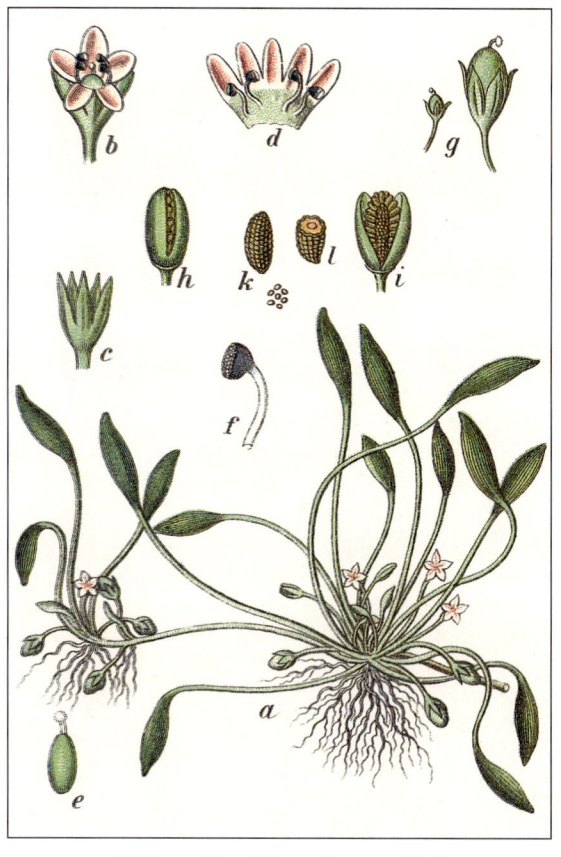

Schlammling *(Limosella aquatica)*

Tafel 601

Roter Fingerhut *(Digitalis purpurea)*

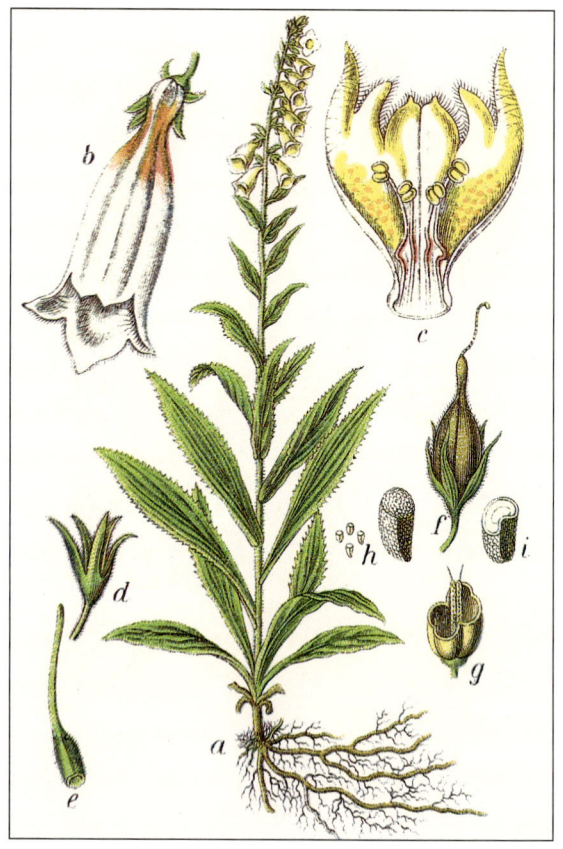

Großblütiger Fingerhut *(Digitalis grandiflora)* *

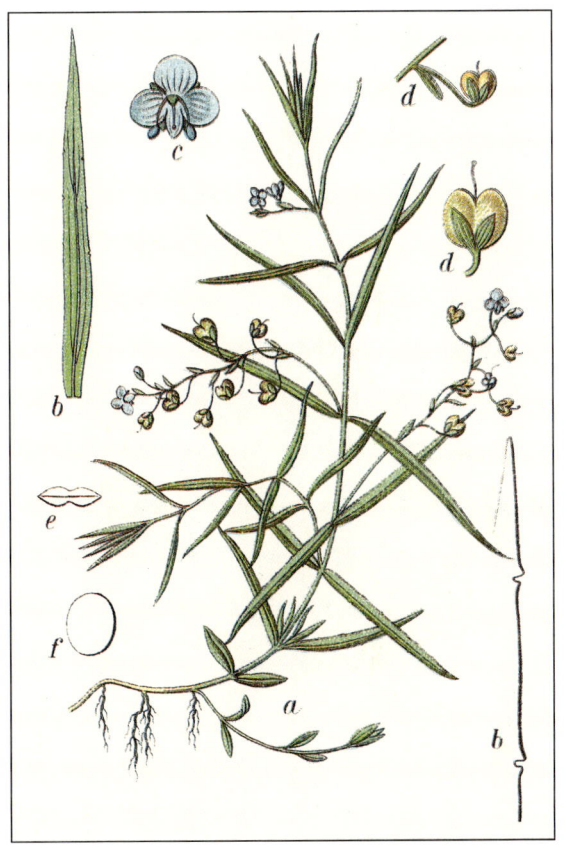

Schild-Ehrenpreis *(Veronica scutellata)*

Tafel 604

Bachbungen-Ehrenpreis *(Veronica beccabunga)*

Tafel 605

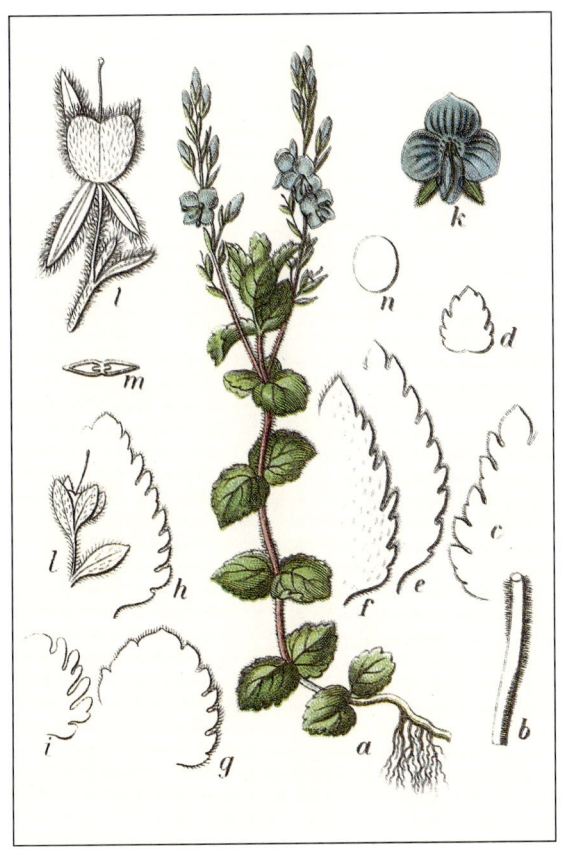

Gamander-Ehrenpreis *(Veronica chamaedrys)*

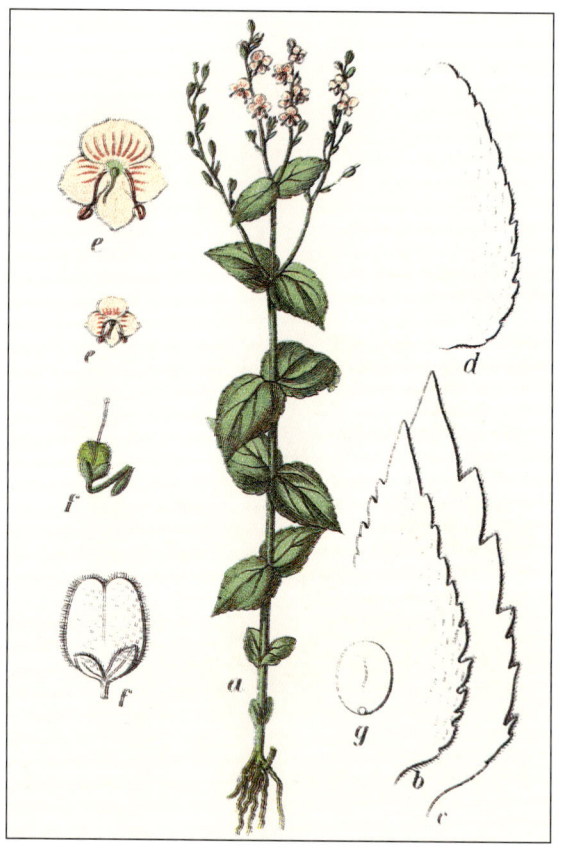

Nesselblättriger Ehrenpreis *(Veronica urticifolia)*

Berg-Ehrenpreis *(Veronica montana)*

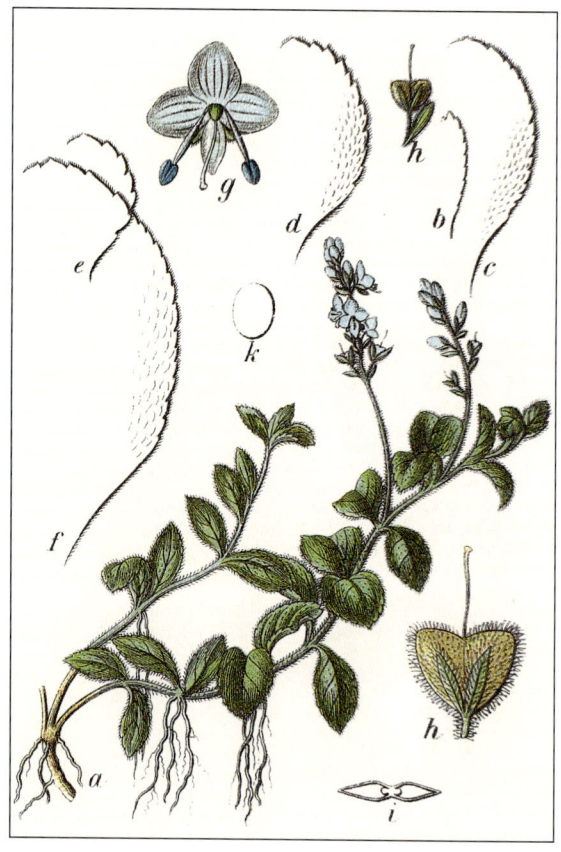

Echter Ehrenpreis *(Veronica officinalis)*

Tafel 609

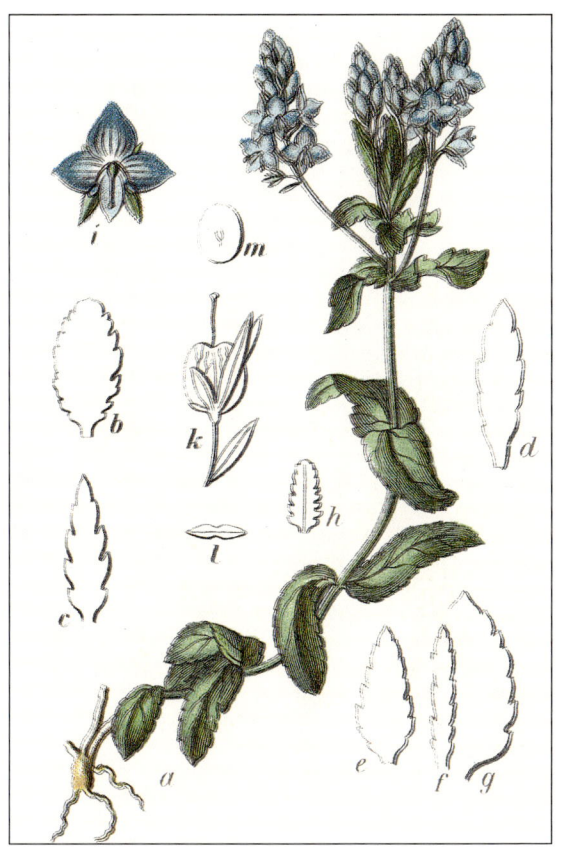

Liegender Ehrenpreis *(Veronica prostrata)*

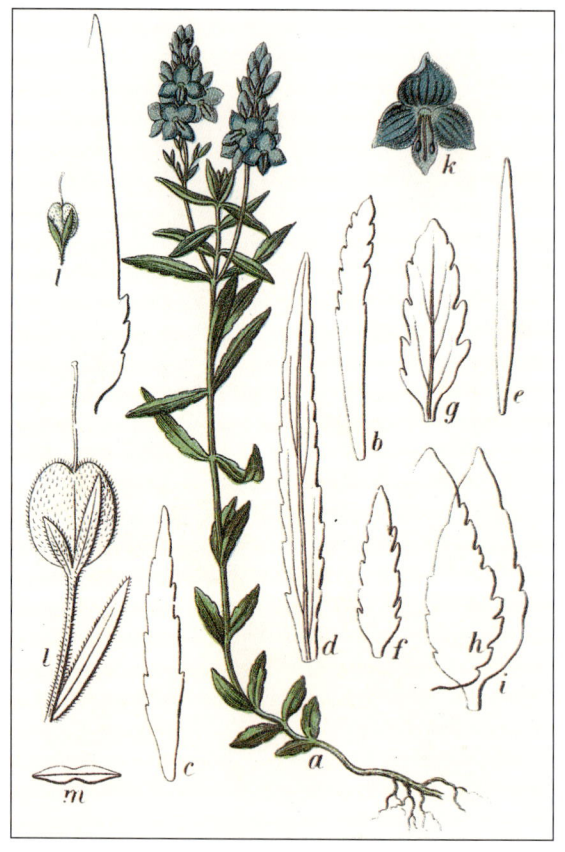

Österreichischer Ehrenpreis *(Veronica austriaca)*

Tafel 611

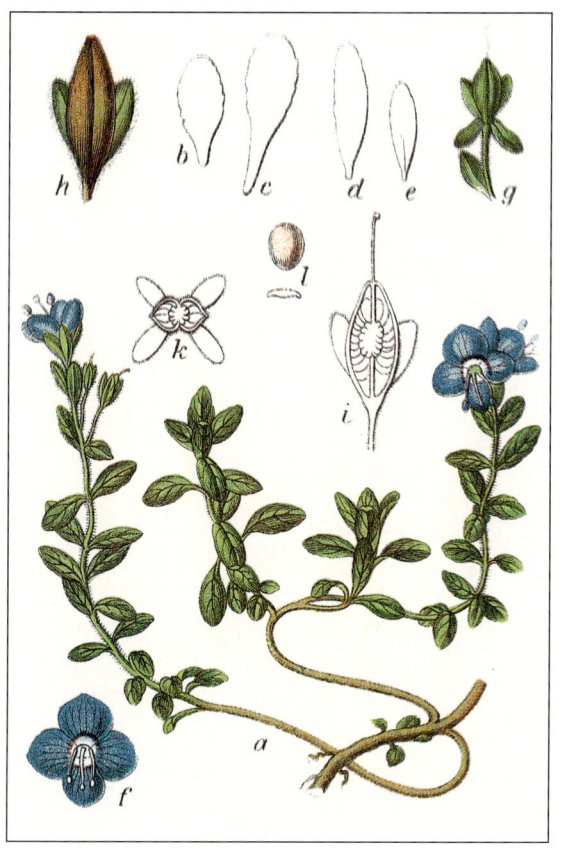

Felsen-Ehrenpreis *(Veronica fruticans)*

Tafel 612

Quendelblättriger Ehrenpreis *(Veronica serpyllifolia)*

Tafel 613

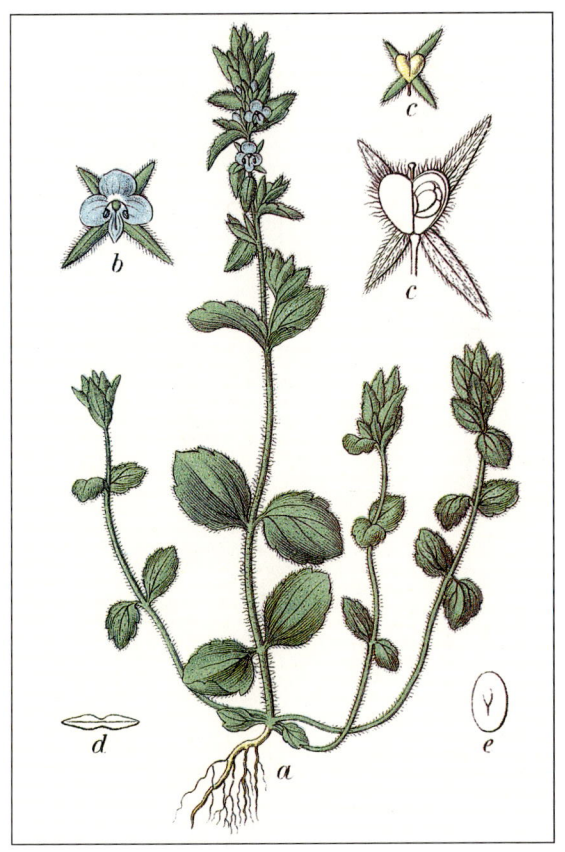

Feld-Ehrenpreis *(Veronica arvensis)*

Tafel 614

Dreiteiliger Ehrenpreis *(Veronica triphyllos)*

Tafel 615

Persischer Ehrenpreis *(Veronica persica)*

Tafel 616

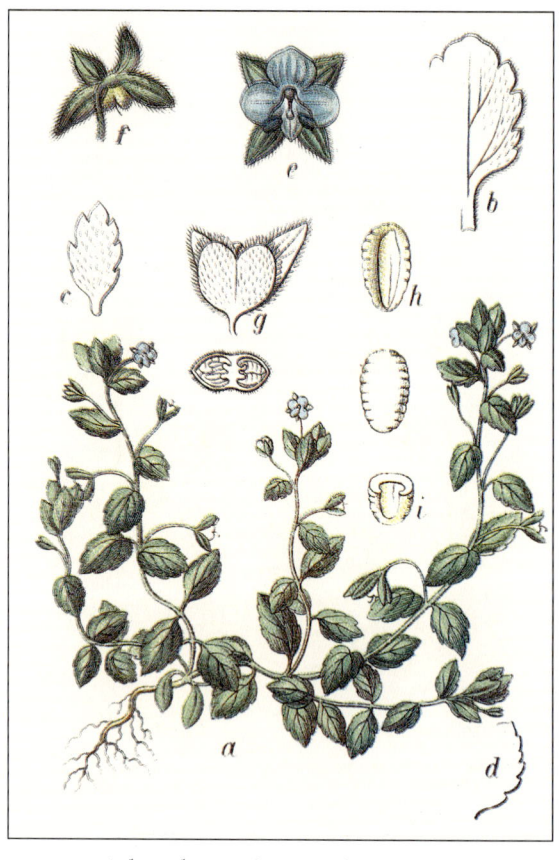

Acker-Ehrenpreis *(Veronica agrestis)*

Tafel 617

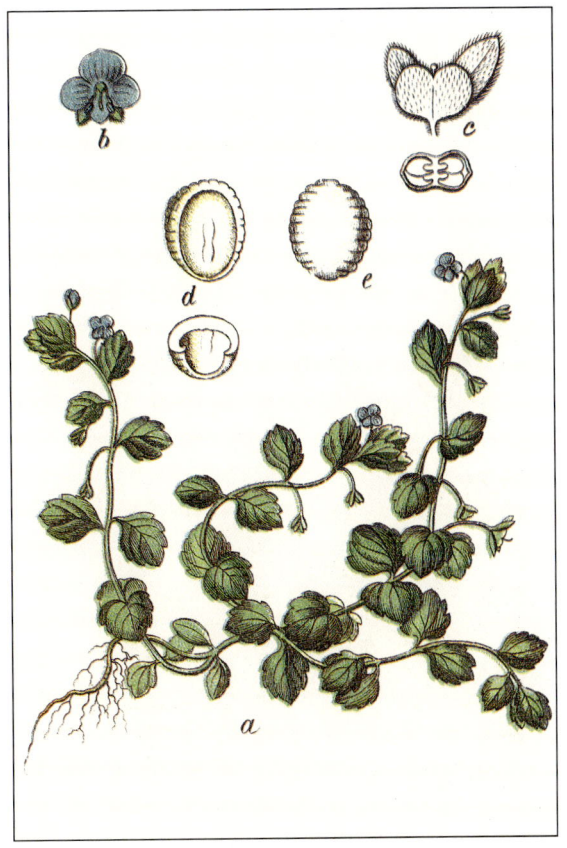

Glanzloser Ehrenpreis *(Veronica opaca)*

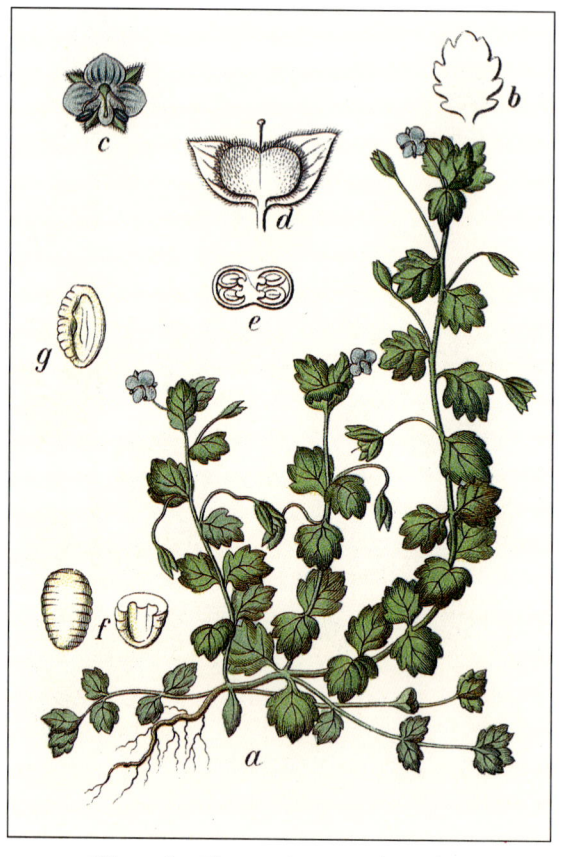

Glänzender Ehrenpreis *(Veronica polita)*

Tafel 619

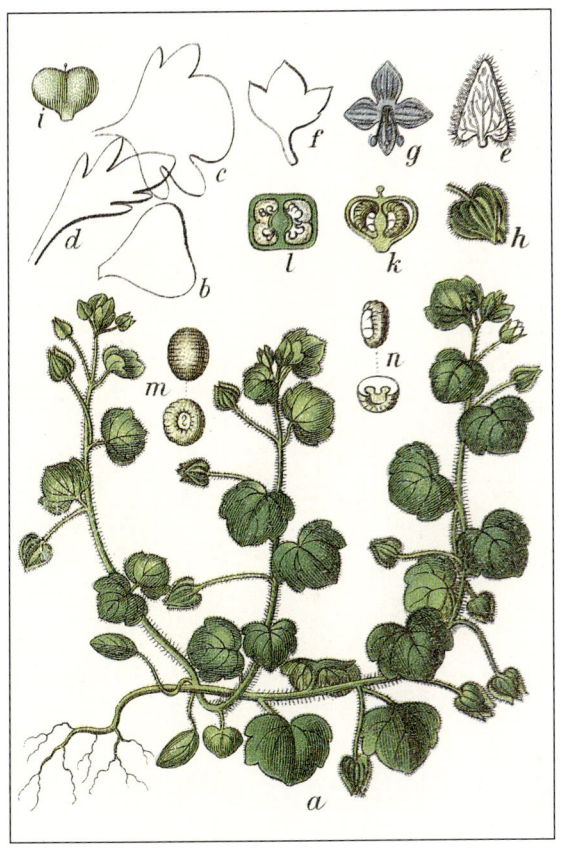

Efeu-Ehrenpreis *(Veronica hederifolia)*

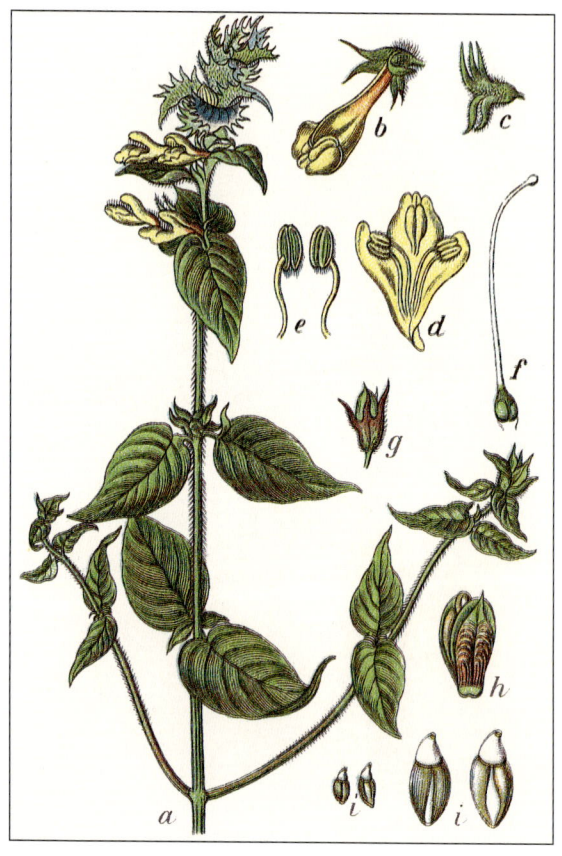

Hain-Wachtelweizen *(Melampyrum nemorosum)*

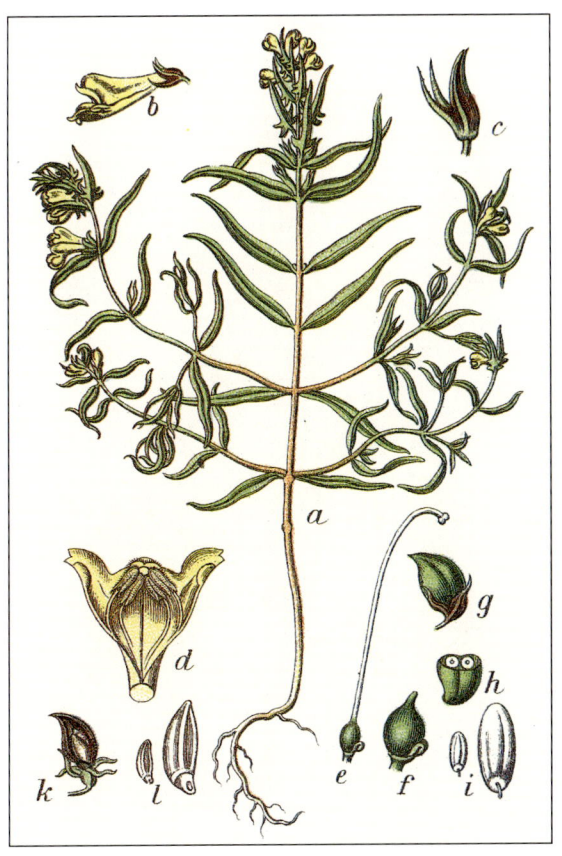

Wald-Wachtelweizen *(Melampyrum sylvaticum)*

Wald-Läusekraut *(Pedicularis sylvatica)* *

Tafel 623

Moorkönig *(Pedicularis sceptrum-carolinum)* *

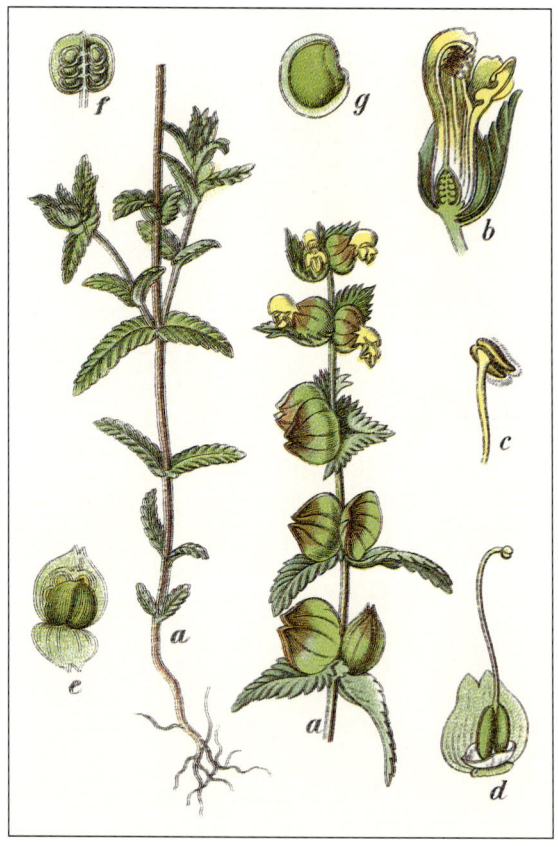

Kleiner Klappertopf *(Rhinanthus minor)*

Tafel 625

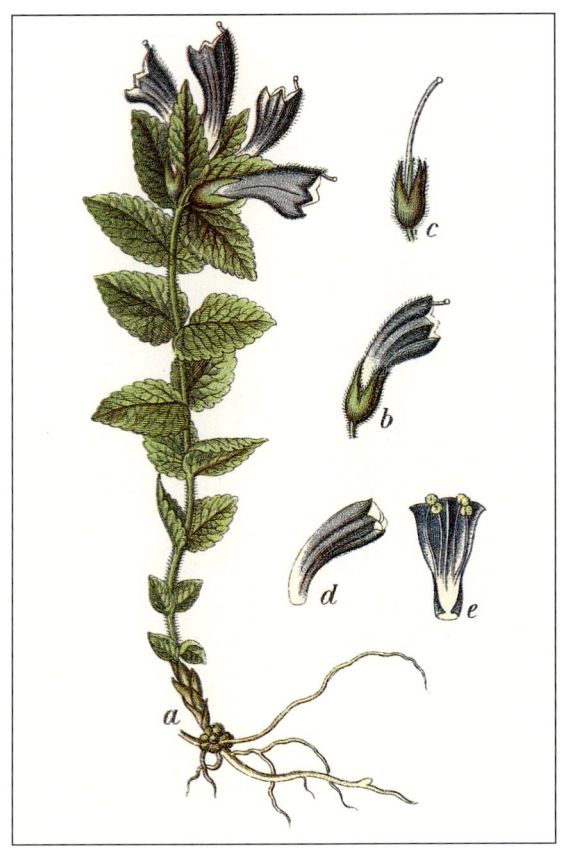

Alpenhelm *(Bartsia alpina)*

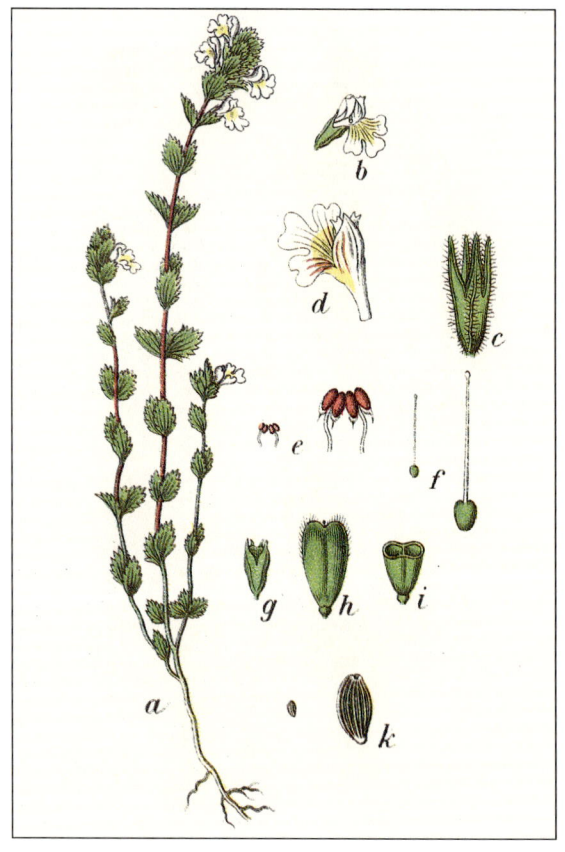

Hain-Augentrost *(Euphrasia nemorosa)*

Tafel 627

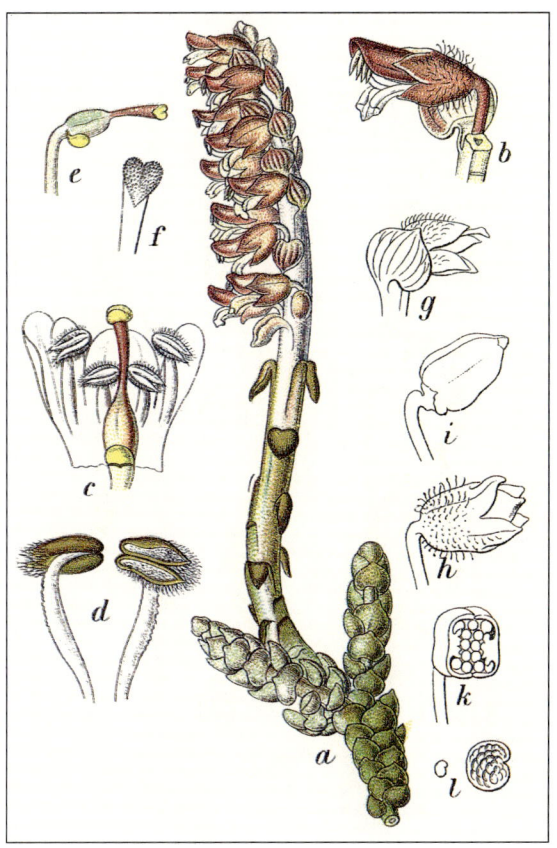

Schuppenwurz *(Lathraea squamaria)*

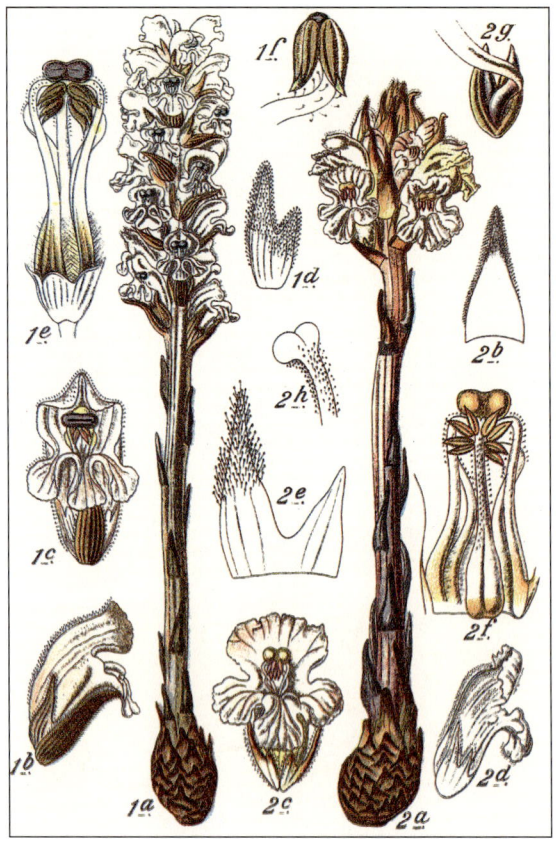

1. Nelken-Sommerwurz *(Orobanche caryophyllacea)*
2. Gelbe Sommerwurz *(O. lutea)*

Echte Kugelblume *(Globularia punctata)* *

Tafel 630

Echtes Fettkraut *(Pinguicula vulgaris)* *

Tafel 631

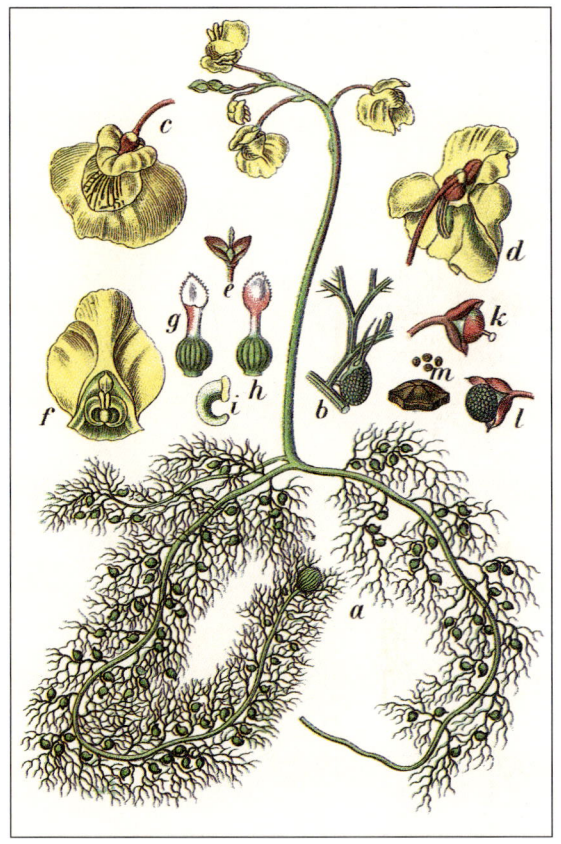

Gemeiner Wasserschlauch *(Utricularia vulgaris)*

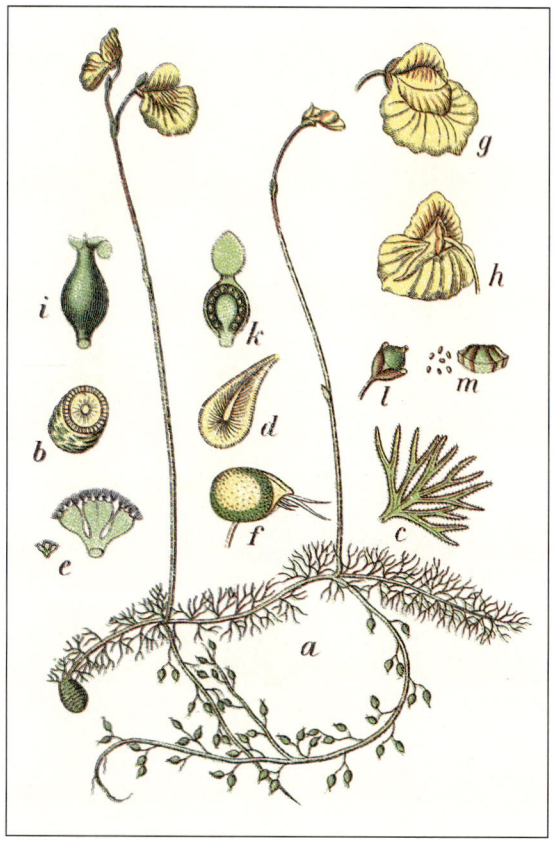

Mittlerer Wasserschlauch *(Utricularia intermedia)*

Tafel 633

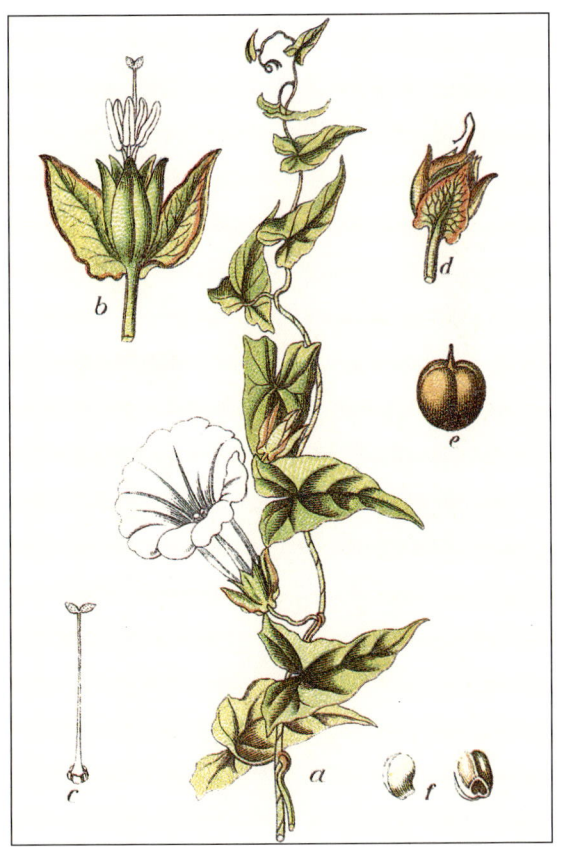

Gemeine Zaunwinde *(Calystegia sepium)*

Tafel 634

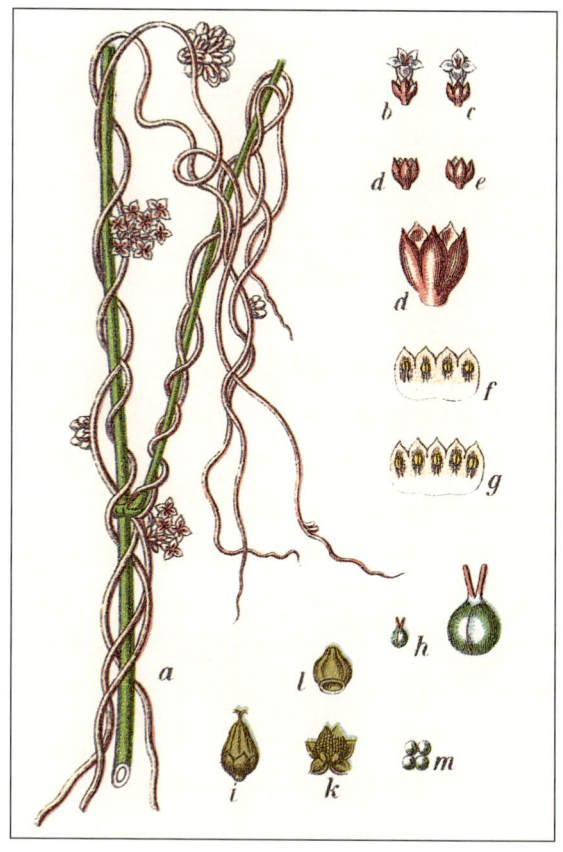

Nessel-Seide *(Cuscuta europaea)*

Tafel 635

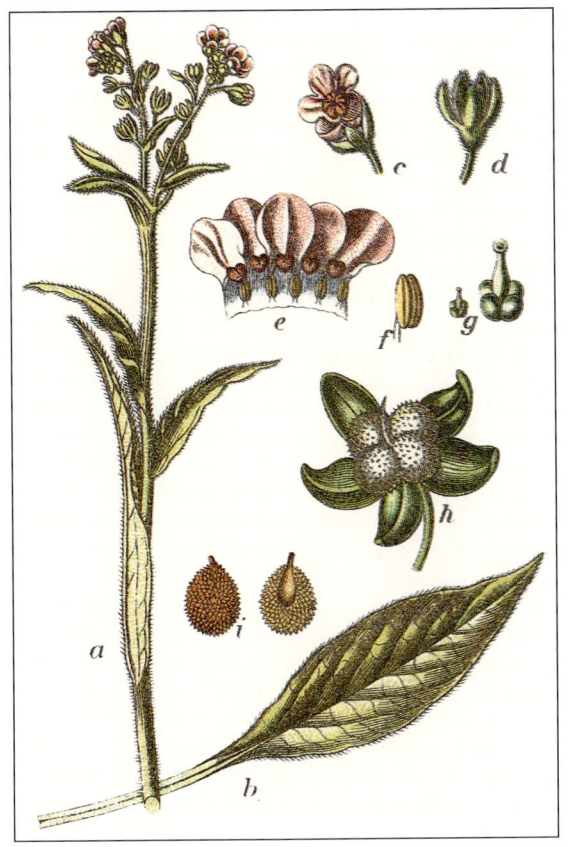

Echte Hundszunge *(Cynoglossum officinale)*

Tafel 636

Wald-Gedenkemein *(Omphalodes scorpioides)*

Tafel 637

Frühlings-Gedenkemein *(Omphalodes verna)*

Tafel 638

Kletten-Igelsame *(Lappula squarrosa)*

Boretsch *(Borago officinalis)*

Echte Ochsenzunge *(Anchusa officinalis)*

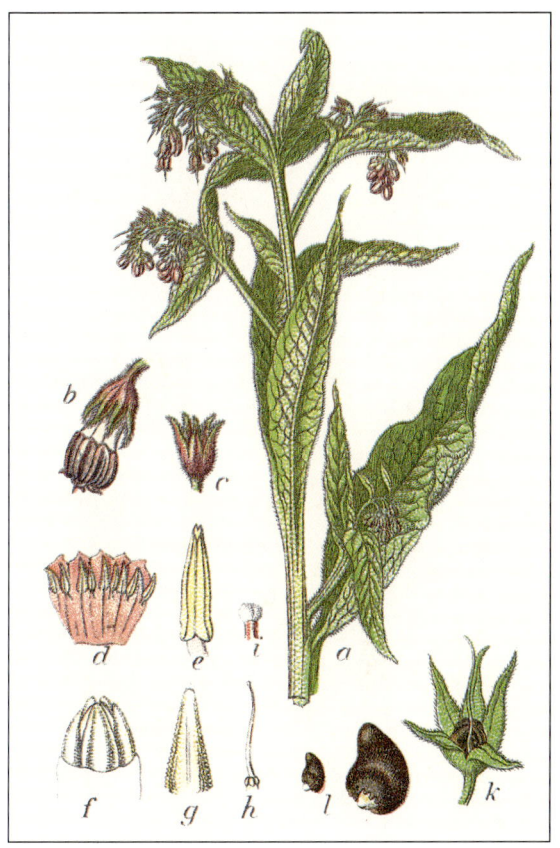

Echter Beinwell *(Symphytum officinale)*

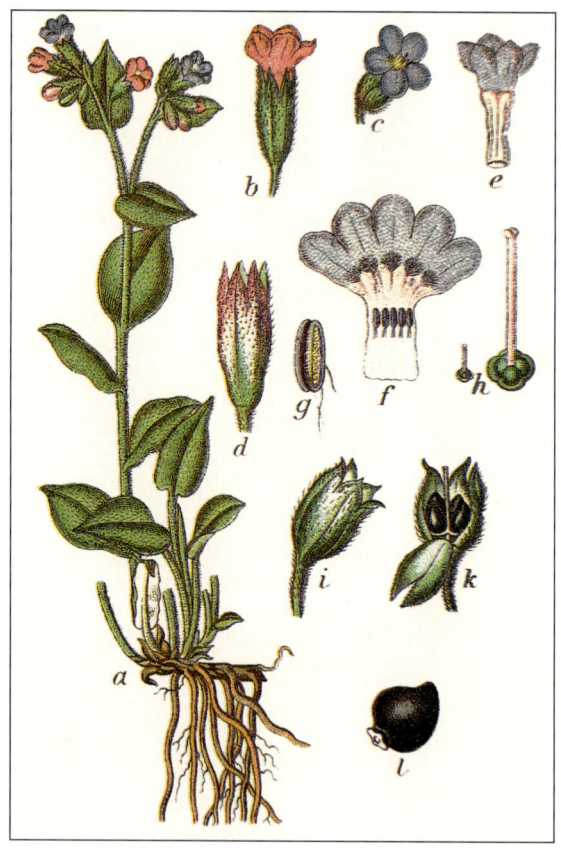

Dunkles Lungenkraut *(Pulmonaria obscura)*

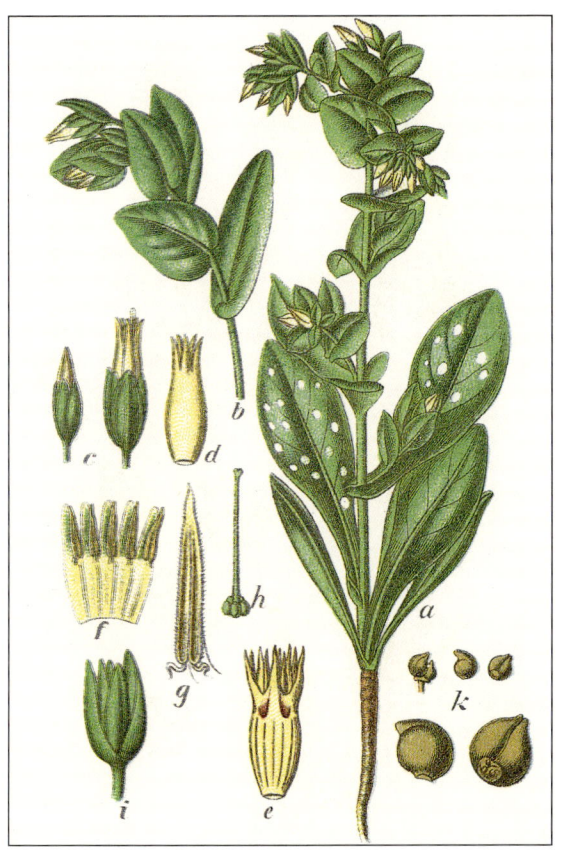

Kleine Wachsblume *(Cerinthe minor)*

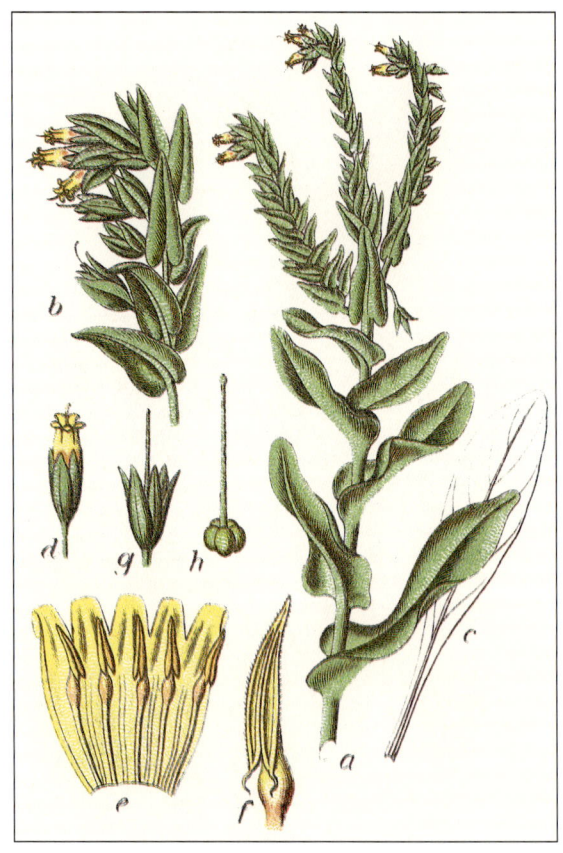

Alpen-Wachsblume *(Cerinthe glabra)*

Tafel 645

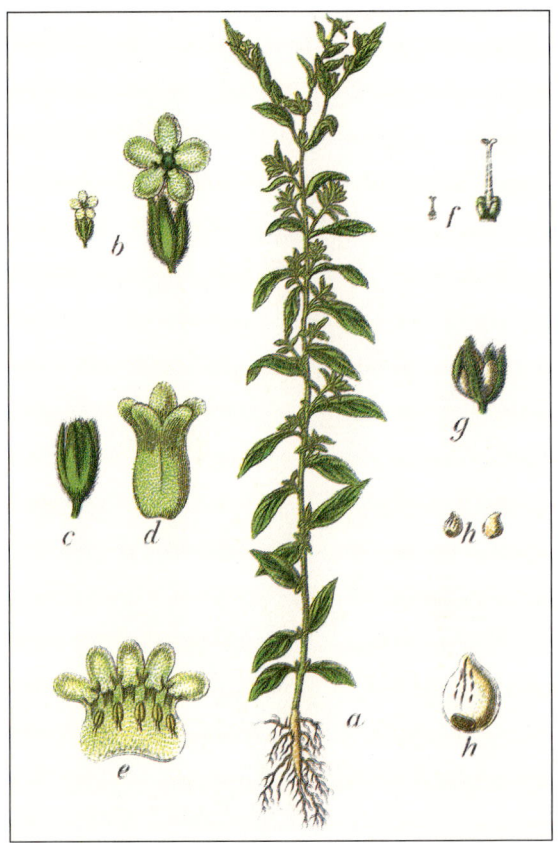

Echter Steinsame *(Lithospermum officinale)*

Sumpf-Vergißmeinnicht *(Myosotis scorpioides)*

Tafel 647

Rasen-Vergißmeinnicht *(Myosotis laxa)*

Tafel 648

Buntes Vergißmeinnicht *(Myosotis discolor)*

Tafel 649

Wald-Vergißmeinnicht *(Myosotis sylvatica)*

Rauhes Vergißmeinnicht *(Myosotis ramosissima)*

Tafel 651

Acker-Vergißmeinnicht *(Myosotis arvensis)*

Lockerblütiges Vergißmeinnicht *(Myosotis sparsiflora)*

Tafel 653

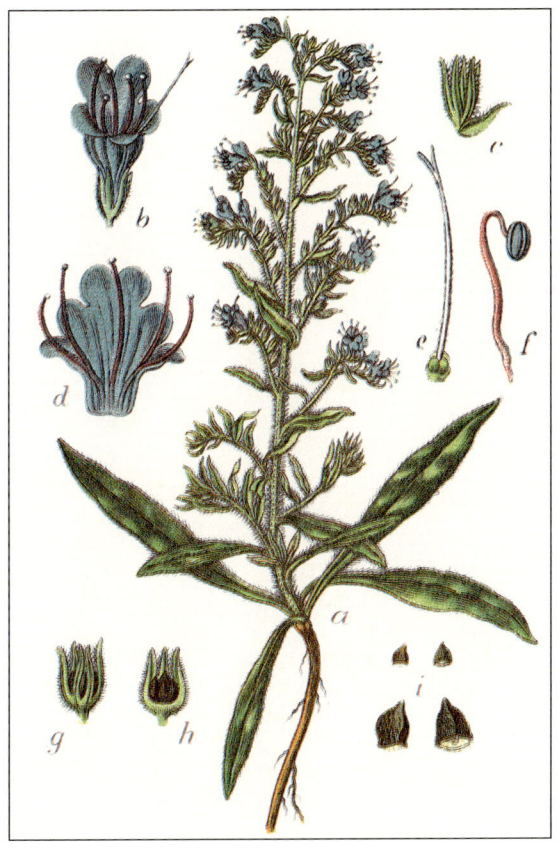

Natternkopf *(Echium vulgare)*

Tafel 654

Eisenkraut *(Verbena officinalis)*

Tafel 655

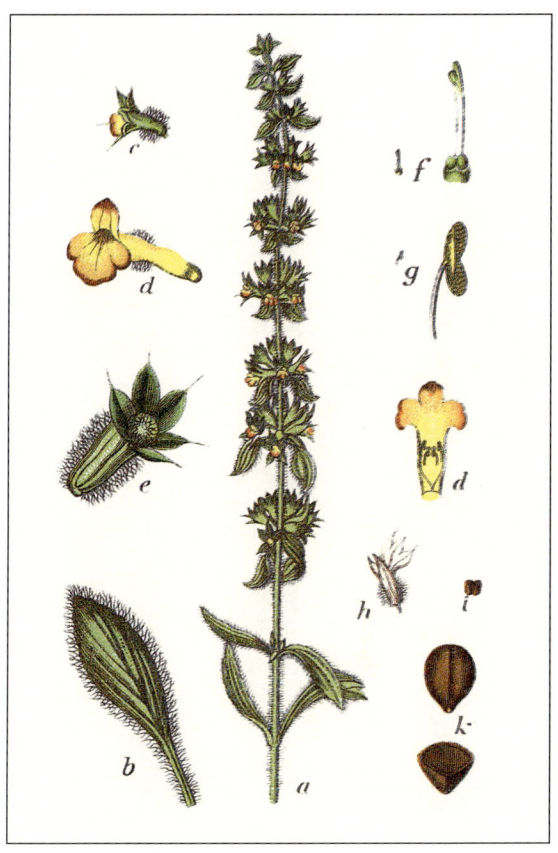

Berg-Gliedkraut *(Sideritis montana)*

Tafel 656

Echte Katzenminze *(Nepeta cataria)*

Pannonische Katzenminze *(Nepeta nuda)*

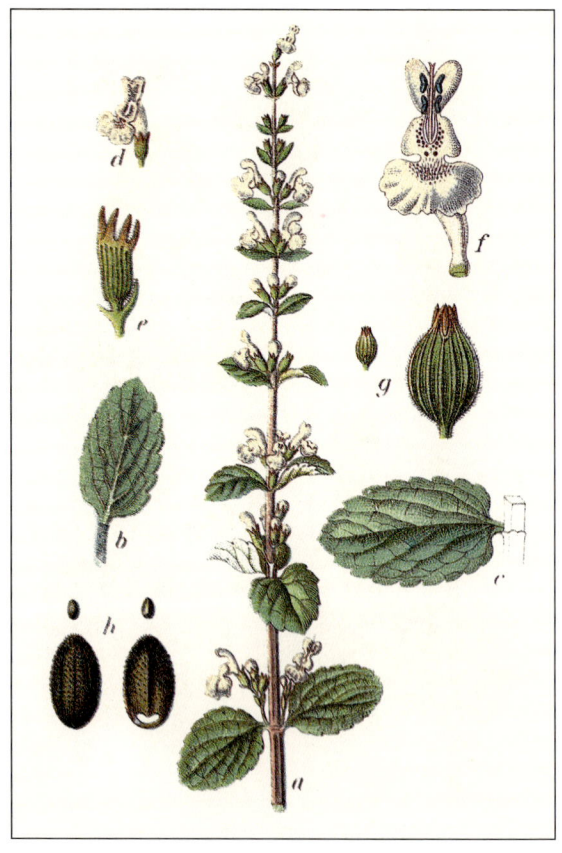

Sibirische Katzenminze *(Nepeta sibirica)*

Tafel 659

Gundermann *(Glechoma hederacea)*

Türkischer Drachenkopf *(Dracocephalum moldavica)*

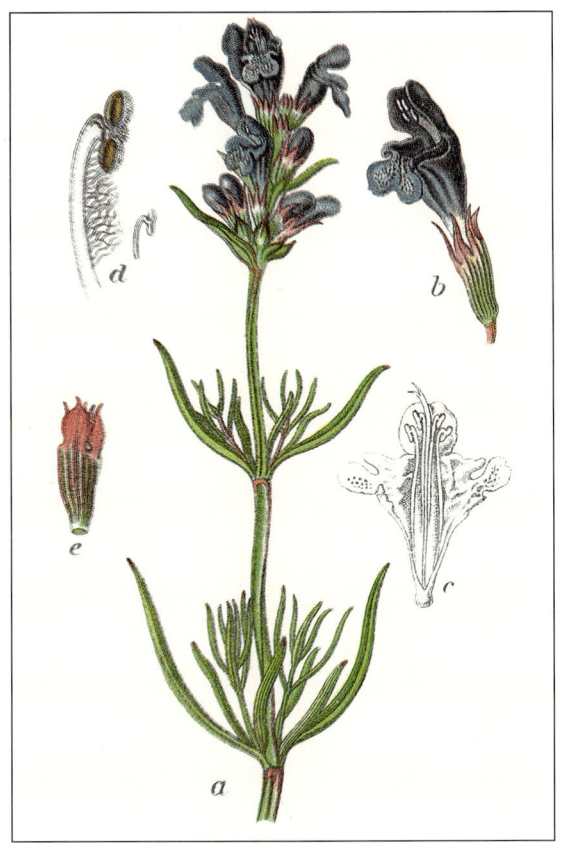

Nordischer Drachenkopf *(Dracocephalum ruyschiana)*

Tafel 662

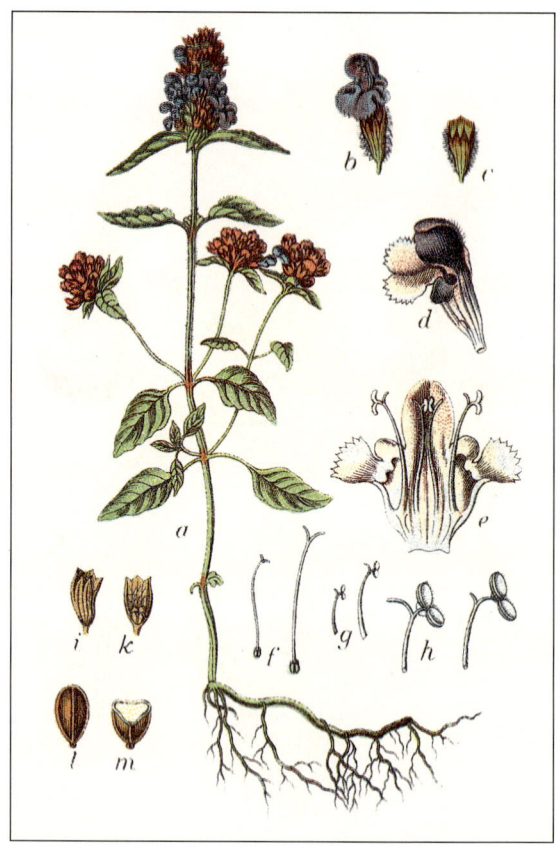

Kleine Braunelle *(Prunella vulgaris)*

Tafel 663

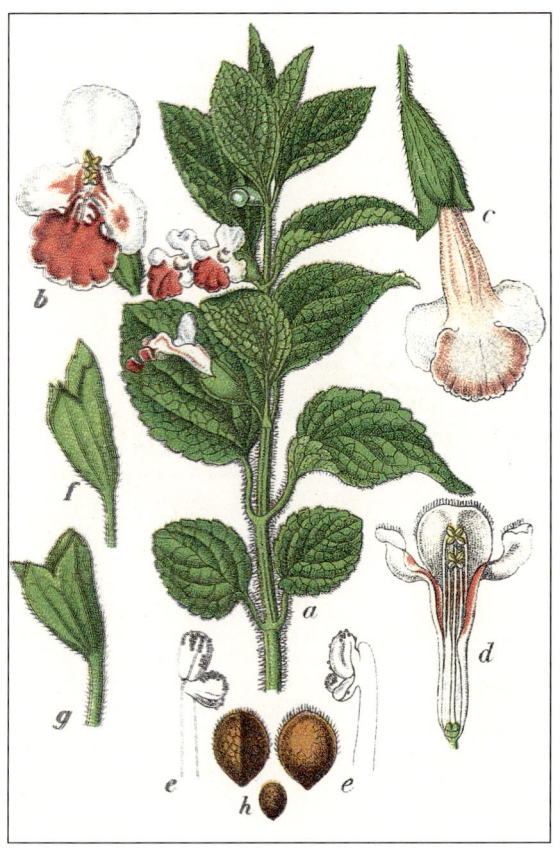

Immenblatt *(Melittis melissophyllum)*

Tafel 664

Breitblättriger Hohlzahn *(Galeopsis ladanum)*

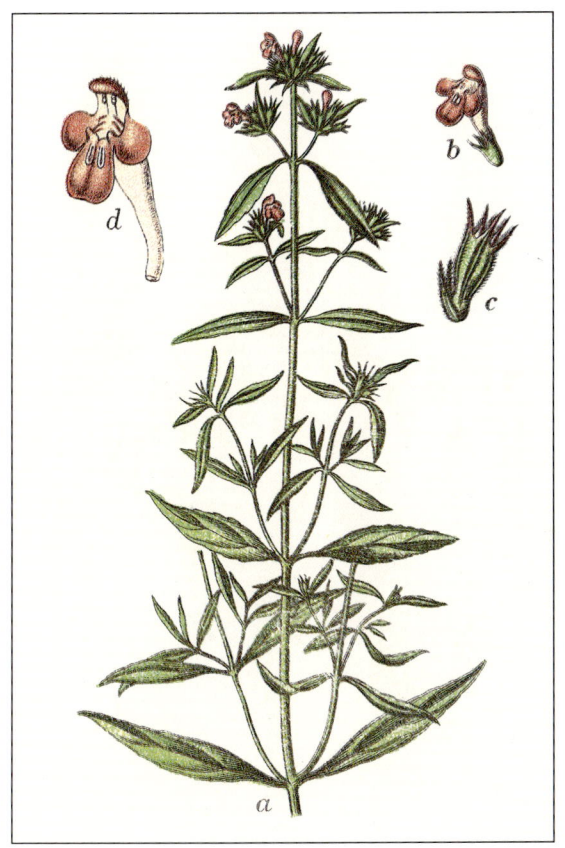

Schmalblättriger Hohlzahn *(Galeopsis angustifolia)*

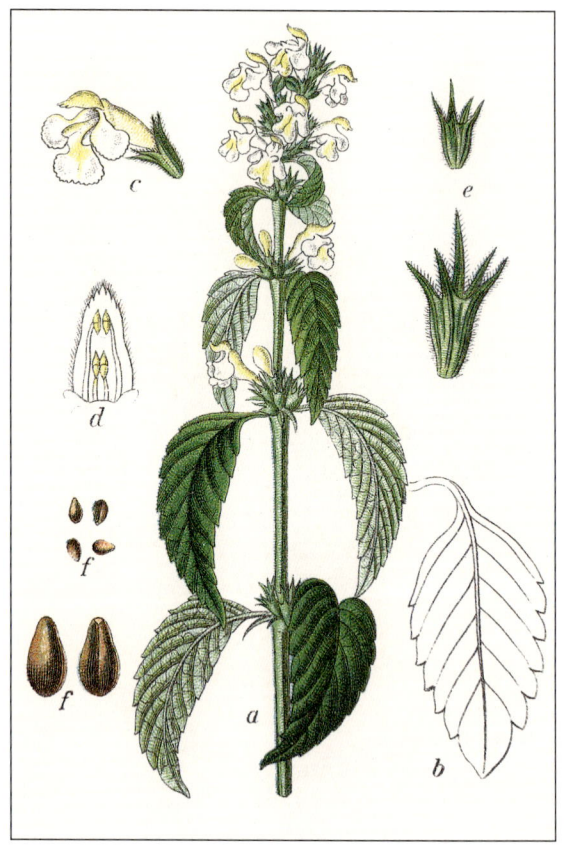

Gelber Hohlzahn *(Galeopsis segetum)*

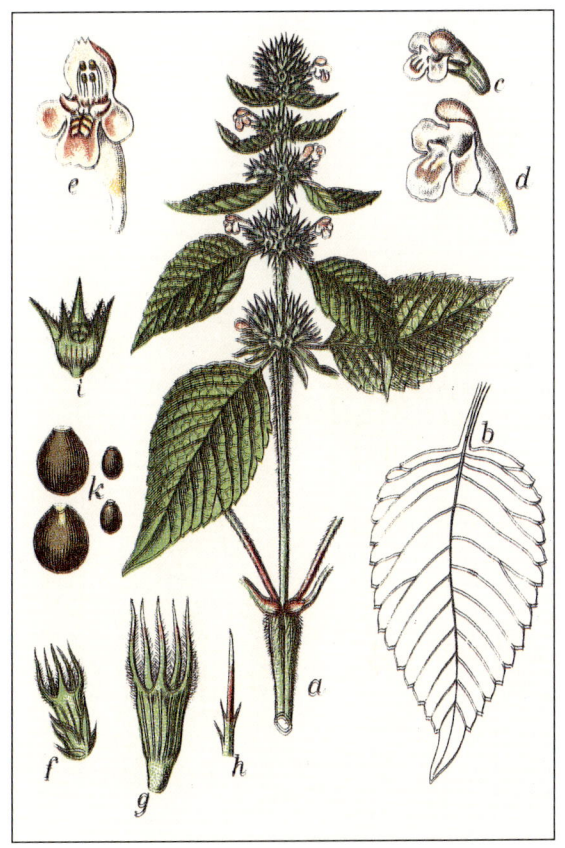

Stechender Hohlzahn *(Galeopsis tetrahit)*

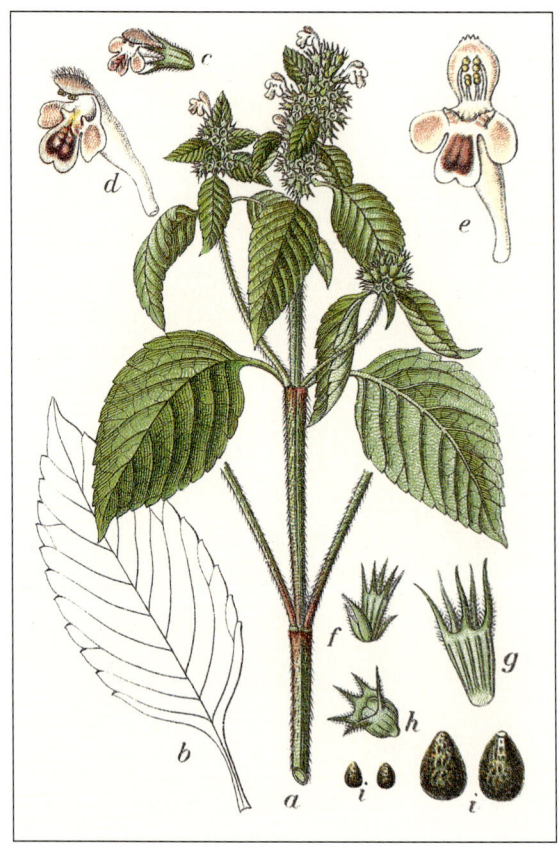

Zweispaltiger Hohlzahn *(Galeopsis bifida)*

Tafel 669

Bunter Hohlzahn *(Galeopsis speciosa)*

Tafel 670

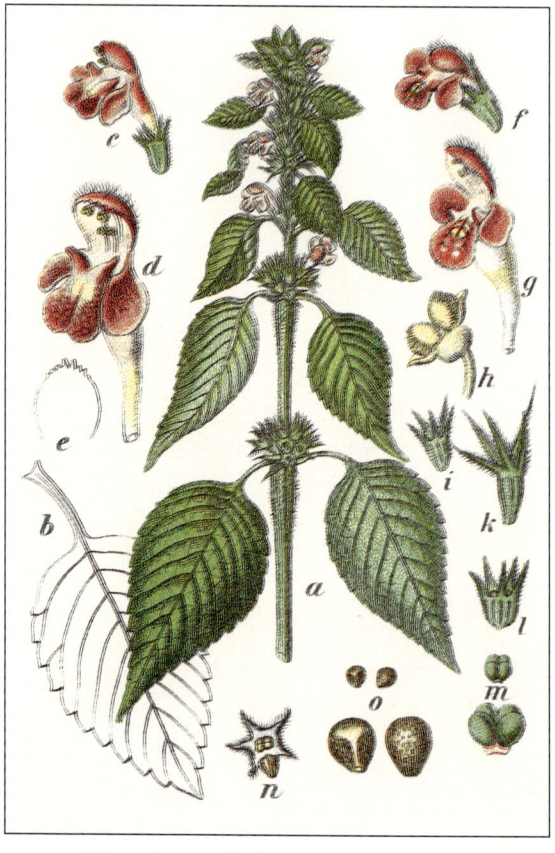

Weichhaariger Hohlzahn *(Galeopsis pubescens)*

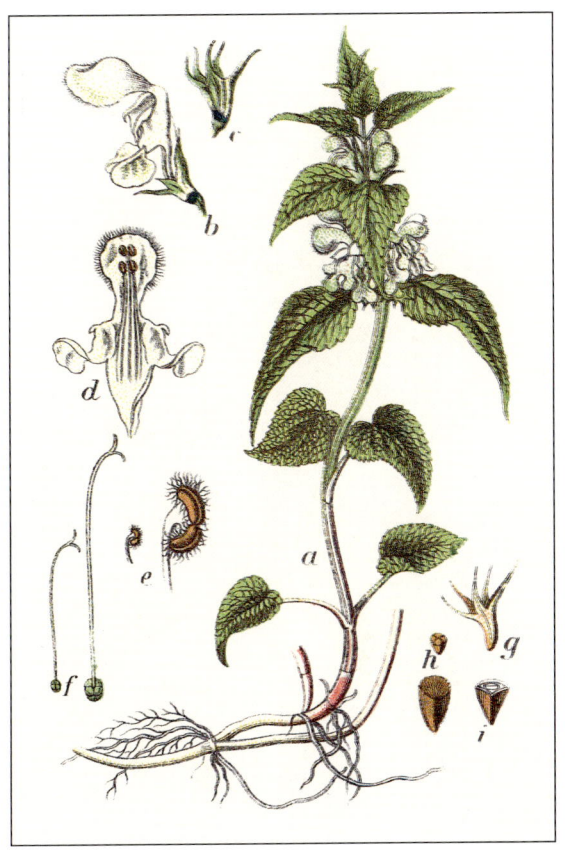

Weiße Taubnessel *(Lamium album)*

Tafel 672

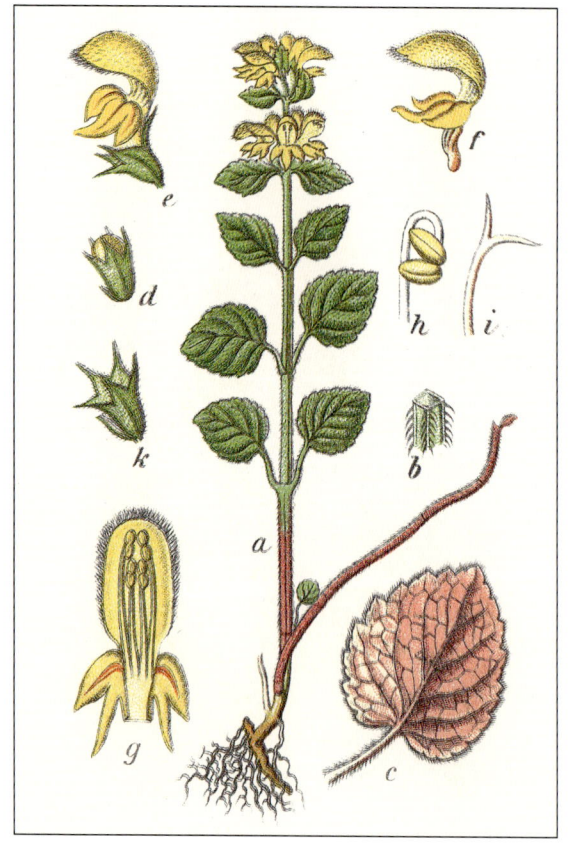

Goldnessel *(Lamium galeobdolon)*

Tafel 673

Herzgespann *(Leonurus cardiaca)*

Tafel 674

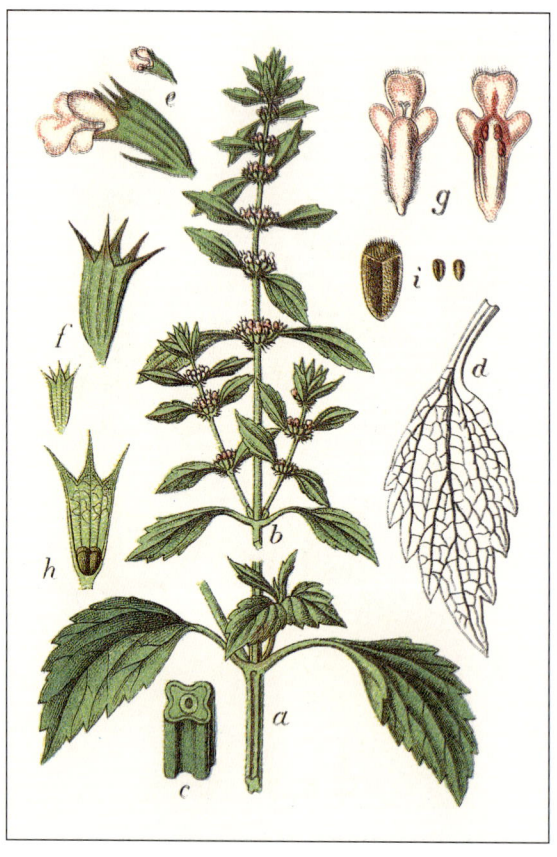

Katzenschwanz *(Leonurus marrubiastrum)*

Deutscher Ziest *(Stachys germanica)*

Tafel 676

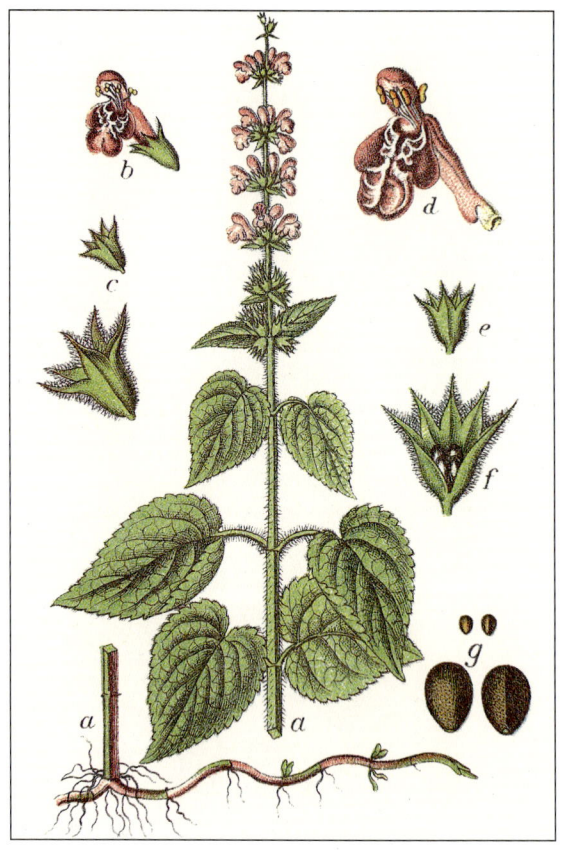

Wald-Ziest *(Stachys sylvatica)*

Tafel 677

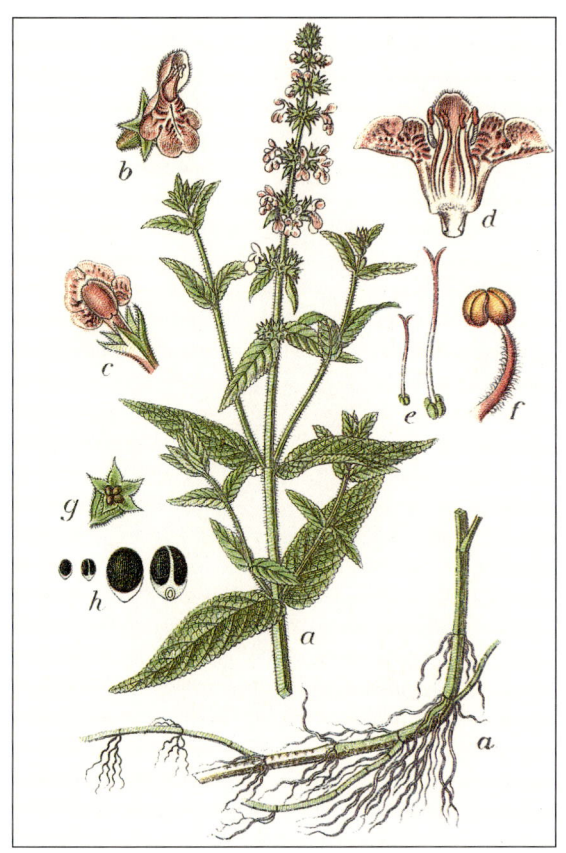

Sumpf-Ziest *(Stachys palustris)*

Tafel 678

Acker-Ziest *(Stachys arvensis)*

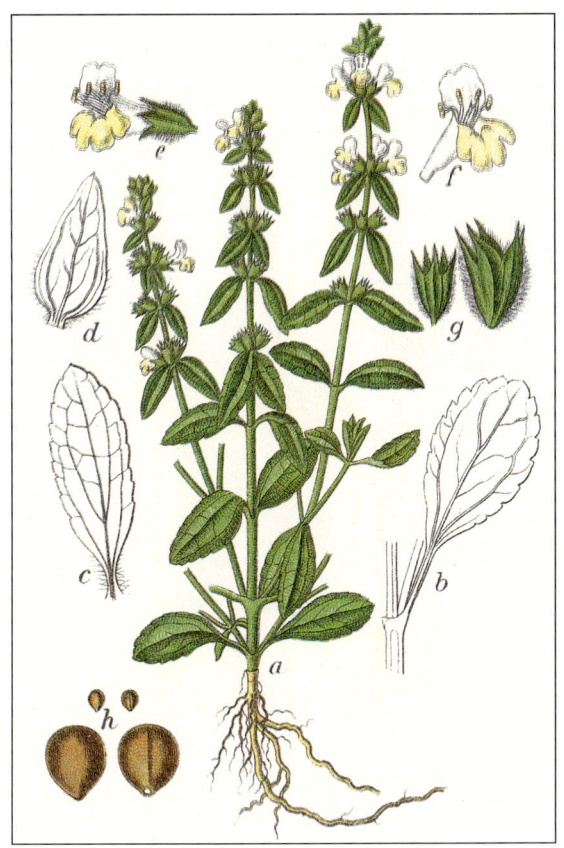

Einjähriger Ziest *(Stachys annua)*

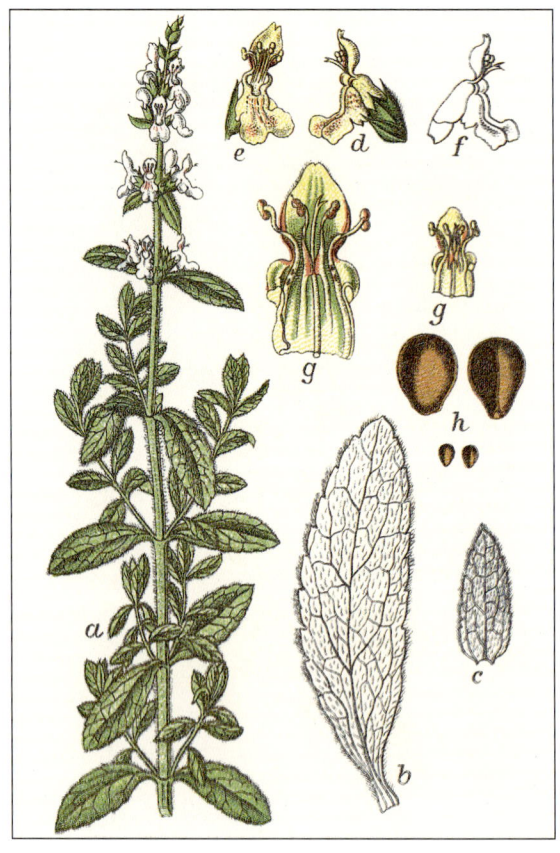

Aufrechter Ziest *(Stachys recta)*

Tafel 681

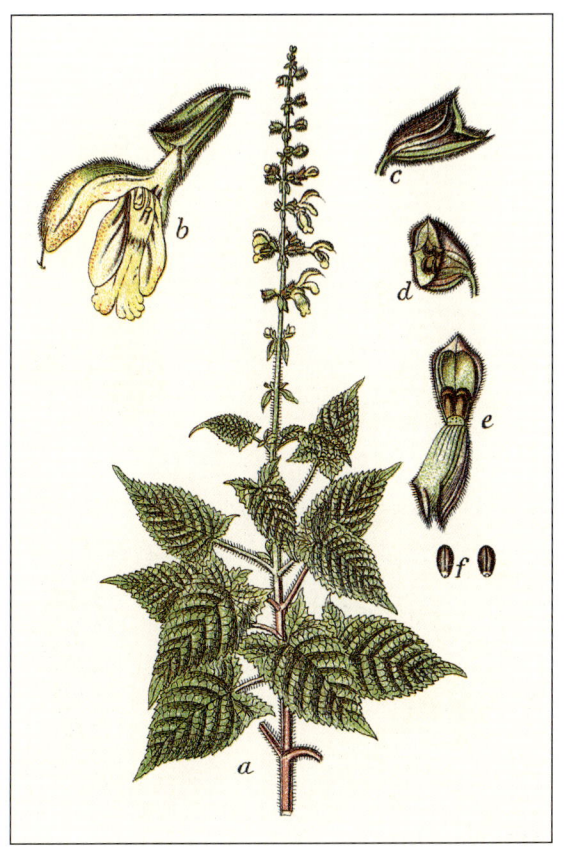

Klebriger Salbei *(Salvia glutinosa)*

Tafel 682

Muskateller-Salbei *(Salvia sclarea)*

Tafel 683

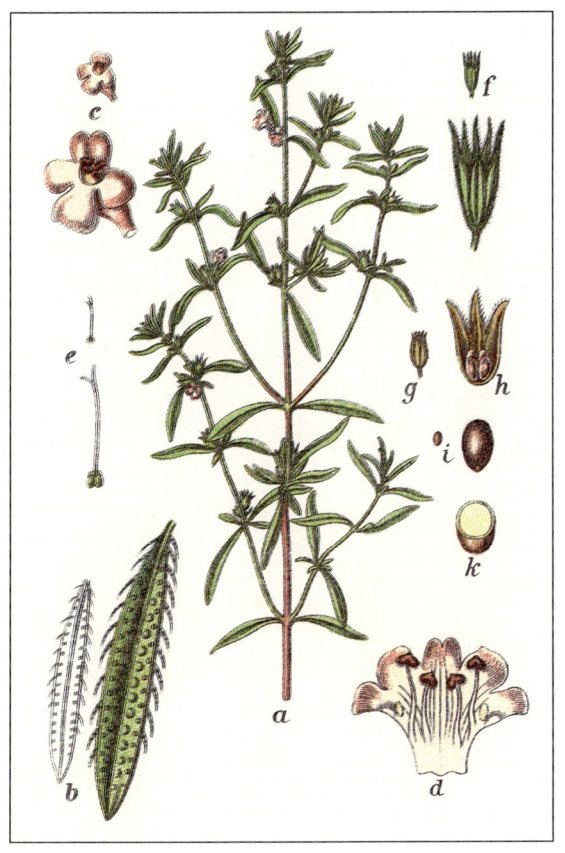

Bohnenkraut *(Satureja hortensis)*

Tafel 684

Feld-Steinquendel *(Acinos arvensis)*

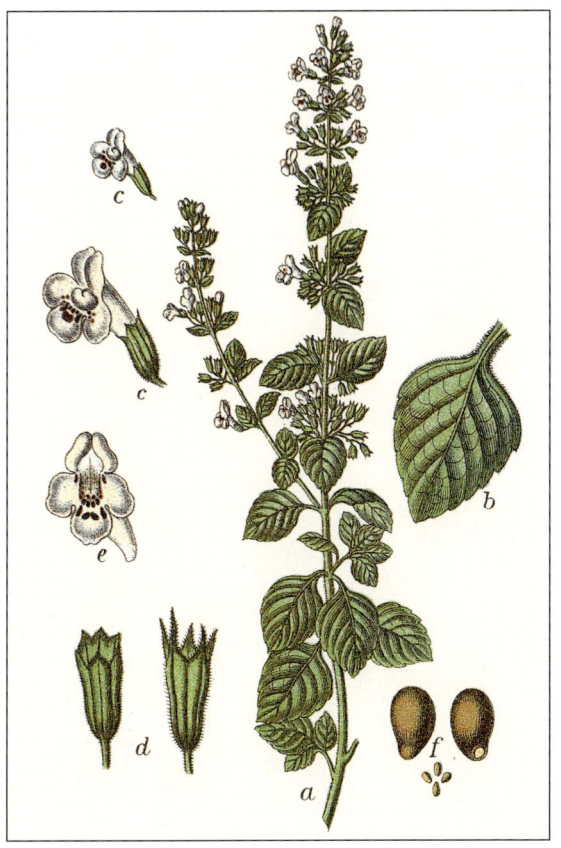

Kleinblütige Bergminze *(Calamintha nepeta)*

Tafel 686

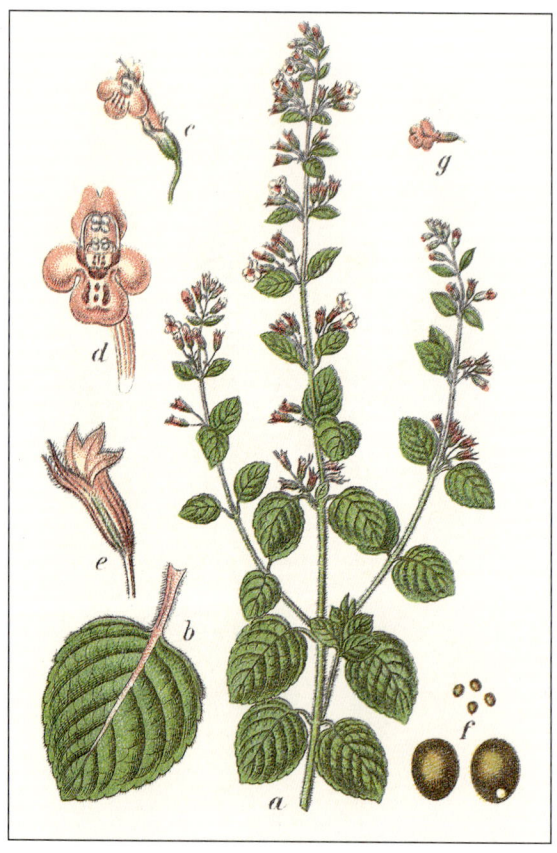

Wald-Bergminze *(Calamintha menthifolia)*

Zitronen-Melisse *(Melissa officinalis)*

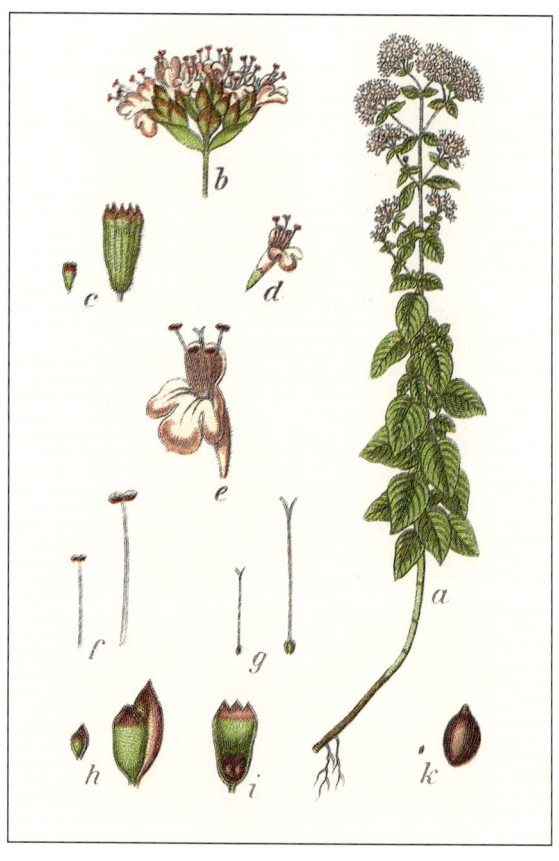

Dost *(Origanum vulgare)*

Tafel 689

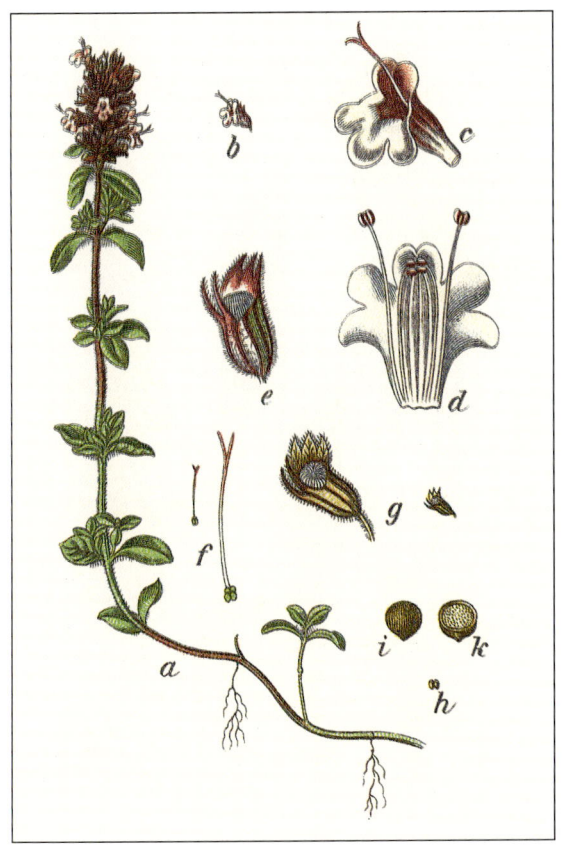

Gemeiner Thymian *(Thymus pulegioides)*

Tafel 690

Strandling *(Littorella uniflora)*

Tafel 691

Breit-Wegerich *(Plantago major)*

Mittlerer Wegerich (Plantago media)

Tafel 693

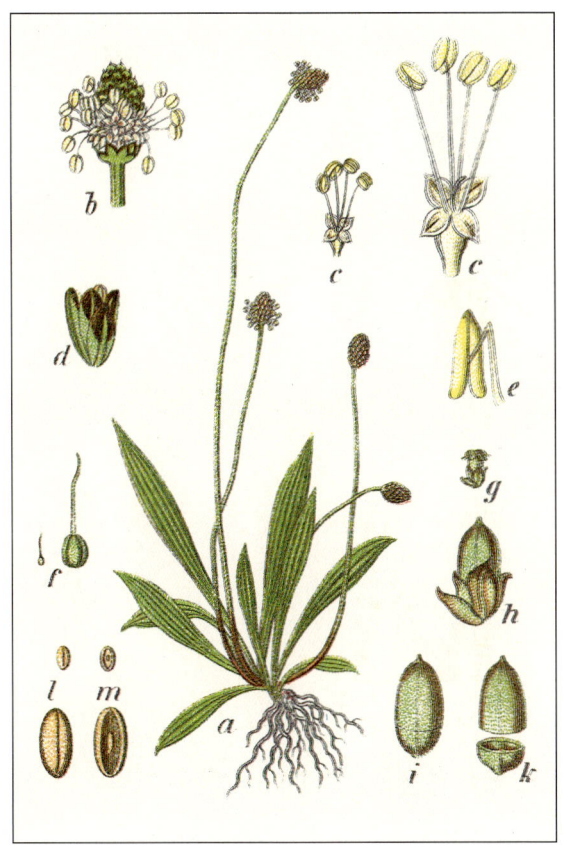

Spitz-Wegerich *(Plantago lanceolata)*

Tafel 694

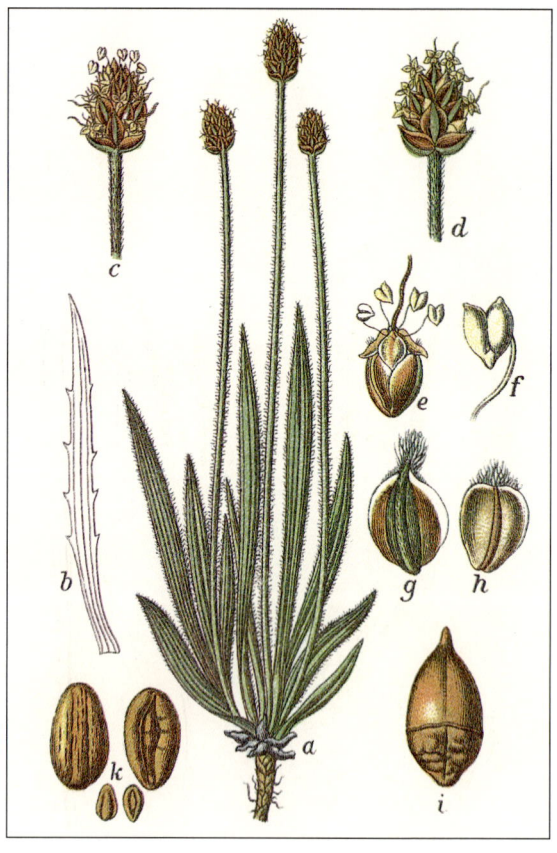

Berg-Wegerich *(Plantago atrata)*

Tafel 695

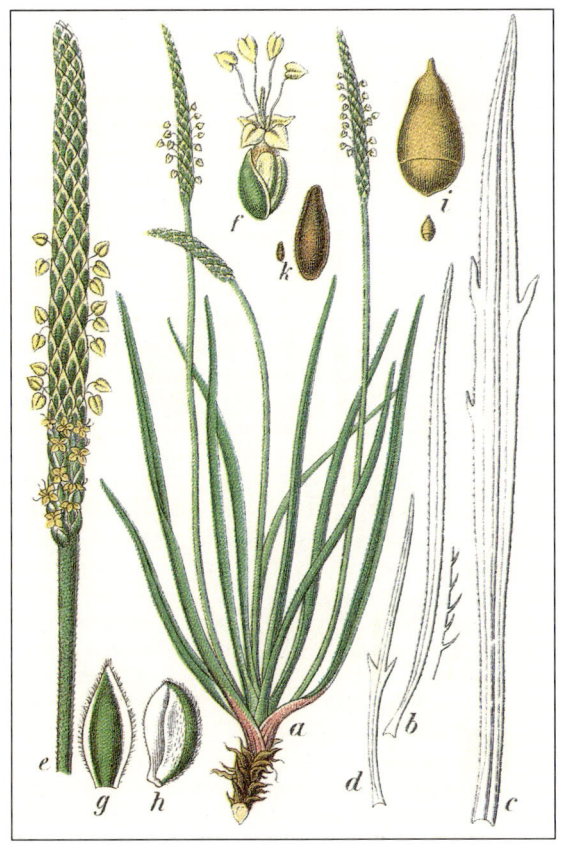

Strand-Wegerich *(Plantago maritima)*

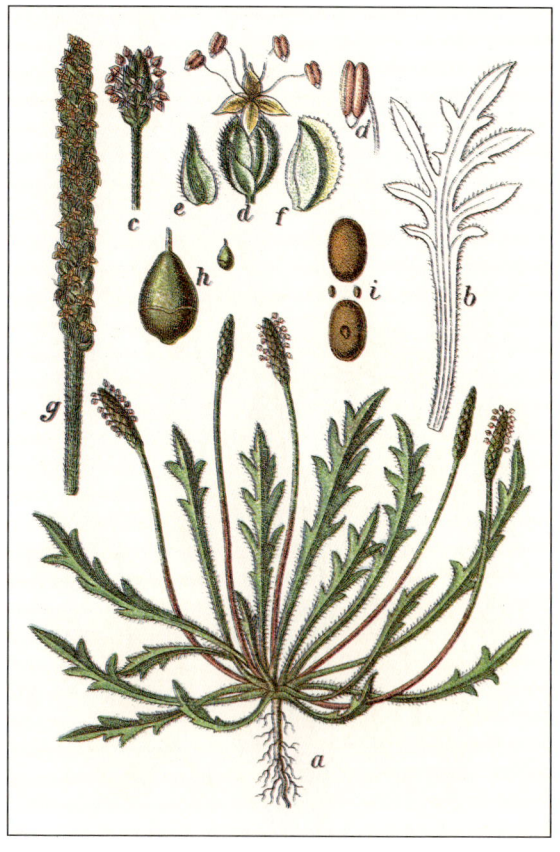

Krähenfuß-Wegerich *(Plantago coronopus)*

Tafel 697

Efeu *(Hedera helix)*

Tafel 698

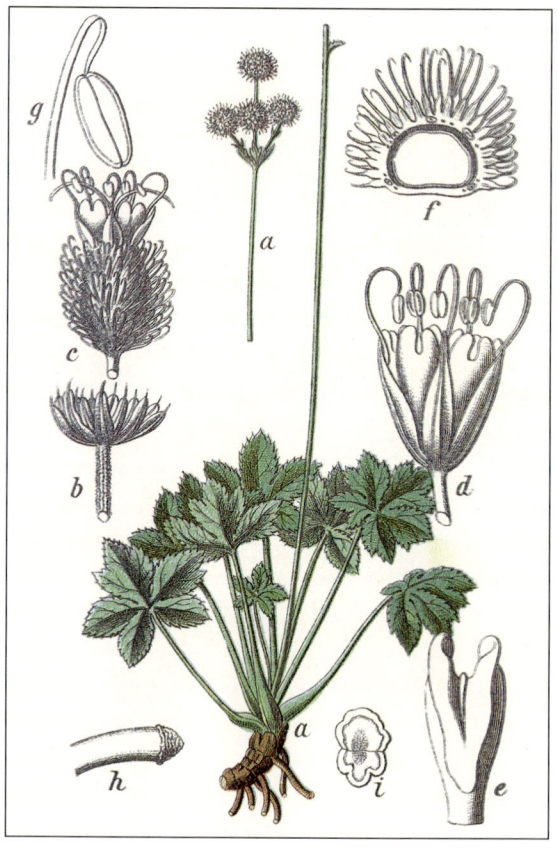

Sanikel *(Sanicula europaea)*

Tafel 699

Schaftdolde *(Haquetia epipactis)*

Große Sterndolde *(Astrantia major)*

Feld-Mannstreu *(Eryngium campestre)*

Wasserschierling *(Cicuta virosa)*

Tafel 703

Sichelmöhre *(Falcaria vulgaris)*

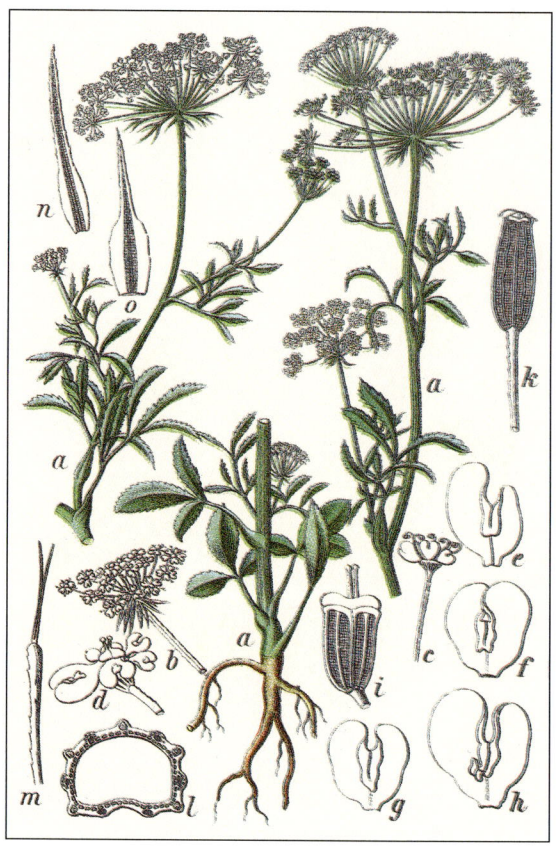

Knorpelmöhre *(Ammi majus)*

Tafel 705

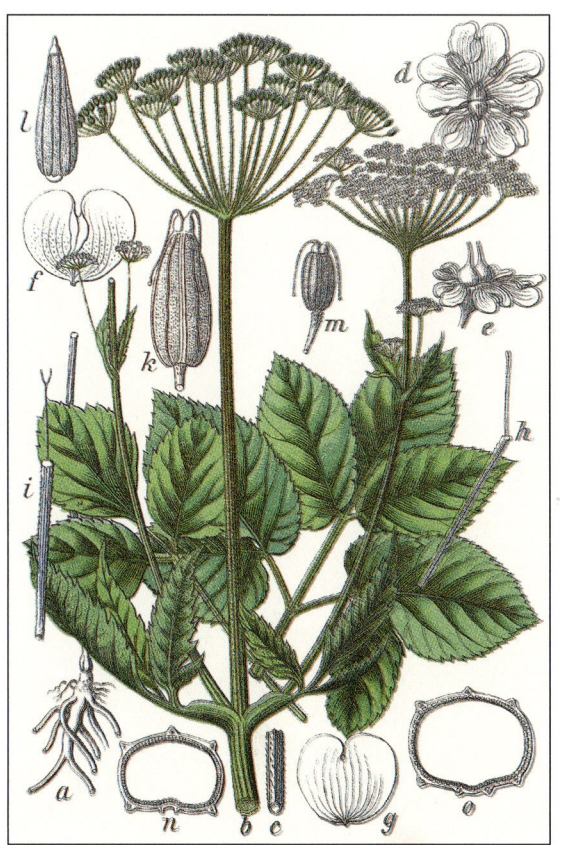

Giersch *(Aegopodium podagraria)*

Tafel 706

Echter Kümmel *(Carum carvi)*

Große Bibernelle *(Pimpinella major)*

Tafel 708

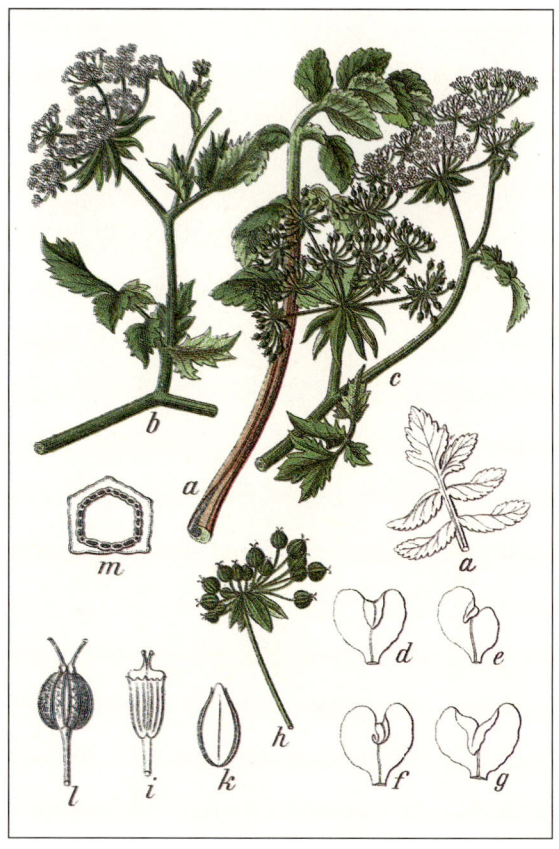

Berle *(Berula erecta)*

Tafel 709

Merk *(Sium latifolium)*

Tafel 710

Rundblättriges Hasenohr *(Bupleurum rotundifolium)*

Tafel 711

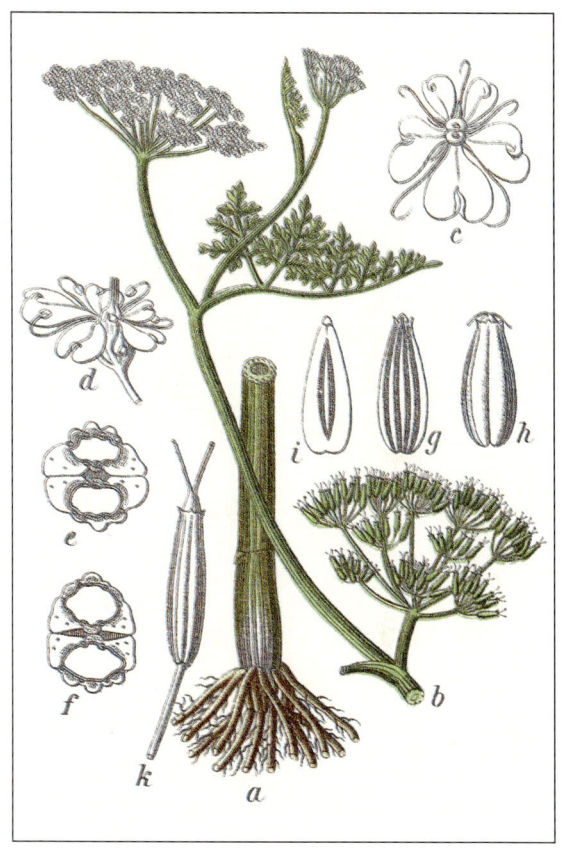

Großer Wasserfenchel *(Oenanthe aquatica)*

Tafel 712

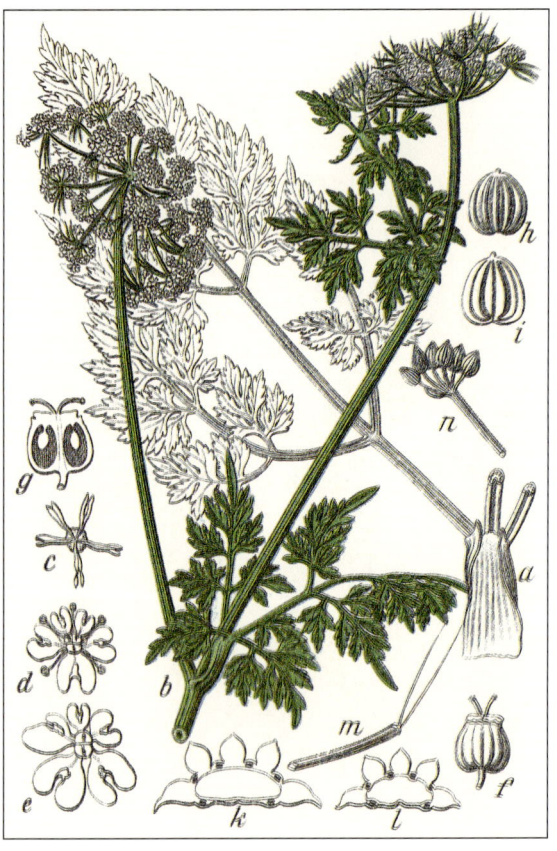

Hundspetersilie *(Aethusa cynapium)*

Tafel 713

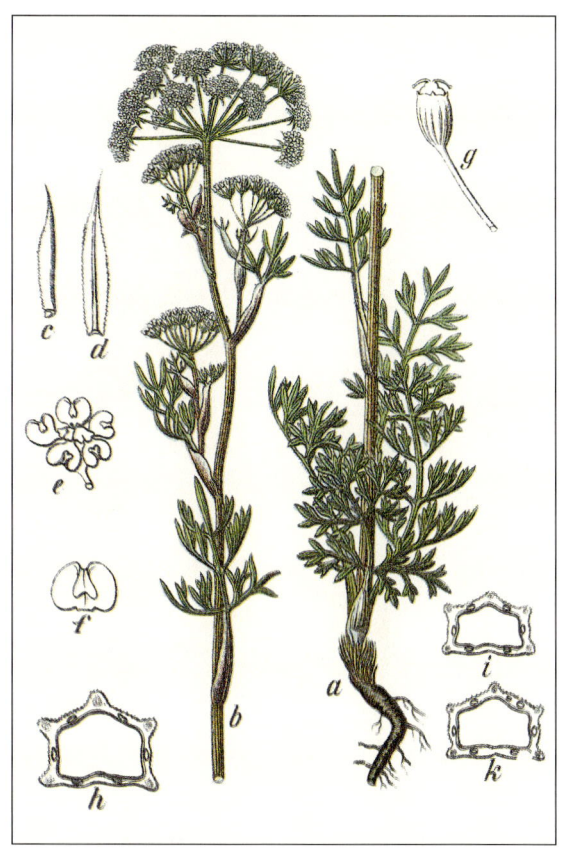

Steppenfenchel *(Seseli annuum)*

Tafel 714

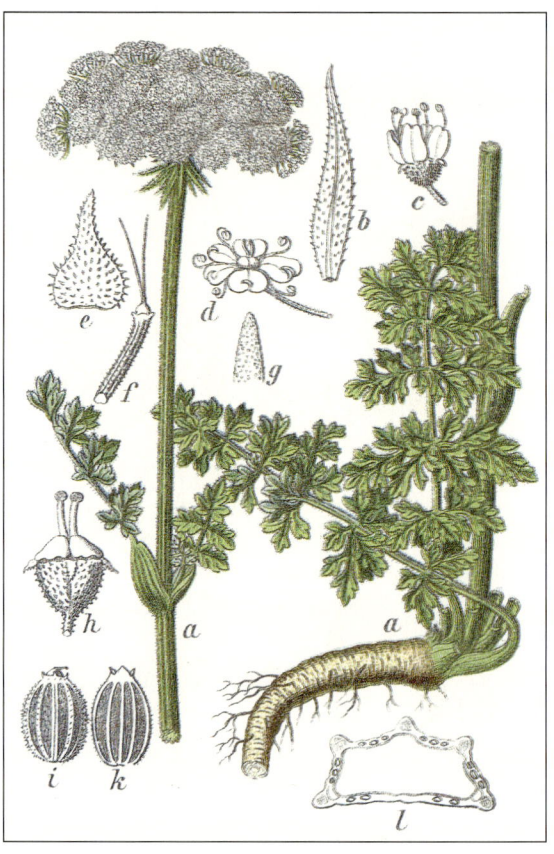

Heilwurz *(Seseli libanotis)*

Tafel 715

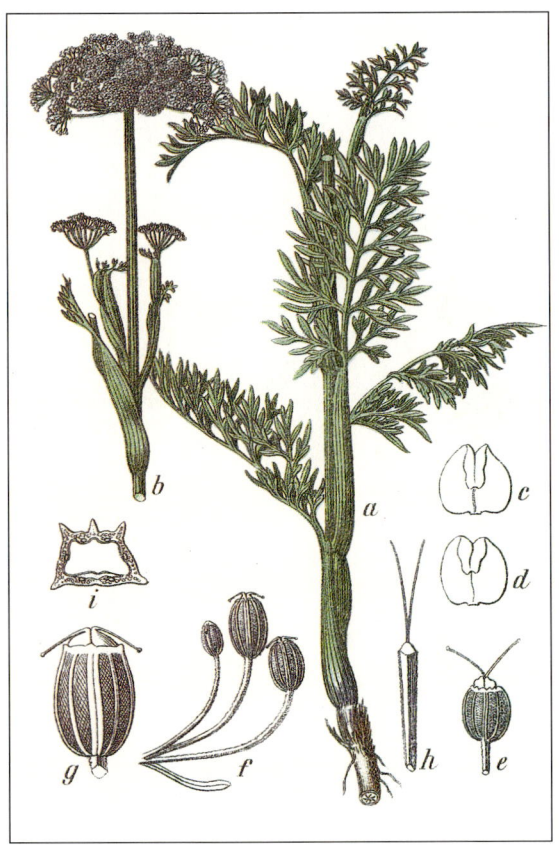

Brenndolde *(Cnidium dubium)*

Tafel 716

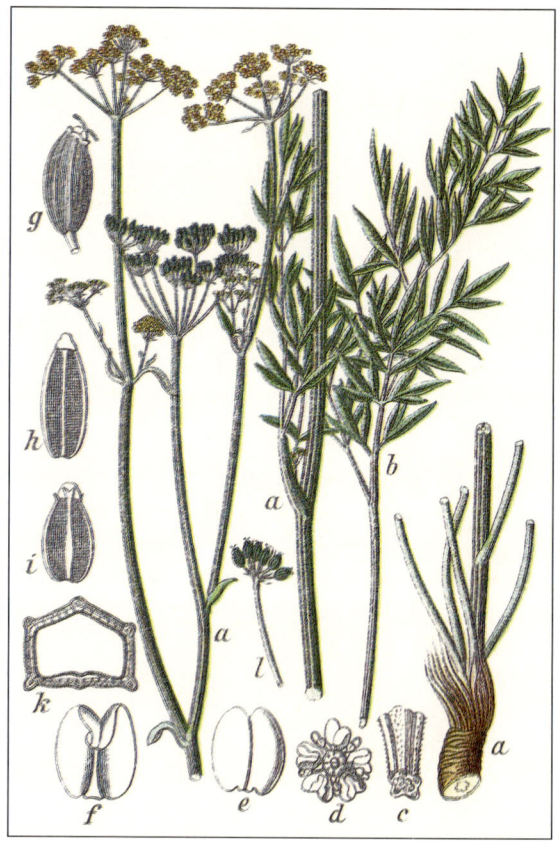

Wiesensilge *(Silaum silaus)*

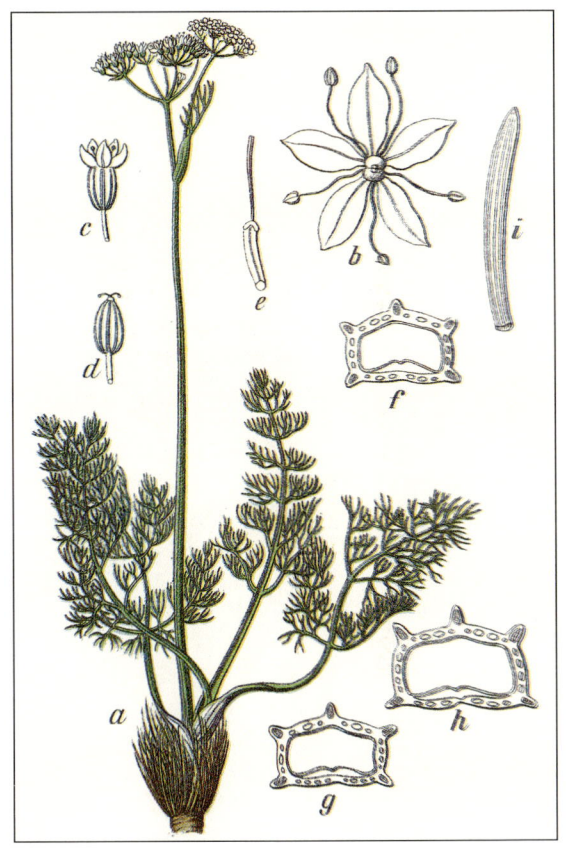

Bärwurz *(Meum athamanticum)*

Tafel 718

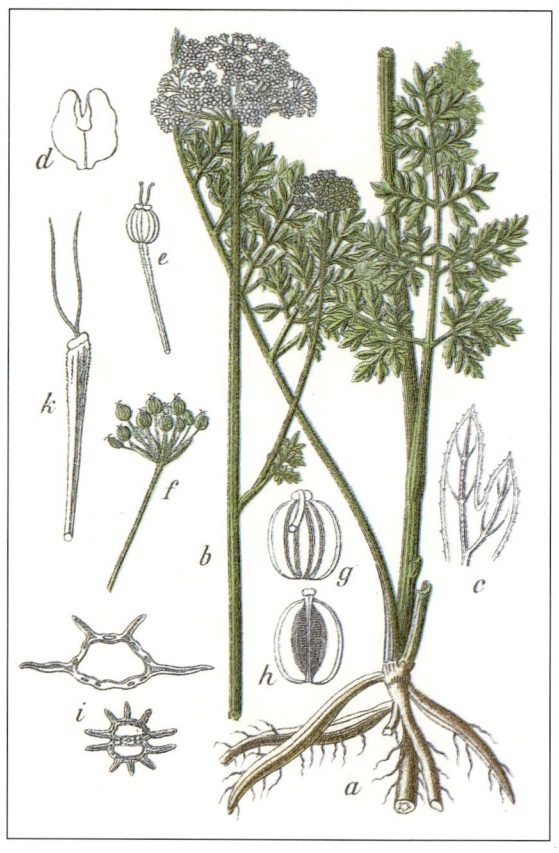

Kümmelsilge *(Selinum carvifolia)*

Tafel 719

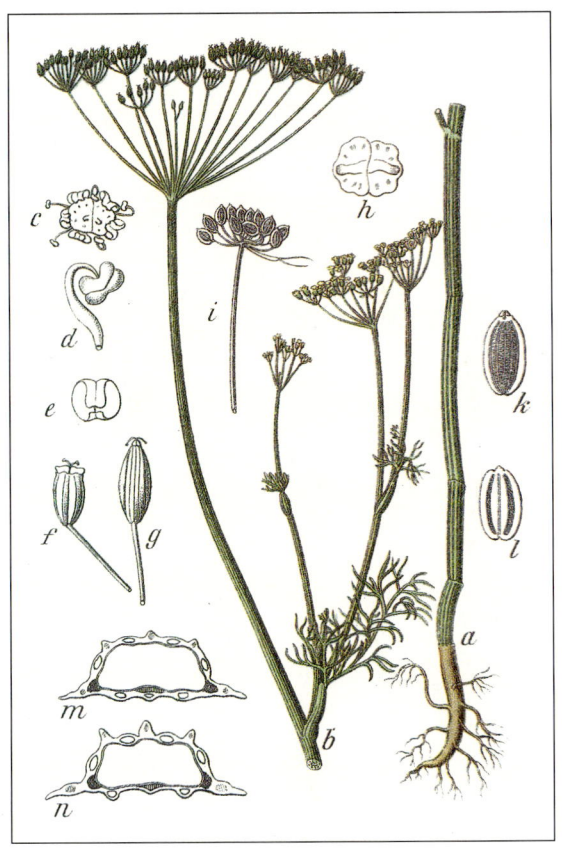

Dill *(Anethum graveolens)*

Tafel 720

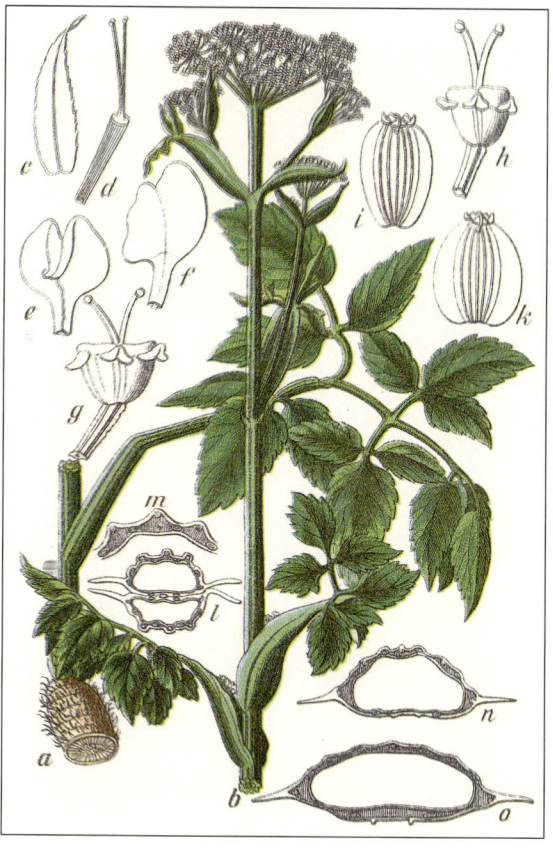

Sumpf-Engelwurz *(Angelica palustris)*

Tafel 721

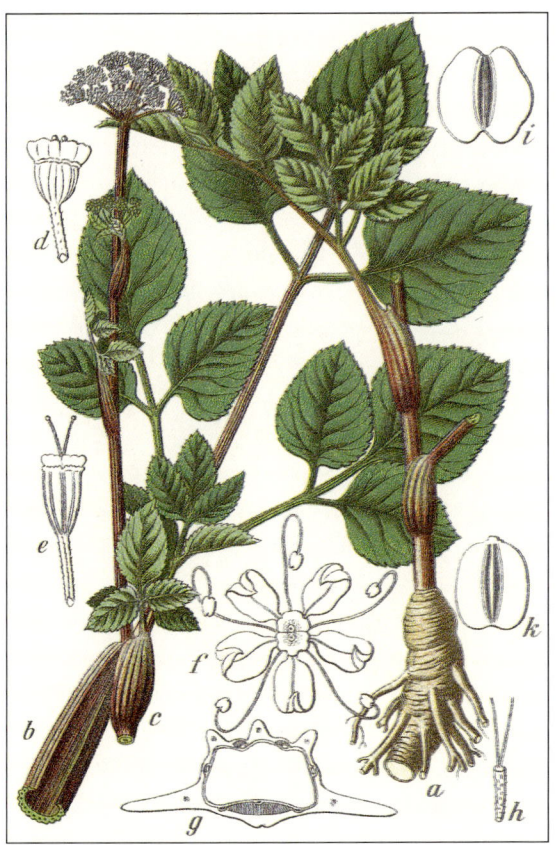

Wald-Engelwurz *(Angelica sylvestris)*

Tafel 722

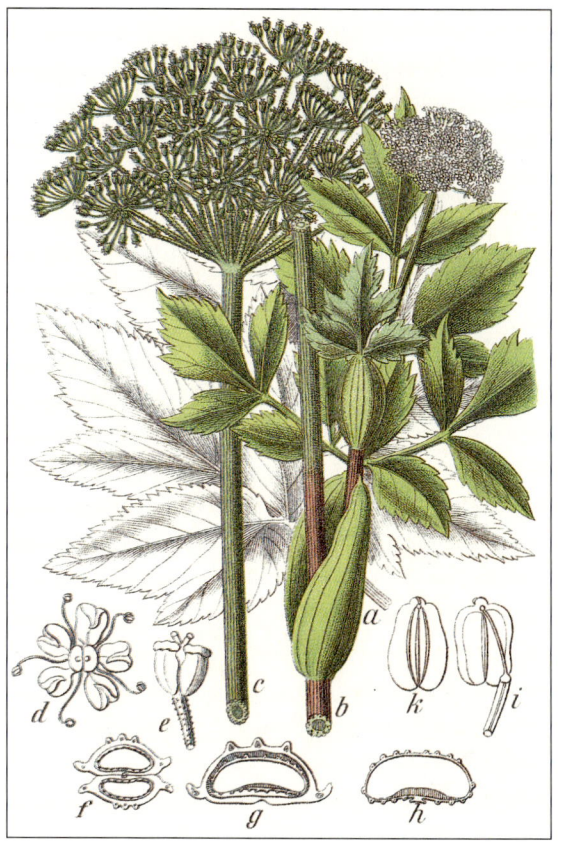

Echte Engelwurz *(Angelica archangelica)*

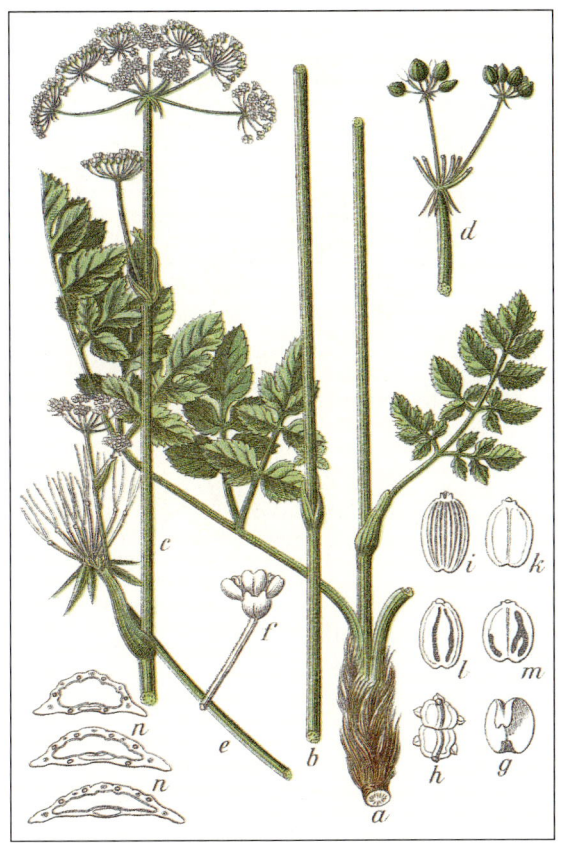

Hirschwurz *(Peucedanum cervaria)*

Tafel 724

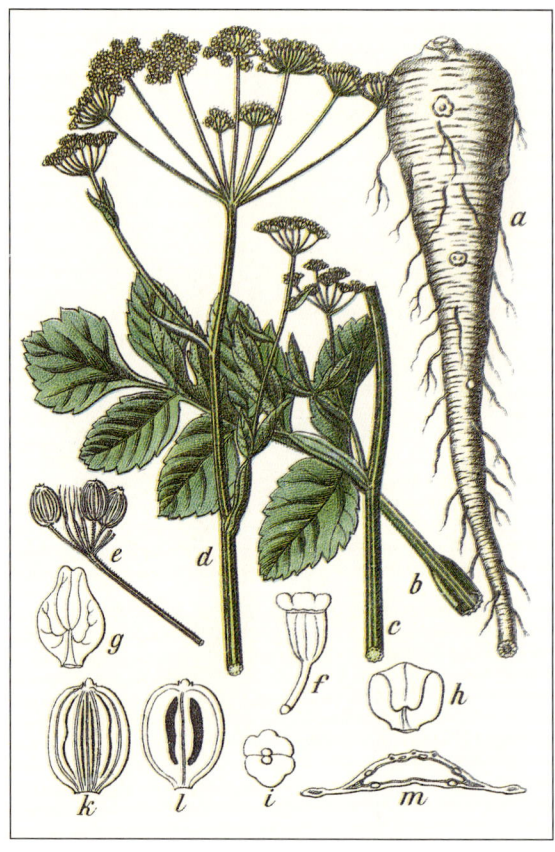

Pastinak *(Pastinaca sativa)*

Tafel 725

Wiesen-Bärenklau *(Heracleum sphondylium)*

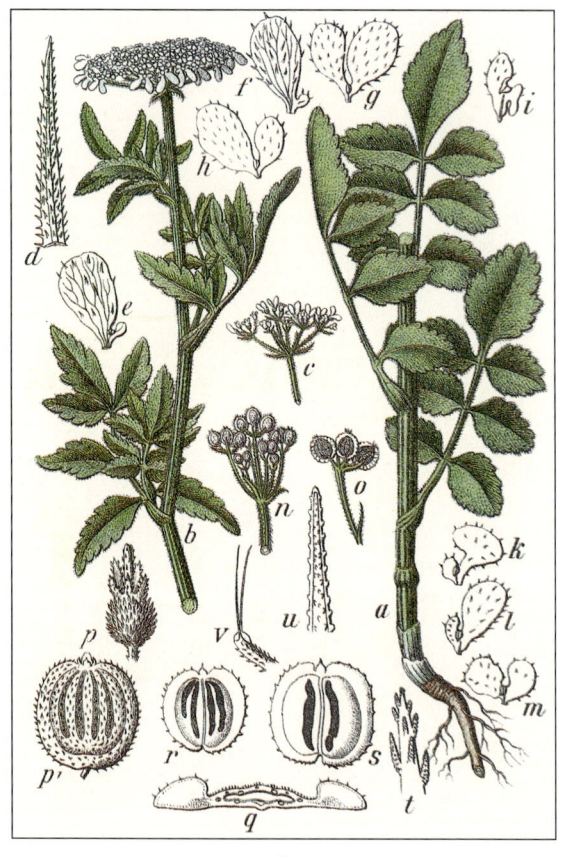

Zirmet *(Tordylium maximum)*

Roßkümmel *(Laser trilobum)* *

Tafel 728

Breitblättriges Laserkraut *(Laserpitium latifolium)*

Tafel 729

Möhre *(Daucus carota)*

Tafel 730

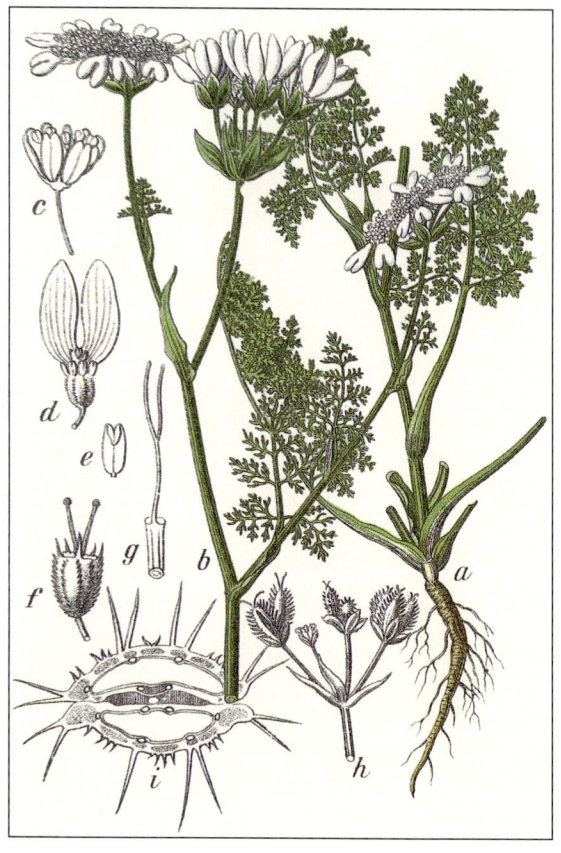

Breitsame *(Orlaya grandiflora)*

Tafel 731

Acker-Haftdolde *(Caucalis platycarpos)*

Tafel 732

Breitblättrige Haftdolde *(Turgenia latifolia)*

Betäubender Kälberkropf *(Chaerophyllum temulum)*

Tafel 734

Gefleckter Schierling *(Conium maculatum)*

Blutroter Hartriegel *(Cornus sanguinea)*

Kornelkirsche *(Cornus mas)*

Tafel 737

Moschuskraut *(Adoxa moschatellina)*

Tafel 738

Schwarzer Holunder *(Sambucus nigra)*

Gemeiner Schneeball *(Viburnum opulus)*

Tafel 740

1. Wald-Geißblatt *(Lonicera periclymenum)*
2. Echtes Geißblatt *(L. caprifolium)*

Rote Heckenkirsche *(Lonicera xylosteum)*

Tafel 742

Moosglöckchen *(Linnaea borealis)* *

Tafel 743

Waldmeister *(Galium odoratum)*

Tafel 744

Färberröte *(Rubia tinctorum)*

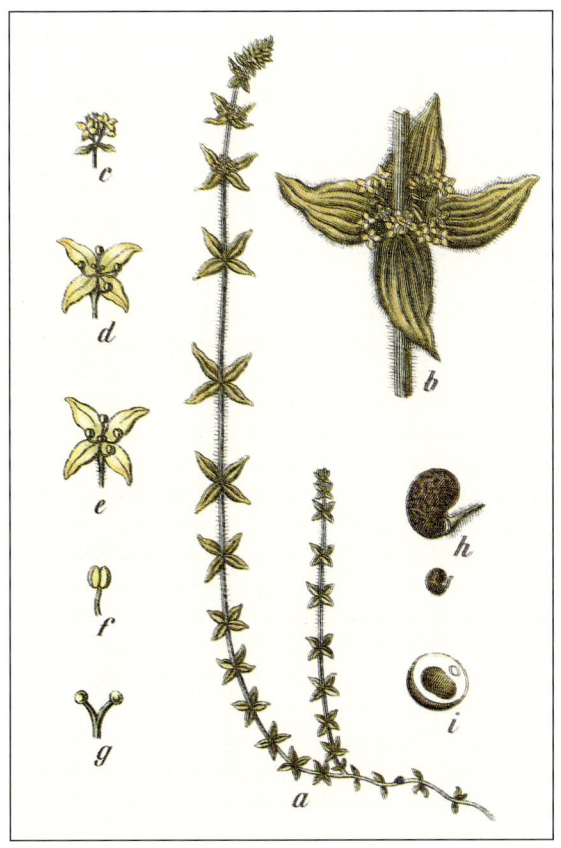

Gewimpertes Kreuzlabkraut *(Cruciata laevipes)*

Tafel 746

1. Großblütiges Wiesen-Labkraut *(Galium album)*
2. Echtes Labkraut *(G. verum)*

Tafel 747

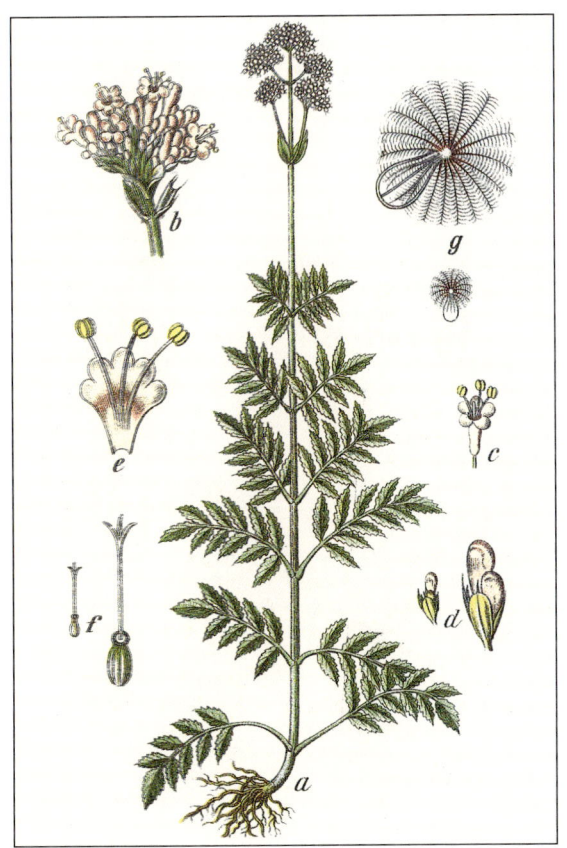

Holunderblättriger Baldrian *(Valeriana sambucifolia)*

Tafel 748

Kleiner Baldrian *(Valeriana dioica)*

Tafel 749

Dreiblättriger Baldrian *(Valeriana tripteris)*

Tafel 750

Gemeines Rapünzchen *(Valerianella locusta)*

Tafel 751

Berg-Sandglöckchen *(Jasione montana)*

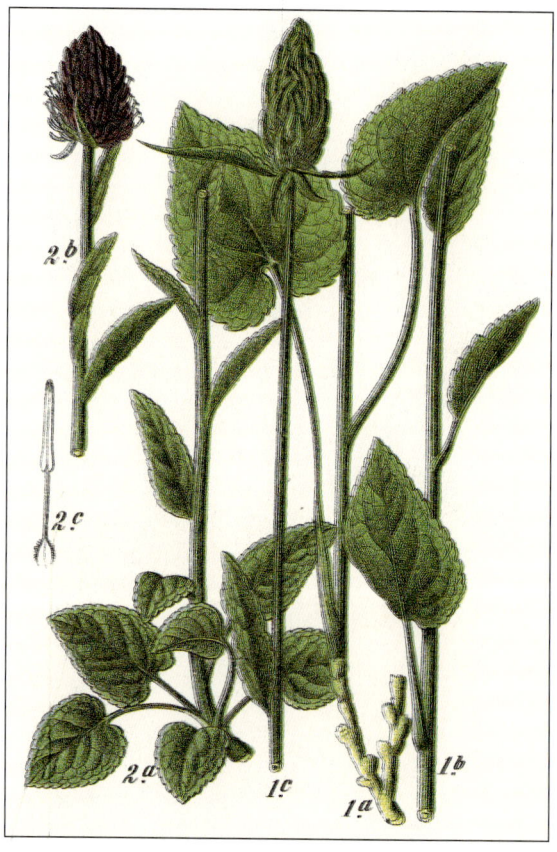

1. Ährige Teufelskralle *(Phyteuma spicatum)*
2. Schwarze Teufelskralle *(P. nigrum)*

Tafel 753

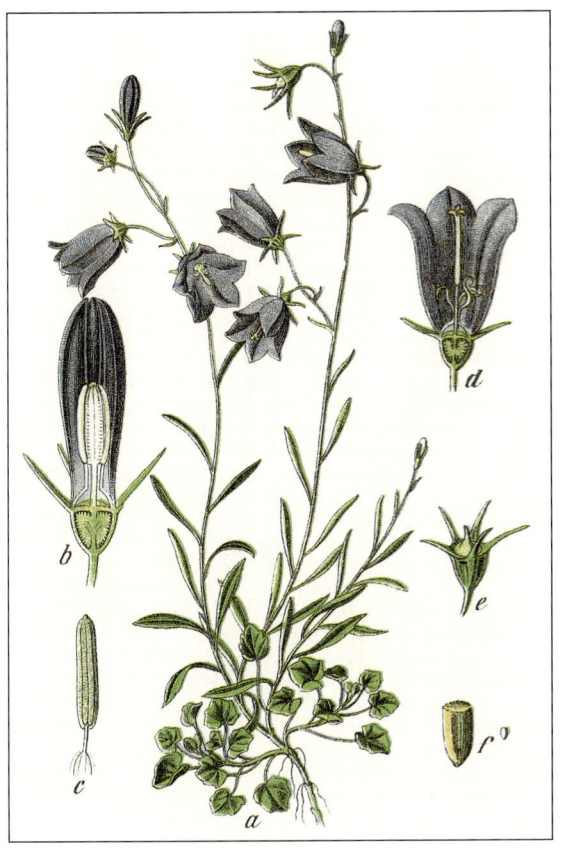

Rundblättrige Glockenblume *(Campanula rotundifolia)*

Tafel 754

Rautenblättrige Glockenblume
(Campanula rhomboidalis)

Tafel 755

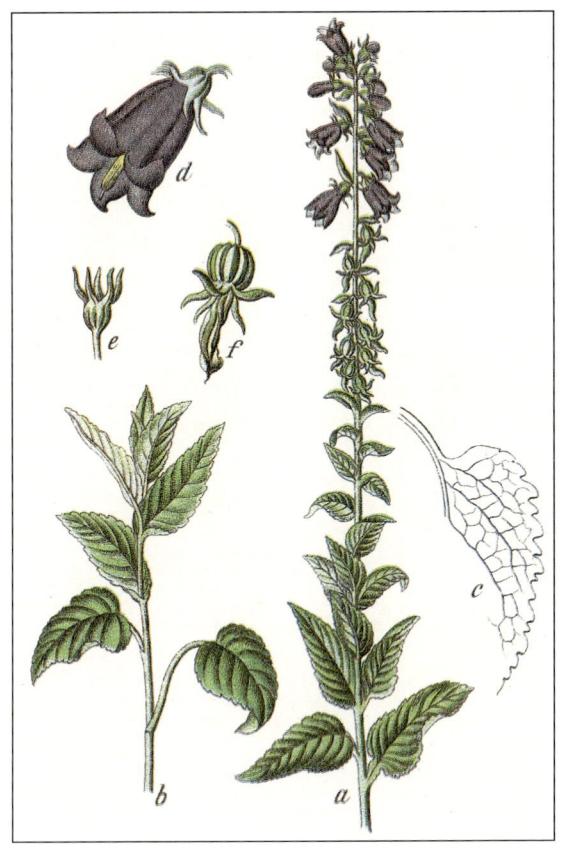

Bologneser Glockenblume *(Campanula bononiensis)*

Tafel 756

1. Nesselblättrige Glockenblume
   (Campanula trachelium)
2. Acker-Glockenblume *(C. rapunculoides)*

Tafel 757

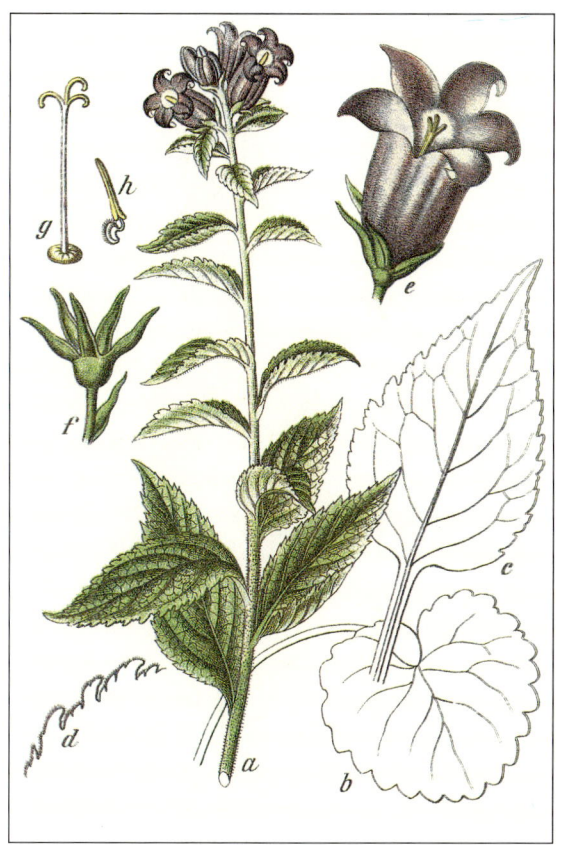

Breitblättrige Glockenblume *(Campanula latifolia)* *

Tafel 758

Efeu-Moorglöckchen *(Wahlenbergia hederacea)* *

Tafel 759

Schwarzfrüchtige Zaunrübe *(Bryonia nigra)*

Tafel 760

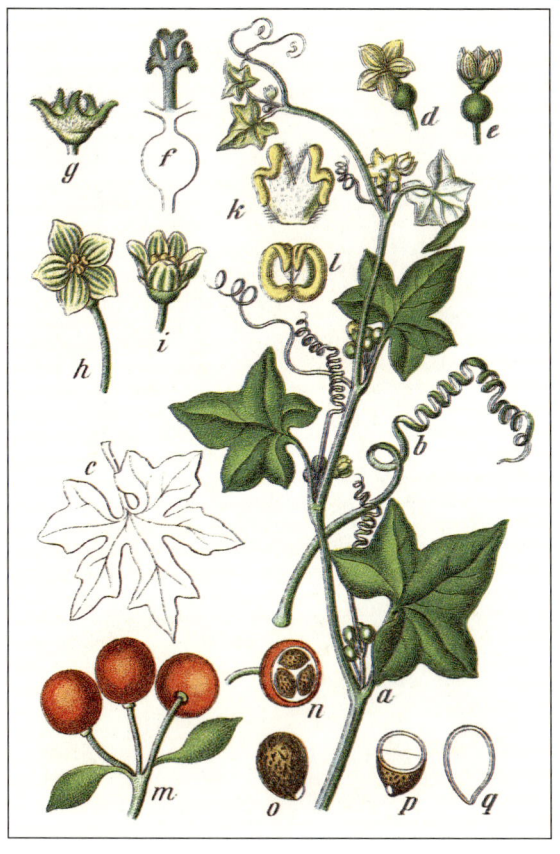

Rotfrüchtige Zaunrübe *(Bryonia dioica)*

Tafel 761

1. Behaarte Karde *(Dipsacus pilosus)*
2. Wilde Karde *(D. fullonum)*

Acker-Witwenblume *(Knautia arvensis)*

Tauben-Skabiose *(Scabiosa columbaria)*

Wasserdost *(Eupatorium cannabinum)*

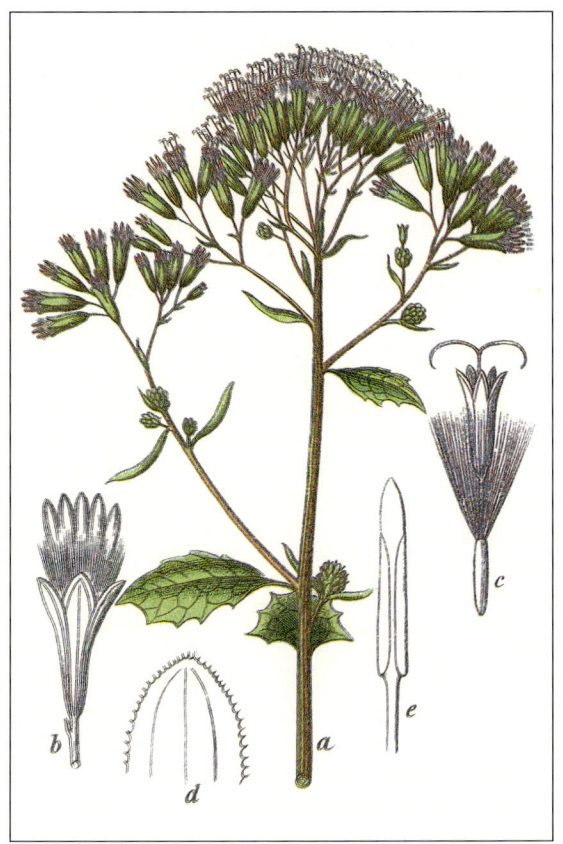

Grauer Alpendost *(Adenostyles alliariae)*

Berg-Aster *(Aster amellus)*

Tafel 767

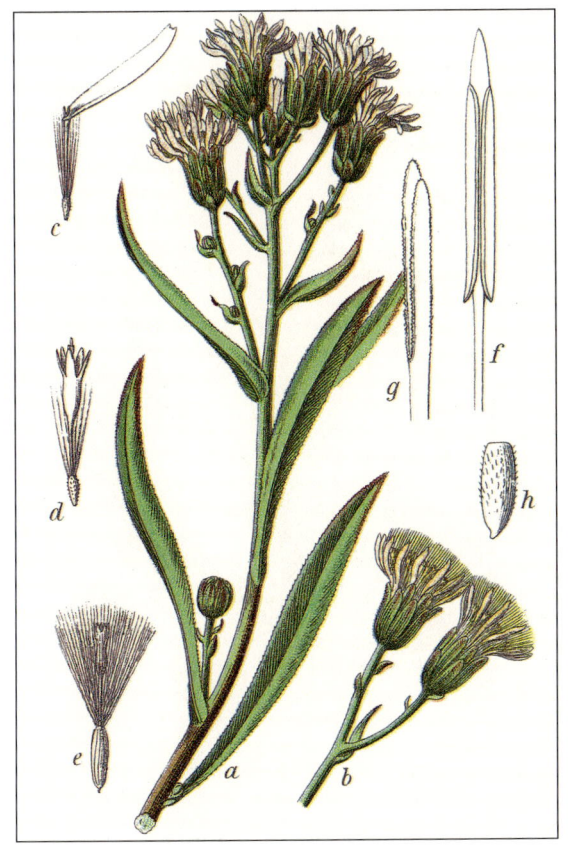

Strand-Aster *(Aster tripolium)*

Tafel 768

Alpenmaßliebchen *(Aster bellidiastrum)*

Tafel 769

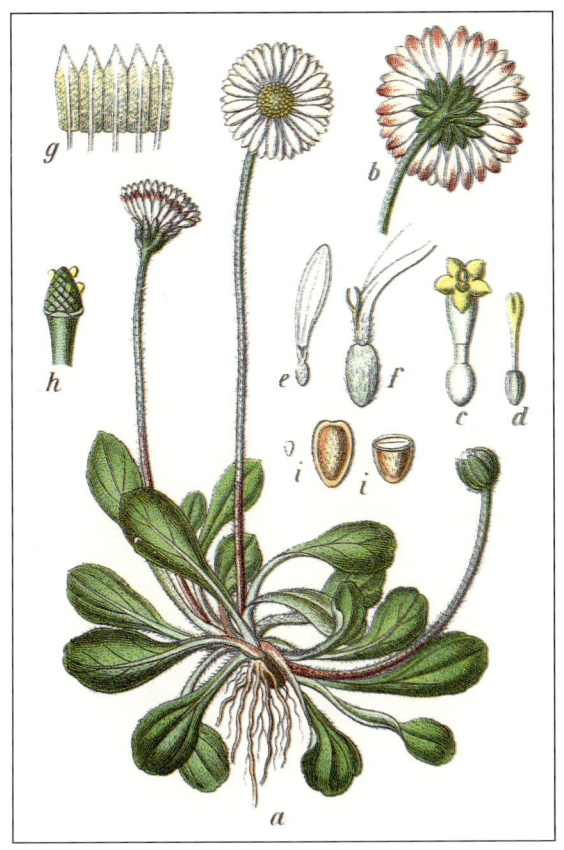

Gänseblümchen *(Bellis perennis)*

Tafel 770

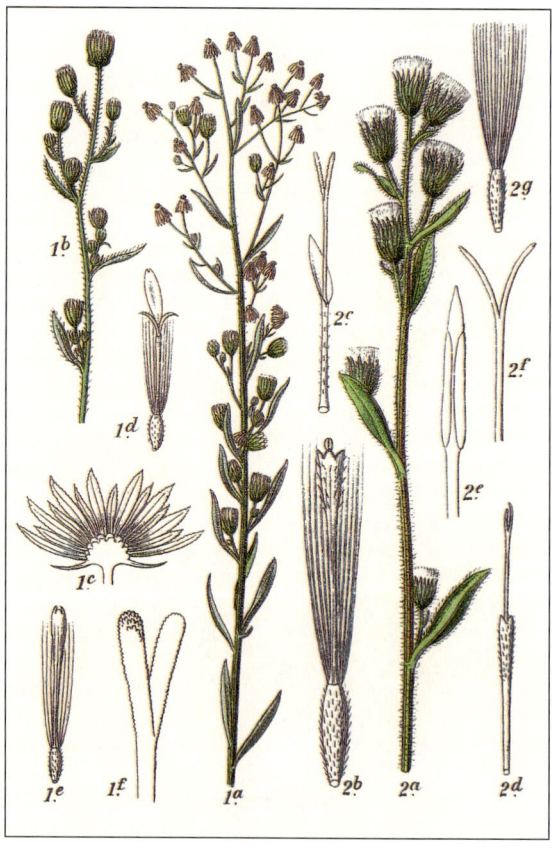

1. Kanadisches Berufkraut *(Conyza canadensis)*
2. Scharfes Berufkraut *(Erigeron acris)*

Tafel 771

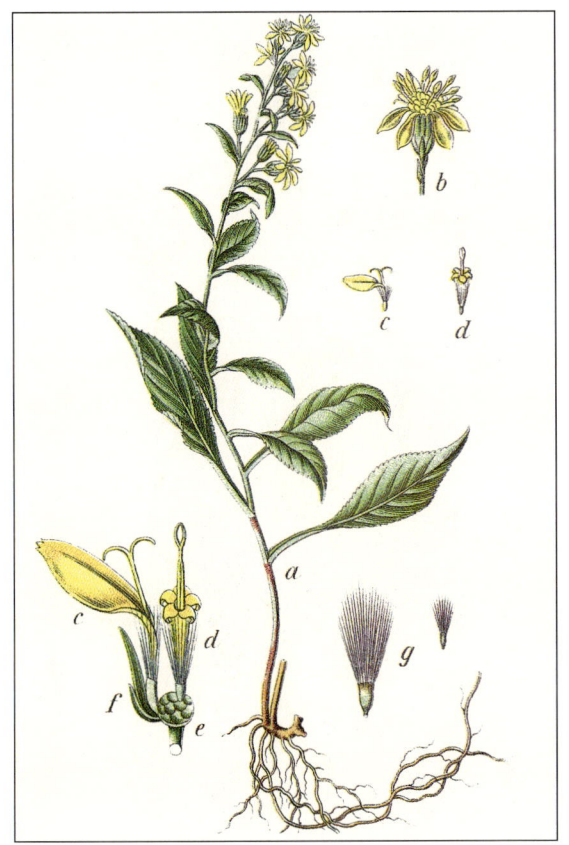

Gemeine Goldrute *(Solidago virgaurea)*

Tafel 772

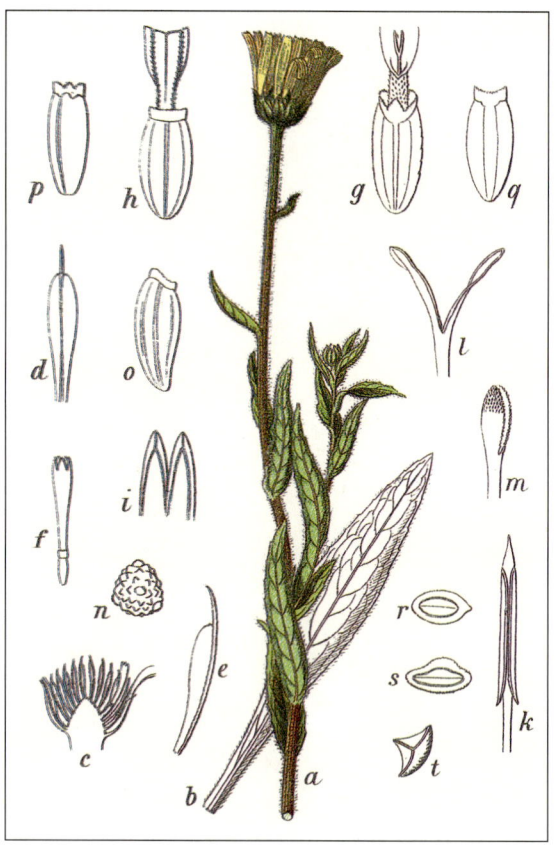

Ochsenauge *(Buphthalmum salicifolium)*

Tafel 773

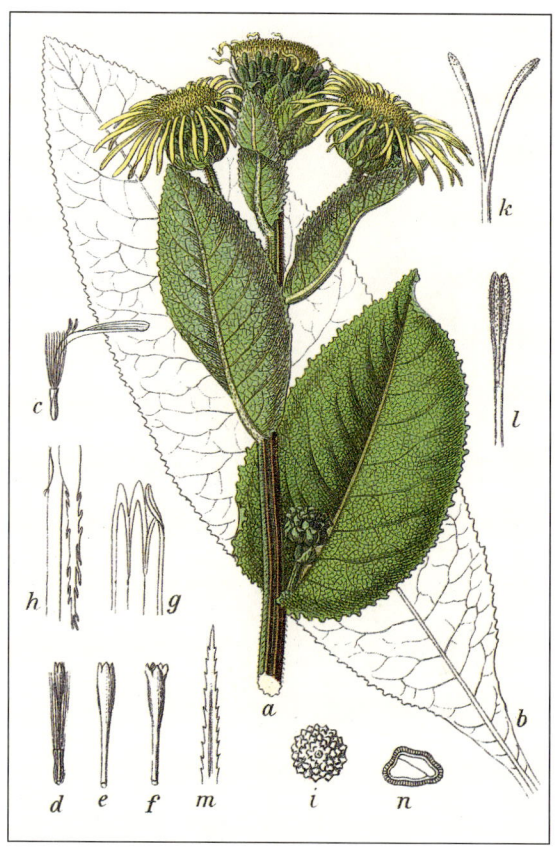

Echter Alant *(Inula helenium)*

Tafel 774

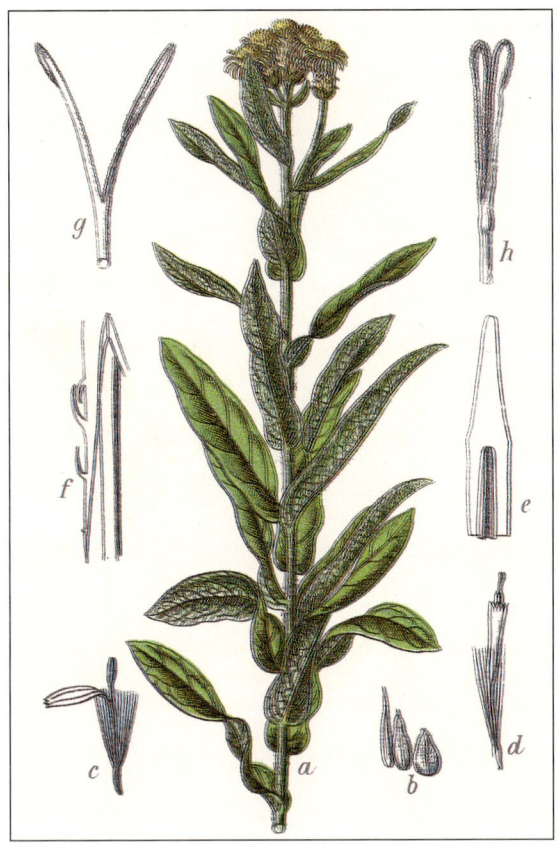

Deutscher Alant *(Inula germanica)*

Rauhhaariger Alant *(Inula hirta)*

Tafel 776

Kleinblütiges Knopfkraut *(Galinsoga parviflora)*

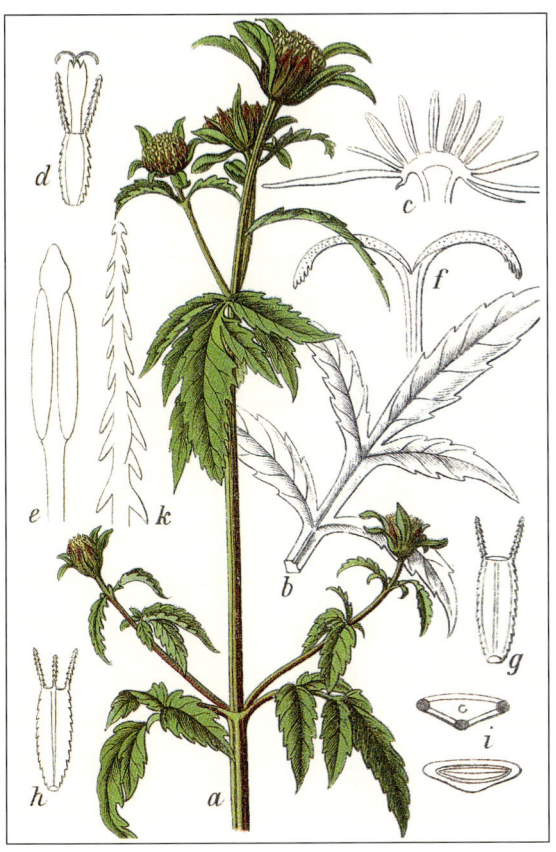

Dreiteiliger Zweizahn *(Bidens tripartita)*

Tafel 778

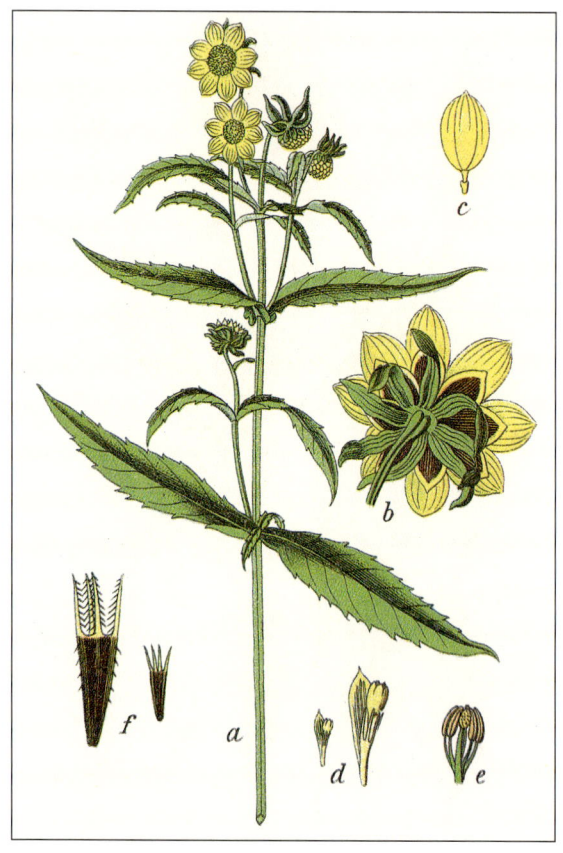

Nickender Zweizahn *(Bidens cernua)*

Tafel 779

Bastard-Alant *(Inula x media)*

Tafel 780

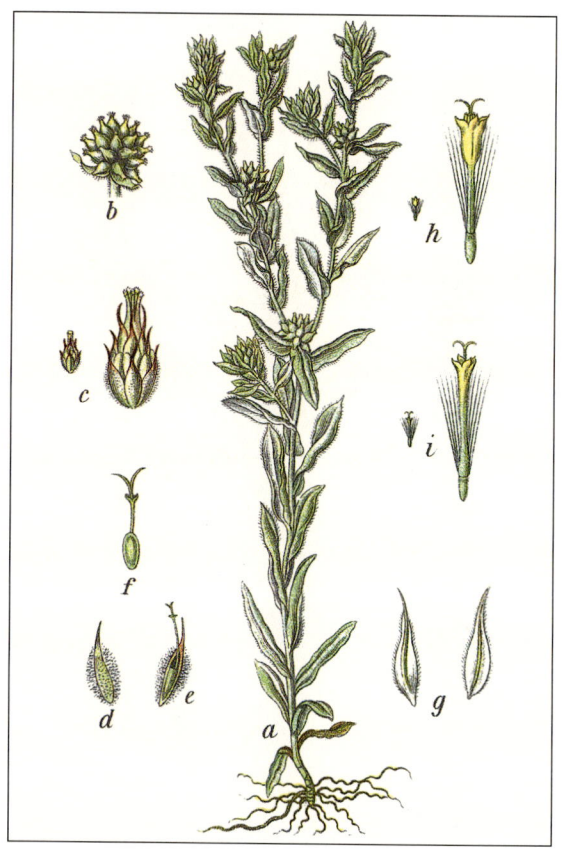

Deutsches Filzkraut *(Filago vulgaris)*

Tafel 781

Acker-Filzkraut *(Filago arvensis)*

Kleines Filzkraut *(Filago minima)*

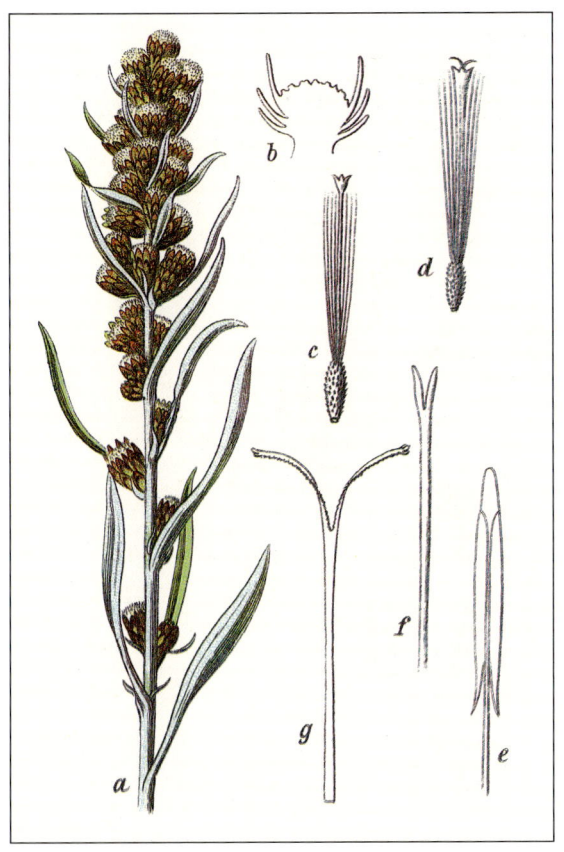

Wald-Ruhrkraut *(Gnaphalium sylvaticum)*

Tafel 784

Norwegisches Ruhrkraut *(Gnaphalium norvegicum)*

Tafel 785

Zwerg-Ruhrkraut *(Gnaphalium supinum)*

Tafel 786

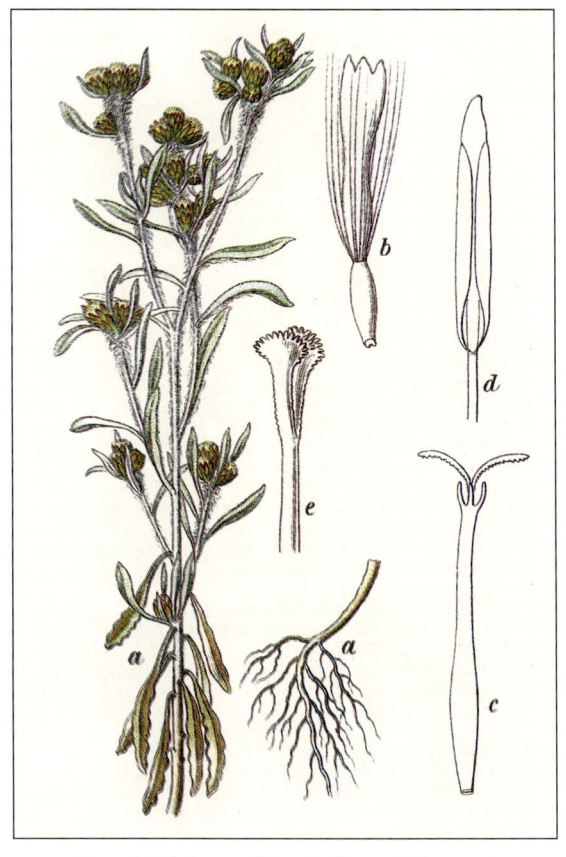

Sumpf-Ruhrkraut *(Gnaphalium uliginosum)*

Gelbweißes Schein-Ruhrkraut
(*Pseudognaphalium luteoalbum*)

Tafel 788

Gemeines Katzenpfötchen *(Antennaria dioica)*

Tafel 789

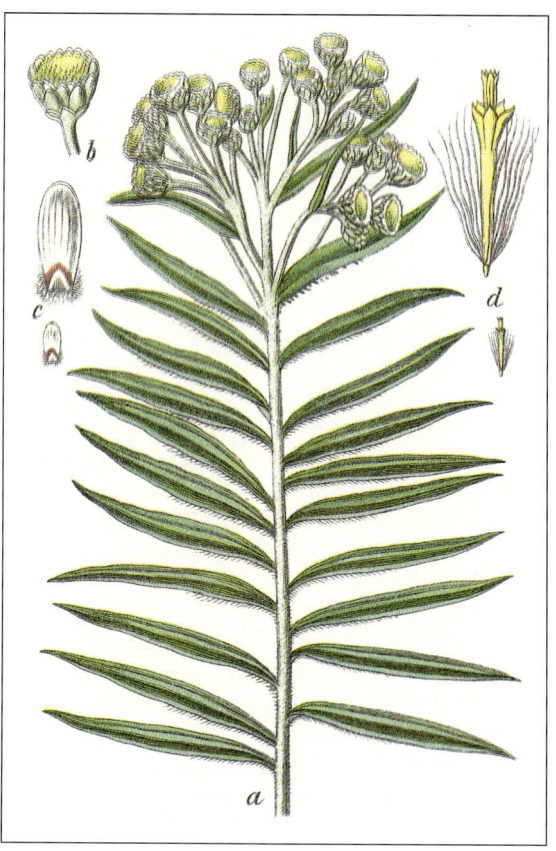

Perlkörbchen *(Anaphalis margaritacea)*

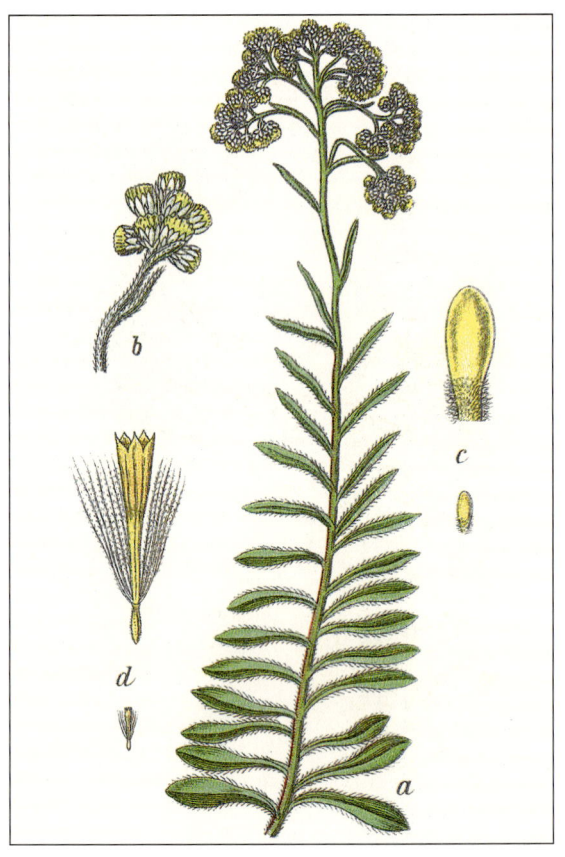

Sand-Strohblume *(Helichrysum arenarium)* *

Tafel 791

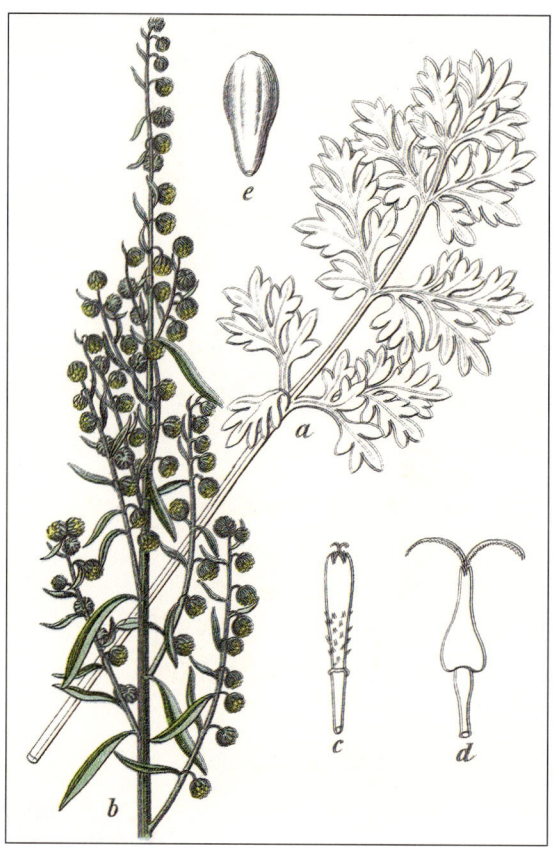

Wermut *(Artemisia absinthium)*

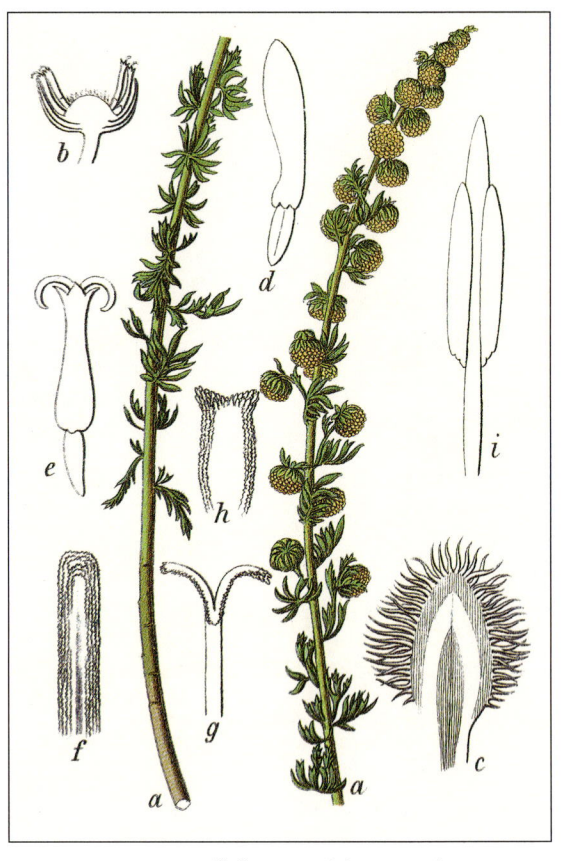

Steppen-Beifuß *(Artemisia rupestris)*

Schlitzblättriger Beifuß *(Artemisia laciniata)*

Tafel 794

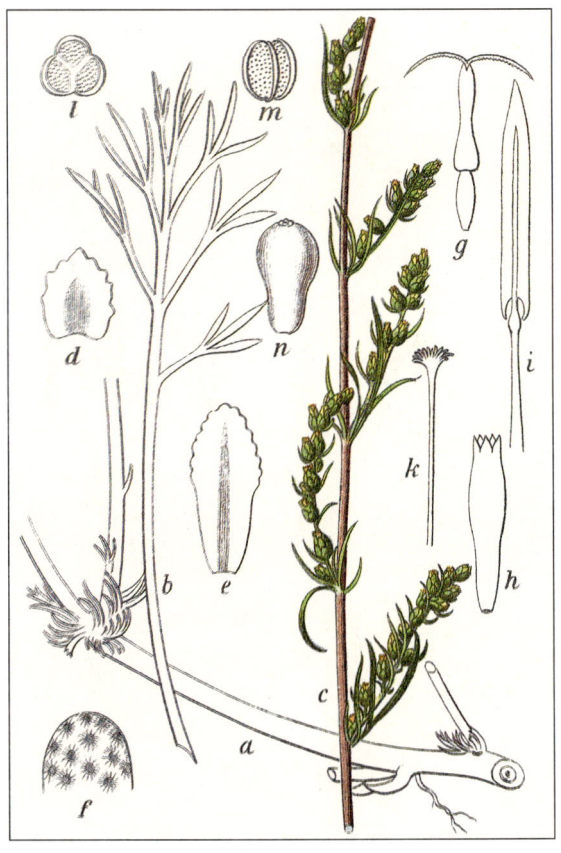

Feld-Beifuß *(Artemisia campestris)*

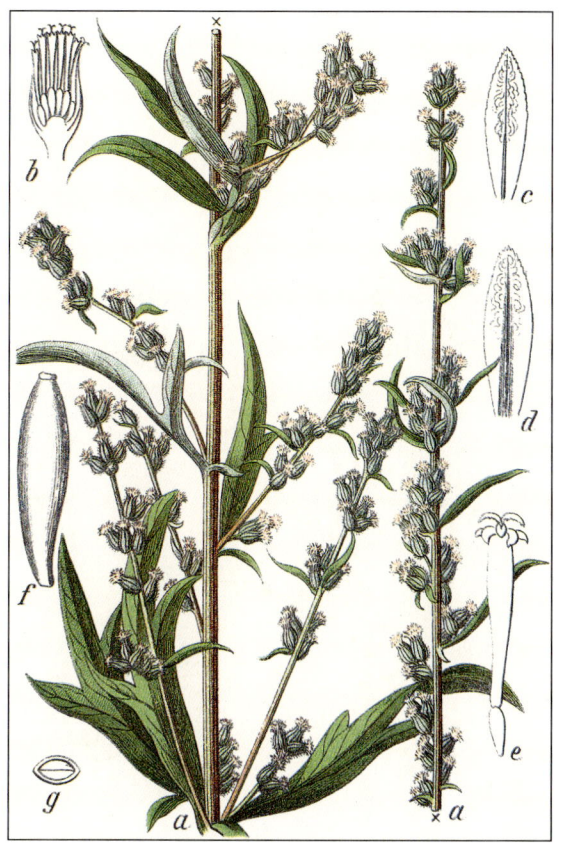

Gemeiner Beifuß *(Artemisia vulgaris)*

Tafel 796

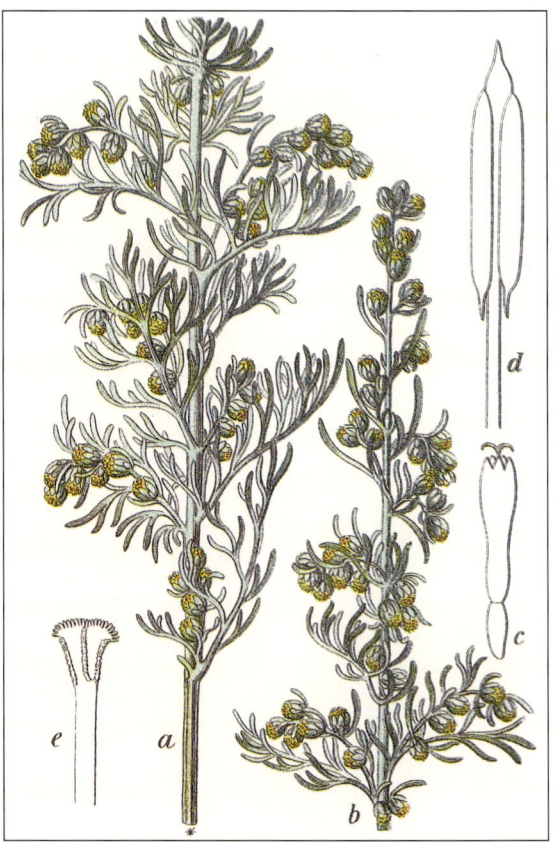

Strand-Beifuß *(Artemisia maritima)*

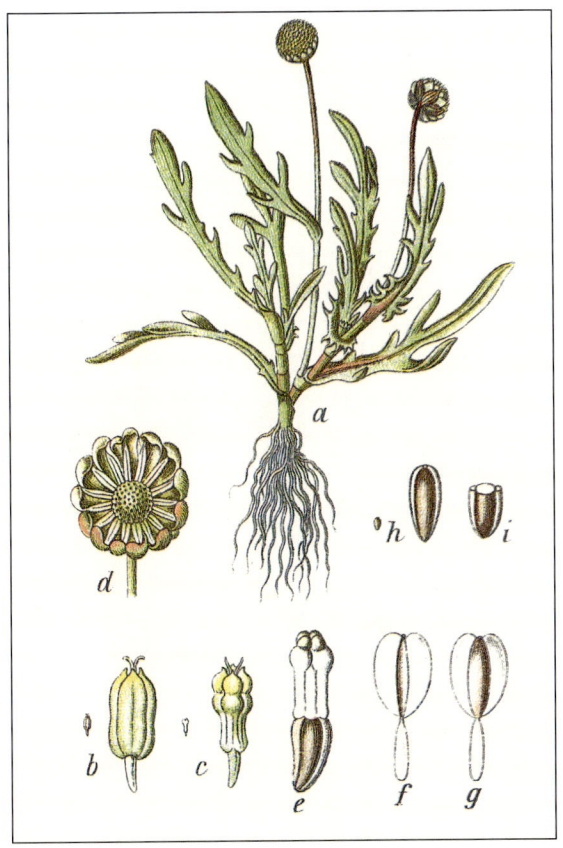

Laugenblume *(Cotula coronopifolia)*

Tafel 798

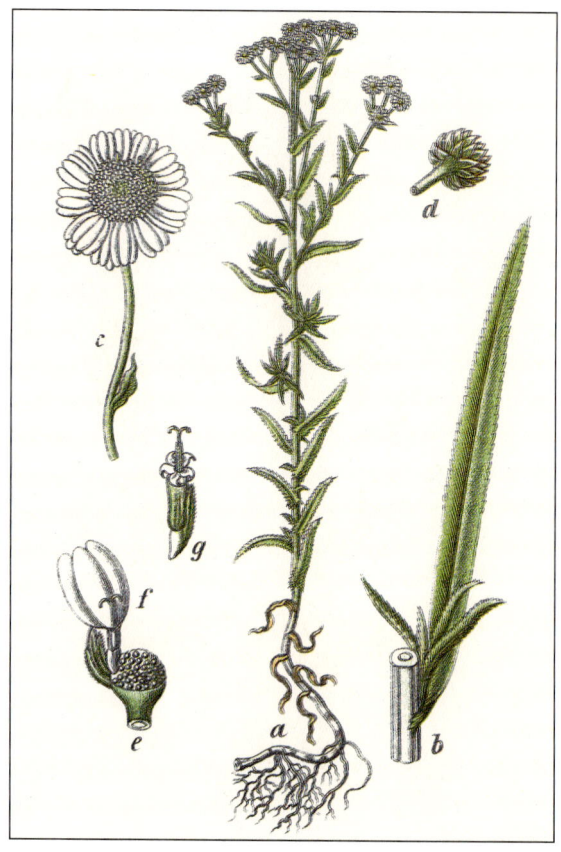

Sumpf-Schafgarbe *(Achillea ptarmica)*

Tafel 799

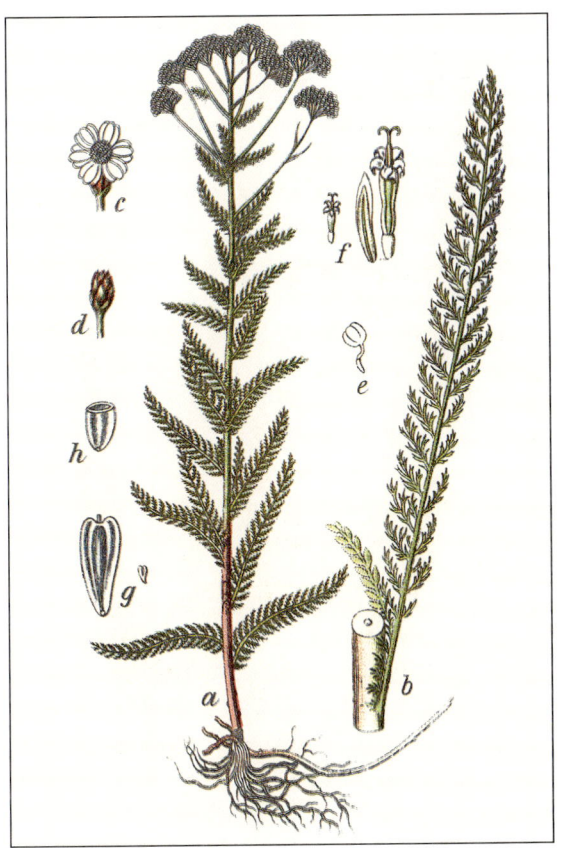

Gemeine Schafgarbe *(Achillea millefolium)*

Edel-Schafgarbe *(Achillea nobilis)*

Färber-Hundskamille *(Anthemis tinctoria)*

Tafel 802

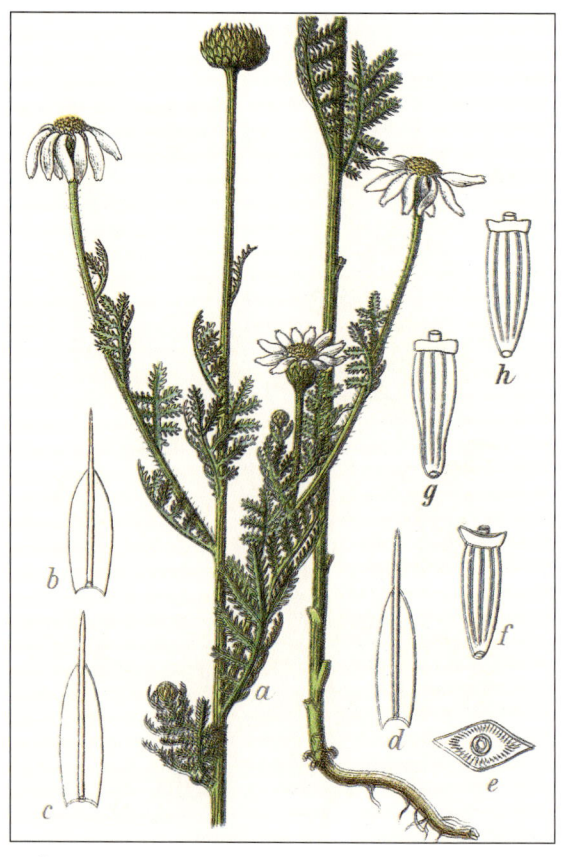

Österreichische Hundskamille *(Anthemis austriaca)*

Acker-Hundskamille *(Anthemis arvensis)*

Römische Kamille *(Chamaemelum nobile)*

Tafel 805

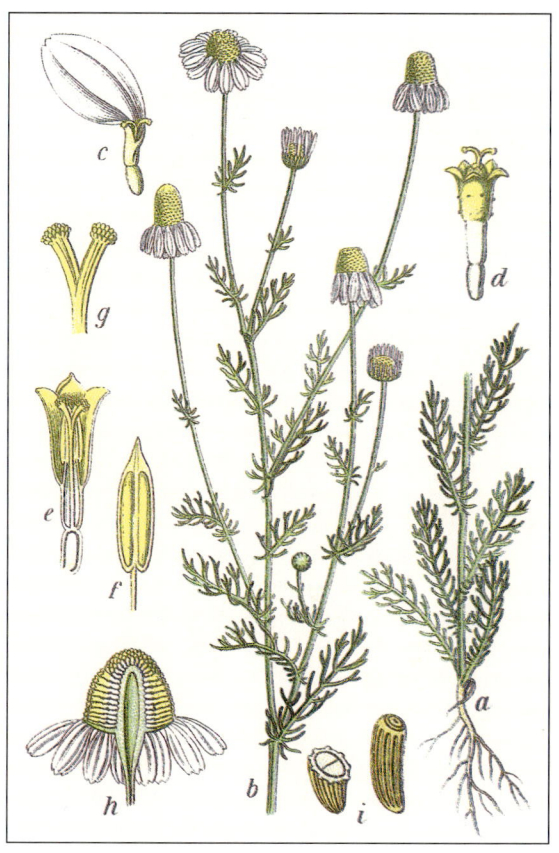

Echte Kamille *(Matricaria recutita)*

Tafel 806

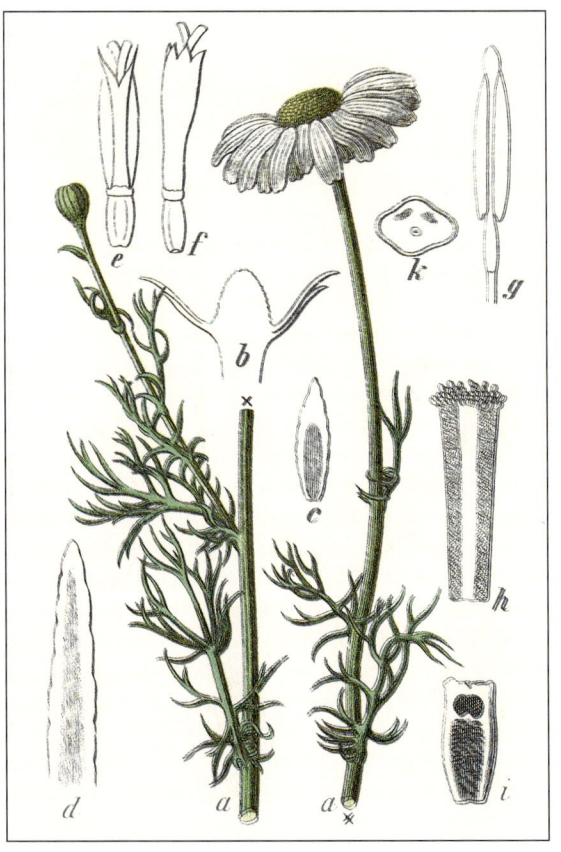

Geruchlose Kamille *(Tripleurospermum maritimum)*

Tafel 807

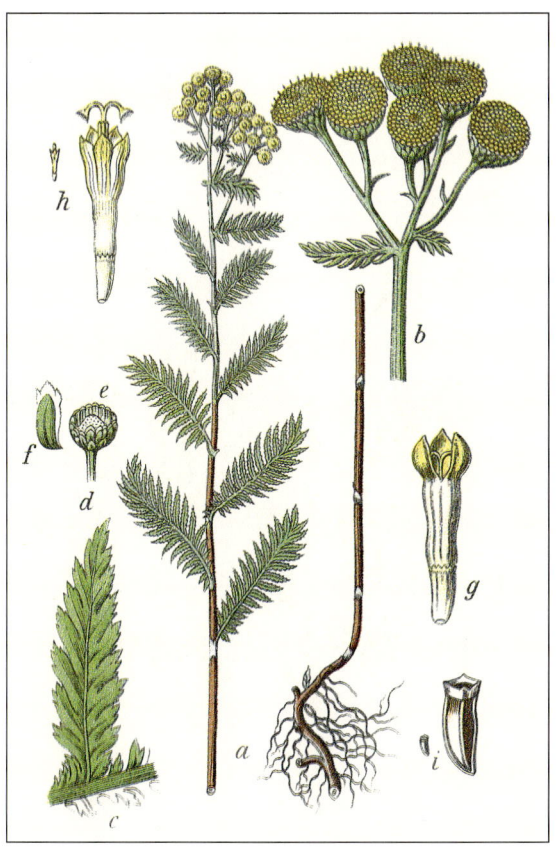

Rainfarn *(Tanacetum vulgare)*

Tafel 808

Straußblütige Wucherblume *(Tanacetum corymbosum)*

Tafel 809

1. Saat-Wucherblume *(Chrysanthemum segetum)*
2. Kronen-Wucherblume *(C. coronarium)*

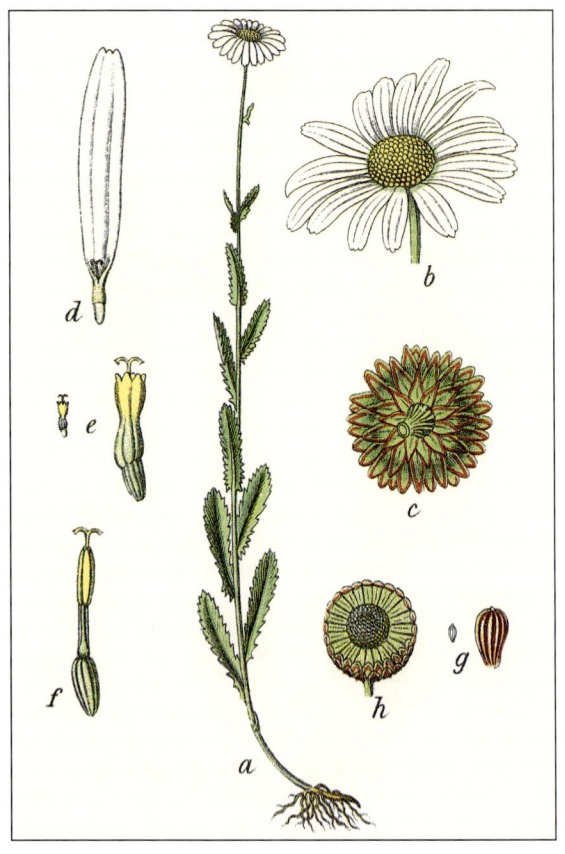

Wiesen-Margerite *(Leucanthemum vulgare)*

Tafel 811

Grüner Alpenlattich *(Homogyne alpina)*

Tafel 812

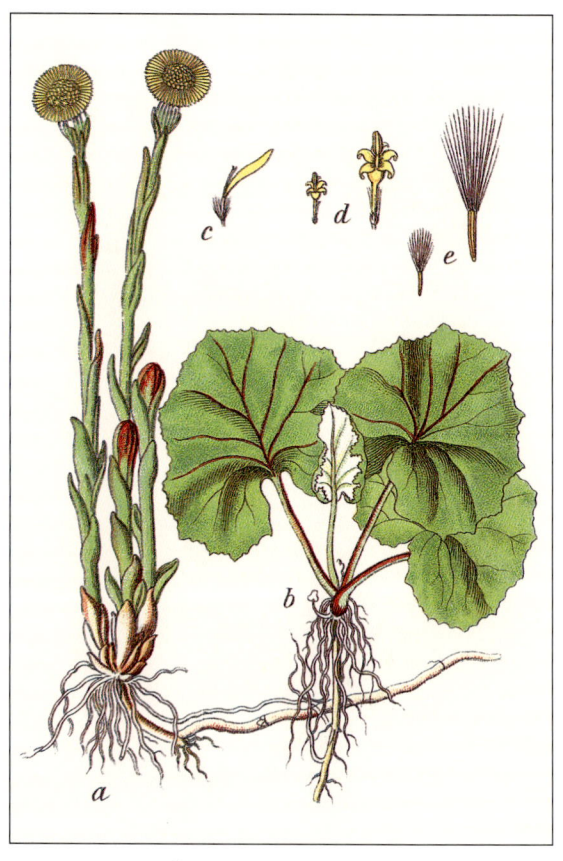

Huflattich *(Tussilago farfara)*

Tafel 813

Gemeine Pestwurz *(Petasites hybridus)*

Tafel 814

Filzige Pestwurz *(Petasites spurius)*

Tafel 815

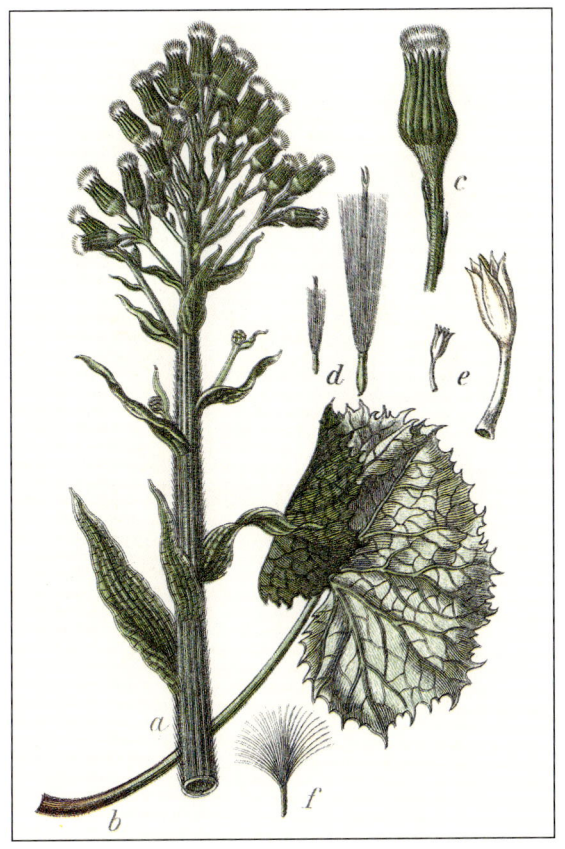

Weiße Pestwurz *(Petasites albus)*

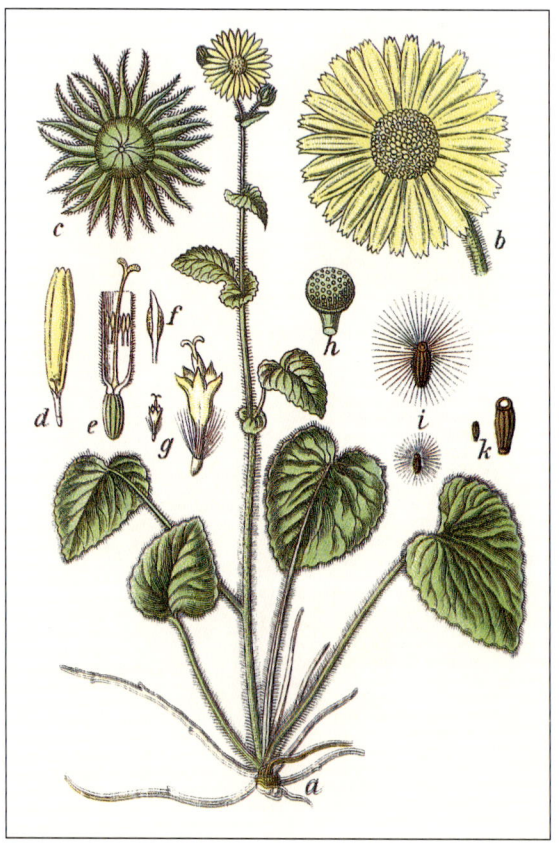

Kriechende Gemswurz *(Doronicum pardalianches)*

Tafel 817

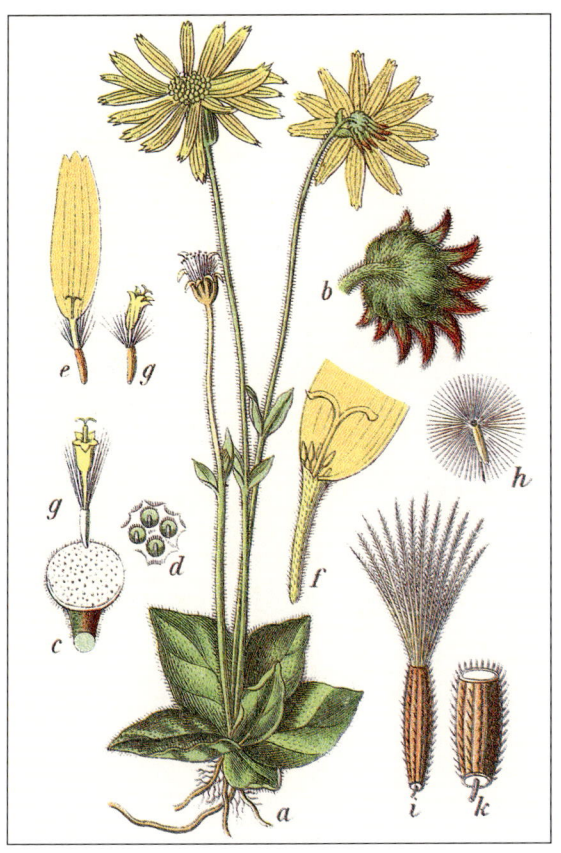

Arnika *(Arnica montana)* *

Tafel 818

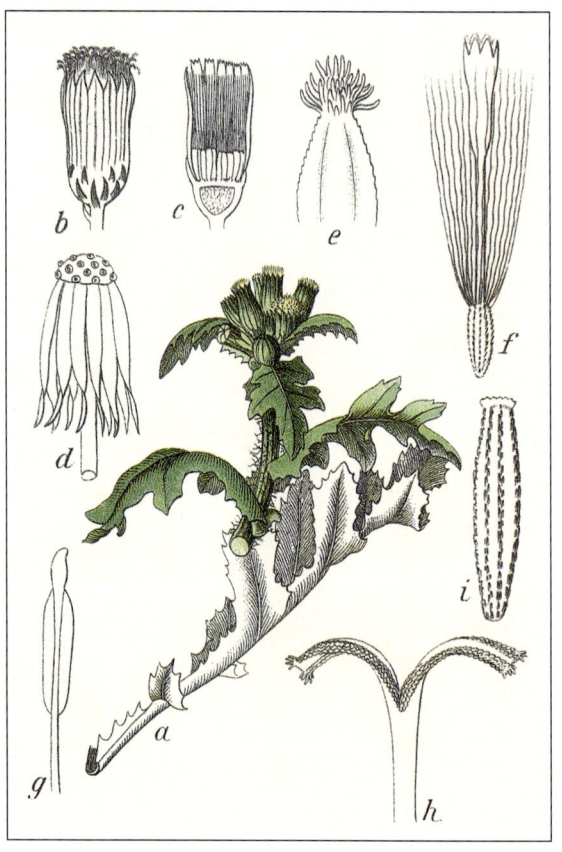

Gemeines Greiskraut *(Senecio vulgaris)*

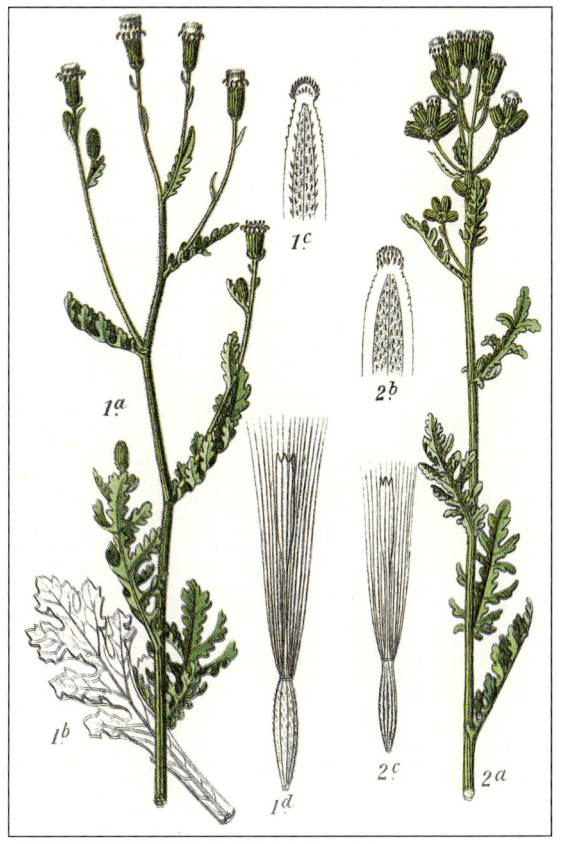

1. Klebriges Greiskraut *(Senecio viscosus)*
2. Wald-Greiskraut *(S. sylvaticus)*

Tafel 820

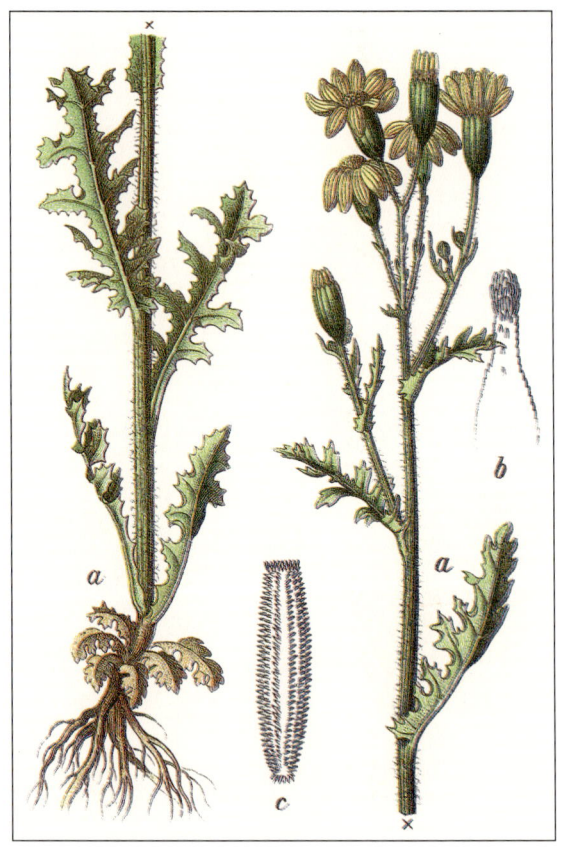

Frühlings-Greiskraut *(Senecio vernalis)*

Tafel 821

Jacobs-Greiskraut *(Senecio jacobaea)*

Tafel 822

Wasser-Greiskraut *(Senecio aquaticus)*

Tafel 823

Fuchs' Greiskraut *(Senecio ovatus)*

Tafel 824

Garten-Ringelblume *(Calendula officinalis)*

Tafel 825

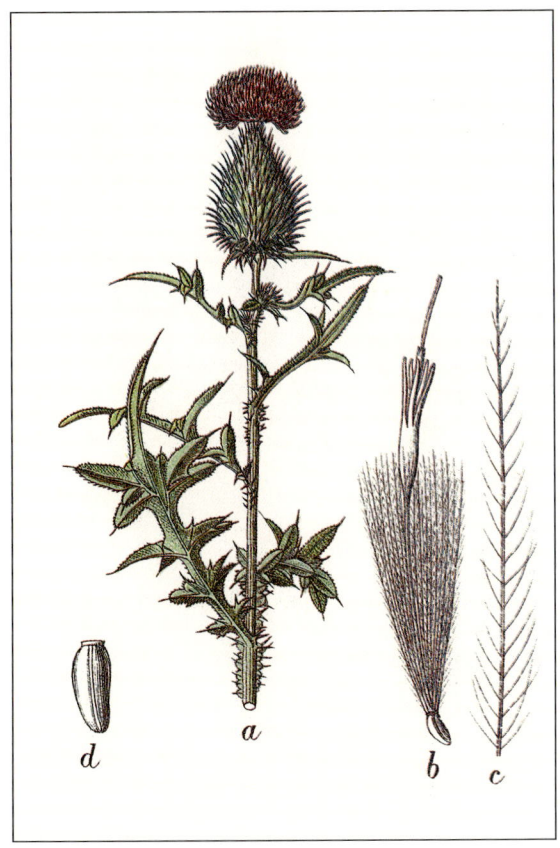

Lanzett-Kratzdistel *(Cirsium vulgare)*

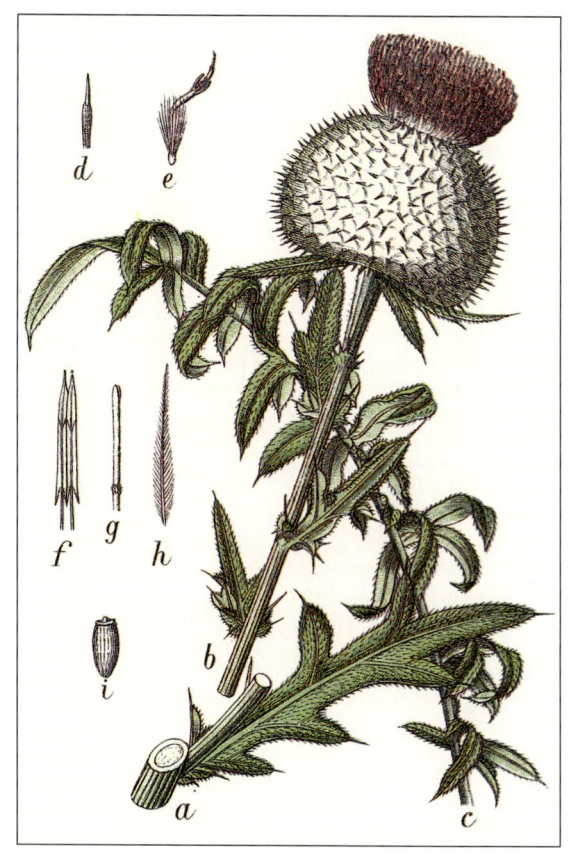

Wollkopf-Kratzdistel *(Cirsium eriophorum)*

Tafel 827

Sumpf-Kratzdistel *(Cirsium palustre)*

Tafel 828

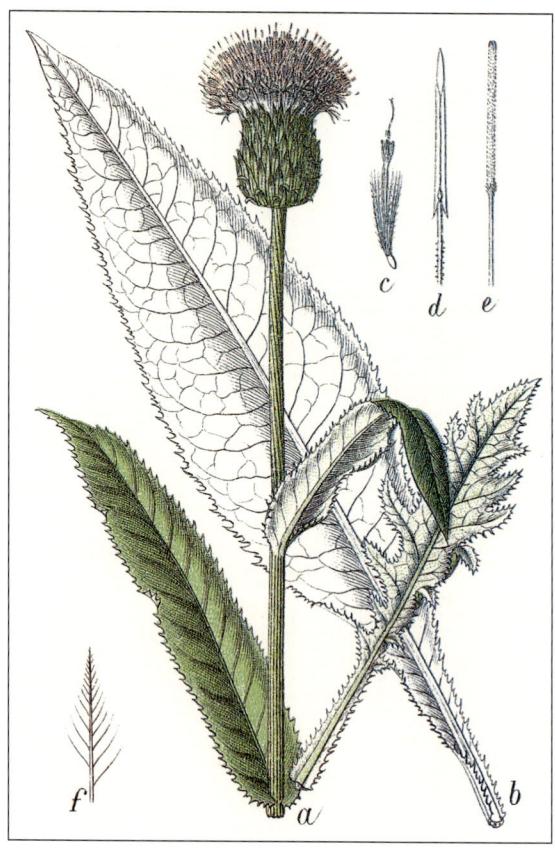

Verschiedenblättrige Kratzdistel *(Cirsium heterophyllum)*

Bach-Kratzdistel *(Cirsium rivulare)*

Tafel 830

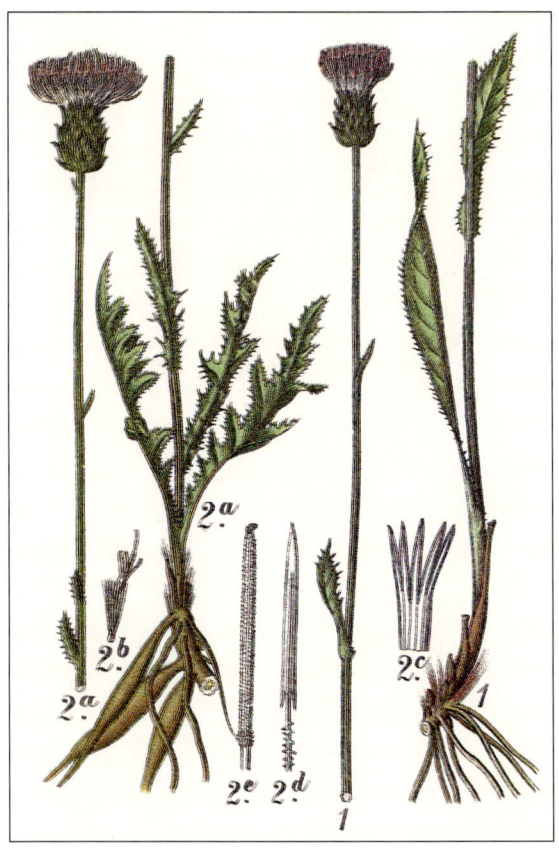

1. Englische Kratzdistel *(Cirsium dissectum)*
2. Knollige Kratzdistel *(C. tuberosum)*

Tafel 831

Kohl-Kratzdistel *(Cirsium oleraceum)*

Tafel 832

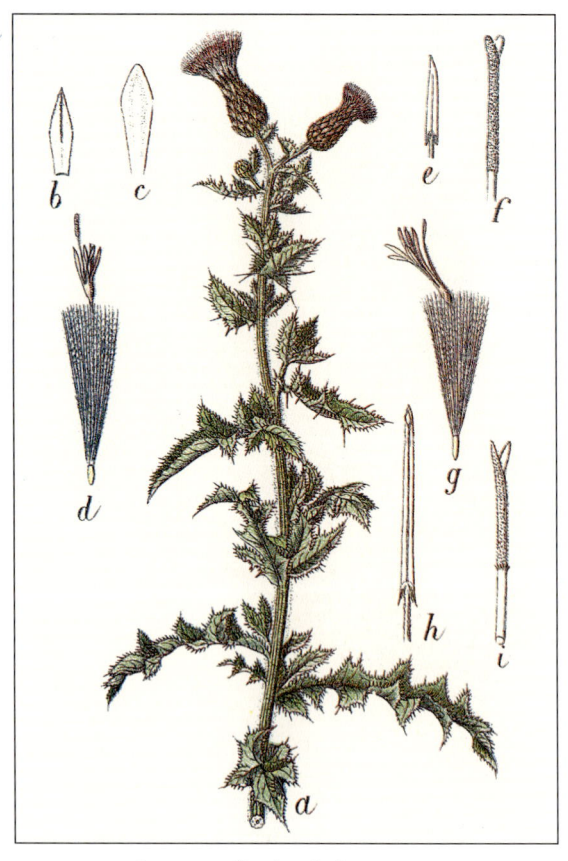

Acker-Kratzdistel *(Cirsium arvense)*

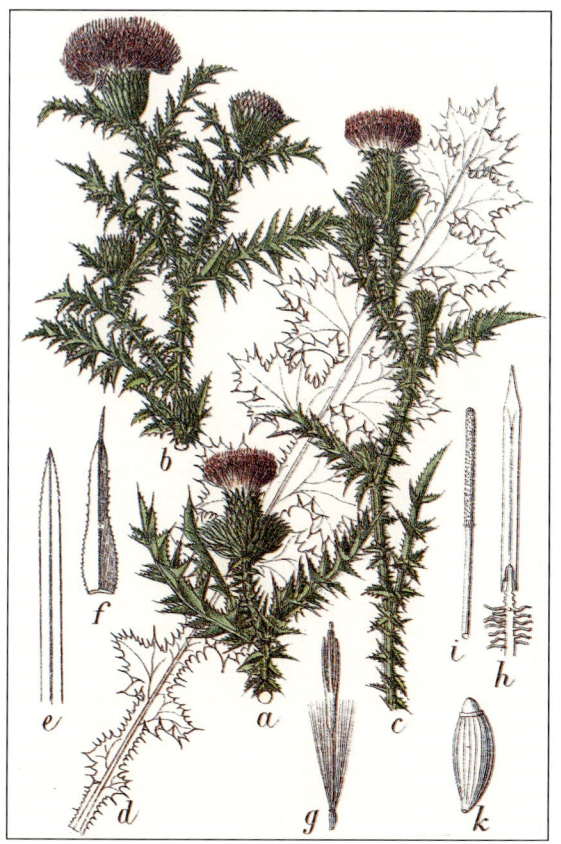

Stachel-Distel *(Carduus acanthoides)*

Tafel 834

Krause Distel *(Carduus crispus)*

Tafel 835

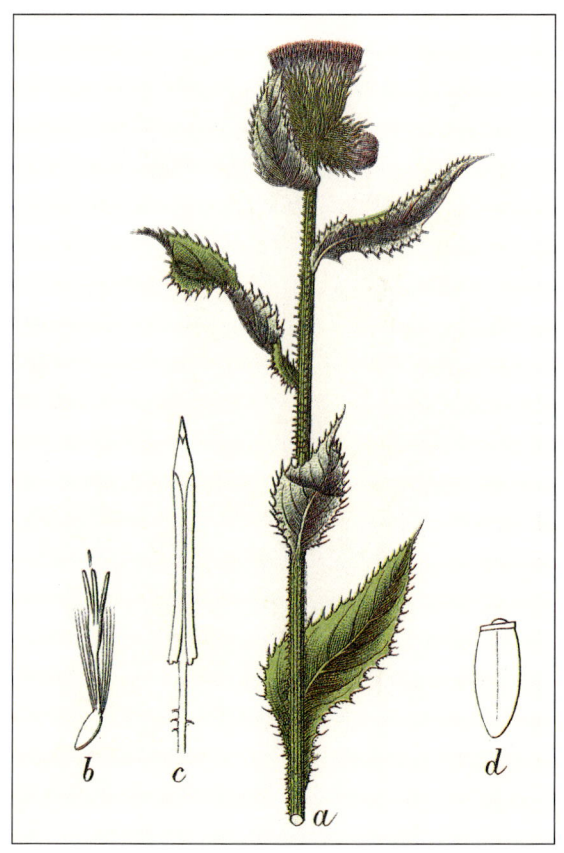

Kletten-Distel *(Carduus personata)*

Tafel 836

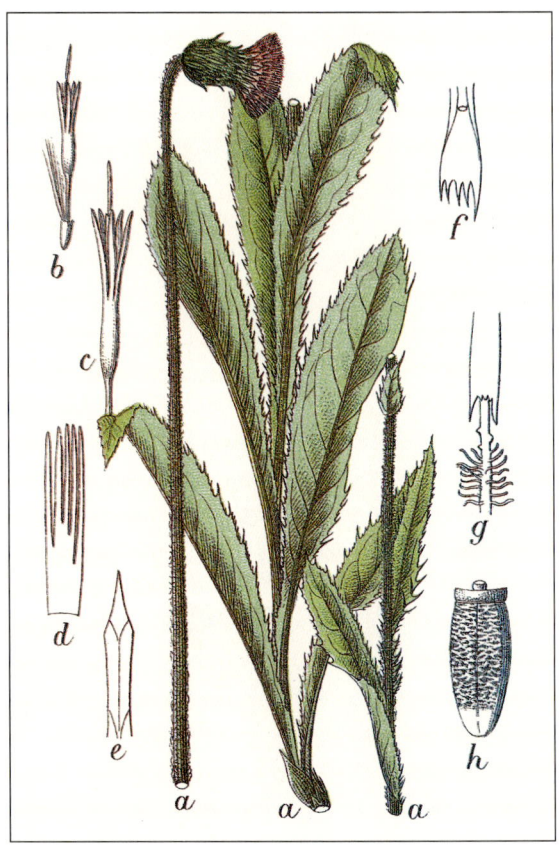

Berg-Distel *(Carduus defloratus)*

Tafel 837

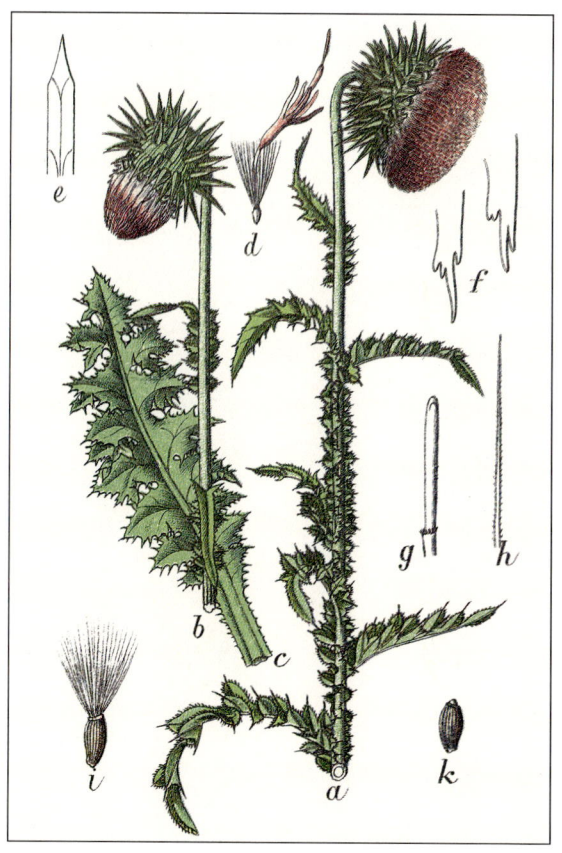

Nickende Distel *(Carduus nutans)*

Tafel 838

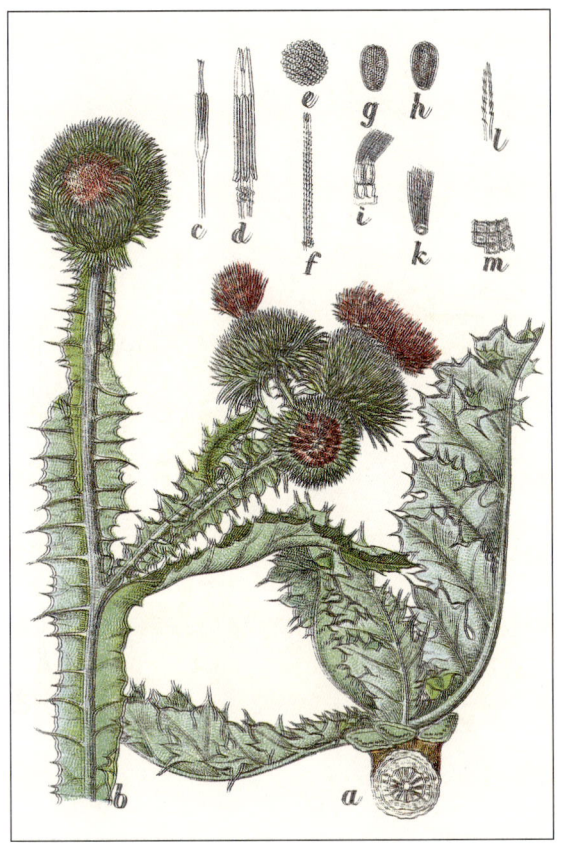

Eselsdistel *(Onopordum acanthium)*

1. Hain-Klette *(Arctium nemorosum)*
2. Große Klette *(A. lappa)*

1. Kleine Klette *(Arctium minus)*
2. Filzige Klette *(A. tomentosum)*

Tafel 841

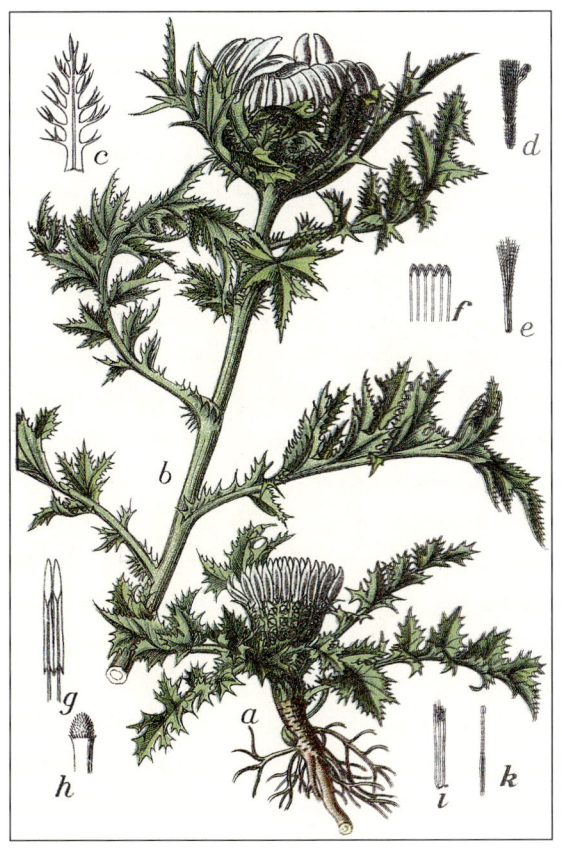

Silberdistel *(Carlina acaulis)* *

Tafel 842

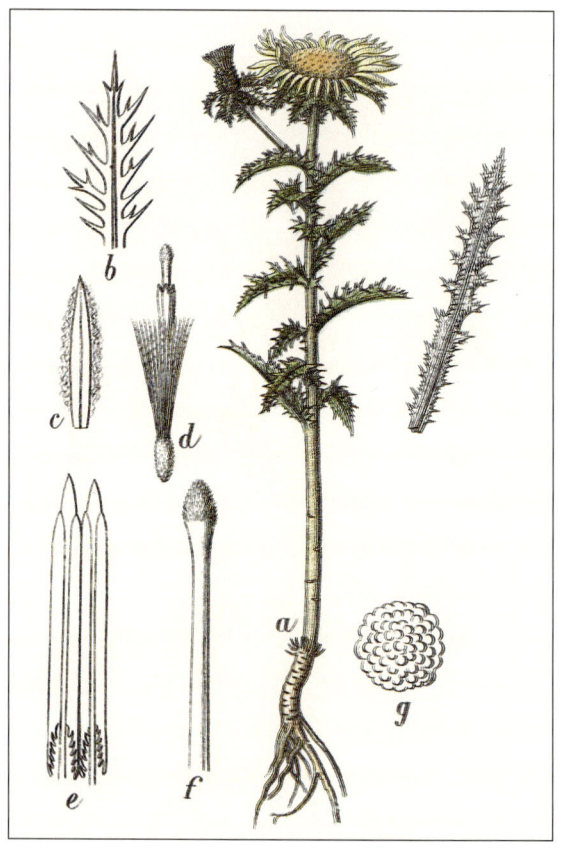

Golddistel *(Carlina vulgaris)*

Tafel 843

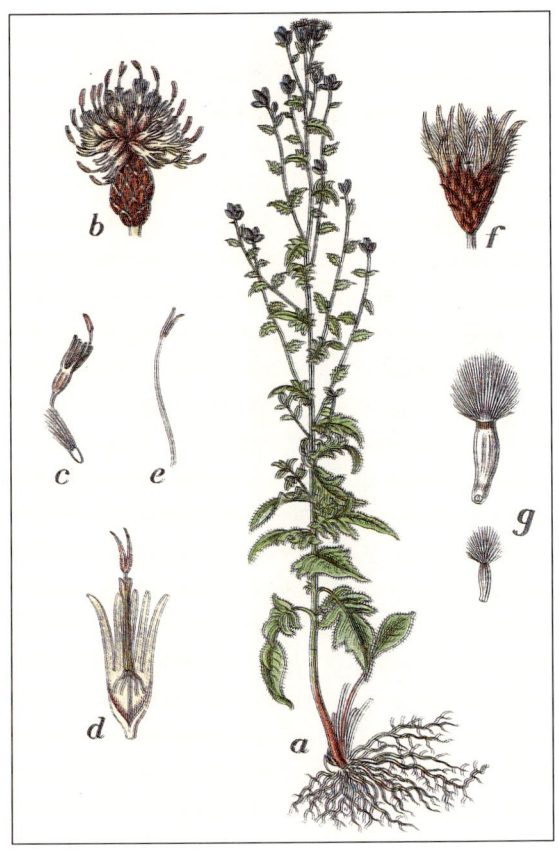

Färberscharte *(Serratula tinctoria)*

Tafel 844

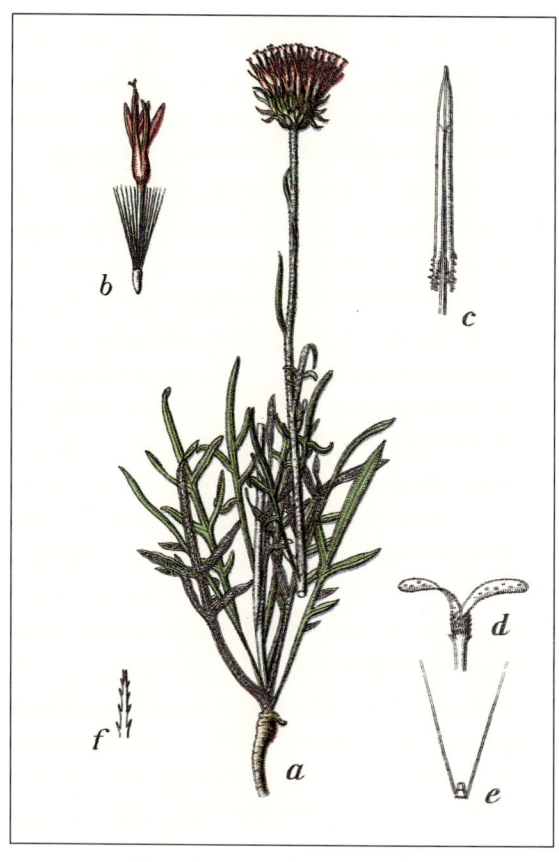

Silberscharte *(Jurinea cyanoides)* *

Tafel 845

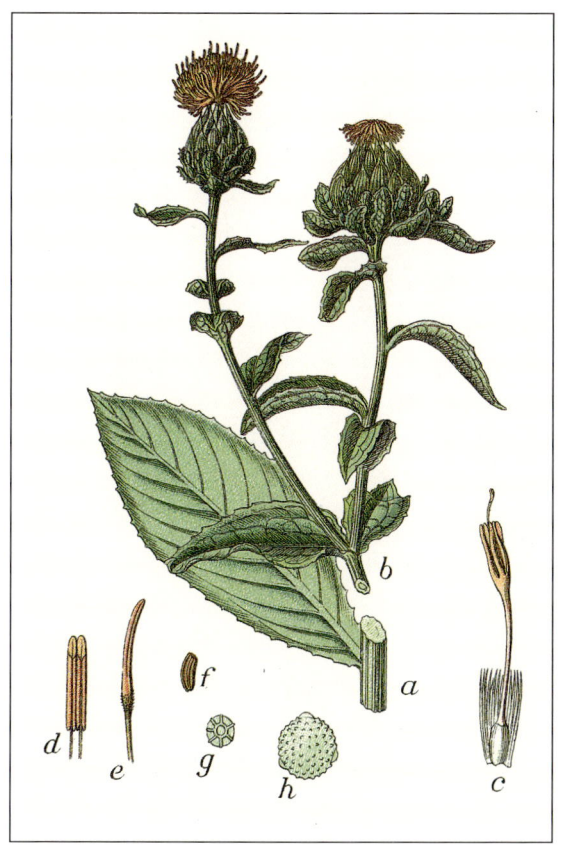

Saflor *(Carthamus tinctorius)*

Tafel 846

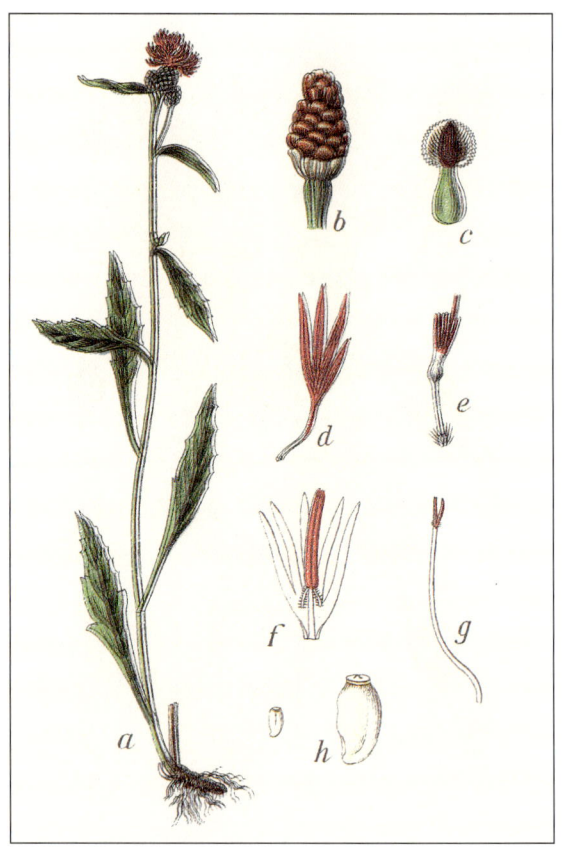

Wiesen-Flockenblume *(Centaurea jacea)*

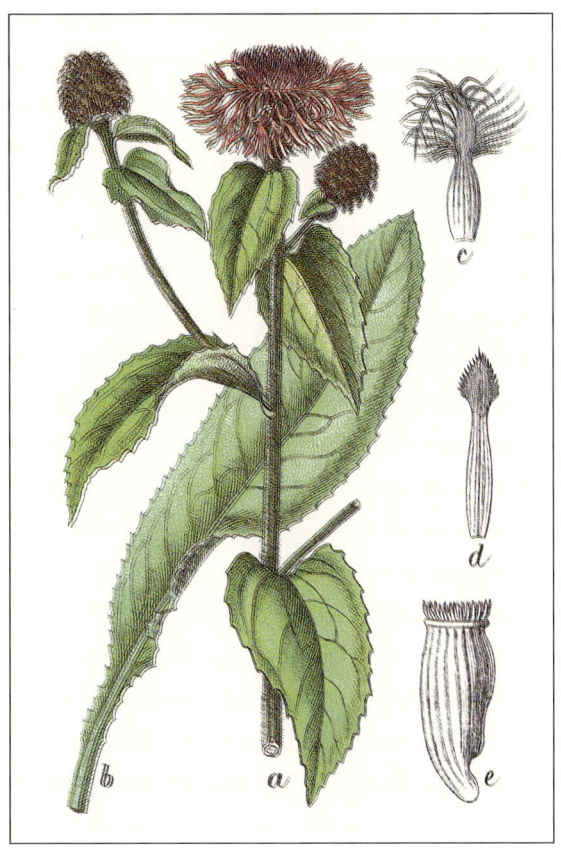

Perücken-Flockenblume *(Centaurea pseudophrygia)*

Tafel 848

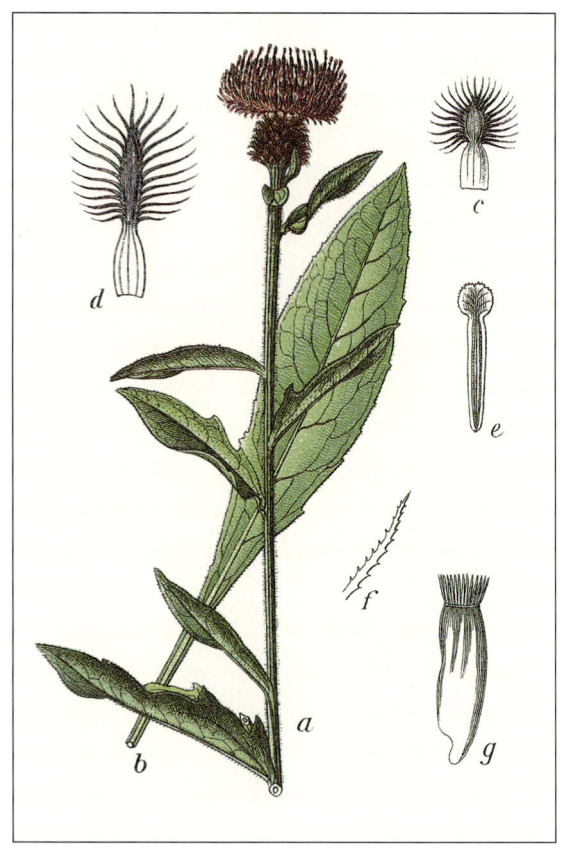

Schwarze Flockenblume *(Centaurea nigra)*

Tafel 849

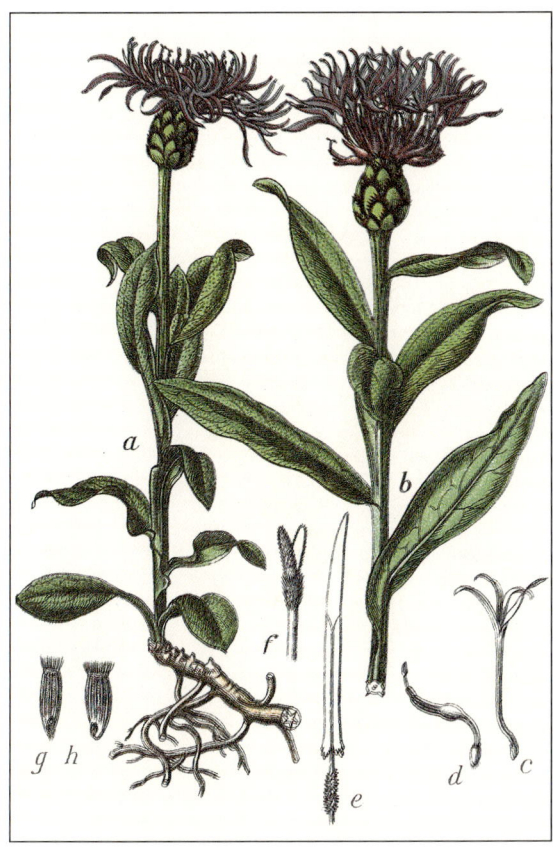

Berg-Flockenblume *(Centaurea montana)*

Tafel 850

Kornblume *(Centaurea cyanus)*

Tafel 851

Skabiosen-Flockenblume *(Centaurea scabiosa)*

Tafel 852

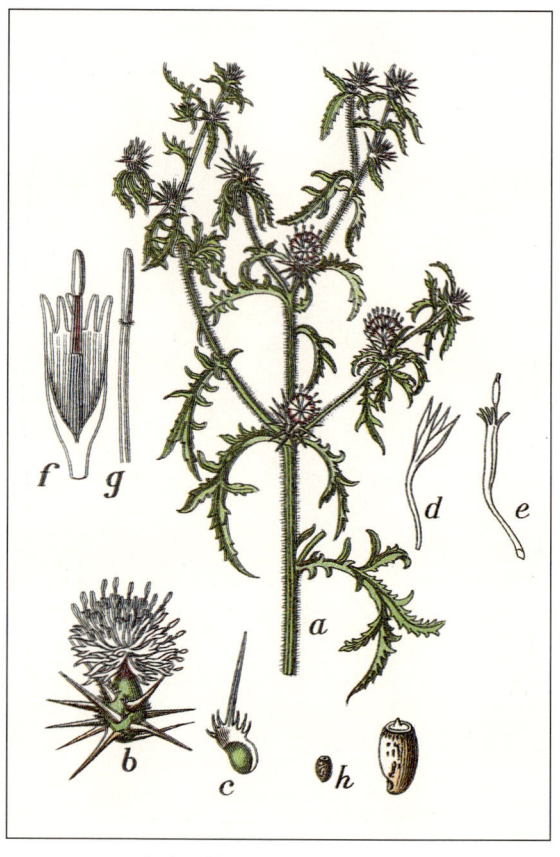

Stern-Flockenblume *(Centaurea calcitrapa)*

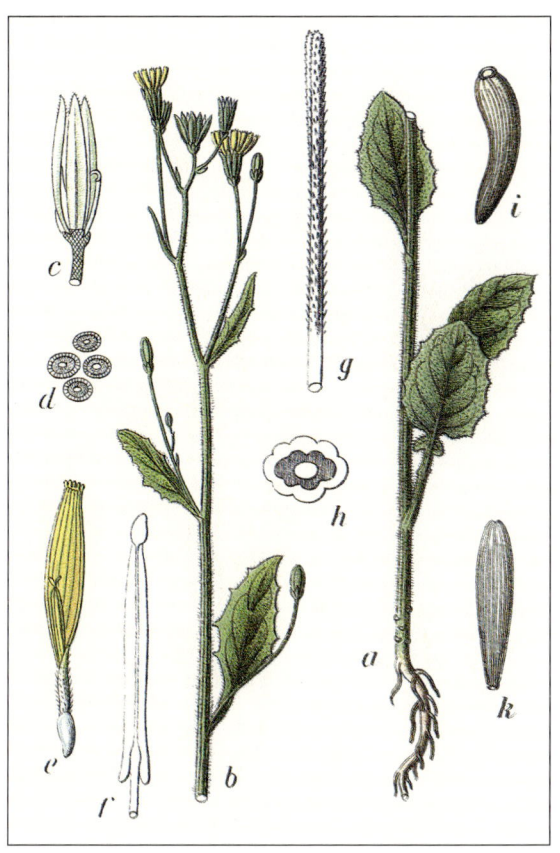

Rainkohl *(Lapsana communis)*

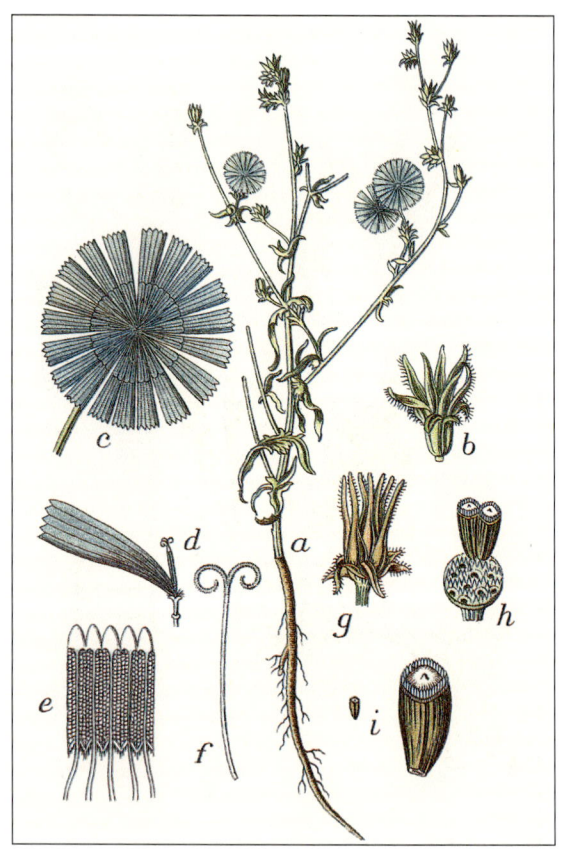

Wegwarte *(Cichorium intybus)*

Tafel 855

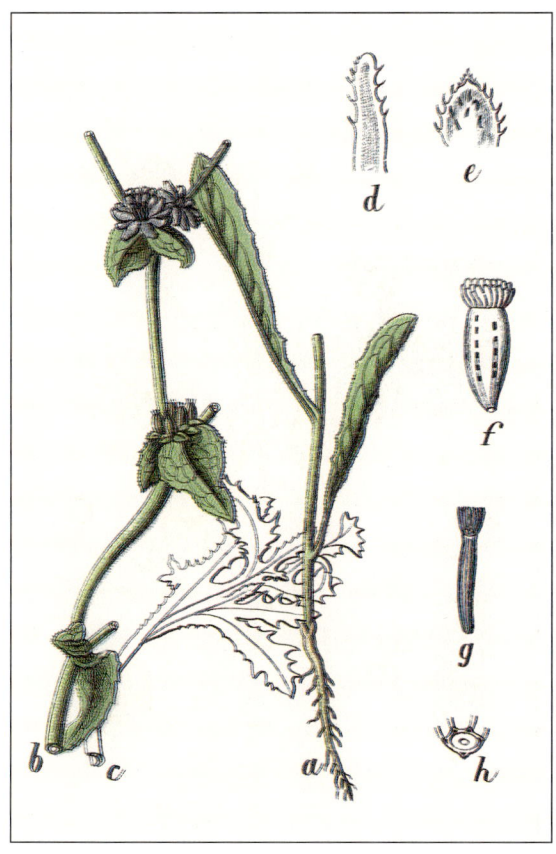

Endivie *(Cichorium endivia)*

Tafel 856

Nickender Löwenzahn *(Leontodon saxatilis)*

Tafel 857

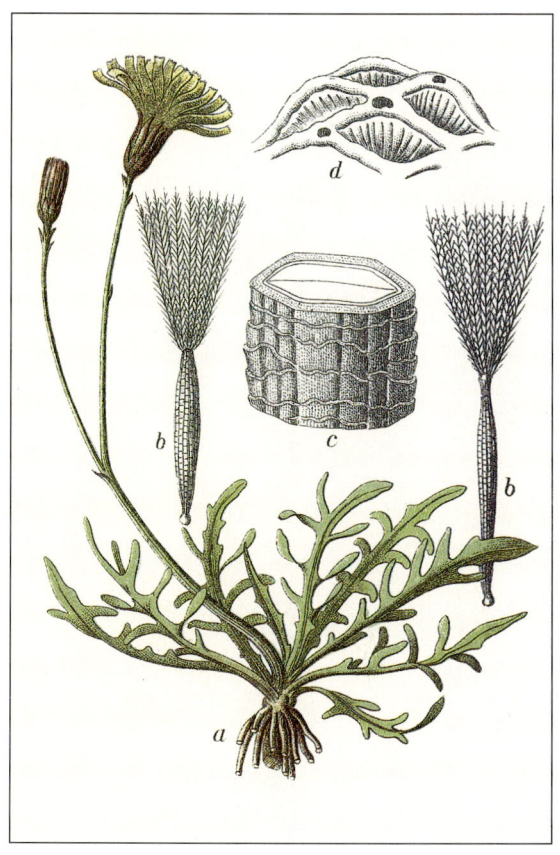

Herbst-Löwenzahn *(Leontodon autumnalis)*

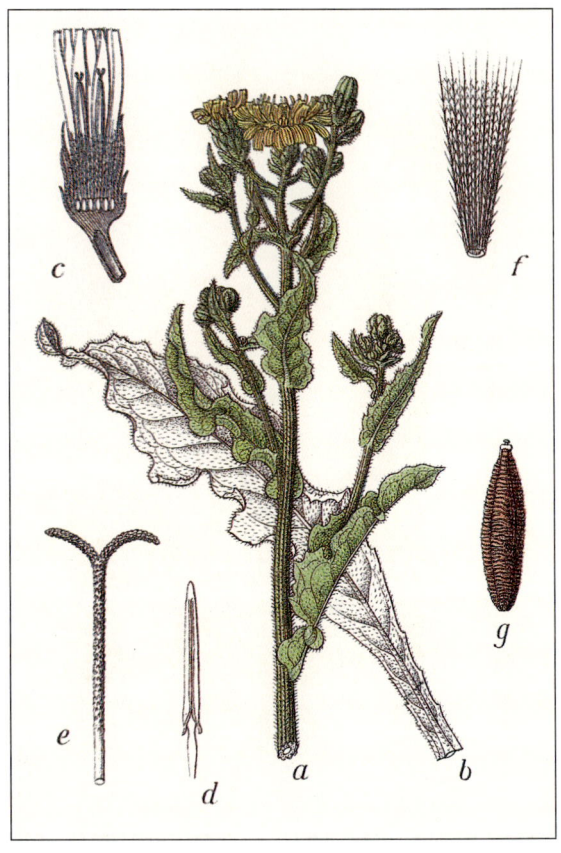

Gemeines Bitterkraut *(Picris hieracioides)*

Tafel 859

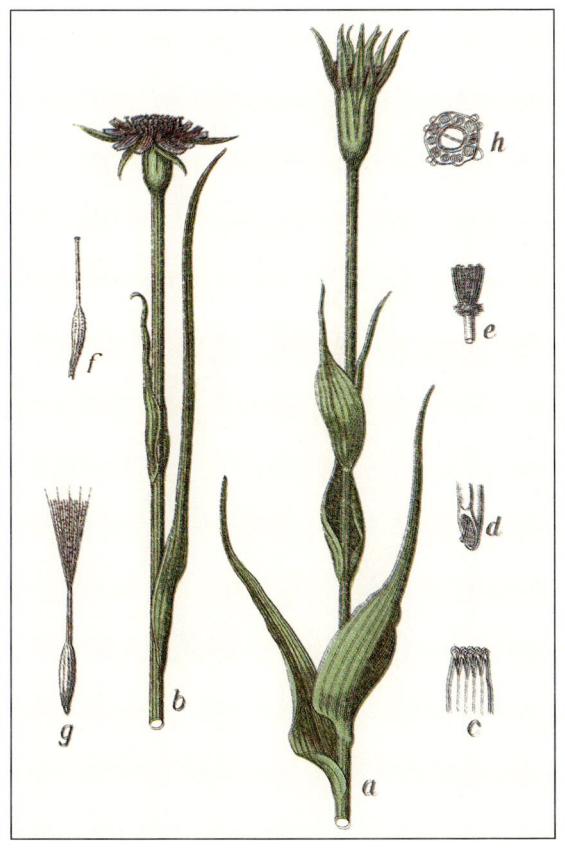

Haferwurz *(Tragopogon porrifolius)*

Tafel 860

Großer Bocksbart *(Tragopogon dubius)*

Tafel 861

Niedrige Schwarzwurzel *(Scorzonera humilis)* *

Violette Schwarzwurzel *(Scorzonera purpurea)* *

1. Schlitzblättrige Schwarzwurzel *(Scorzonera laciniata)*
2. Graue Schwarzwurzel *(S. cana)*

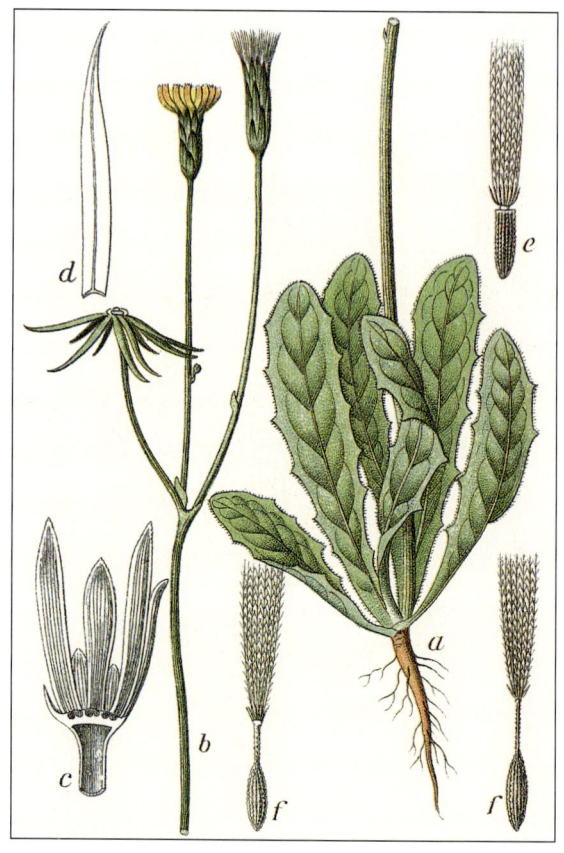

Kahles Ferkelkraut *(Hypochaeris glabra)*

Gemeiner Löwenzahn *(Taraxacum officinale)*

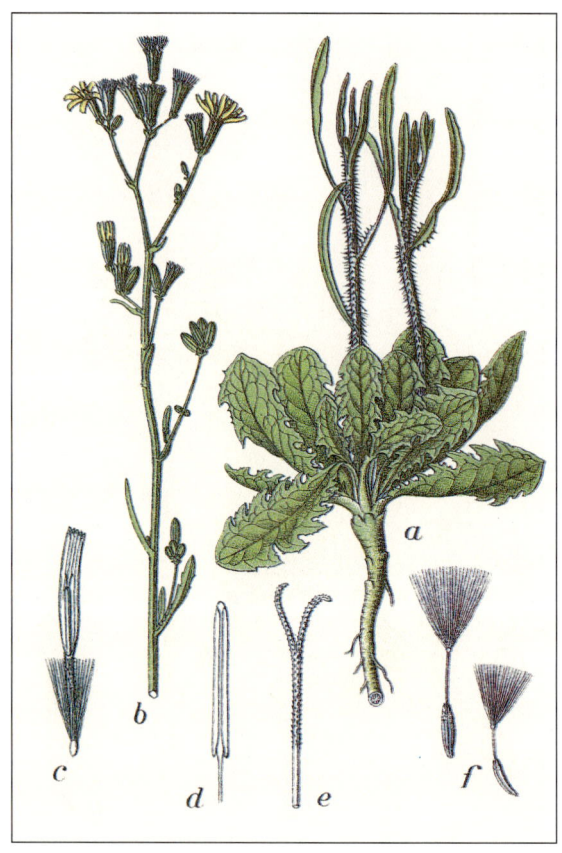

Großer Knorpellattich *(Chondrilla juncea)*

Tafel 867

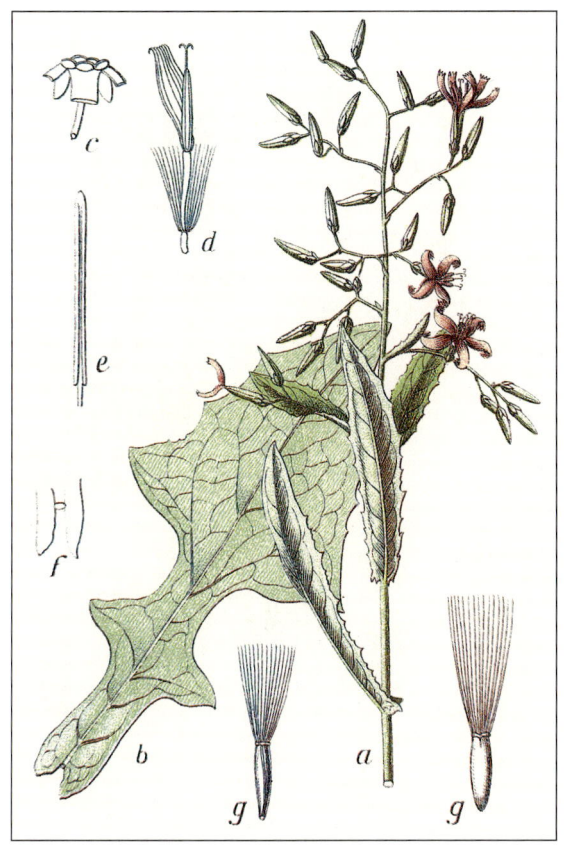

Hasenlattich *(Prenanthes purpurea)*

Tafel 868

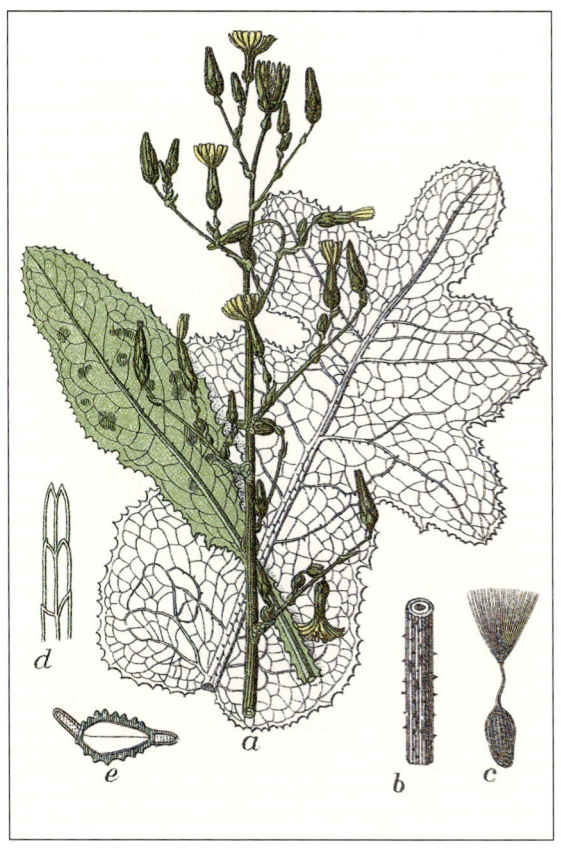

Gift-Lattich *(Lactuca virosa)*

Tafel 869

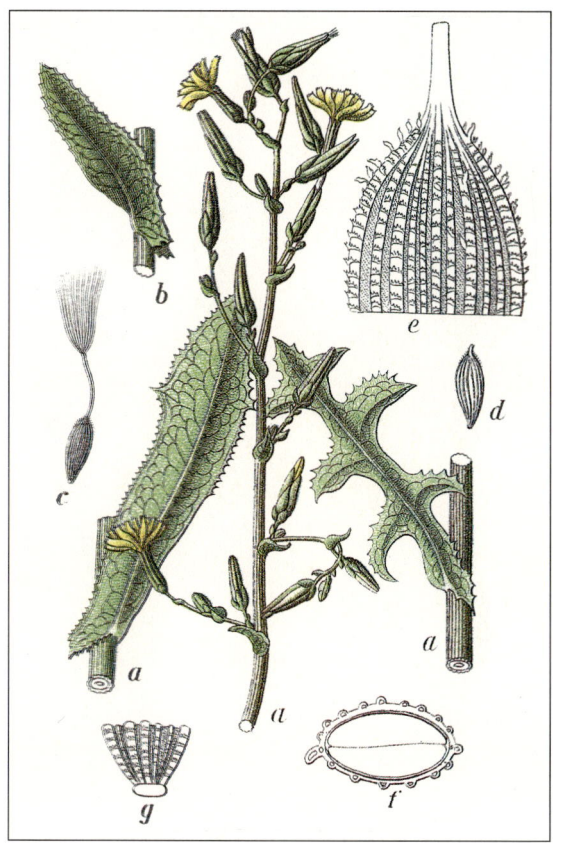

Kompaß-Lattich *(Lactuca serriola)*

Tafel 870

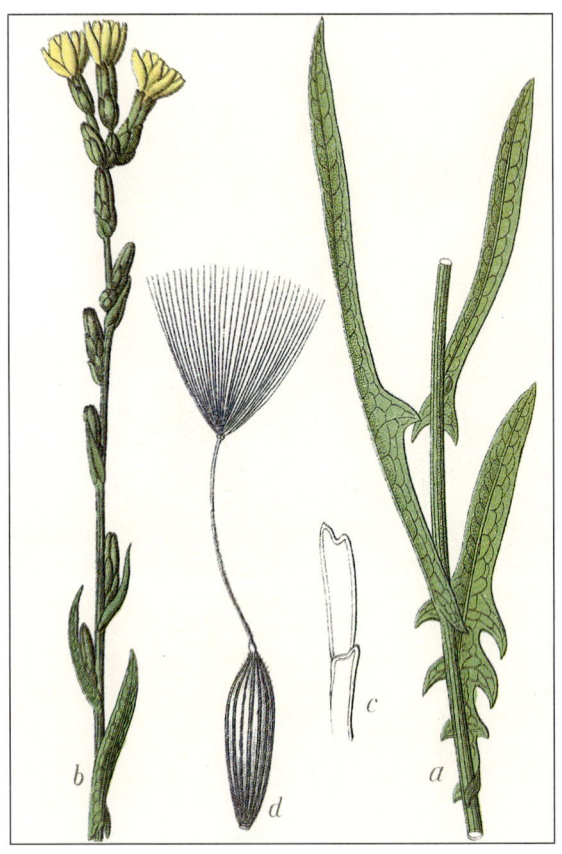

Weidenblättriger Lattich *(Lactuca saligna)*

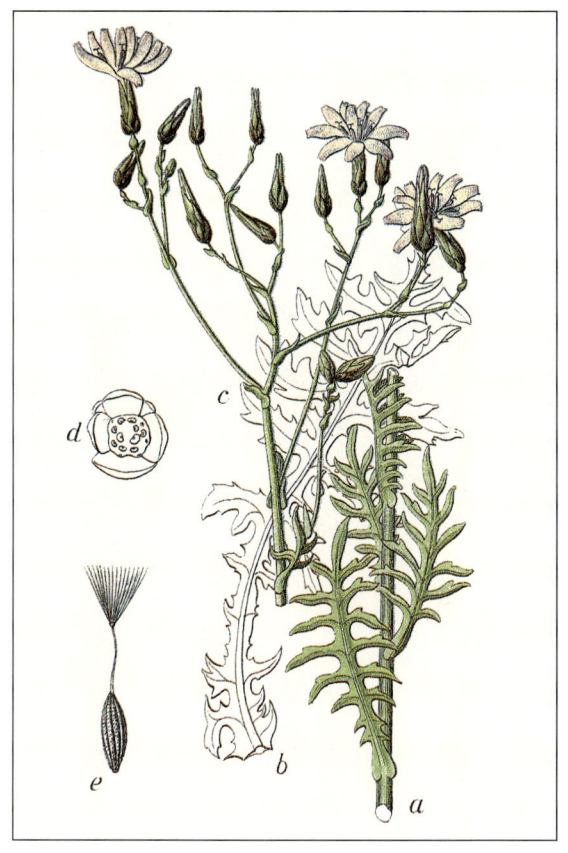

Blauer Lattich *(Lactuca perennis)*

Tafel 872

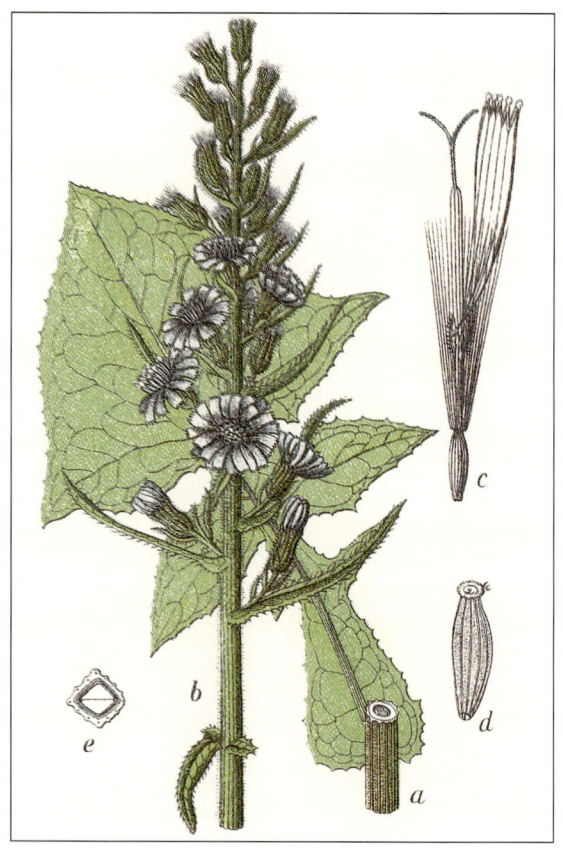

Alpen-Milchlattich *(Cicerbita alpina)*

Tafel 873

Kohl-Gänsedistel *(Sonchus oleraceus)*

Tafel 874

Rauhe Gänsedistel *(Sonchus asper)*

Tafel 875

Sumpf-Gänsedistel *(Sonchus palustris)*

a, c, g: Borsten-Pippau *(Crepis setosa)*
b, d–f: Stinkender Pippau *(C. foetida)*

Tafel 877

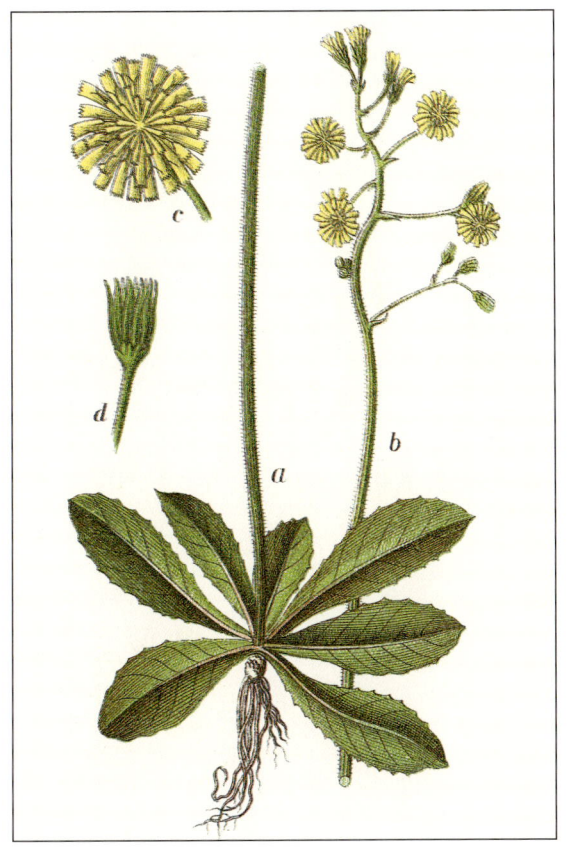

Abgebissener Pippau *(Crepis praemorsa)*

Tafel 878

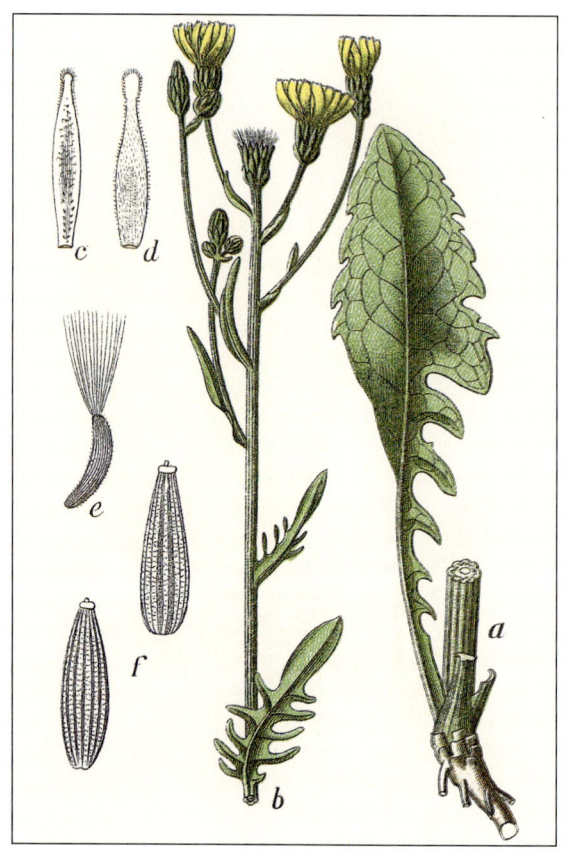

Wiesen-Pippau *(Crepis biennis)*

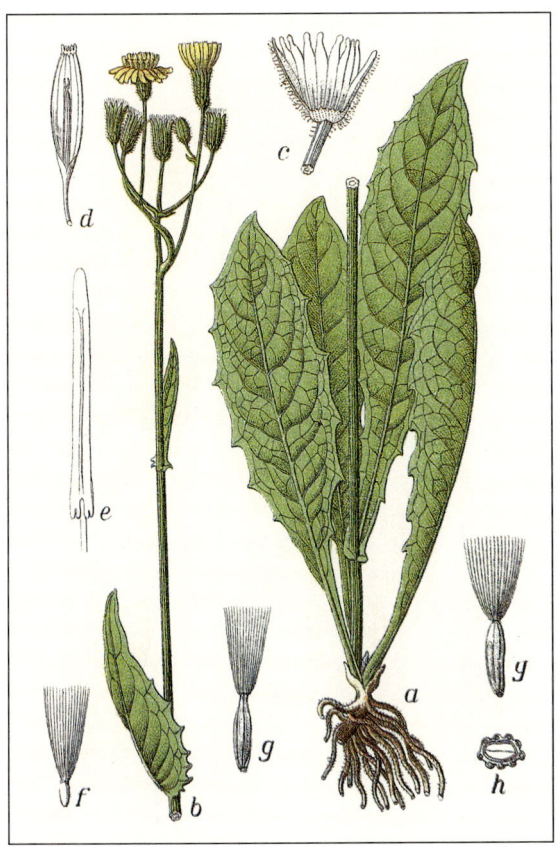

Sumpf-Pippau *(Crepis paludosa)*

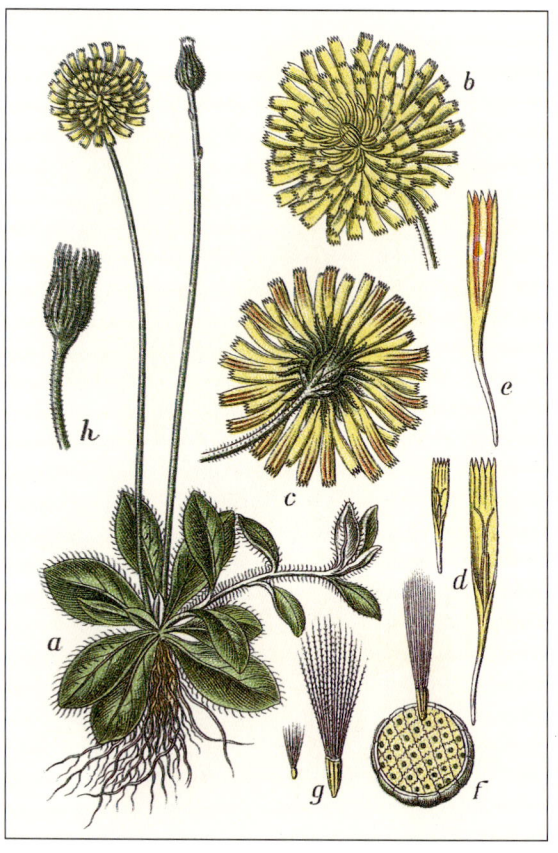

Kleines Habichtskraut *(Hieracium pilosella)*

Tafel 881

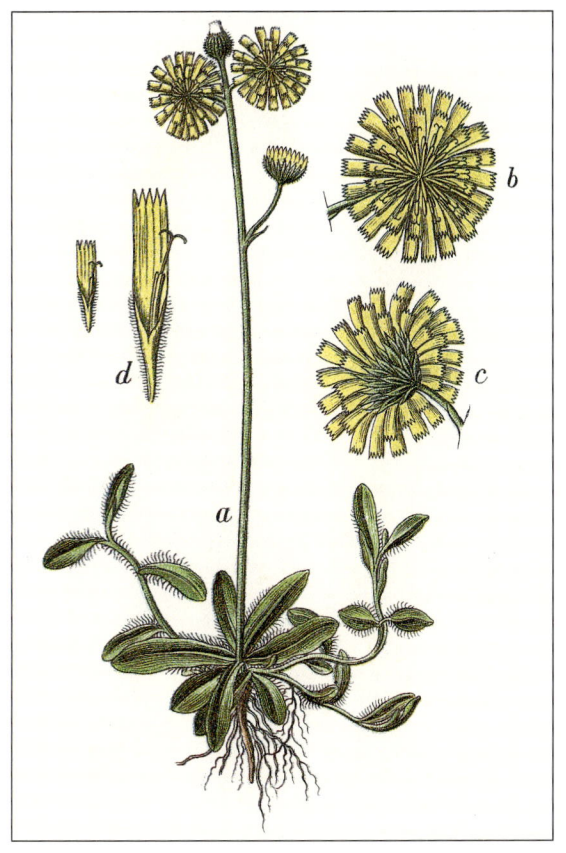

Öhrchen-Habichtskraut *(Hieracium lactucella)*

Tafel 882

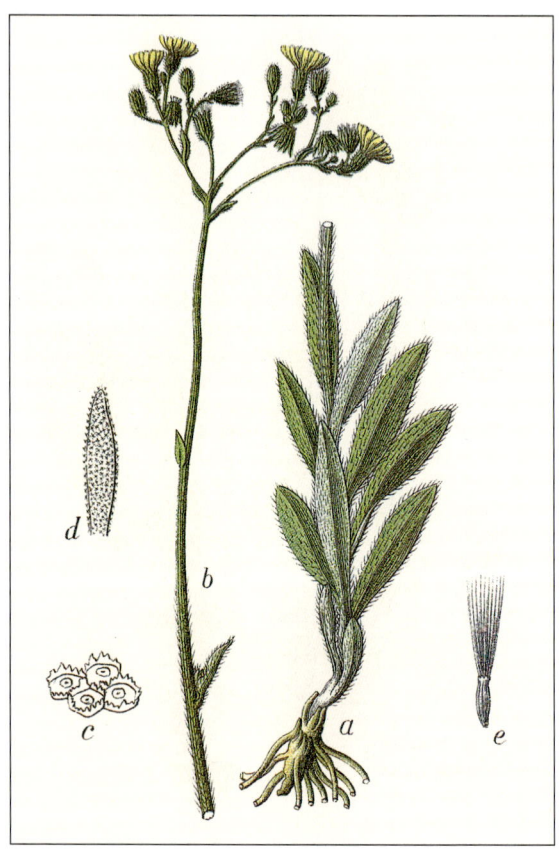

Natterkopf-Habichtskraut *(Hieracium echioides)*

Tafel 883

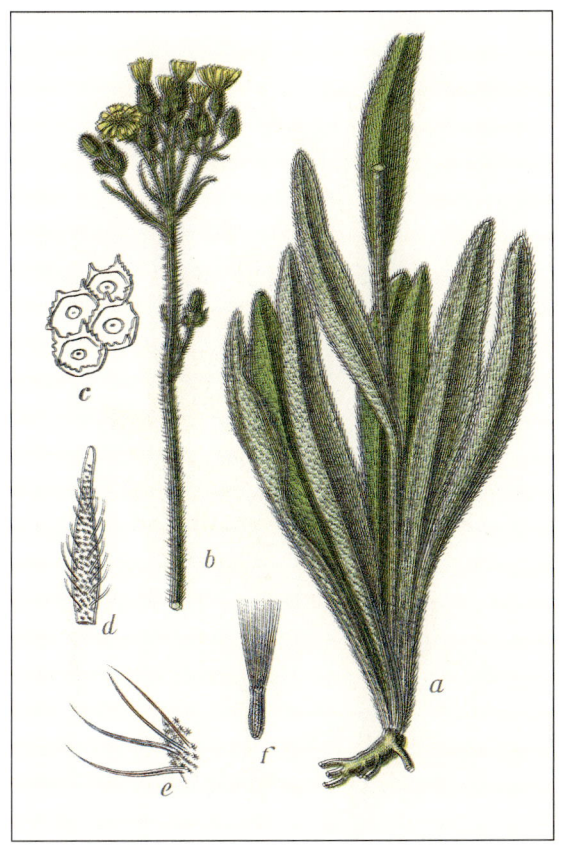

Ungarisches Habichtskraut *(Hieracium bauhinii)*

Tafel 884

Orangerotes Habichtskraut *(Hieracium aurantiacum)*

Tafel 885

Trugdoldiges Habichtskraut *(Hieracium cymosum)*

Tafel 886

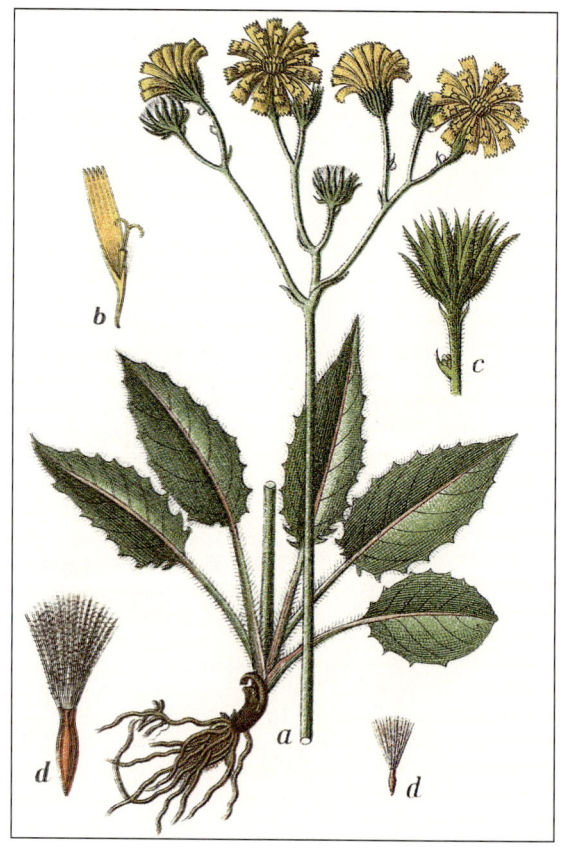

Wald-Habichtskraut *(Hieracium murorum)*

Tafel 887

Niedriges Habichtskraut *(Hieracium humile)*

Tafel 888

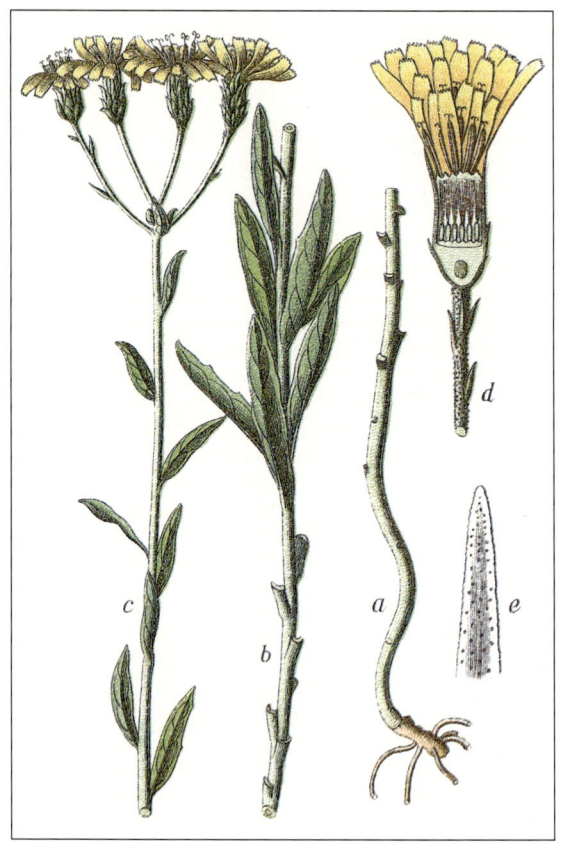

Dolden-Habichtskraut *(Hieracium umbellatum)*

Register
Grundsätzlich sind nur die Gattungsnamen verzeichnet.
Nur bei Gattungen, von denen zehn und mehr Arten dargestellt sind, werden auch die einzelnen Arten genannt.

Acer 393, 394
Achillea 798–800
Acinos 684
Ackerkohl 315
Ackerlöwenmaul 587
Aconitum 286
Actaea 287
Adenostyles 765
Adonis 310
Adonisröschen 310
Adoxa 737
Aegopodium 705
Aethusa 712
Agrimonia 497
Agrostemma 265
Agrostis 142, 143
Ahorn 393, 394
Ährenlilie 41
Aira 148
Alant 773–775, 779
Alchemilla 494–496
Alisma 185
Allium 36–38
Alnus 219
Alopecurus 140, 141
Alpendost 765
Alpenglöckchen 568
Alpenhelm 625
Alpenlattich 811
Alpenmaßliebchen 768
Alyssum 332
Amelanchier 450
Ammi 704
Ammophila 146

Ampfer, Alpen- 241
– Blut- 235
– Fluß- 237
– Garten- 239
– Knäuel- 234
– Krauser 236
– Schöner 233
– Strand- 231
– Stumpfblättriger 232
– Verschiedenblättriger 238
– Wasser- 240
Anagallis 564
Anaphalis 789
Anchusa 640
Andromeda 557
Anemone 291
Anethum 719
Angelica 720–722
Antennaria 788
Anthemis 801–803
Anthericum 35
Anthoxanthum 134
Anthyllis 534
Apera 147
Apfel 447
Aprikose 501
Arabidopsis 318
Arabis 327, 328
Arctium 839, 840
Arctostaphylos 558
Aristolochia 229
Armeria 561
Arnica 817
Arnika 817

Aronstab 63
Arrhenatherum 152
Artemisia 791–796
Arum 63
Aruncus 451
Asarum 230
Aster 766, 767
Aster 766–768
Astragalus 525, 526
Astrantia 700
Atriplex 277, 278
Atropa 582
Augentrost 626
Aurikel 567
Aurinia 331
Avena 150

Baldrian 747–749
Barbarakraut 320
Barbarea 320
Bärenklau 725
Bärenschote 526
Bärentraube 558
Bartgras 129
Bartsia 625
Bärwurz 717
Bassia 279
Bauernsenf 337
Beifuß 792–796
Beinwell 641
Bellis 769
Berberis 312
Berberitze 312
Bergminze 685, 686
Berle 708
Berufkraut 770
Berula 708
Besenrauke 317
Betula 218

Bibernelle 707
Bidens 777, 778
Bilsenkraut 583
Bingelkraut 411, 412
Binse, Alpen- 13
– Baltische 7
– Blaugrüne 6
– Faden- 8
– Flatter- 5
– Glieder- 10
– Knäuel- 4
– Kopf- 9
– Kröten- 18
– Sand- 17
– Sparrige 14
– Spitzblütige 11
– Strand- 3
– Stumpfblütige 12
– Zarte 15
– Zusammengedrückte 16
Birke 218
Birne 446
Birngrün 554
Bistorta 245
Bitterkraut 858
Blasenbinse 187
Blasenstrauch 524
Blaugras 153
Blutauge 460
Blutwurz 473
Blysmus 78
Bocksbart 860
Bohnenkraut 683
Bolboschoenus 76
Borago 639
Boretsch 639
Borstenhirse 131, 132
Borstgras 179
Bothriochloa 129
Brachypodium 179

Brassica 350
Braunelle 662
Braunwurz 596–598
Breitsame 730
Brenndolde 715
Brennessel 224
Briza 157
Bromus arvensis 177
– *commutatus* 177
– *erectus* 174
– *hordeaceus* 178
– *inermis* 175
– *japonicus* 178
– *racemosus* 177
– *ramosus* 174
– *secalinus* 176
– *squarrosus* 178
– *sterilis* 175
– *tectorum* 176
Bruchkraut 250
Brunnenkresse 321
Bryonia 759, 760
Büchsenkraut 599
Buchweizen 248
Buphthalmum 772
Bupleurum 710
Butomus 191

Calamagrostis 144–146
Calamintha 685, 686
Calendula 824
Calepina 343
Calla 64
Callitriche 413, 414
Calluna 552
Caltha 285
Calystegia 633
Camelina 342
Campanula 753–757

Cannabis 221
Capsella 335
Cardamine 323–326
Cardaminopsis 328
Carduus 833–837
Carex acuta 101
– *acutiformis* 126
– *alba* 107
– *appropinquata* 94
– *arenaria* 99
– *atrata* ssp. *aterrima* 104
– – ssp. *atrata* 104
– *baldensis* 89
– *bigelowii* 102
– *binervis* 119
– *bohemica* 89
– *brachystachys* 112
– *brizoides* 91
– *buxbaumii* 102
– *canescens* 98
– *capillaris* 112
– *capitata* 87
– *caryophyllea* 114
– *chordorrhiza* 90
– *davalliana* 86
– *diandra* 93
– *digitata* 116
– *dioica* 86
– *distans* 123
– *disticha* 90
– *divulsa* 92
– *echinata* 95
– *elata* 100
– *elongata* 96
– *ericetorum* 113
– *extensa* 118
– *firma* 122
– *flacca* 105
– *flava* 124
– *frigida* 122

3

Carex x gaudiniana   103
– *halleriana*   116
– *heleonastes*   98
– *hirta*   128
– *hordeistichos*   121
– *hostiana*   120
– *humilis*   115
– *laevigata*   120
– *lasiocarpa*   128
– *lepidocarpa*   124
– *limosa*   106
– *loliacea*   97
– *melanostachya*   127
– *michelii*   121
– *microglochin*   85
– *x microstachya*   103
– *montana*   114
– *mucronata*   97
– *muricata*   92
– *nigra*   100
– *nitida*   108
– *obtusata*   88
– *ornithopoda*   108
– *ovalis*   95
– var. *argyroglochin*   96
– *pallescens*   111
– *panicea*   109
– *paniculata*   94
– *pauciflora*   85
– *paupercula*   106
– *pendula*   110
– *pilosa*   107
– *pilulifera*   113
– *praecox*   99
– *pseudocyperus*   125
– *pulicaris*   87
– *punctata*   119
– *remota*   93
– *riparia*   127
– *rostrata*   125
– *rupestris*   88
– *sempervirens*   117
– *strigosa*   110
– *supina*   105
– *sylvatica*   117
– *tomentosa*   111
– *x turfosa*   101
– *umbrosa*   115
– *vaginata*   109
– *vesicaria*   126
– *viridula*   118
– *vulpina*   91
– *x xanthocarpa*   123
Carlina   841, 842
Carpinus   217
Carthamus   845
Carum   706
Catabrosa   155
Catapodium   169
Caucalis   731
Centaurea   846–852
Centaurium   574
Cerastium   258–263
Ceratocephala   308
Cerinthe   643, 644
Chaenorhinum   588
Chaerophyllum   733
Chamaecytisus   530, 531
Chamaemelum   804
Chenopodium   274–276
Chimaphila   555
Chondrilla   866
Christophskraut   287
Chrysanthemum   809
Chrysosplenium   438, 439
Cicerbita   872
Cichorium   854, 855
Cicuta   702
Circaea   547
Cirsium   825–832

Cladium 83
Clematis 288
Cnidium 715
Coincya 348
Colchicum 27
Colutea 524
Conium 734
Conringia 315
Convallaria 44
Conyza 770
Corispermum 280
Cornus 735, 736
Coronilla 527, 528
Coronopus 341
Corydalis 354–356
Corylus 216
Corynephorus 148
Cotoneaster 441
Cotula 797
Crambe 351
Crataegus 443, 444
Crepis 876–879
Crocus 50, 51
Cruciata 745
Cuscuta 634
Cydonia 445
Cymbalaria 589
Cynodon 152
Cynoglossum 635
Cynosurus 158
Cyperus 65–67
Cypripedium 205
Cytisus 530

Dactylis 158
Dactylorhiza 197
Danthonia 154
Daphne 416
Daucus 729
Deschampsia 149

Descurainia 317
Dianthus 270–272
Dictamnus 392
Digitalis 601, 602
Digitaria 130
Dill 719
Dingel 201
Diplotaxis 344–346
Dipsacus 761
Diptam 392
Distel 833–837
Doppelsame 344–346
Doronicum 816
Dost 688
Drachenkopf 660, 661
Dracocephalum 660, 661
Drehwurz 204
Dreizack 188, 189
Dreizahn 154
Drosera 364
Dryas 483
Dünnschwanz 181
Dünnschwingel 168

Echinochloa 131
Echium 653
Efeu 697
Ehrenpreis, Acker- 616
– Bachbungen- 604
– Berg- 607
– Dreiteiliger 614
– Echter 608
– Efeu- 619
– Feld- 613
– Felsen- 611
– Gamander- 605
– Glänzender 618
– Glanzloser 617
– Liegender 609

Ehrenpreis, Nessel-
  blättriger 606
– Österreichischer 610
– Persischer 615
– Quendelblättriger 612
– Schild- 603
Eibe 2
Eiche 215
Einbeere 45
Eisenhut 286
Eisenkraut 654
Eleocharis 68–71
Elymus 182
Empetrum 398
Endivie 855
Engelwurz 720–722
Enzian 575–580
Epilobium alpestre 545
– *alsinifolium* 544
– *anagallidifolium* 544
– *angustifolium* 546
– *dodonaei* 546
– *fleischeri* 545
– *hirsutum* 541
– *hypericifolium* 542
– *montanum* 542
– *obscurum* 543
– *palustre* 545
– *parviflorum* 541
– *roseum* 543
– *tetragonum* 544
Epipactis 202
Epipogium 200
Eragrostis 154
Erdbeere 461
Erdrauch 358–361
Erica 551, 552
Erigeron 770
Eriophorum 79–81
Erle 219

Erodium 384, 385
Erophila 329
Eruca 347
Erucastrum 347
Eryngium 701
Erysimum 313, 314,
                    319

Esche 571
Eselsdistel 838
Esparsette 529
Euonymus 396, 397
Eupatorium 764
Euphorbia cyparissias 406
– *dulcis* 404
– *esula* 407
– *exigua* 410
– *falcata* 408
– *helioscopia* 402
– *lathyris* 409
– *platyphyllos* 403
– *seguieriana* 405
– *verrucosa* 405
Euphrasia 626

Fagopyrum 248
Fahnenwicke 525
Falcaria 703
Färberröte 744
Färberscharte 843
Faulbaum 401
Federgras 136
Federschwingel 169, 170
Felsenbirne 450
Felsenkresse 336
Ferkelkraut 864
Festuca 170–173
x *Festulolium* 181
Fetthenne 418–420
Fettkraut 630

Fichtenspargel 556
Fieberklee 572
Filago 780–782
Filipendula 452, 453
Filzkraut 780–782
Fingerhirse 130
Fingerhut 601, 602
Fingerkraut, Erdbeer- 463
– Felsen- 459
– Frühlings- 466
– Gänse- 458
– Gold- 469
– Graues 477
– Hohes 472
– Hügel- 476
– Kleinblütiges 464
– Kriechendes 474
– Niederliegendes 474
– Niedriges 456
– Norwegisches 457
– Rötliches 468
– Sand- 465
– Silber- 471
– Thüringisches 479
– Weichhaariges 478
– Weißes 462
– Zottiges 467
Flattergras 137
Flaumhafer 150
Flieder 570
Flockenblume
846–849, 851, 852
Flughafer 150
Fragaria 461
Frangula 401
Frauenflachs 595
Frauenmantel 494–496
Frauenschuh 205
Fraxinus 571
Fritillaria 32

Froschbiß 190
Froschlöffel 185
Fuchsschwanzgras 140, 141
Fumaria 358–361

Gagea 30, 31
Galanthus 49
Galega 524
Galeopsis 664–670
Galinsoga 776
Galium 743, 746
Gänseblümchen 769
Gänsedistel 873–875
Gänsefuß 274–276
Gänsekresse 327
Gauchheil 564
Gedenkemein 636, 637
Geißbart 451
Geißblatt 740
Geißklee 530
Geißraute 524
Gelbling 470
Gemswurz 816
Genista 531
Gentiana 576–579
Gentianella 575, 580
Geranium 377–383
Gerste 183
Geum 481, 482, 484, 485
Giersch 705
Gilbweiderich 562
Ginster 531
Gladiolus 52, 53
Glaskraut 225
Glatthafer 152
Glaux 563
Glechoma 659
Gliedkraut 655
Globularia 629

Glockenblume 753–757
Glyceria 165, 166
Gnaphalium 783–786
Golddistel 842
Goldhafer 151
Goldlack 319
Goldnessel 672
Goldrute 771
Goldstern 30, 31
Grannenhafer 151
Graslilie 35
Grasnelke 561
Greiskraut 818–823
Gundermann 659
Gymnadenia 198

Haarsimse 70, 79
Habichtskraut 880–888
Haferschmiele 148
Haferwurz 859
Haftdolde 731, 732
Hahnenfuß, Acker- 302
– Brennender 293
– Gift- 303
– Gold- 300
– Hain- 298
– Knolliger 299
– Kriechender 298
– Sardischer 301
– Scharfer 296
– Ufer- 294
– Vielblütiger 297
– Wenden- 299
– Wolliger 296
– Zungen- 295
Hainbuche 217
Hainsimse 19–25
Händelwurz 198
Hanf 221

Haquetia 699
Hartriegel 735
Hasel 216
Haselwurz 230
Hasenglöckchen 39
Hasenlattich 867
Hasenohr 710
Hauhechel 532, 533
Hauswurz 421, 422
Heckenkirsche 741
Hedera 697
Hederich 352
Hedysarum 529
Heide 551, 552
Heidekraut 552
Heidelbeere 559
Heilwurz 714
Helianthemum 363
Helichrysum 790
Helictotrichon 150
Hellerkraut 338, 339
Hepatica 292
Heracleum 725
Herbstzeitlose 27
Herniaria 250
Herzblatt 440
Herzgespann 673
Heusenkraut 548
Hexenkraut 547
Hieracium 880–888
Hierochloe 135
Himbeere 454
Hippocrepis 527
Hippophaë 417
Hippuris 549
Hirschwurz 723
Hirtentäschel 335
Hohlzahn 664–670
Holcus 147
Holosteum 252

Holunder 738
Homogyne 811
Honiggras 147
Hopfen 222
Hordelymus 184
Hordeum 183
Hornklee 535
Hornköpfchen 308
Hornkraut 258–263
Hornungia 336
Hufeisenklee 527
Huflattich 812
Hühnerhirse 131
Humulus 222
Hundskamille 801–803
Hundspetersilie 712
Hundsrauke 347
Hundszahngras 152
Hundszunge 635
Hungerblümchen 329
Hyacinthoides 39
Hydrocharis 190
Hyoscyamus 583
Hypericum 371, 372
Hypochaeris 864

Igelsame 638
Ilex 399
Immenblatt 663
Impatiens 389
Inula 773–775, 779
Iris aphylla 56
– *germanica* 59
– *graminea* 61
– *pallida* 58
– *pumila* 60
– *sambucina* 55
– *sibirica* 61
– *spuria* 62

– *squalens* 54
– *variegata* 57
Isatis 340
Isolepis 72

Jasione 751
Johannisbeere 425–427
Johanniskraut 371, 372
Juncus acutiflorus 11
– *alpinus* 13
– *articulatus* 10
– *balticus* 7
– *bufonius* 18
– *capitatus* 9
– *compressus* 16
– *conglomeratus* 4
– *effusus* 5
– *filiformis* 8
– *inflexus* 6
– *maritimus* 3
– *squarrosus* 14
– *subnodulosus* 12
– *tenageia* 17
– *tenuis* 15
Jurinea 844

Kälberkropf 733
Kamille 804–806
Kammgras 158
Kanariengras 134
Karde 761
Katzenminze 656–658
Katzenpfötchen 788
Katzenschwanz 674
Kickxia 590, 591
Kiefer 1
Klappertopf 624
Klee 537–540

Kleinling 564
Klette 839, 840
Klettengras 129
Knabenkraut 194–197
Knäuel 264
Knäuelgras 158
Knautia 762
Knopfkraut 776
Knorpelkraut 281
Knorpellattich 866
Knorpelmöhre 704
Knotenblume 48
Knotenfuß 46
Knöterich 246
Koeleria 155
Königskerze 586
Kopfried 82
Kornblume 850
Kornelkirsche 736
Kornrade 265
Krähenbeere 398
Krähenfuß 341
Kratzdistel 825–832
Kresse 333, 334
Kreuzblümchen 390, 391
Kreuzlabkraut 745
Krokus 50, 51
Kronwicke 527, 528
Kugelblume 629
Kugelsimse 76
Kuhschelle 289, 290
Kümmel 706
Kümmelsilge 718

Labkraut 746
Lactuca 868–871
Laichkraut 192
Lamium 671, 672
Lappula 638

Lapsana 853
Laser 727
Laserkraut 728
Laserpitium 728
Lathraea 627
Lathyrus 520–523
Lattich 868–871
Lauch 36–38
Laugenblume 797
Läusekraut 622
Leberblümchen 292
Leersia 133
Leimkraut 269
Lein 387, 388
Leinblatt 228
Leindotter 342
Leinkraut 592–594
Lens 512
Leontodon 856, 857
Leonurus 673, 674
Lepidium 333, 334
Lerchensporn 354–357
Leucanthemum 810
Leucojum 47, 48
Leymus 184
Lichtnelke 266–268
Liebesgras 154
Lieschgras 137–139
Liguster 569
Ligustrum 569
Lilie 29
Lilium 29
Limodorum 201
Limosella 600
Linaria 592–595
Linde 373, 374
Lindernia 599
Linnaea 742
Linse 512
Linum 387, 388

Listera 203
Lithospermum 645
Littorella 690
Lolch 180, 181
Lolium 180, 181
Lonicera 740, 741
Loranthus 227
Lotus 535
Löwenzahn 856, 857, 865
Ludwigia 548
Lunaria 330
Lungenkraut 642
Luzula 19–25
Lysimachia 562
Lythrum 550

Mädesüß 452, 453
Maianthemum 43
Maiglöckchen 44
Malus 447
Malva 375, 376
Malve 375, 376
Mannstreu 701
Margerite 810
Mariengras 135
Märzenbecher 47
Matricaria 805
Maulbeere 223
Mäuseschwänzchen 309
Meerkohl 351
Mehlbeere 449
Melampyrum 620, 621
Melde 277, 278
Melica 156, 157
Melilotus 535, 536
Melissa 687
Melisse 687
Melittis 663
Menyanthes 572

Mercurialis 411, 412
Merk 709
Mespilus 442
Meum 717
Mibora 142
Micropyrum 168
Miere 251
Milchkraut 563
Milchlattich 872
Milchstern 33, 34
Milium 137
Milzkraut 438, 439
Minuartia 251
Misopates 587
Mispel 442
Mistel 226
Mohn 362
Möhre 729
Molinia 154
Mondviole 330
Monotropa 556
Montia 281
Moorglöckchen 758
Moorkönig 623
Moorsimse 72
Moosglöckchen 742
Morus 223
Moschuskraut 737
Muscari 40
Myosotis 646–652
Myosurus 309
Myriophyllum 549

Nachtkerze 547
Nachtschatten 584, 585
Nadelsimse 70
Najas 193
Nardus 179
Narthecium 41

Nasturtium 321
Natternkopf 653
Nelke 270–272
Nelkenwurz
481, 482, 484, 485
Nepeta 656–658
Nixkraut 193
Nuphar 282
Nymphaea 283
Nymphoides 573

Ochsenauge 772
Ochsenzunge 640
Odermennig 497
Oenanthe 711
Oenothera 547
Ölrauke 347
Omphalodes 636, 637
Onobrychis 529
Ononis 532, 533
Onopordum 838
Ophrys 199
Orant 588
Orchis 194–196
Origanum 688
Orlaya 730
Ornithogalum 33, 34
Orobanche 628
Orthilia 554
Osterluzei 229
Oxalis 386
Oxytropis 525

Papaver 362
Pappel 214
Parapholis 181
Parietaria 225
Paris 45

Parnassia 440
Pastinaca 724
Pastinak 724
Pedicularis 622, 623
Peplis 550
Perlgras 156, 157
Perlkörbchen 789
Persicaria 246
Pestwurz 813–815
Petasites 813–815
Peucedanum 723
Pfaffenhütchen 396, 397
Pfeifengras 154
Pfeilkraut 186
Pfirsich 504
Pflaume 503
Pfriemengras 136
Pfriemenkresse 342
Phalaris 133, 134
Phleum 137–139
Phragmites 153
Phyteuma 752
Picris 858
Pimpernuß 395
Pimpinella 707
Pinguicula 630
Pinus 1
Pippau 876–879
Plantago 691–696
Platterbse 520–523
Poa alpina 160
– *annua* 159
– *bulbosa* 159
– *cenisia* 163
– *chaixii* 163
– *compressa* 162
– *glauca* 161
– *minor* 160
– *nemoralis* 161
– *palustris* 162

Poa pratensis 164
– *trivialis* 164
Polycnemum 281
Polygala 390, 391
Polygonatum 42
Polygonum 247
Populus 214
Potamogeton 192
Potentilla alba 462
– *anglica* 474
– *anserina* 458
– *argentea* 471
– *aurea* 469
– *collina* 476
– *crantzii* 467
– *erecta* 473
– *heptaphylla* 468
– x *hybrida* 475
– *incana* 465
– *inclinata* 477
– *micrantha* 464
– x *mixta* 480
– *norvegica* 457
– *palustris* 460
– *recta* ssp. *pilosa* 478
– – ssp. *recta* 472
– *reptans* 474
– *rupestris* 459
– *sterilis* 463
– *supina* 456
– *tabernaemontani* 466
– *thuringiaca* 479
Prenanthes 867
Primel 565
Primula 565–567
Prunella 662
Prunus 499–504
Pseudofumaria 357
Pseudognaphalium 787
Puccinellia 167, 168

Pulmonaria 642
Pulsatilla 289, 290
Pyrola 553, 554
Pyrus 446

Quecke 182
Quellgras 155
Quellkraut 281
Quellried 78
Quercus 215
Quitte 445

Radmelde 279
Ragwurz 199
Rainfarn 807
Rainkohl 853
Ranunculus acris 296
– *arvensis* 302
– *auricomus* 300
– *bulbosus* 299
– *cassubicus* 299
– *circinatus* 305
– *ficaria* 307
– *flammula* 293
– *fluitans* 306
– *hederaceus* 305
– *lanuginosus* 296
– *lingua* 295
– *nemorosus* 298
– *peltatus* 304
– *polyanthemos* 297
– *repens* 298
– *reptans* 294
– *sceleratus* 303
Raphanus 352
Rapünzchen 750
Rauke 316, 317
Reiherschnabel 384, 385

Reisquecke 133
Reitgras 144–146
Reseda 353
Rhinanthus 624
Rhynchospora 84
Ribes 423–427
Riemenblume 227
Ringelblume 824
Rispengras, Alpen- 160
– Blaugrünes 161
– Einjähriges 159
– Gemeines 164
– Hain- 161
– Kleines 160
– Knolliges 159
– Mont-Cenis- 163
– Sumpf- 162
– Wald- 163
Rispengras, Alpen-
– Wiesen- 164
– Zusammengedrücktes 162
Rohrglanzgras 133
Rorippa 322
Rosa 486–493
Rose 486–492
Rosmarinheide 557
Roßkümmel 727
Rubia 744
Rubus 454, 455
Ruchgras 134
Ruhrkraut 783–787
Rumex acetosa 243
– *acetosella* 242
– *aquaticus* 240
– *arifolius* 244
– *conglomeratus* 234
– *crispus* 236
– *x heterophyllus* 238
– *hydrolapathum* 237
– *maritimus* 231

– *obtusifolius* 232
– *patientia* 239
– *pseudoalpinus* 241
– *pulcher* 233
– *sanguineus* 235
Ruprechtskraut 383

Saflor 845
Sagittaria 186
Salbei 681, 682
Salix 206–213
Salvia 681, 682
Salzbunge 568
Salzschwaden 167, 168
Sambucus 738
Samolus 568
Sanddorn 417
Sandglöckchen 751
Sanguisorba 498
Sanicula 698
Sanikel 698
Saponaria 273
Satureja 683
Sauerampfer 242–244
Sauerkirsche 500
Sauerklee 386
Saxifraga aizoides 431
– *granulata* 436
– *hirculus* 434
– *moschata* 432
– *mutata* 429
– *oppositifolia* 430
– *paniculata* 428
– *rosacea* 433
– *rotundifolia* 437
– *stellaris* 435
Scabiosa 763
Schabzigerklee 536
Schachblume 32

Schafgarbe 798–800
Schaftdolde 699
Scharbockskraut 307
Schattenblümchen 43
Schaumkraut 323, 324
Schaumkresse 328
Scheuchzeria 187
Schierling 734
Schilf 153
Schillergras 155
Schlammling 600
Schlangenwurz 64
Schlehe 502
Schlüsselblume 565–567
Schmalwand 318
Schmiele 149
Schnabelried 84
Schnabelsenf 348
Schneeball 739
Schneeglöckchen 49
Schneide 83
Schoenoplectus 73–75
Schoenus 82
Schöterich 313, 314
Schuppenwurz 627
Schwaden 165, 166
Schwalbenwurz 581
Schwanenblume 191
Schwarzwurzel 861–863
Schwertlilie, Bastard- 62
– Bleiche 58
– Bunte 57
– Deutsche 59
– Gelbliche 54
– Grasblättrige 61
– Holunder- 55
– Nacktstengelige 56
– Sibirische 61
– Zwerg- 60
Schwingel 170–173

Schwingelschilf 165
Scirpoides 76
Scirpus 77
Scleranthus 264
Scolochloa 165
Scorzonera 861–863
Scrophularia 596–598
Securigera 528
Sedum 418–420
Seekanne 573
Seerose 283
Segge, Bastard-Steif- 101
– Behaarte 128
– Berg- 114
– Blasen- 126
– Blaugrüne 105
– Bleiche 111
– Buxbaums 102
– Draht- 93
– Dünnährige 110
– Echte Gelb- 124
– Eis- 122
– Entferntährige 123
– Erd- 115
– Faden- 128
– Fadenwurzelige 90
– Felsen- 88
– Filz- 111
– Finger- 116
– Floh- 87
– Frühe 99
– Frühlings- 114
– Fuchs- 91
– Gaudins 103
– Gelbfrüchtige 123
– Gersten- 121
– Glanz- 108
– Glatte 120
– Glatte Trauer- 104
– Graue 98

15

Segge, Grundblütige 116
- Haarstielige 112
- Hänge- 110
- Hasenpfoten- 95
- Heide- 113
- Hirse- 109
- Horst- 117
- Igel- 95
- Kleinährige 103
- Kleingrannige 85
- Kopf- 87
- Kurzährige 112
- Lolchartige 97
- Michelis 121
- Monte-Baldo- 89
- Pillen- 113
- Polster- 122
- Punktierte 119
- Rauhe Trauer- 104
- Riesel- 106
- Rispen- 94
- Sand- 99
- Saum- 120
- Schatten- 115
- Scheiden- 109
- Scheinzypergras- 125
- Schlamm- 106
- Schlank- 101
- Schlenken- 98
- Schnabel- 125
- Schuppenfrüchtige Gelb- 124
- Schwarzährige 127
- Schwarzschopf- 94
- Sparrige 92
- Späte Gelb- 118
- Stachelspitzige 97
- Starre 102
- Steife 100
- Steppen- 105
- Strand- 118
- Stumpfe 88
- Sumpf- 126
- Torf- 86
- Ufer- 127
- Unterbrochenährige 92
- Vogelfuß- 108
- Wald- 117
- Walzen- 96
- Weiße 107
- Weißspitzige Hasenpfoten- 96
- Wenigblütige 85
- Wiesen- 100
- Wimper- 107
- Winkel- 93
- Zittergras- 91
- Zweihäusige 86
- Zweinervige 119
- Zweizeilige 90
- Zypergras- 89
Seide 634
Seidelbast 416
Seifenkraut 273
Selinum 718
Sempervivum 421, 422
Senecio 818–823
Senf 349, 350
Serratula 843
Seseli 713, 714
Sesleria 153
Setaria 131, 132
Sibbaldia 470
Sichelmöhre 703
Sideritis 655
Siebenstern 563
Siegwurz 52, 53
Silaum 716
Silberdistel 841
Silbergras 148
Silberscharte 844

Silberwurz 483
Silene 266–269
Simse 77
Simsenlilie 26
Sinapis 349
Sisymbrium 316, 317
Sium 709
Skabiose 763
Solanum 584, 585
Soldanella 568
Solidago 771
Sommerwurz 628
Sonchus 873–875
Sonnenröschen 363
Sonnentau 364
Sorbus 448, 449
Spargelerbse 534
Spark 249
Spatzenzunge 415
Speierling 448
Spergula 249
Spiranthes 204
Springkraut 389
Spurre 252
Stachelbeere 423, 424
Stachys 675–680
Staphylea 395
Stechpalme 399
Steifgras 169
Steinbeere 455
Steinbrech, Fetthennen- 431
– Gegenblättriger 430
– Kies- 429
– Knöllchen- 436
– Moor- 434
– Moschus- 432
– Rasen- 433
– Rispen- 428
– Rundblättriger 437
– Stern- 435

Steinklee 535, 536
Steinkraut 331, 332
Steinquendel 684
Steinsame 645
Stellaria 253–257
Stendelwurz 202
Steppenfenchel 713
Sterndolde 700
Sternmiere 253–256
Stiefmütterchen 370
Stipa 136
Storchschnabel 377–382
Strandhafer 146
Strandling 690
Strandroggen 184
Strandsimse 76
Straußgras 142, 143
Streptopus 46
Strohblume 790
Subularia 342
Sumpfdotterblume 285
Sumpfkresse 322
Sumpfquendel 550
Sumpfsimse 68, 69, 71
Süßklee 529
Symphytum 641
Syringa 570

Tanacetum 807, 808
Tännelkraut 590, 591
Tannenwedel 549
Taraxacum 865
Taubnessel 671
Tausendblatt 549
Tausendgüldenkraut 574
Taxus 2
Teesdalia 337
Teichrose 282
Teichsimse 73–75

Tetragonolobus 534
Teufelskralle 752
Thalictrum 311
Thesium 228
Thlaspi 338, 339
Thymelaea 415
Thymian 689
Thymus 689
Tilia 373, 374
Tofieldia 26
Tollkirsche 582
Tordylium 726
Tragant 525, 526
Tragopogon 859, 860
Tragus 129
Trapa 548
Traubenhyazinthe 40
Traubenkirsche 499
Trespe, Acker- 177
– Aufrechte 174
– Dach- 176
– Japanische 178
– Roggen- 176
– Sparrige 178
– Taube 175
– Traubige 177
– Verwechselte 177
– Wald- 174
– Wehrlose 175
– Weiche 178
Trichophorum 70, 79
Trientalis 563
Trifolium 537–540
Triglochin 188, 189
Trigonella 536
Tripleurospermum 806
Trisetum 151
Trollblume 284
Trollius 284
Trunkelbeere 560

Tulipa 28
Tulpe 28
Turgenia 732
Turmkraut 328
Tussilago 812

Ulme 220
Ulmus 220
Urtica 224
Utricularia 631, 632

Vaccinium 559, 560
Valeriana 747–749
Valerianella 750
Veilchen 365–369
Ventenata 151
Verbascum 586
Verbena 654
Vergißmeinnicht 646–652
Veronica agrestis 616
– *arvensis* 613
– *austriaca* 610
– *beccabunga* 604
– *chamaedrys* 605
– *fruticans* 611
– *hederifolia* 619
– *montana* 607
– *officinalis* 608
– *opaca* 617
– *persica* 615
– *polita* 618
– *prostrata* 609
– *scutellata* 603
– *serpyllifolia* 612
– *triphyllos* 614
– *urticifolia* 606
Viburnum 739
Vicia angustifolia 518

Vicia articulata 513
– *cassubica* 507
– *cracca* 506
– *dumetorum* 508
– *ervilia* 511
– *hirsuta* 515
– *lathyroides* 519
– *lutea* 517
– *pannonica* 517
– *pisiformis* 510
– *sepium* 516
– *sylvatica* 509
– *tenuifolia* 508
– *tetrasperma* 514
– *villosa* 505
Vincetoxicum 581
Viola 365–370
Viscum 226
Vitis 400
Vogelknöterich 247
Vogelmiere 253
Vulpia 169, 170

Wachsblume 643, 644
Wachtelweizen 620, 621
Wahlenbergia 758
Waid 340
Waldgerste 184
Waldmeister 743
Waldrebe 288
Wanzensame 280
Wasserdarm 257
Wasserdost 764
Wasserfenchel 711
Wasserhahnenfuß 304–306
Wassernuß 548
Wasserschierling 702
Wasserschlauch 631, 632
Wasserstern 413, 414

Wau 353
Wegerich 691–696
Wegwarte 854
Weide 206–213
Weidelgras 180, 181
Weidenröschen, Berg- 542
– Dunkelgrünes 543
– Fleischers 545
– Gauchheil- 544
– Hartheu- 542
– Kleinblütiges 541
– Mieren- 544
– Quirl- 545
– Rosenrotes 543
– Rosmarin- 546
– Schmalblättriges 546
– Sumpf- 545
– Vierkantiges 544
– Zottiges 541
Weiderich 550
Weinrebe 400
Weißdorn 443, 444
Weißwurz 42
Wendich 343
Wermut 791
Wicke, Einblütige 513
– Erbsen- 510
– Feinblättrige 508
– Gelbe 517
– Hecken- 508
– Kaschuben- 507
– Linsen- 511
– Platterbsen- 519
– Rauhhaarige 515
– Schmalblättrige 518
– Ungarische 517
– Viersamige 514
– Vogel- 506
– Wald- 509
– Zaun- 516

Wicke, Zottel- 505
Widerbart 200
Wiesenhafer 150
Wiesenknopf 498
Wiesenknöterich 245
Wiesenraute 311
Wiesensilge 716
Windhalm 147
Windröschen 291
Wintergrün 553, 554
Winterlieb 555
Witwenblume 762
Wolfsmilch, Breit-
  blättrige 403
– Esels- 407
– Kleine 410
– Kreuzblättrige 409
– Sichel- 408
– Sonnenwend- 402
– Steppen- 405
– Süße 404
– Warzen- 405
– Zypressen- 406
Wollgras 79–81
Wucherblume 808, 809
Wundklee 534

Zahnwurz 325, 326
Zaunrübe 759, 760
Zaunwinde 633
Ziest 675–680
Zirmet 726
Zittergras 157
Zweiblatt 203
Zweizahn 777, 778
Zwenke 179
Zwergginster 530, 531
Zwerggras 142
Zwergmispel 441

Zymbelkraut 589
Zypergras 65–67